J 2(029

LES
FABLES
ÉGYPTIENNES
ET
GRECQUES.

TOME PREMIER.

LES
FABLES
ÉGYPTIENNES
ET
GRECQUES

TOME PREMIER.

LES FABLES ÉGYPTIENNES

ET GRECQUES

Dévoilées & réduites au même principe,

AVEC

UNE EXPLICATION DES HIÉROGLYPHES,

ET DE

LA GUERRE DE TROYE:

Par Dom ANTOINE-JOSEPH PERNETY, Religieux Bénédictin de la Congrégation de Saint-Maur.

Populum Fabulis pascebant Sacerdotes Ægyptii; ipsi autem sub nominibus Deorum patriorum philosophabantur. Orig. L. 1, contra Celsum.

TOME PREMIER.

Prix, liv. les 2 vol. rel.

À PARIS,

Chez DELALAIN, Libraire, rue Saint-, N°. 240.

―――――――――

M. DCC. LXXXVI.

AVEC APPROBATION, ET PRIVILÈGE DU ROI.

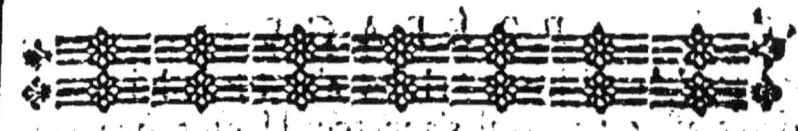

PRÉFACE.

LA Philosophie considérée en général a pris naissance avec le monde, parce que de tout temps les hommes ont pensé, réfléchi, médité ; de tout temps le grand spectacle de l'Univers a dû les frapper d'admiration, & piquer leur curiosité naturelle. Né pour la société, l'homme a cherché les moyens d'y vivre avec agrément & satisfaction ; le bon sens, l'humanité, la modestie, la politesse des mœurs, l'amour de cette société, ont donc dû être les objets de son attention. Mais quelqu'admirable, quelque frappant qu'ait été pour lui le spectacle de l'Univers, quelqu'avantage qu'il ait cru pouvoir tirer de la société, toutes ces choses n'étoient pas lui. Ne dut-il pas sentir, en se repliant sur lui-même, que la conservation de son être propre, n'étoit pas un objet moins intéressant ; & penseroit-on qu'il se soit oublié, pour ne s'occuper que de ce qui étoit autour de lui ? Sujet à tant de vicissitudes, en but à tant de maux ; fait d'ailleurs pour jouir de tout ce qui l'environne, il a sans doute cherché les moyens de prévenir ou de guérir ces maladies, pour conserver plus longtemps une vie toujours prête à lui échapper. Il ne lui a pas fallu méditer beaucoup pour concevoir & se convaincre que le principe qui constitue son corps & qui l'entretient, étoit aussi celui qui devoit le conserver dans sa manière

PRÉFACE

d'être. L'appétit naturel des alimens le lui indiquoit assez : mais il s'apperçut bientôt que ces alimens, aussi périssables que lui, à cause du mélange des parties hétérogenes qui les constituent, portoient dans son intérieur un principe de mort avec le principe de vie. Il fallut donc raisonner sur les êtres de l'Univers, méditer long-temps pour découvrir ce fruit de vie, capable de conduire l'homme presqu'à l'immortalité.

Ce n'étoit pas assez d'avoir apperçu ce trésor à travers l'enveloppe qui le couvre & le cache aux yeux du commun. Pour faire de ce fruit l'usage qu'on se proposoit, il étoit indispensable de le débarrasser de son écorce, & de l'avoir dans toute sa pureté primitive. On suivit la Nature de près ; on épia les procédés qu'elle emploie dans la formation des individus, & dans leur destruction. Non-seulement on connut que ce fruit de vie étoit la base de toutes ses générations, mais que tout se résolvoit enfin en ses propres principes.

On se mit donc en devoir d'imiter la Nature ; & sous un tel guide pouvoit-on ne pas réussir ? à quelle étendue de connoissances cette découverte ne conduisit-elle pas ? Quels prodiges n'étoit-on pas en état d'exécuter, quand on voyoit la Nature comme dans un miroir, & qu'on l'avoit à ses ordres ?

Peut-on douter que le desir de trouver un remede à tous les maux qui affligent l'humanité, &

PRÉFACE

d'étendre, s'il étoit possible, les bornes prescrites à la durée de la vie, n'ait été le premier objet des ardentes recherches des hommes, & n'ait formé les premiers Philosophes ? Sa découverte dut flatter infiniment son inventeur, & lui faire rendre de grandes actions de graces à la Divinité pour une faveur si signalée. Mais il dut penser en même temps que Dieu n'ayant pas donné cette connoissance à tous les hommes, il ne vouloit pas sans doute qu'elle fût divulguée. Il fallut donc n'en faire participans que quelques amis ; aussi Hermès Trismégiste, ou trois fois grand, le premier de tous les Philosophes connu avec distinction, ne le communiqua-t-il qu'à des gens d'élite, à des personnes dont il avoit éprouvé la prudence & la discrétion. Ceux-ci en firent part à d'autres de la même trempe, & cette découverte se répandit dans tout l'Univers. On vit les Druides chez les Gaulois, les Gymnosophistes dans les Indes, les Mages en Perse, les Chaldéens en Assyrie, Homère, Talès, Orphée, Pythagore, & plusieurs autres Philosophes de la Grèce avoir une conformité de principes, & une connoissance presqu'égale des plus rares secrets de la Nature. Mais cette connoissance privilégiée demeura toujours renfermée dans un cercle très-étroit de personnes, & l'on ne communiqua au reste du monde que des rayons de cette source abondante de lumière.

Cet agent, cette base de la Nature une fois connue, il ne fut pas difficile de l'employer suivant les circonstances des temps & l'exigence des

a iv

PRÉFACE.

cas. Les métaux, les pierres précieuses entrerent dans les arrangemens de la société, les uns par le besoin qu'on en eut, les autres pour la commodité & l'agrément. Mais comme ces derniers acquirent un prix par leur beauté & leur éclat, & devinrent précieux par leur rareté, on fit usage de ses connoissances Philosophiques pour les multiplier. On transmua les métaux imparfaits en or & en argent, on fabriqua des pierres précieuses, & l'on garda le secret de ces transmutations avec le même scrupule que celui de la panacée universelle, tant parce qu'on ne pouvoit dévoiler l'un sans faire connoître l'autre, que parce qu'on sentoit parfaitement qu'il résulteroit de sa divulgation, des inconvéniens infinis pour la société.

Mais comment pouvoir se communiquer d'âges en âges, ces secrets admirables, & les tenir en même temps cachés au Public? Le faire par tradition orale, c'eût été risquer d'en abolir jusqu'au souvenir; la mémoire est un meuble trop fragile pour qu'on puisse s'y fier. Les traditions de cette espece s'obscurcissent à mesure qu'elles s'éloignent de leur source, au point qu'il est impossible de débrouiller le chaos ténébreux, où l'objet & la matiere de ces traditions se trouvent ensevelis. Confier ces secrets à des tablettes en langues & en caracteres familiers, c'étoit s'exposer à les voir publics par la négligence de ceux qui auroient pu les perdre, ou par l'indiscrétion de ceux qui auroient pu les voler. Bien plus, il falloit ôter jusqu'au moindre soupçon, sinon de l'existence,

PRÉFACE.

au moins de la connoissance de ces secrets. Il n'y avoit donc d'autre ressource que celle des hiéroglyphes, des symboles, des allégories, des fables, &c. qui étant susceptibles de plusieurs explications différentes, pouvoient servir à donner le change, & à instruire les uns, pendant que les autres demeureroient dans l'ignorance. C'est le parti que prit Hermès, & après lui tous les Philosophes Hermétiques du monde. Ils amusoient le Peuple par des fables, dit Origene, & ces fables, avec les noms des Dieux du pays, servoient de voile à leur Philosophie.

Ces hiéroglyphes, ces fables présentoient aux yeux des Philosophes, & de ceux qu'ils instruisoient pour être initiés dans leurs mysteres, la théorie de leur Art sacerdotal, & aux autres diverses branches de la Philosophie, que les Grecs puiserent chez les Egyptiens.

Les usages, les modes, les caracteres, quelquefois même la façon de penser varient suivant les pays. Les Philosophes des Indes, ceux de l'Europe inventerent des hiéroglyphes & des fables à leur fantaisie, toujours cependant pour le même objet. On écrivit sur cette matiere dans la suite des temps, mais dans un système énigmatique; & ces ouvrages, quoique composés en langues connues, deviennent aussi intelligibles que les hiéroglyphes mêmes. L'affectation d'y rappeler les fables anciennes, en a fait découvrir l'objet; & c'est ce qui m'a engagé à les expliquer

PRÉFACE

suivant leurs principes. On les trouve assez développés dans leurs livres, quand on veut les étudier avec une attention opiniâtre, & qu'on a assez de courage pour vouloir se donner la peine de les combiner, de les rapprocher les uns des autres. Ils n'indiquent la matiere de leur Art que par ses propriétés, jamais par le nom propre sous lequel elle est connue. Quant aux opérations requises pour la mettre en œuvre philosophiquement, ils ne les ont pas cachées sous le sceau d'un secret impénétrable; ils n'ont point fait de mystere des couleurs ou signes démonstratifs qui se succedent dans tout le cours des opérations. C'est ce qui leur a fourni particulierement la matiere à imaginer, à feindre les personnages des Dieux & des Héros de la Fable, & les actions qu'on leur attribue; on en jugera par la lecture de cet Ouvrage. Chaque chapitre est une espece de dissertation, ce qui lui ôte beaucoup d'agrémens, & l'empêche d'être aussi amusant que la matiere sembloit le porter. Je ne me suis pas proposé d'écrire des fables, mais d'expliquer celles qui sont connues. On verra dans le Discours préliminaire, les raisons qui m'ont déterminé à mettre en tête des principes généraux de Physique, & un Traité de Philosophie Hermétique. Il étoit indispensable de mettre par-là le Lecteur au fait de la marche, & du langage des Philosophes, dès que je me proposois de le faire entrer dans leurs idées. Il y verra les énigmes, les allégories, les métaphores dont leurs écrits fourmillent. S'il en desire une explication plus détaillée, il peut avoir recours

PRÉFACE.

au Dictionnaire Mytho-Hermétique, que j'ai mis au jour en même temps.

On demande si la Philosophie Hermétique est une science, un art, ou un pur être de raison ? Le préjugé tient pour ce dernier ; mais le préjugé ne fait pas preuve. Le Lecteur sans prévention se décidera après la lecture réfléchie de ce Traité, comme bon lui semblera. On peut sans honte risquer de se tromper avec tant de Savans, qui dans tous les temps ont combattu ce préjugé. N'auroit-on pas plus à rougir de combattre avec mépris la Philosophie Hermétique sans la connoître, que d'en admettre la possibilité si bien fondée sur la raison, & même l'existence sur les preuves rapportées par un si grand nombre d'Auteurs, dont la bonne foi n'est pas suspecte ? Au moins ne peut-on raisonnablement contester que l'idée d'une médecine universelle, & celle de la transmutation des métaux, n'aient été assez flatteuses pour échauffer l'imagination d'un homme, & lui faire enfanter des fables pour expliquer ce qu'il en pensoit. Orphée, Homere, & les plus anciens Auteurs parlent d'une médecine qui guérit tous les maux ; ils en font mention d'une maniere si positive, qu'ils ne laissent aucun doute sur son existence. Cette idée s'est perpétuée jusqu'à nous : les circonstances des fables se combinent, s'ajustent avec les couleurs, & les opérations dont parlent les Philosophes, s'expliquent même par-là d'une maniere plus vraisemblable que dans aucun autre systême : qu'exi-

PRÉFACE.

gera-t-on de plus? Sans doute une démonstration; c'est aux Philosophes Hermétiques à prendre ce moyen de convaincre les incrédules; & je ne le suis pas.

TABLE
DES LIVRES ET CHAPITRES
de la premiere Partie.

Discours préliminaire,	pag. 1
Principes généraux de Physique,	45
De la premiere matiere,	51
De la Nature,	57
De la Lumiere & de ses effets,	61 & 108
De l'Homme,	63
Des Elémens,	75
De la Terre,	79
De l'Eau,	81
De l'Air,	84
Du Feu,	86
Des opérations de la Nature,	95
Des manieres d'être générales des Mixtes,	98
De la différence qui se trouve entre les trois regnes de la Nature,	99
Le regne minéral,	ibid.
Le Végétal,	ibid.
L'Animal,	100
De l'ame des Mixtes,	101
De la génération & corruption des Mixtes,	104
De la conservation des Mixtes,	115
De l'humide radical,	117
De l'harmonie de l'Univers,	120
Du Mouvement,	121
Traité de l'œuvre Hermétique,	124
Conseils Philosophiques,	126
Aphorismes de la vérité des Sciences,	128
De la Clef des Sciences,	129
Du Secret,	ibid.
Des moyens pour parvenir au Secret,	130
Des Clefs de la Nature,	131

TABLE.

Des Principes métalliques, pag. 132
De la matiere du grand œuvre en général, 133
Des noms que les Anciens ont donné à leur matiere, 136
La Matiere est une & toute chose, 140
La Clef de l'œuvre, 147
Définitions & propriétés du Mercure, 158
Du Vase de l'Art, & de celui de la Nature, 161
Noms donnés à ce vase par les Anciens, 162
Du Feu en général, 166
Du Feu Philosophique, 168
Principes opératifs, 173
Principes opératifs en particulier, 178
La Calcination, ibid.
La Solution, 179
La Putréfaction, ibid.
La Fermentation, 180
Signes ou Principes démonstratifs, 181
De l'Elixir, 192
Pratique de l'Elixir, suivant d'Espagnet, 195
Quintessence, 196
La Teinture, 197
La multiplication, 199
Des poids dans l'œuvre, 192
Régles générales très-instructives, 207
Vertus de la Médecine, 209
Des maladies des Métaux, 200
Du temps de la Pierre, 212
Conclusion, 214

Les Fables Egyptiennes, LIVRE I. Introduction, 215

CHAP. I. Des Hiéroglyphes des Egyptiens, 216
CHAP. II. Des Dieux de l'Egypte, 256
CHAP. III. Histoire d'Osiris, 257
CHAP. IV. Histoire d'Isis, 268
Inscriptions d'Osiris & d'Isis, 299 & 300
CHAP. V. Histoire d'Horus, 367
CHAP. VI. Histoire de Typhon, 354

Chap. VII. *Harpocrate*, pag.	324
Chap. VIII. *Anubis*,	331
Chap. IX. *Canope*,	335
Section seconde. *Rois d'Egypte, & Monumens élevés dans ce pays-là*,	342
Inscription de Simandius,	353
Section troisieme. *Des Animaux révérés en Egypte, & des Plantes hiéroglyphiques*,	367
Chap. I. *Du Bœuf Apis*,	ibid.
Chap. II. *Du Chien & du Loup*,	383
Chap. III. *Du Chat ou Æluruss*,	386
Chap. IV. *Du Lion*,	388
Chap. V. *Du Bouc*,	389
Chap. VI. *De l'Ichneumon & du Crocodile*,	390
Chap. VII. *Du Cynocéphale*,	392
Chap. VIII. *Du Bélier*,	394
Chap. IX. *De l'Aigle & de l'Epervier*,	397
Chap. X. *De l'Ibis*,	402
Chap. XI. *Du Lotus, & de la Feve d'Egypte*,	406
Chap. XII. *Du Colocasia*,	409
Chap. XIII. *Du Persea*,	410
Chap. XIV. *Du Musa ou Amusa*,	411
Section quatrieme. *Des Colonies Egyptiennes*,	417
LIVRE II. *Des Allégories qui ont un rapport plus palpable avec l'Art Hermétique*,	433
Chap. I. *De la conquête de la Toison d'or*,	437
Retour des Argonautes,	479
Chap. II. *Enlévement des Pommes d'or du Jardin des Hespérides*,	494
Chap. III. *Histoire d'Atalante*,	536
Chap. IV. *La Biche aux cornes d'or*,	544
Chap. V. *Midas*,	552
Chap. VI. *De l'âge d'or*,	563
Chap. VII. *Des Pluies d'or*,	571

Fin de la Table.

Fautes à corriger.

PAGE 6, ligne 4, bout, lisez but.
20, l. 26, defcipiunt, l. defpiciunt.
33, l. dern. jactitaffe, l. jactitasse.
51, l. 18, concentra, l. concentre.
Ibid. l. 19, raréfia, l. raréfie.
91, l. 14, certè, l. certi.
168, l. 5, expenfion, l. expanfion.
185, l. 11, exhuberante, l. exubérante.
236, l. 16 de la note, contingerent, l. contingeret.
335, dern. l. & elle en réfide, l. & en elle réfide.
346, l. 5 de la note, unamquemque, l. unamquamque.
373, l. 7 de la note, fenfictis, l. fentietis.
398, l. 13, ignita, l. ignitæ.
413, l. 30, on y trouvera, l. on n'y trouvera.

LES FABLES ÉGYPTIENNES ET GRECQUES

Dévoilées & réduites au même principe, avec une explication des Hiéroglyphes, & de la guerre de Troye.

DISCOURS PRÉLIMINAIRE.

LE grand nombre d'Auteurs qui ont écrit sur les Hiéroglyphes des Egyptiens, & sur les Fables auxquelles ils ont donné lieu, sont si contraires les uns aux autres, qu'on peut avec raison regarder leurs ouvrages comme de nouvelles Fables. Quelque bien imaginés, quelque bien concertés que

I. Partie. A

foient, au moins en apparence, les systêmes qu'ils ont formés, on en voit le peu de solidité à chaque pas qu'on y fait, quand on ne se laisse pas aveugler par le préjugé. Les uns y croient trouver l'histoire réelle de ces temps éloignés, qu'ils appellent malgré cela les *temps fabuleux*. Les autres n'y apperçoivent que des principes de morale ; & il ne faut qu'ouvrir les yeux pour y voir par-tout des exemples capables de corrompre les mœurs. D'autres enfin, peu satisfaits de ces explications, ont puisé les leurs dans la Physique. Je demande aux Physiciens Naturalistes de nos jours, s'ils ont lieu d'en être plus contens.

Les uns & les autres n'ayant pas réussi, il est naturel de penser que le principe général sur lequel ils ont établi leurs systêmes, ne fut jamais le vrai principe de ces fictions. Il en falloit un, au moyen duquel on pût expliquer tout, & jusqu'aux moindres circonstances des faits rapportés, quelque bizarres, quelque incroyables, & quelque contradictoires qu'ils paroissent. Ce systême n'est pas nouveau, & je suis très-éloigné de vouloir m'en faire honneur ; je l'ai trouvé par lambeaux épars dans divers Auteurs, tant anciens que modernes ; leurs ouvrages sont peu connus ou peu lus, parce que la science qu'ils y traitent est la victime de l'ignorance & du préjugé. La plus grande grace qu'on croie devoir accorder à ceux qui la cultivent, ou qui en prennent la défense, est de les regarder comme des fous, au moins dignes des Petites-maisons. Autrefois ils passoient pour les plus sages des hommes ; mais la raison, quoique de tous les temps, n'est pas toujours la maîtresse; elle est obligée de succomber sous la tyrannie du préjugé & de la mode.

Ce système est donc l'ouvrage de ces prétendus fous, aux yeux du plus grand nombre des modernes, c'est celui que je leur présente; mais ne dois-je pas craindre que mes preuves établies sur les paroles de ces fous, ne fassent regarder mes raisonnemens comme ceux dont parle Horace?

. . . . . Isti tabulæ fore librum
Persimilem, cujus velut ægri somnia, vanæ
Fingentur species: ut nec pes, nec caput uni
Reddatur formæ.
Art. Poet.

Je m'attends bien à ne pas avoir l'approbation de ces génies vastes, sublimes & pénétrans qui embrassent tout, qui savent tout sans avoir rien appris, qui disputent de tout, & qui décident de tout sans connoissance de cause. Ce n'est pas à de tels gens qu'on donne des leçons; à eux appartient proprement le nom de *Sage*, bien mieux qu'aux Démocrite, aux Platon, aux Pythagore & aux autres Grecs qui furent en Egypte respirer l'air Hermétique, & y puiserent la folie dont il est ici question. Ce n'est pas pour des Sages de cette trempe qu'est fait cet ouvrage: cet air contagieux d'Egypte y est répandu par-tout; ils y courroient les risques d'en être infectés, comme les Géber, les Synesius, les Moriens, les Arnaud de Villeneuve, les Raymond Lulle & tant d'autres, assez bons pour vouloir donner dans cette Philosophie. A l'exemple de Diodore de Sicile, de Pline, de Suidas, & de nombre d'autres anciens ils deviendroient peut-être assez crédules pour regarder cette science comme réelle, & pour en parler comme telle. Ils pourroient tomber dans le ridicule des Borrichius, des Kunckel, des Becher, des Stalh, assez fous pour faire des traités qui la prouvent, & en prennent la défense.

Mais si l'exemple de ces hommes célebres fait quelque impression sur les esprits exempts de prévention, & vuides de préjugés à cet égard, il s'en trouvera sans doute d'assez sensés pour vouloir, comme eux, s'instruire d'une science, peu connue à la vérité, mais cultivée de tous les temps. L'ignorance orgueilleuse & la fatuité sont les seules capables de mépriser & de condamner sans connoissance de cause. Il n'y a pas cent ans que le nom seul d'Algebre éloignoit de l'étude de cette science, & révoltoit; celui de Géométrie eût été capable de donner des vapeurs à nos petits Maîtres scientifiques d'aujourd'hui. On s'est peu à peu familiarisé avec elles. Les termes barbares dont elles sont hérissées ne font plus peur; on les étudie, on les cultive; l'honneur a succédé à la répugnance, & je pourrois dire au mépris qu'on avoit pour elles.

La Philosophie Hermétique est encore en disgrace, & par là même en discrédit. Elle est pleine d'énigmes, & probablement ne sera pas de long-temps débarrassée de ces termes allégoriques & barbares dont si peu de personnes prennent le vrai sens. L'étude en est d'autant plus difficile, que les métaphores perpétuelles donnent le change à ceux qui s'imaginent entendre les Auteurs qui en traitent, à la premiere lecture qu'ils en font. Ces

ÉGYPTIENNES ET GRECQUES.

Auteurs avertissent néanmoins qu'une science telle que celle-là ne veut pas être traitée aussi clairement que les autres, à cause des conséquences funestes qui pourroient en résulter pour la vie civile. Ils en font un mystere, & un mystere qu'ils s'étudient plus à obscurcir qu'à développer. Aussi recommandent-ils sans cesse de ne pas les prendre à la lettre, d'étudier les loix & les procédés de la nature, de comparer les opérations dont ils parlent, avec les siennes, de n'admettre que celles que le Lecteur y trouvera conformes.

Aux métaphores, les Philosophes Hermétiques ont ajouté les Emblêmes, les Hiéroglyphes, les Fables, & les Allégories, & se sont rendus par ce moyen presque inintelligibles à ceux qu'une longue étude & un travail opiniâtre n'ont pas initiés dans leurs mysteres. Ceux qui n'ont pas voulu se donner la peine de faire les efforts nécessaires pour les développer, ou qui en ont fait d'inutiles, ont cru n'avoir rien de mieux à faire que de cacher leur ignorance à l'abri de la négative de la réalité de cette science; ils ont affecté de n'avoir pour elle que du mépris; ils l'ont traitée de chimere & d'être de raison.

L'ambition & l'amour des richesses est le seul ressort qui met en mouvement presque tous ceux qui travaillent à s'instruire des procédés de cette science; elle leur présente des monts d'or en perspective, & une santé longue & solide pour en jouir. Quels appas pour des cœurs attachés aux biens de ce monde! on s'empresse, on court pour parvenir à ce but; & comme on craint de n'y pas arriver assez tôt, on prend la premiere voie qui paroît y conduire plus promptement, sans vouloir se donner la peine de s'instruire suffisamment du vrai chemin par lequel on y arrive. On marche donc, on avance, on se croit au bout ; mais comme on a marché en aveugle, on y trouve un précipice, on y tombe. On croit alors cacher la honte de sa chûte, en disant que ce prétendu but n'est qu'une ombre qu'on ne peut embrasser ; on traite ses guides de perfides ; on vient enfin à nier jusqu'à la possibilité même d'un effet, parce qu'on en ignore les causes. Quoi! parce que les plus grands Naturalistes ont perdu leurs veilles & leurs travaux à vouloir découvrir quels procédés la Nature emploie pour former & organiser le fœtus dans le sein de sa mere, pour faire germer & croître une plante, pour former les métaux dans la terre, auroit-on bonne grace à nier le fait ? regarderoit-on comme sensé un homme dont l'ignorance seroit le fondement de sa négative ? On ne daigneroit même pas faire les frais de la moindre preuve pour l'en convaincre.

Mais des gens savans, des Artistes éclairés & habiles ont étudié toute leur vie, & ont travaillé sans cesse pour y parvenir ; ils sont morts à la peine : qu'en conclure ? que la chose n'est pas réelle ? non. Depuis environ l'an 550 de la fondation de Rome, jusqu'à nos jours, les plus habiles gens avoient travaillé à imiter le fameux miroir ardent d'Archimède, avec lequel il brûla les vaisseaux des Romains dans le port de Syracuse ; on n'avoit pu réussir, on traitoit le fait d'histoire inventée à plaisir, c'étoit une fable, & la fabrique même du miroir étoit impossible. M.

de Buffon s'avise de prendre un chemin plus simple que ceux qui l'avoient précédé; il en vient à bout, on est surpris, on avoue enfin que la chose est possible.

Concluons donc avec plus de raison, que ces savans, ces habiles Artistes faisoient trop de fond sur leurs prétendues connoissances. Au lieu de suivre les voies droites, simples & unies de la Nature, ils lui supposoient des subtilités qu'elle n'eut jamais. L'Art Hermétique est, disent les Philosophes, un mystere caché à ceux qui se fient trop en leur propre savoir; c'est un don de Dieu, qui jette un œil favorable & propice sur ceux qui sont humbles, qui le craignent, qui mettent toute leur confiance en lui, & qui, comme Salomon, lui demandent avec instance & persévérance cette sagesse, qui tient à sa droite la santé (*a*), & les richesses à sa gauche; cette sagesse que les Philosophes préferent à tous les honneurs, à tous les royaumes du monde, parce qu'elle est l'arbre de vie à ceux qui la possedent (*b*).

Tous les Philosophes Hermétiques disent que quoique le grand Œuvre soit une chose naturelle, & dans sa matiere, & dans ses opérations; il s'y passe cependant des choses si surprenantes, qu'elles élevent infiniment l'esprit de l'homme vers l'Auteur de son être, qu'elles manifestent sa sagesse & sa gloire, qu'elles sont beaucoup au dessus de l'intelligence humaine, & que ceux-là seuls les comprennent, à qui Dieu daigne ouvrir

(*a*) Proverb. 3. v. 16.
(*b*) Ibid. v. 18.

A iv

les yeux. La preuve en est assez évidente par les bévues & le peu de réussite de tous ces Artistes fameux dans la Chymie vulgaire, qui, malgré toute leur adresse dans la main-d'œuvre, malgré toute leur prétendue science de la Nature, ont perdu leurs peines, leur argent, & souvent leur santé dans la recherche de ce trésor inestimable.

Combien de Beccher, de Homberg, de Boherave, de Geofroy & tant d'autres savans Chymistes ont par leurs travaux infatigables forcé la Nature à leur découvrir quelques-uns de ses secrets ! Malgré toute leur attention à épier ses procédés, à analyser ses productions, pour la prendre sur le fait, ils ont presque toujours échoué, parce qu'ils étoient les tyrans de cette Nature, & non ses véritables imitateurs. Assez éclairés dans la Chymie vulgaire, & assez instruits de ses procédés, mais aveugles dans la Chymie Hermétique, & entraînés par l'usage, ils ont élevé des fourneaux sublimatoires (*a*), calcinatoires, distillatoires ; ils ont employé une infinité de vases & de creusets inconnus à la simple Nature ; ils ont appellé à leur secours le fratricide du feu naturel ; comment avec des procédés si violens auroient-ils réussi ? Ils sont absolument éloignés de ceux que suivent les Philosophes Hermétiques. Si nous en croyons le Président d'Espagnet (*b*), « les Chymistes vulgaires se sont accoutumés in-
» sensiblement à s'éloigner de la voie simple de
» la Nature, par leurs sublimations, leurs distil-

(*a*) Novum lumen Chemicum. Tract. I.
(*b*) Arcan. Herm. Philosophiæ opus. Canone 6.

» lations, leurs solutions, leurs congélations,
» leurs coagulations, par leurs différentes extrac-
» tions d'esprits & de teintures, & par quantité
» d'autres opérations plus subtiles qu'utiles. Ils
» sont tombés dans des erreurs, qui ont été une
» suite les unes des autres; ils sont devenus les
» bourreaux de cette Nature. Leur subtilité trop
» laborieuse, loin d'ouvrir leurs yeux à la lu-
» mière de la vérité, pour voir les voies de la
» Nature, y a été un obstacle, qui l'a empêchée
» de venir jusqu'à eux. Ils s'en sont éloignés de
» plus en plus. La seule espérance qui leur reste,
» est dans un guide fidele, qui dissipe les ténè-
» bres de leur esprit, & leur fasse voir le soleil
» dans toute sa pureté.

» Avec un génie pénétrant, un esprit ferme
» & *patient*, un ardent désir de la Philosophie,
» une grande connoissance de la véritable Phy-
» sique, un cœur pur, des mœurs integres, un
» sincere amour de Dieu & du prochain, tout
» homme, quelque ignorant qu'il soit dans la
» pratique de la Chymie vulgaire, peut avec
» confiance entreprendre de devenir Philosophe
» imitateur de la Nature.

» Si Hermès, le vrai pere des Philosophes,
» dit le Cosmopolite (*a*), si le subtil Géber,
» le profond Raymond Lulle, & tant d'autres
» vrais & célebres Chymistes revenoient sur la
» terre, nos Chymistes vulgaires non seulement
» ne voudroient pas les regarder, comme leurs
» maîtres, mais ils croiroient leur faire beau-

(*a*) Nov. lum. Chem. Tract. I.

» coup de graces & d'honneur de les avouer
» pour leurs difciples. Il eft vrai qu'ils ne fau-
» roient pas faire toutes ces diftillations, ces
» circulations, ces calcinations, ces fublima-
» tions, enfin toutes ces opérations innombra-
» bles que les Chymiftes ont imaginées pour avoir
» mal entendu les livres des Philofophes. »

Tous les vrais Adeptes parlent fur le même ton, & s'ils difent vrai, fans prendre tant de peines, fans employer tant de vafes, fans confumer tant de charbons, fans ruiner fa bourfe & fa fanté, on peut travailler de concert avec la Nature, qui, aidée, fe prêtera aux défirs de l'Artifte, & lui ouvrira liberalement fes tréfors. Il apprendra d'elle, non pas à détruire les corps qu'elle produit, mais comment, avec quoi elle les compofe, & en quoi ils fe réfolvent. Elle leur montrera cette matiere, ce chaos que l'Etre fuprême a développé, pour en former l'Univers. Ils verront la Nature comme dans un miroir, dont la réflexion leur manifeftera la fageffe infinie du Créateur qui la dirige & la conduit dans toutes fes opérations par une voie fimple & unique, qui fait tout le myftere du grand œuvre.

Mais cette chofe appelée pierre Philofophale, Médecine univerfelle, Médecine dorée, exifte-t-elle autant en réalité qu'en fpéculation ? Comment, depuis tant de fiécles, un fi grand nombre de perfonnes, que le Ciel fembloit avoir favorifés d'une fcience & d'une fageffe fupérieure à celles du refte des hommes, l'ont-ils cherchée en vain ? Mais d'un autre côté tant d'Hiftoriens dignes de foi, tant de favans hommes en ont attefté l'exiftence, & ont laissé par des écrits énigmatiques, & allégoriques la maniere de la faire, qu'il n'est gueres possible d'en douter, quand on sait adapter ces écrits aux principes de la Nature.

Les Philosophes Hermétiques different absolument des Philosophes ou Physiciens ordinaires. Ces derniers n'ont point de système assuré, ils en inventent tous les jours, & le dernier semble n'être imaginé que pour contredire & détruire ceux qui l'ont précédé. Enfin, si l'un s'éleve & s'établit, ce n'est que sur les ruines de son prédécesseur, & il ne subsiste que jusqu'à ce qu'un nouveau vienne le culebuter, & se mettre à sa place.

Les Philosphes Hermétiques au contraire sont tous d'accord entr'eux : pas un ne contredit les principes de l'autre. Celui qui écrivoit il y a trente ans, parle comme celui qui vivoit il y a deux mille ans. Ce qu'il y a même de singulier, c'est qu'ils ne se lassent point de répéter cet axiome, que l'Eglise (*a*) adopte comme la marque la plus infaillible de la vérité dans ce qu'elle nous propose à croire : *Quod ubique, quod ab omnibus, & quod semper creditum est, id firmissimè credendum puta.* Voyez, disent-ils, lisez, méditez les choses qui ont été enseignées dans tous les temps, & par tous les Philosophes ; la vérité est renfermée dans les endroits où ils sont tous d'accord.

Quelle apparence, en effet, que des gens qui ont vécu dans des siecles si éloignés, & dans des pays si différens pour la langue, & j'ose le

_____
(*a*) Vincent de Lerin. Commonit.

dire, pour la façon de penser, s'accordent cependant tous dans un même point ? Quoi ! des Egyptiens, des Arabes, des Chinois, des Grecs, des Juifs, des Italiens, des Allemands, des Américains, des François, des Anglois, &c. seroient-ils donc convenus sans se connoître, sans s'entendre, sans s'être communiqué particulierement leurs idées, de parler & d'écrire tous conformément d'une chimere, d'un être de raison ? Sans faire entrer en ligne de compte tous les ouvrages composés sur cette matiere, que l'histoire (a) nous apprend avoir été brûlés par les ordres de Dioclétien, qui croyoit ôter par-là aux Egyptiens les moyens de faire de l'or, & les priver de ce secours pour soutenir la guerre contre lui ; il nous en reste encore un assez grand nombre dans toutes les langues du monde, pour justifier auprès des incrédules ce que je viens d'avancer. La seule Bibliotheque du Roi conserve un nombre prodigieux de manuscrits anciens & modernes, com-

(a) Postquam (inquit Paulus Diac. in vitâ Diocletiani) Achillem Ægyptiorum Ducem octomenses in Alexandriâ Ægypti obsessum profligasset Diocletianus omnes Chymicæ artis libros diligenti studio requisitos conflagravit, ne reparatis opibus Romanis repugnarent. *Orosius dit la même chose*, ch. 16. l. 7. *Suidas au mot* Chemia *s'exprime ainsi* : Chemia est auri & argenti confectio, cujus libros Diocletianus perquisitos exussit, eo quod Ægyptii res novas contrà Diocletianum moliti fuerant, duriter atque hostiliter eos tractavit. Quo tempore etiam libros de Chemiâ auri & argenti à veteribus conscriptos conquisivit & exussit, ne deinceps Ægyptiis divitiæ ex Arte illâ contingerent, nevè pecuniarum affluentiâ confisi in posterum Romanis rebellarent.

ÉGYPTIENNES ET GRECQUES.

posés sur cette science dans differentes langues. Michel Maier disoit à ce sujet, dans une Epigramme que l'on trouve au commencement de son Traité, qui a pour titre *Symbola aureæ mensæ*:

Unum opus en priscis hæc usque ad tempora seclis
Consona diffusis gentibus ora dedit.

Qu'on lise Hermès Egyptien; Abraham, Isaac de Moiros Juifs, cités par Avicenne; Démocrite, Orphée, Aristote (*a*), Olympiodore, Heliodore (*b*), Etienne (*c*), & tant d'autres Grecs; Synesius, Théophile, Abugazal, &c. Africains; Avicenne (*d*), Rhasis, Geber, Artephius, Alphidius, Hamuel surnommé *Senior*, Rosinus, Arabes; Albert le Grand (*e*), Bernard Trevisan, Basile Valentin, Allemands; Alain (*f*) Isaac pere & fils, Pontanus, Flamands ou Hollandois; Arnaud de Villeneuve, Nicolas Flamel, Denis Zachaire, Christophe Parisien, Gui de Montanor, d'Espagnet François; Morien, Pierre Bon de Ferrare, l'Auteur anonyme du mariage du Soleil & de la Lune, Italiens. Raymond Lulle Majorquain; Roger Bacon (*g*) Hortulain, Jean

---

(*a*) De Secretis Secretorum.

(*b*) De rebus Chemicis ad Theodosium Imperatorem.

(*c*) De magnâ & sacrâ scientiâ, ad Heraclium Cæsarem?

(*d*) De re rectâ. Tractatulus Chemicus. Tractatus ad Assem Philosophum. De animâ artis.

(*e*) De Alchymiâ. Concordantia Philosophorum. De compositione compositi, &c.

(*f*) Liber Chemiæ.

(*g*) Speculum Alchemiæ.

Daſtin, Richard, George Riplée, Thomas Notton, Philalethe & le Coſmopolite Anglois ou Ecoſſois; enfin beaucoup d'Auteurs anonymes (*a*) de tous les pays & de divers ſiecles: on n'en trouvera pas un ſeul qui ait des principes différens des autres. Cette conformité d'idées & de principes ne forme-t-elle pas au moins une préſomption, que ce qu'ils enſeignent a quelque choſe de réel & de vrai? Si toutes les Fables anciennes d'Homere, d'Orphée & des Egyptiens ne ſont que des allégories de cet Art, comme je prétends le prouver dans cet ouvrage, par le fond des Fables mêmes, par leur origine, & par la conformité qu'elles ont avec les allégories de preſque tous les Philoſophes, pourra-t-on ſe perſuader que l'objet de cette ſcience n'eſt qu'un vain fantôme, qui n'eut jamais d'exiſtence parmi les productions réelles de la Nature?

Mais ſi cette ſcience a un objet réel; ſi cet Art a exiſté, & qu'il faille en croire les Philoſophes ſur les choſes admirables qu'ils en rapportent, pourquoi eſt-elle ſi mépriſée, pourquoi ſi décriée, pourquoi ſi décréditée? Le voici : la pratique de cet Art n'a jamais été enſeignée clairement. Tous les Auteurs tant anciens que modernes qui en traitent, ne l'ont fait que ſous le voile des Hiéroglyphes, des Enigmes, des Allégories & des Fables; de maniere que ceux qui ont voulu les étudier, ont communément pris le change. De

---

(*a*) Turba Philoſophorum, ſeu Codex veritatis.
Clangor Buccinæ.
Scala Philoſophorum.
Aurora conſurgens.
Ludus puerorum.
Theſaurus Philoſophiæ,
&c.

là s'est formée une espece de Secte ; qui, pour avoir mal entendu & mal expliqué les écrits des Philosophes, ont introduit une nouvelle Chymie, & se sont imaginé qu'il n'y en avoit point de réelle que la leur. Nombre de gens se sont rendus célebres dans cette derniere. Les uns, très-habiles suivant leurs principes ; les autres, extrêmement adroits dans la pratique, & particulierement pour le tour de main requis pour la réussite de certaines opérations, se sont réunis contre la Chymie Hermétique ; ils ont écrit d'une maniere plus intelligible, & plus à la portée de tout le monde. Ils ont prouvé leurs sentimens par des argumens spécieux ; à force de faire souvent au hasard des mélanges de différentes matieres, & de les travailler à l'aveugle, sans savoir ce qu'il en résulteroit, ils ont vu naître des monstres ; & le même hasard qui les avoit produits, a servi de base & de fondement aux principes établis en conséquence. Les mêmes mélanges réitérés, le même travail répété, ont donné précisément le même résultat ; mais ils n'ont pas fait attention que ce résultat étoit monstrueux, & qu'il n'étoit analogue qu'aux productions monstrueuses de la Nature, & non à celles qui résultent de ces procédés, quand elle se renferme dans les especes particulieres à chaque regne. Toutes les fois qu'un âne couvre une jument, il en vient un animal monstrueux appelé mulet ; parce que la nature agit toujours de la même maniere quand on lui fournit les mêmes matieres, & qu'on la met dans le même cas d'agir, soit pour produire des monstres, soit pour former des êtres conformes à leur espece particuliere. Si les mulets nous venoient de quelque Isle fort éloignée, où l'on garderoit un secret inviolable sur leur naissance, nous serions certainement tentés de croire que ces animaux forment une espece particuliere, qui se multiplie à la maniere des autres. Nous ne soupçonnerions pas que ce fussent des monstres. Nous sommes affectés de la même façon par les résultats de presque toutes les opérations Chymiques; & nous prenons des productions monstrueuses pour des productions faites dans l'ordre commun de la Nature. De sorte qu'on pourroit dire de cette espèce de Chymie, que c'est la science de détruire méthodiquement les mixtes produits par la Nature, pour en former des monstres; qui ont à peu près la même apparence & les mêmes propriétés que les mixtes naturels. En falloit-il davantage pour se concilier les suffrages du Public ? Prévenu & frappé par ces apparences trompeuses; inondé par des écrits subtilement raisonnés; fatigué par les invectives multipliées contre la Chymie Hermétique, inconnue même à ses agresseurs, est-il surprenant qu'il la méprise ?

Basile Valentin (*a*) compare les Chymistes aux Pharisiens, qui étoient en honneur & en autorité parmi le Public, à cause de leur extérieur affecté de religion & de piété. C'étoient, dit-il, des hypocrites attachés uniquement à la terre & à leurs intérêts; mais qui abusoient de la confiance & de la crédulité du peuple, qui se laisse

_____
(*a*) Azot des Philosophes.

ordinairement prendre aux apparences, parce qu'il n'a pas la vûe assez perçante pour pénétrer jusqu'au dessous de l'écorce. Qu'on ne s'imagine cependant pas que par un tel discours je prétende nuire à la Chymie de nos jours. On a trouvé le moyen de la rendre utile, & l'on ne peut trop louer ceux qui en font une étude assidue. Les expériences curieuses que la plupart des Chymistes ont faites, ne peuvent que satisfaire le Public. La Médecine en retire tant d'avantages, que ce seroit être enneini du bien des Peuples, que de la décrier. Elle n'a pas peu contribué aussi aux commodités de la vie, par les méthodes qu'elle a données pour perfectionner la Métallurgie, & quelques autres Arts. La porcelaine, la faïence, sont des fruits de la Chymie. Elle fournit des matieres pour les teintures, pour les verreries, &c. Mais parce que son utilité est reconnue, doit-on en conclure qu'elle est la seule & vraie Chymie? & faut-il pour cela rejeter & méprifer la Chymie Hermétique? Il est vrai qu'une infinité de gens se donnent pour Philosophes, & abusent de la crédulité des sots. Mais est-ce la faute de la science Hermétique? Les Philosophes ne crient-ils pas assez haut pour se faire entendre à tout le monde, & pour les prévenir contre les piéges que lui tendent ces sortes de gens? Il n'en est pas un qui ne dise que la matiere de cet Art est de vil prix, & même qu'elle ne coûte rien; que le feu, pour la travailler, ne coûte pas davantage; qu'il ne faut qu'un vase, ou tout au plus deux pour tout le cours de l'œu-

I. Partie. B

vre. Écoutons d'Espagnet (a) : « L'œuvre (b) Philosophique demande plus de temps & de travail que de dépenses, car il en reste très-peu à faire à celui qui a la matiere requise. Ceux qui demandent de grandes sommes pour le mener à sa fin, ont plus de confiance dans les richesses d'autrui, que dans la science de cet Art. Que celui qui en est amateur se tienne donc sur ses gardes, & qu'il ne donne pas dans les piéges que lui tendent des fripons, qui en veulent à sa bourse dans le temps même qu'ils leur promettent des monts d'or. Ils demandent le Soleil pour se conduire dans les opérations de cet Art, parce qu'ils n'y voient goute. » Il ne faut donc pas s'en prendre à la Chymie Hermétique, qui n'en est pas plus responsable que la probité l'est de la friponnerie. Un ruisseau peut être sale, puant par les immondices qu'il ramasse dans son cours, sans que sa source en soit moins pure, moins belle & moins limpide.

Ce qui décrie encore la science Hermétique, sont ces bâtards de la Chymie vulgaire, connus ordinairement sous les noms de souffleurs, & de chercheurs de pierre Philosophale. Ce sont des

---

(a) Can. 35.
(b) *In opere Philosophica plus laboris & temporis quam sumptuum impenditur, nam convenientem materiam habenti parva supersunt expensæ sustinendæ; propterea qui magnam nummorum copiam præoccupantur, & arduam operis meam in sumptibus ponunt, plus alienis opibus, quàm arti suæ confidunt. Caveat itaque à prædonibus illis nimium credulus tyro, nam dum aureos montes pollicentur, auro insidiantur : antcambulonem solem postulant ; quia in tenebris ambulant.*

idolâtres de la Philosophie Hermétique. Toutes les recettes qu'on leur propose, sont pour eux autant de Dieu, devant lequel ils fléchissent le genou. Il se trouve un bon nombre de cette sorte de gens très-bien instruits des opérations de la Chymie vulgaire; ils ont même beaucoup d'adresse dans le tour de main; mais ils ne sont pas instruits des principes de la Philosophie Hermétique, & ne réussiront jamais. D'autres ignorent jusqu'aux principes mêmes de la Chymie vulgaire, & ce sont proprement les souffleurs. C'est à eux qu'il faut appliquer le proverbe: *Alchemia est ars, cujus initium laborare, medium mentiri, finis mendicare.*

La plupart des habiles Artistes dans la Chymie vulgaire ne nient pas la possibilité de la pierre Philosophale; le résultat d'un grand nombre de leurs opérations la leur prouve assez clairement. Mais ils sont esclaves du respect humain; ils n'oseroient avouer publiquement qu'ils la reconnoissent possible, parce qu'ils craignent de s'exposer à la risée des ignorans, & des prétendus savans que le préjugé aveugle. En public ils en badinent comme bien d'autres, ou en parlent au moins avec tant d'indifférence, qu'on ne les soupçonne même pas de la regarder comme réelle, pendant que les essais qu'ils font dans le particulier tendent presque tous à sa recherche. Après avoir passé bien des années au milieu de leurs fourneaux sans avoir réussi, leur vanité s'en trouve offensée; ils ont honte d'avoir échoué, & cherchent ensuite à s'en dédommager, ou à s'en venger en disant du mal de la chose dont ils n'ont pu obtenir la possession. C'étoient des gens qui n'avoient pas leurs semblables pour la théorie & la pratique de la Chymie ; ils s'étoient donnés pour tels ; ils l'avoient prouvé tant bien que mal ; mais à force de le dire ou de le faire dire par d'autres, on le croyoit comme eux. Que sur la fin de leurs jours ils s'avisent de décrier la Philosophie Hermétique, on n'examinera pas s'ils le font à tort ; la réputation qu'ils s'étoient acquise, répond qu'ils ont droit de le faire, & l'on n'oseroit ne pas leur applaudir. Oui, dit-on, si la chose avoit été faisable, elle n'eût pu échapper à la science, à la pénétration & à l'adresse d'un aussi habile homme. Ces impressions se fortifient insensiblement ; un second, ne s'y étant pas mieux pris que le premier, a été frustré de son espérance & de ses peines ; il joint sa voix à celle des autres ; il crie même plus fort s'il le peut ; il se fait entendre ; la prévention se nourrit, on vient enfin au point de dire avec eux que c'est une chimere, &, qui plus est, on se le persuade sans connoissance de cause. Ceux à qui l'expérience a prouvé le contraire, contens de leur sort, n'envient point les applaudissemens du peuple ignorant. *Sapientiam & doctrinam stulti* (a) *despiciunt*. Quelques-uns ont écrit pour le désabuser (b) ; il n'a pas voulu secouer le joug du préjugé, ils en sont restés là.

Mais enfin en quoi consiste donc la différence qui se trouve entre la Chymie vulgaire & la

(a) Prov. c. I.
(b) Beccher, Stalh, M. Potth, M. de Justi dans ses Mémoires, en prennent ouvertement la défense.

Chymie Hermétique ? La voici. La premiere est proprement l'art de détruire les composés que la Nature a faits ; & la seconde est l'art de travailler avec la Nature pour les perfectionner. La premiere met en usage le tyran furieux & destructeur de la Nature : la seconde emploie son agent doux & benin. La Philosophie Hermétique prend pour matiere de son travail les principes secondaires ou principiés des choses, pour les conduire à la perfection dont ils sont susceptibles, par des voies & des procédés conformes à ceux de la Nature. La Chymie vulgaire prend les mixtes parvenus déjà au point de leur perfection, les décompose, & les détruit. Ceux qui seront curieux de voir un parallele plus étendu de ces deux Arts, peuvent avoir recours à l'ouvrage qu'un des grands antagonistes de la Philosophie Hermétique, le P. Kircker Jésuite, a composé ; & que Manget a inséré dans le premier volume de sa *Bibliotheque de la Chymie curieuse*. Les Philosophes Hermétiques ne manquent gueres de marquer dans leurs ouvrages la différence de ces deux Arts. Mais la marque la plus infaillible à laquelle on puisse distinguer un Adepte d'avec un Chymiste, est que l'Adepte, suivant ce qu'en disent tous les Philosophes, ne prend qu'une seule chose, ou tout au plus deux de même nature, un seul vase ou deux au plus, & un seul fourneau pour conduire l'œuvre à sa perfection ; le Chymiste au contraire travaille sur toutes sortes de matieres indifféremment. C'est aussi la pierre de touche à laquelle il faut éprouver ces fripons de souffleurs, qui en veulent à votre bourse, qui demandent de l'or pour en faire, & qui, au lieu d'une tranfmutation qu'ils vous promettent, ne font en effet qu'une tranflation de l'or de votre bourfe dans la leur. Cette remarque ne regarde pas moins les fouffleurs de bonne foi & de probité, qui croient être dans la bonne voie, & qui trompent les autres en fe trompant eux-mêmes. Si cet ouvrage fait affez d'impreffion fur les efprits pour perfuader la poffibilité & la réalité de la Philofophie Hermétique, Dieu veuille qu'il ferve auffi à défabufer ceux qui ont la manie de dépenfer leurs biens à fouffler du charbon, à élever des fourneaux, à calciner, à fublimer, à diftiller, enfin à réduire tout à rien, c'eft-à-dire, en cendre & en fumée. Les Adeptes ne courent point après l'or & l'argent. Morien en donna une grande preuve au Roi Calid. Celui-ci ayant trouvé beaucoup de livres qu traitoient de la fcience Hermétique, & ne pouvant y rien comprendre, fit publier qu'il donneroit une grande récompenfe à celui qui les lui expliqueroit, (a). L'appas de cette récompenfe y conduifit un grand nombre de fouffleurs. Morien, l'Hermite Morien fortit alors de fon défert, attiré non par la récompenfe promife, mais par le defir de manifefter la puiffance de Dieu, & combien il eft admirable dans fes œuvres. Il fut trouver Calid, & demanda, comme les autres, un lieu propre à travailler, afin de prouver par fes œuvres la vérité de fes paroles. Morien ayant fini fes opérations, laiffa la pierre parfaite dans un vafe, autour

---

(a) Entretien du Roi Calid.

duquel il écrivit : *Ceux qui ont eux-mêmes tous ce qu'il leur faut, n'ont besoin ni de récompense, ni du secours d'autrui.* Il délogea ensuite sans dire mot, & retourna dans sa solitude. Calid ayant trouvé ce vase, & lu l'écriture, sentit bien ce qu'elle signifioit ; & après avoir fait l'épreuve de la poudre, il chassa ou fit mourir tous ceux qui avoient voulu le tromper.

Les Philosophes disent donc avec raison que cette pierre est comme le centre & la source des vertus, puisque ceux qui la possedent, méprisent toutes les vanités du monde, la sotte gloire, l'ambition ; qu'ils ne font pas plus de cas de l'or, que du sable & de la vile poussiere (*a*), & l'argent n'est pour eux que de la boue. La sagesse seule fait impression sur eux, l'envie, la jalousie & les autres passions tumultueuses n'excitent point de tempêtes dans leur cœur ; ils n'ont d'autres desirs que de vivre selon Dieu, d'autre satisfaction que de se rendre en secret utiles au prochain, & de pénétrer de plus en plus dans l'intérieur des secrets de la Nature.

La Philosophie Hermétique est donc l'école de la piété & de la Religion. Ceux à qui Dieu en accorde la connoissance étoient déjà pieux, ou ils le deviennent (*b*). Tous les Philosophes commencent leurs ouvrages par exiger de ceux qui les lisent, avec dessein de pénétrer dans le sanctuaire de la Nature, un cœur droit & un esprit craignant Dieu : *Initium sapientiæ, timor Domini* ; un caractere compatissant, pour secourir les pau-

(*a*) Sapient. cap. 7.
(*b*) Flamel Hiéroglyp.

vres, une humilité profonde, & un dessein formel de tout faire pour la gloire du Créateur, qui cache ses secrets aux superbes & aux faux sages du monde, pour les manifester aux humbles (a).

Lorsque notre premier Pere entendit prononcer l'arrêt de mort pour punition de sa désobéissance, il entendit en même temps la promesse d'un Libérateur qui devoit sauver tout le genre humain. Dieu tout miséricordieux ne voulut pas permetre que le plus bel ouvrage de ses mains pérît absolument. La même sagesse qui avoit disposé avec tant de bonté le remede pour l'ame, n'oublia pas sans doute d'en indiquer un contre les maux qui devoient affliger le corps. Mais comme tous les hommes ne mettent pas à profit les moyens de salut que Jésus-Christ nous a mérités, & que Dieu offre à tous; de même tous les hommes ne savent pas user du remede propre à guérir les maux du corps, quoique la matiere dont ce remede se fait, soit vile, commune, & présente à leurs yeux, qu'ils la voient sans la connoître, & qu'ils l'emploient à d'autres usages qu'à celui qui lui est véritablement propre (b). C'est ce qui prouve bien que c'est un don de Dieu, qui en favorise celui qu'il lui plaît. *Vir insipiens non cognoscet, & stultus non intelliget hæc.* Quoique Salomon, le plus sage des hommes, nous dise : *Altissimus de terra creavit medicinam ; & posuit Deus super terram medicamentum, quod sapiens non despiciet* (c).

(a) Matth. c. 11.
(b) Basile Valentin, Azot des Phil. & le Cosmopol.
(c) Eccl. c. 38.

C'est cette matiere que Dieu employa pour manifester sa sagesse dans la composition de tous les êtres. Il l'anima du souffle de cet esprit, qui étoit porté sur les eaux, avant que sa toute-puissance eût débrouillé le chaos de l'Univers. C'est elle qui est susceptible de toutes les formes, & qui n'en a proprement aucune qui lui soit propre (a). Aussi la plupart des Philosophes comparent-ils la confection de leur pierre à la création de l'Univers. Il y avoit, dit l'Ecriture (b), un chaos confus, duquel aucun individu n'étoit distingué. Le globe terrestre étoit submergé dans les eaux : elles sembloient contenir le Ciel, & renfermer dans leur sein les semences de toutes choses. Il n'y avoit point de lumiere, tout étoit dans les ténebres. La lumiere parut, elle les dissipa, & les astres furent placés au firmament. L'œuvre Philosophique est précisément la même chose. D'abord c'est un chaos ténébreux; tout y paroît tellement confus, qu'on ne peut rien distinguer séparément des principes qui composent la matiere de la pierre. Le Ciel des Philosophes est plongé dans les eaux, les ténebres en couvrent toute la surface; la lumiere enfin s'en sépare; la Lune & le Soleil se manifestent, & viennent répandre la joie dans le cœur de l'Artiste, & la vie dans la matiere.

Ce chaos consiste dans le sec & l'humide. Le sec constitue la terre; l'humide est l'eau. Les ténebres sont la couleur noire, que les Philosophes appellent le noir plus noir que le noir même,

(a) Bas. Val.
(b) Genes. c. 1.

nigrum nigro nigrius. C'est la nuit Philosophique, & les ténebres palpables. La lumiere dans la création du monde parut avant le Soleil ; c'est cette blancheur tant désirée de la matiere qui succede à la couleur noire. Le Soleil paroît enfin de couleur orangée, dont le rouge se fortifie peu à peu jusqu'à la couleur rouge de pourpre : ce qui fait le complément du premier œuvre.

Le Créateur voulut ensuite mettre le sceau à son ouvrage : il forma l'homme en le pétrissant de terre, & d'une terre qui paroissoit inanimée : il lui inspira un souffle de vie. Ce que Dieu fit alors à l'égard de l'homme, l'agent de la Nature, que quelques-uns nomment son *Archée* (a), le fait sur la terre ou limon Philosophique. Il la travaille par son action intérieure, & l'anime de maniere qu'elle commence à vivre, & à se fortifier de jour en jour jusqu'à sa perfection. Morien (b) ayant remarqué cette analogie, a expliqué la confection du Magistere par une comparaison prise de la création & de la génération de l'homme. Quelques-uns même prétendent qu'Hermès parle de la résurrection des corps, dans son Pymandre, parce qu'il la conclut de ce qu'il voyoit se passer dans le progrès du Magistere. La même matiere qui avoit été poussée à un certain degré de perfection dans le premier œuvre, se dissout & se putréfie ; ce qu'on peut très-bien appeler une mort, puisque notre Sauveur l'a dit du grain que l'on seme (c), *nisi granum fru-*

(a) Paracelse, Vanhelmont.
(b) Loc. cit.
(c) Flamel.

menti cadens in terram mortuum fuerit, ipsum solum manet. Dans cette putréfaction, la matiere Philosophique devient une terre noire volatile, plus subtile qu'aucune autre poudre. Les Adeptes l'appellent même *cadavre* lorsqu'elle est dans cet état, & disent qu'elle en a l'odeur : non, dit Flamel (*a*), que l'Artiste sente une odeur puante, puisqu'elle se fait dans un vase scellé ; mais il juge qu'elle est telle par l'analogie de sa corruption avec celle des corps morts. Cette poudre ou cendre, que Morien dit qu'il ne faut pas mépriser, parce qu'elle doit revivre, & qu'elle renferme le diadême du Roi Philosophe, reprend en effet vigueur peu à peu, à mesure qu'elle sort des bras de la mort, c'est-à-dire, de la noirceur : elle se revivifie & prend un éclat plus brillant, un état d'incorruptibilité bien plus noble que celui qu'elle avoit avant sa putréfaction.

Lorsque les Egyptiens observerent cette métamorphose, ils en prirent occasion de feindre l'existence du Phénix, qu'ils disoient être un oiseau de couleur de pourpre, qui renaissoit de ses propres cendres. Mais cet oiseau absolument fabuleux, n'est autre que la pierre des Philosophes parvenue à la couleur de pourpre après sa putréfaction.

Plusieurs anciens Philosophes éclairés par ces effets admirables de la Nature en ont conclu avec Hermès, dont ils avoient puisé les principes en Egypte, qu'il y avoit une nouvelle vie après que la mort nous avoit ravi celle-ci. C'est ce

---

(*a*) Flamel.

qu'ils ont voulu prouver, quand ils ont parlé de la réfurrection des plantes de leurs propres cendres en d'autres plantes de même efpece. On n'en trouve point qui ait parlé de Dieu & de l'homme avec tant d'élévation & de nobleffe. Il explique même comment on peut dire des hommes qu'ils font des Dieux, *Ego dixi Dii eftis, & filii excelfi omnes*, dit David; & Hermès (a):
» L'ame, o Tat, eft de la propre effence de
» Dieu. Car Dieu a une effence, & telle qu'elle
» puiffe être, lui feul fe connoît. L'ame n'eft pas
» une partie féparée de cette effence divine,
» comme on fépare une partie d'un tout maté-
» riel; mais elle en eft comme une effufion; à
» peu près comme la clarté du Soleil n'eft pas
» le Soleil même. Cette ame eft un Dieu dans
» les hommes; c'eft pourquoi l'on dit des hom-
» mes qu'ils font des Dieux, parce que ce qui
» conftitue proprement l'humanité confine avec
» la Divinité. »

Quelles doivent donc être les connoiffances de l'homme? eft-il furprenant qu'éclairé par le Pere des lumieres, il pénetre jufques dans les replis les plus fombres & les plus cachés de la Nature? qu'il en connoiffe les propriétés, & qu'il fache les mettre en ufage? Mais Dieu eft maître de diftribuer fes dons comme il lui plaît. S'il a été affez bon pour établir un remede contre les maladies qui affligent l'humanité, il n'a pas jugé à propos de le faire connoître à tout le monde. Morien dit en conféquence (b), « que le Ma-

(a) Pymand. c. II.
(b) Entret. de Calid. & de Morien.

» giftere n'eft autre que le fecret des fecrets du
» Dieu très-haut, grand, fage & créateur de
» tout ce qui exifte; & que lui-même a révélé
» ce fecret à fes faints Prophetes, dont il a placé
» les ames dans fon faint Paradis. »

Si ce fecret eft un don de Dieu, dira quelqu'un, il doit fans doute être mis dans la claffe des talens que Dieu confie, & que l'on ne doit pas enfouir. Si les Philofophes font des gens fi pieux, fi charitables, pourquoi voit-on fi peu de bonnes œuvres de leur part ? Un feul Nicolas Flamel en France a bâti & doté des Eglifes & des Hôpitaux. Ces monumens fubfiftent encore aujourd'hui au milieu & à la vue de tout Paris. S'il y a d'autres Philofophes, pourquoi ne fuivent-ils pas un fi bon exemple ? pourquoi ne guériffent-ils pas les malades ? pourquoi ne relevent-ils pas des familles d'honnêtes gens que la mifere accable ? Je réponds à cela, qu'on ne fait pas tout le bien qui fe fait en fecret. On ne doit pas le faire en le publiant à fon de trompe; la main gauche, felon le précepte de Jéfus-Chrift notre Sauveur, ne doit pas favoir le bien que la droite fait. On a même ignoré jufqu'après la mort de Flamel qu'il étoit l'auteur unique de ces bonnes œuvres. Les figures hiéroglyphes qu'il fit placer dans les Charniers des Saints Innocens, ne préfentoient rien que de pieux & de conforme à la Religion. Il vivoit lui-même dans l'humilité, fans fafte, & fans donner le moindre foupçon du fecret dont il étoit poffeffeur. D'ailleurs il pouvoit avoir dans ce temps-là des facilités que l'on n'a pas eues depuis long-temps pour faire ces bonnes œuvres.

Les Philosophes ne sont pas si communs que les Médecins. Ils sont en très-petit nombre. Ils possedent le secret pour guérir toutes les maladies; ils ne manquent pas de bonne volonté pour faire du bien à tout le monde; mais ce monde est si pervers, qu'il est dangereux pour eux de le faire. Ils ne le peuvent sans courir risque de leur vie. Guériront-ils quelqu'un comme par miracle? on entendra s'élever un murmure parmi les Médecins & le Peuple; & ceux mêmes qui doutoient le plus de l'existence du remede Philosophique le soupçonneront alors existant. On suivra cet homme; on observera ses démarches; le bruit s'en répandra; des avares, des ambitieux le poursuivront pour avoir son secret. Que pourra-t-il donc espérer, que des persécutions, ou l'exil volontaire de sa patrie?

Les exemples du Cosmopolite & de Philalethe en sont une preuve bien convaincante. « Nous » sommes, dit ce dernier (a), comme enve-» loppés dans la malédiction & les opprobres; » nous ne pouvons jouir tranquillement de la » société de nos amis; quiconque nous décou-» vrira pour ce que nous sommes, voudra ou » extorquer notre secret, ou machiner notre » perte, si nous le lui refusons. Le monde est si » méchant & si pervers aujourd'hui, l'intérêt & » l'ambition dominent tellement les hommes, » que toutes leurs actions n'ont d'autre but. Vou-» lons-nous, comme les Apôtres, opérer des » œuvres de miséricorde? on nous rend le mal

(a) Introit. Apert. c. 13.

» pour le bien. J'en ai fait l'épreuve depuis peu
» dans quelques lieux éloignés. J'ai guéri comme
» par miracle quelques moribonds abandonnés
» des Médecins, & pour éviter la persécution,
» je me suis vu obligé plus d'une fois en pareil
» cas de changer de nom, d'habit, de me faire
» raser les cheveux & la barbe, & de m'enfuir
» à la faveur de la nuit. » A quels dangers encore
plus pressans ne s'exposeroit pas un Philosophe
qui feroit la transmutation? quoique son dessein
ne fût que d'en faire usage pour une vie fort
simple, & pour en faire part à ceux qui sont
dans le besoin. Cet or plus fin, & plus beau que
l'or vulgaire, suivant ce qu'ils en disent, sera
bientôt reconnu. Sur cet indice seul on soupçonnera le porteur, & peut-être de faire la fausse
monnoie. Quelles affreuses conséquences n'auroit
pas à craindre pour lui un Philosophe chargé d'un
tel soupçon?

Je sais qu'un bon nombre de Médecins n'exercent pas leur profession, tant par des vues d'intérêt, que par envie de rendre service au Public;
mais tous ne sont pas dans ce cas-là. Les uns
se réjouiront de voir faire du bien à leur prochain, d'autres seront mortifiés de ce qu'on les
prive de l'occasion de grossir leurs revenus. La
jalousie ne manqueroit pas de s'emparer de leur
cœur, & la vengeance tarderoit-elle à faire sentir
ses effets? La science Hermétique ne s'apprend
pas dans les écoles de Médecine, quoiqu'on
ne puisse gueres douter qu'Hippocrate ne l'ait
sue, lorsqu'on pese bien les expressions éparses
dans ses ouvrages, & l'éloge qu'il fit de Démo-

crite aux Abdéritains, qui regardoient ce Philoſophe comme devenu inſenſé, parce qu'au retour d'Egypte, il leur diſtribua preſque tous les biens de patrimoine qui lui reſtoient, afin de vivre en Philoſophe dans une petite maiſon de campagne éloignée du tumulte. Cette preuve ſeroit cependant bien inſuffiſante pour l'antiquité de la ſcience Hermétique; mais il y en a tant d'autres, qu'il faut n'avoir pas lu les Auteurs anciens pour la nier. Que veut dire (a) Pindare, lorſqu'il débite que le plus grand des Dieux fit tomber dans la ville de Rhode une neige d'or, faite par l'art de Vulcain ? Zoſime Panopolite, Euſebe, & Syneſius nous apprennent que cette ſcience fut long-temps cultivée à Memphis en Egypte. Les uns & les autres citent les ouvrages d'Hermès. Plutarque (b) dit que l'ancienne Théologie des Grecs & des Barbares n'étoit qu'un diſcours de Phyſique caché ſous le voile des Fables. Il eſſaye même de l'expliquer, en diſant que par Latone ils entendoient, la nuit; par Junon, la terre; par Apollon, le ſoleil; & par Jupiter, la chaleur. Il ajoute peu après que les Egyptiens diſoient qu'Oſiris étoit le Soleil, Iſis la Lune, Jupiter l'eſprit univerſel répandu dans toute la Nature, & Vulcain le feu, &c. Mahethon s'étend beaucoup là-deſſus.

Origene (c) dit que les Egyptiens amuſoient le peuple par des fables, & qu'ils cachoient leur Philoſophie ſous le voile des noms des Dieux

(a) Olymp. 6.
(b) Theolog. Phyſico Græcor.
(c) L. 1. contre Celſe.

du

ÉGYPTIENNES ET GRECQUES.

du pays. Coringius (a), malgré tout ce qu'il a écrit contre la Philosophie Hermétique, s'est vu contraint par des preuves solides d'avouer que les Prêtres d'Egypte exerçoient l'art de faire de l'or, & que la Chymie y a pris naissance. Saint Clément d'Alexandrie fait dans ses Stromates un grand éloge de six ouvrages d'Hermès sur la Médecine. Diodore de Sicile parle assez au long (b) d'un secret qu'avoient les Rois d'Egypte pour tirer de l'or d'un marbre blanc qui se trouvoit sur les frontieres de leur Empire. Strabon (c) fait aussi mention d'une pierre noire dont on faisoit beaucoup de mortiers à Memphis. On verra dans la suite de cet ouvrage, que cette pierre noire, ce marbre blanc & cet or n'étoient qu'allégoriques, pour signifier la pierre des Philosophes parvenue à la couleur noire, que les mêmes Philosophes ont appellé *mortier*, parce que la matiere se broye & se dissout. Le marbre blanc étoit cette même matiere parvenue à la blancheur, appelée marbre, à cause de sa fixité. L'or étoit l'or Philosophique qui se tire & naît de cette blancheur, où la pierre fixée au rouge : on trouvera ces explications plus détaillées dans le cours de cet ouvrage.

Philon Juif (d) rapporte que Moyse avoit appris en Egypte l'Arithmétique, la Géométrie, la Musique, & la *Philosophie symbolique*, qui ne s'y écrivoit jamais que par des caracteres sacrés,

---

(a) Omninò tamen, & ipse existimo Ægyptiorum Hierophantas, omnium mortalium principes χρυσοποιητῳ jactitasse; & ab his Chemiæ profluxisse exordia.
(b) Antiq. l. 4. c. 2.
(c) Geogr. l. 17.
(d) Lib. 1. de vitâ Mosis.

I. Partie.

l'Aſtronomie & les Mathématiques. S. Clément d'Alexandrie s'exprime dans les mêmes termes que Philon; mais il ajoute la Médecine & la connoiſſance des Hyéroglyphes, que les Prêtres n'enſeignoient qu'aux enfans des Rois du pays & aux leurs propres (a).

Hermès fut le premier qui enſeigna toutes ces ſciences aux Egyptiens, ſuivant Diodore de Sicile (b), & Strabon (c). Le P. Kircker, quoique fort déchaîné contre la Philoſophie Hermétique, a prouvé lui-même (d) qu'elle étoit exercée en Egypte. On peut voir auſſi Diodore (Antiq. 1. c. 11.) & Julius Matern. Firmicus (lib. 3. c. 1. de Petoſiri & Nicepſo.) S. Clément d'Alexandrie (e) s'exprime ainſi à ce ſujet : Nous avons encore quarante-deux ouvrages d'Hermès très-utiles & très-néceſſaires. Trente-ſix de ces livres renferment toute la Philoſophie des Egyptiens ; & les autres ſix regardent la Médecine en par-

(a) *Cùm autem Moſes jam eſſet ætate grandior, Arithmeticam & Geometriam, Rhytmicam & Harmonicam, & præterea Medicinam ſimul & Muſicam ab iis (Ægyptiis) edoctus eſt, qui inter Ægyptios erant inſigniores; & præterea eam, quæ traditur per ſymbola & ſigna Philoſophiam, quam in litteris oſtendunt hieroglyphicis. Alium autem doctrinæ orbem tanquam puerum regium Græci eum docuére in Ægypto, ut dicit Philo in vitâ Moſis. Didicit autem litteras Ægyptiorum, & rerum cœleſtium ſcientiam à Chaldeis & ab Ægyptiis. Unde in ejus geſtis dicitur eruditus fuiſſe in omni ſcientiâ Ægyptiorum. Clemens Alexand. l. 1. Strom.*

(b) Lib. 2. c. 1.
(c) Lib. 17.
(d) Œdyp. Ægypt. T. 2. p. 2.
(e) Strom. l. 6.

ticulier: l'un traite de la construction du corps ou anatomie; le second, des maladies; le troisieme, des instrumens; le quatrieme, des médicamens; le cinquieme, des yeux; & le sixieme, des maladies des femmes.

Homere avoit voyagé en Egypte (*a*), & y avoit appris bien des choses dans la fréquentation qu'il eut avec les Prêtres de ce pays-là. On peut même dire que c'est-là qu'il puisa ses Fables. Il en donne de grandes preuves dans plusieurs endroits de ses ouvrages, & en particulier dans son Hymne III. à Mercure, où il dit que ce Dieu fut le premier qui inventa l'art du feu. πυρὸς δ' εὖ μαλετὸ τέχνην. v. 108. & v. 111. Ἑρμῆς τοι πρώτιστα πυρήια, πῦρ τ' ἀνέδωκε. Homere parle même d'Hermès comme de l'auteur des richesses, & le nomme en conséquence χρυσόρραπις, δώτορ ἐάων. C'est pour cela qu'il dit (*ibid.* v. 249.) qu'Apollon ayant été trouver Hermès pour avoir des nouvelles des bœufs qu'on lui avoit volés, il le vit couché dans son antre obscur, plein de nectar, d'ambroisie, d'or & d'argent, & d'habits de Nymphes rouges & blancs. Ce nectar, cette ambroisie & ces habits de Nymphes seront expliqués dans le cours de cet ouvrage.

Esdras, dans son quatrieme liv. chap. 8. s'exprime ainsi. *Quomodo interrogabis terram, & dicet tibi, quoniam dabit terram multam magis, unde fiat fictile, parvum autem pulverem unde aurum fit.*

Etienne de Byzance étoit si persuadé qu'Her-

―――――――
(*a*) Diod. de Sic. l. 1. c. 2.

mès étoit l'auteur de la Chymie, & en avoit une si grande idée, qu'il n'a pas fait difficulté de nommer l'Egypte même Ἑρμοκύμιος, & Vossius (de Idol.) a cru devoir corriger ce mot par celui Ἑρμοκήμιος. C'est sans doute ce qui avoit aussi engagé Homere à feindre que ces plantes *Moly* & *Nepenthes*, qui avoient tant de vertus, venoient d'Egypte. Pline (*a*) en rend témoignage en ces termes : *Homerus quidem primus doctrinarum & antiquitatis parens, multus alias in admiratione Circes, gloriam herbarum Ægypto tribuit. Herbas certè Ægyptias à Regis uxore traditas suæ Helenæ plurimas narrat, ac nobile illud nepenthes, oblivionem tristitiæ veniamque afferens, ab Helenâ utique omnibus mortalibus propinandum.*

Il est donc hors de doute que l'Art Chymique d'Hermès étoit connu chez les Egyptiens. Il n'est gueres moins constant que les Grecs qui voyagerent en Egypte, l'y apprirent, au moins quelques-uns ; & que l'ayant appris sous des hiéroglyphes, ils l'enseignerent ensuite sous le voile des fables. Eustathius nous le donne assez à entendre dans son commentaire sur l'Iliade.

L'idée de faire de l'or par le secours de l'Art n'est donc pas nouvelle ; outre les preuves que nous en avons données, Pline (*b*) le confirme par ce qu'il rapporte de Caligula. « L'amour & » l'avidité que Caïus Caligula avoit pour l'or, » engagerent ce Prince à travailler pour s'en » procurer. Il fit donc cuire, dit cet Auteur,

(*a*) Lib. 13. c. 2.
(*b*) Lib. 33. c. 4.

» une grande quantité d'orpiment, & réussit en
» effet à faire de l'or excellent ; mais en si pe-
» tite quantité, qu'il y avoit beaucoup plus de
» perte que de profit. » Caligula savoit donc
qu'on pouvoit faire de l'or artificiellement ; la
Philosophie Hermétique étoit donc connue.

Quant aux Arabes, personne ne doute que la Chymie Hermétique & la vulgaire n'aient été toujours en vigueur parmi eux. Outre qu'Albufaraius nous apprend (a) que les Arabes nous ont conservé un grand nombre d'ouvrages des Chaldéens, des Égyptiens & des Grecs par les traductions qu'ils en avoient faites en leur langue; nous avons encore les écrits de Geber, d'Avicenne, d'Abudali, d'Alphidius, d'Alchindis & de beaucoup d'autres sur ces matieres. On peut même dire que la Chymie s'est répandue dans toute l'Europe par leur moyen. Albert le Grand, Archevêque de Ratisbonne, est un des premiers connus depuis les Arabes. Entre les autres ouvrages pleins de science & d'érudition sur la Dialectique, les Mathématiques, la Physique, la Métaphysique, la Théologie & la Médecine, on en trouve plusieurs sur la Chymie, dont l'un porte pour titre *de Alchymia*: on l'a farci dans la suite d'une infinité d'additions & de sophistications. Le second est intitulé, *de concordantia Philosophorum*; le troisieme, *de compositione compositi*. Il a fait aussi un traité des minéraux, à la fin duquel il met un article particulier de la matiere des Philosophes sous le nom de *Electrum minerale*.

(a) Dynastiâ nonâ.

Dans le premier de ces Traités il dit : « L'envie de m'instruire dans la Chymie Hermétique m'a fait parcourir bien des Villes & des Provinces, visiter les gens savans pour me mettre au fait de cette science. J'ai transcrit & étudié avec beaucoup de soins & d'attention les livres qui en traitent ; mais pendant long-temps je n'ai point reconnu pour vrai ce qu'ils avancent. J'étudiai de nouveau les livres pour & contre, & je n'en pus tirer ni bien ni profit. J'ai rencontré beaucoup de Chanoines tant savans qu'ignorans dans la Physique, qui se mêloient de cet Art, & qui y avoient fait des dépenses énormes ; malgré leurs peines, leurs travaux & leur argent, ils n'avoient point réussi. Mais tout cela ne me rebuta point ; je me mis moi-même à travailler ; je fis de la dépense ; je lisois, je veillois ; j'allois d'un lieu à un autre, & je méditois sans cesse sur ces paroles d'Avicenne : *Si la chose est, comment est-elle ? si elle n'est pas, comment n'est-elle pas ?* Je travaillois donc ; j'étudiai avec persévérance, jusqu'à ce que je trouvai ce que je cherchois. J'en ai l'obligation à la grace du Saint-Esprit qui m'éclaira, & non à ma science. » Il dit aussi dans son Traité des minéraux (*a*) : « Il n'appartient pas aux Physiciens de déterminer & de juger de la transmutation des corps métalliques, & du changement de l'un dans l'autre : c'est le fait de l'Art, appelé Alchymie. Ce genre de science est très-bon & très-certain ; parce

(*a*) Lib. 3. c. 1.

« qu'elle apprend à connoître chaque chose par
» sa propre cause; & il ne lui est pas difficile
» de distinguer des choses mêmes les parties ac-
» cidentelles qui ne sont pas de sa nature. » Il
ajoute ensuite dans le chapitre second du même
livre: « La premiere matiere des métaux est
» un humide onctueux, subtil, incorporé, &
» mêlé fortement avec une matiere terrestre. »
C'est parler en Philosophe, & conformément à
ce qu'ils en disent tous, comme on le verra dans
la suite.

Arnaud de Villeneuve, Raymond Lulle son
disciple, & Flamel parurent peu de temps après;
le nombre augmenta peu à peu, & cette science
se répandit dans tous les Royaumes de l'Europe.
Dans le siecle dernier on vit le Cosmopolite,
d'Espagnet, & le Philalethe, sans doute qu'il y
en avoit bien d'autres, & qu'il en existe encore aujourd'hui; mais le nombre en est si petit,
ou ils se trouvent tellement cachés, qu'on ne
sauroit les découvrir. C'est une grande preuve
qu'ils ne cherchent pas la gloire du monde, ou
du moins qu'ils craignent les effets de sa per-
versité. Ils se tiennent même dans le silence,
tant du côté de la parole, que du côté des écrits.
Ce n'est pas qu'il ne paroisse de temps en temps
quelques ouvrages sur cette matiere; mais il
suffit d'avoir lu & médité ceux des vrais Philosophes, pour s'appercevoir bientôt qu'ils ne leur
ressemblent que par les termes barbares, & le
style énigmatique, mais nullement pour le fond.
Leurs Auteurs avoient lu de bons livres; ils les
citent assez souvent, mais ils le font si mal à

propos, qu'ils prouvent clairement, ou qu'ils ne les ont point médités, ou qu'ils l'ont fait de manière à adapter les expressions des Philosophes aux idées fausses que la prévention leur avoit mises dans l'esprit à l'égard des opérations & de la matière; & non point en cherchant à rectifier leurs idées sur celle des Auteurs qu'ils lisoient. Ces ouvrages des faux Philosophes sont en grand nombre; tout le monde a voulu se mêler d'écrire, & la plupart sans doute pour trouver dans la bourse du Libraire une ressource qui leur manquoit d'ailleurs, où du moins pour se faire un nom qu'ils ne méritent certainement pas. Un Auteur souhaitoit autrefois que quelque vrai Philosophe eût assez de charité envers le Public pour publier une liste de bons Auteurs dans ce genre de science, afin d'ôter à un grand nombre de personnes la confiance avec laquelle ils lisent les mauvais qui les induisent en erreur. Olaüs Borrichius, Danois, fit imprimer en conséquence, sur la fin du siecle dernier, un ouvrage qui a pour titre : *Conspectus Chymicorum celebriorum*. Il fait des articles séparés de chacun, & dit assez prudemment ce qu'il en pense. Il exclut un grand nombre d'Auteurs de la classe des vrais Philosophes : mais tous ceux qu'ils donnent pour vrais le sont-ils en effet ? d'ailleurs le nombre en est si grand, qu'on ne sait lesquels choisir préférablement à d'autres. On doit être par conséquent fort embarrassé quand on veut s'adonner à cette étude. J'aimerois donc mieux m'en tenir au sage conseil de d'Espagnet, qu'il donne en ces termes dans son *Arcanum Hermeticæ Philosophiæ*

opus, can. 9. « Celui qui aime la vérité de cette
» science doit lire peu d'Auteurs ; mais mar-
» qués au bon coin. » Et can. 10. « Entre les
» bons Auteurs qui traitent de cette Philosophie
» abstraite, & de ce secret Physique, ceux qui
» en ont parlé avec le plus d'esprit, de solidité
» & de vérité sont, entre les anciens, Hermès (*a*)
» & Morien Romain (*b*) ; entre les moder-
» nes, Raymond Lulle, que j'estime & que je
» considere plus que tous les autres, & Bernard,
» Comte de la Marche-Trévisanne, connu sous
» le nom du bon Trévisan (*c*). Ce que le sub-
» tile Raymond Lulle a omis, les autres n'en
» ont point fait mention. Il est donc bon de
» lire, relire & méditer sérieusement son testa-
» ment ancien & son codicille, comme un legs
» d'un prix inestimable, dont il nous a fait pré-
» sent ; à ces deux ouvrages on joindra la lecture
» de ses deux pratiques (*d*). On y trouve tout
» ce qu'on peut desirer, particulierement la vé-
» rité de la matiere, les degrés du feu, le ré-
» gime au moyen duquel on parfait l'œuvre ;
» toutes choses que les Anciens se sont étudiés
» de cacher avec plus de soins. Aucun autre n'a
» parlé si clairement & si fidélement des causes
» cachées des choses, & des mouvemens secrets
» de la Nature. Il n'a presque rien dit de l'eau

(*a*) Table d'Emeraude, & les sept chapitres.
(*b*) Entretien du Roi Calid & de Morien.
(*c*) La Philosophie des Métaux, & sa Lettre à Thomas de Boulogne.
(*d*) La plupart des autres livres de Raymond Lulle qui ne sont pas cités ici sont plus qu'inutiles.

» première & myſtérieuſe des Philoſophes; mais
» ce qu'il en dit eſt très-ſignificatif.

(a) » Quant à cette eau limpide recherchée
» de tant de perſonnes, & trouvée de ſi peu,
» quoiqu'elle ſoit préſente à tout le monde &
» qu'il en fait uſage. Un noble Polonois (b),
» homme d'eſprit & ſavant, a fait mention
» de cette eau qui eſt la baſe de l'œuvre,
» aſſez au long dans ſes Traités qui ont pour
» titre : *Novum lumen Chemicum ; Parabola ;
» Enigma ; de Sulfure.* Il en a parlé avec tant
» de clarté, que celui qui en demanderoit da-
» vantage, ne ſeroit pas capable d'être contenté
» par d'autres. »

» Les Philoſophes, continue le même Au-
» teur (c), s'expliquent plus volontiers & avec
» plus d'énergie par un diſcours muet, c'eſt-à-
» dire, par des figures allégoriques & énigma-
» tiques, que par des écrits ; tels ſont, par exem-
» ple, la table de Senior ; les peintures allégo-
» riques du Roſaire ; celles d'Abraham Juif,
» rapportées par Flamel, & celles de Flamel
» même. De ce nombre ſont auſſi les emblêmes
» de Michel Majer, qui y a renfermé, & comme
» expliqué ſi clairement les myſteres des An-
» ciens, qu'il n'eſt gueres poſſible de mettre la

(a) Can. 11.

(b) Le Coſmopolite. Lorſque d'Eſpagnet écrivoit cela, le Public n'étoit pas encore détrompé de ſon erreur, au ſujet de l'Auteur de ce livre, que Michel Sendivogius Polonois mit au jour ſous ſon nom, par anagramme ; mais on a reconnu depuis qu'il l'avoit eu en manuſcrit de la veuve du Coſmopolite.

(c) Can. 12.

» vérité devant les yeux avec plus de clarté. »

Tels sont les seuls Auteurs loués par d'Espagnet, comme suffisans sans doute pour mettre au fait de la Philosophie Hermétique, un homme qui veut s'y appliquer. Il dit qu'il ne faut pas se contenter de les lire une ou deux fois, mais dix fois & davantage sans se rebuter ; qu'il faut le faire avec un cœur pur & détaché des embarras fatigans du siecle, avec un véritable & ferme propos de n'user de la connoissance de cette science, que pour la gloire de Dieu & l'utilité du prochain, afin que Dieu puisse répandre ses lumieres & sa sagesse dans l'esprit & le cœur ; parce que la sagesse, suivant que dit le Sage, n'habitera jamais dans un cœur impur & souillé de péchés.

D'Espagnet exige encore une grande connoissance de la Physique ; & c'est pour cet effet que j'en mettrai à la suite de ce Discours un traité abrégé qui en renfermera les principes généraux tirés des Philosophes Hermétiques, que d'Espagnet a recueillis dans son Enchyridion. Le traité Hermétique qui est à la suite est absolument nécessaire pour disposer le Lecteur à l'intelligence de cet ouvrage. J'y joindrai les citations des Philosophes, pour faire voir qu'ils sont tous d'accord sur les mêmes points.

On ne sauroit trop recommander l'étude de la Physique, parce qu'on y apprend à connoître les principes que la Nature emploie dans la composition & la formation des individus des trois regnes animal, végétal & minéral. Sans cette connoissance on travailleroit à l'aveugle,

& l'on prendroit pour former un corps, ce qui ne seroit propre qu'à en former un d'un genre ou d'une espece tout-à-fait différente de celui qu'on se propose. Car l'homme vient de l'homme, le bœuf du bœuf, la plante de sa propre semence, & le métal de la sienne. Celui qui chercheroit donc, hors de la nature métallique, l'art & le moyen de multiplier ou de perfectionner les métaux, seroit certainement dans l'erreur. Il faut cependant avouer que la Nature ne sauroit par elle seule multiplier les métaux, comme le fait l'art Hermétique. Il est vrai que les métaux renferment dans leur centre cette propriété multiplicative; mais ce sont des pommes cueillies avant leur maturité, suivant ce qu'en dit Flamel. Les corps ou métaux parfaits (Philosophiques) contiennent cette semence plus parfaite & plus abondante; mais elle y est si opiniâtrément attachée, qu'il n'y a que la solution Hermétique qui puisse l'en tirer. Celui qui en a le secret, a celui du grand œuvre, si l'on en croit tous les Philosophes. Il faut, pour y parvenir, connoître les agens que la Nature emploie pour réduire les mixtes à leurs principes; parce que chaque corps est composé de ce en quoi il se résout naturellement. Les principes de Physique détaillés ci-après sont très-propres à servir de flambeau pour éclairer les pas de celui qui voudra pénétrer dans le puits de Démocrite, & y découvrir la vérité cachée dans les ténèbres les plus épaisses. Car ce puits n'est autre que les énigmes, les allégories, & les obscurités répandues dans les ouvrages des Philosophes, qui ont appris des Égyptiens, comme Démocrite, à ne point dévoiler les secrets de la sagesse, dont il avoit été instruit par ses successeurs du pere de la vraie Philosophie.

PRINCIPES GÉNÉRAUX DE PHYSIQUE,

Suivant la Philosophie Hermétique.

IL n'est pas donné à tous de pénétrer jusqu'au sanctuaire des secrets de la Nature : très-peu de gens savent le chemin qui y conduit. Les uns impatiens s'égarent en prenant des sentiers qui semblent en abréger la route ; les autres trouvent presque à chaque pas des carrefours qui les embarrassent, prennent à gauche, & vont au Tartare, au lieu de tenir la droite qui mene aux champs Elisées, parce qu'ils n'ont pas, comme Enée (*a*), une Sibylle pour guide. D'autres enfin ne pensent pas se tromper en suivant le chemin le plus battu & le plus fréquenté. Tous s'apperçoivent néanmoins, après de longues fatigues, que, loin d'être arrivés au but, ils ont ou passé à côté, ou lui ont tourné le dos.

Les erreurs ont leur source dans le préjugé, comme dans le défaut de lumieres & de solides instructions. La véritable route ne peut être que très-simple, puisqu'il n'y a rien de plus simple

(*a*) Eneid. l. 6.

que les opérations de la Nature. Mais quoique tracée par cette même Nature, elle est peu fréquentée ; & ceux mêmes qui y passent se font un devoir jaloux de cacher leurs traces avec des ronces & des épines. On n'y marche qu'à travers l'obscurité des fables & des énigmes ; il est très-difficile de ne pas s'égarer, si un Ange tutélaire ne porte le flambeau devant nous.

Il faut donc connoître la Nature avant que de se mettre en devoir de l'imiter, & d'entreprendre de perfectionner ce qu'elle a laissé dans le chemin de la perfection. L'étude de la Physique nous donne cette connoissance ; non de cette Physique des Ecoles, qui n'apprend que la spéculation, & qui ne meuble la mémoire que de termes plus obscurs, & moins intelligibles que la chose même que l'on veut expliquer. Physique, qui prétendant nous définir clairement un corps, nous dit que c'est un composé de points ou de parties ; de points qui menés d'un endroit à un autre formeront des lignes ; ces lignes rapprochées, une surface ; de-là l'étendue & les autres dimensions. De la réunion des parties résultera un corps, & de leur désunion, la divisibilité à l'infini, ou, si l'on veut, à l'indéfini. Enfin, tant d'autres raisonnemens de cette espece ; peu capables de satisfaire un esprit curieux de parvenir à une connoissance palpable & pratique des individus qui composent ce vaste Univers. C'est à la Physique Chymique qu'il faut avoir recours. Elle est une science pratique, fondée sur une théorie, dont l'expérience prouve la vérité. Mais cette expérience est malheureusement si rare, que bien des gens en prennent occasion de douter de son existence.

En vain des Auteurs, gens d'esprit, de génie, & très-savans dans d'autres parties, ont-ils voulu inventer des systêmes, pour nous représenter, par une description fleurie, la formation & la naissance du monde. L'un s'est embarrassé dans des tourbillons, dont le mouvement trop rapide l'a emporté : il s'est perdu avec eux. Sa premiere matiere, divisée en matiere subtile, rameuse & globuleuse, ne nous a laissé qu'une vaine matiere à raisonnemens subtils, sans nous apprendre ce que c'est que l'essence des corps. Un autre, non moins ingénieux, s'est avisé de soumettre tout au calcul, & a imaginé une attraction réciproque, qui pourroit tout au plus nous aider à rendre raison du mouvement actuel des corps, sans nous donner aucune lumiere sur les principes dont ils sont composés. Il sentoit très-bien que c'étoit faire revivre, sous un nouveau nom, les qualités occultes des Péripatéticiens, bannies de l'école depuis long-temps ; aussi n'a-t-il débité son attraction que comme une conjecture, que ses sectateurs se sont fait un devoir de soutenir comme une chose réelle.

La tête du troisieme, frappée du même coup dont sa prétendue comete heurta le Soleil, a laissé prendre à ses idées des routes aussi peu régulieres que celles qu'il fixe aux planetes, formées, selon lui, des parties séparées par ce choc du corps igné de l'Astre qui préside au jour.

Les imaginations d'un Telliamed, & celles

d'autres Ecrivains femblables font des rêveries qui ne méritent que du mépris ou de l'indignation. Tous ceux enfin qui ont voulu s'écarter de ce que Moyfe nous a laiffé dans la Genefe, fe font perdus dans leurs vains raifonnemens.

Qu'on ne nous dife pas que Moyfe n'a voulu faire que des Chrétiens, & non des Philofophes. Inftruit par la révélation de l'Auteur même de la Nature ; verfé d'ailleurs très-parfaitement dans toutes les fciences des Egyptiens, les plus inftruits & les plus éclairés dans toutes celles que nous cultivons, qui, mieux que lui, étoit en état de nous apprendre quelque chofe de certain fur l'hiftoire de l'Univers ?

Son fyftême, il eft vrai, eft très-propre à faire des Chrétiens ; mais cette qualité, qui manque à la plupart des autres, eft-elle donc incompatible avec la vérité ? Tout y annonce la grandeur, la toute-puiffance, & la fageffe du Créateur ; mais tout en même temps y manifefte à nos yeux la créature telle qu'elle eft. Dieu parla, & tout fut fait, *dixit, & facta funt* (a). C'étoit affez pour des Chrétiens, mais ce n'étoit pas affez pour des Philofophes. Moyfe ajoute d'où ce monde a été tiré ; quel ordre il a plu à l'Etre fuprême de mettre dans la formation de chaque regne de la Nature. Il fait plus : il déclare pofitivement quel eft le principe de tout ce qui exifte, & ce qui donne la vie & le mouvement à chaque individu. Pouvoit-il en dire davantage en fi peu de paroles ? Exigeroit-on de lui qu'il eût décrit l'anatomie de toutes les parties de ces

(a) Gen. I.

individus ? & quand il l'auroit fait, s'en feroit-on mieux rapporté à lui ? On veut examiner; on le veut, parce qu'on doute : on doute par ignorance ; & fur un tel fondement, quel fyftême peut-on élever, qui ne tombe bientôt en ruine ?

Le Sage ne pouvoit mieux défigner cette efpece d'Architectes, ces fabricateurs de fyftêmes, qu'en difant que Dieu a livré l'Univers à leurs vains raifonnemens (a). Difons mieux : il n'eft perfonne verfé dans la fcience de la Nature, qui ne reconnoiffe Moyfe pour un homme infpiré de Dieu, pour un grand Philofophe, & un vrai Phyficien. Il a décrit la création du monde & de l'homme avec autant de vérité, que s'il y avoit affifté en perfonne. Mais avouons en même temps que fes écrits font fi fublimes, qu'ils ne font pas à la portée de tout le monde; & que ceux qui le combattent, ne le font que parce qu'ils ne l'entendent pas, que les ténèbres de leur ignorance les aveuglent, & que leurs fyftêmes ne font que des délires mal combinés d'une tête bouffie de vanité, & malade de trop de préfomption.

Rien de plus fimple que la Phyfique. Son objet, quoique très-compofé aux yeux des ignorans, n'a qu'un feul principe, mais divifé en parties les unes plus fubtiles que les autres. Les différentes proportions employées dans le mélange, la réunion & les combinaifons des parties plus fubtiles avec celles qui le font moins, forment

---

(a) Ecclef. c. 3. v. 11.
I. Partie.

tous les individus de la Nature. Et comme ces combinaisons sont presque infinies, le nombre des mixtes l'est aussi.

Dieu est un Etre éternel, une unité infinie, principe radical de tout : son essence est une immense lumiere, sa puissance une toute-puissance, son desir un bien parfait, sa volonté absolue un ouvrage accompli. A qui voudroit en savoir davantage, il ne reste que l'étonnement, l'admiration, le silence, & un abyme impénétrable de gloire.

Avant la création il étoit comme replié en lui-même & se suffisoit. Dans la création il accoucha, pour ainsi dire, & mit au jour ce grand ouvrage qu'il avoit conçu de toute éternité. Il se développa par une extension manifeste de lui-même, & rendit actuellement matériel ce monde idéal, comme s'il eût voulu rendre palpable l'image de sa Divinité. C'est ce qu'Hermès a voulu nous faire entendre lorsqu'il dit que Dieu changea de forme; qu'alors le monde fut manifesté & changé en lumiere (a). Il paroît vraisemblable que les Anciens entendoient quelque chose d'approchant, par la naissance de Pallas, sortie du cerveau de Jupiter avec le secours de Vulcain ou de la lumiere.

Non moins sage dans ses combinaisons que puissant dans ses opérations, le Créateur a mis un si bel ordre dans la masse organique de l'Univers, que les choses supérieures sont mêlées sans confusion avec les inférieures, & devien-

(a) Pymand, c. 1.

nent semblables par une certaine anologie. Les extrêmes se trouvent liés très-étroitement par un milieu insensible, ou un nœud secret de cet adorable ouvrier, de maniere que tout obéit de concert à la direction du Modérateur suprême, sans que le lien des différentes parties puisse être rompu que par celui qui en a fait l'assemblage. Hermès avoit donc raison de dire (a) que ce qui est en bas est semblable à ce qui est en haut, pour parfaire toutes les choses admirables que nous voyons.

De la premiere matiere.

Quelques Philosophes ont supposé une matiere préexistante aux élémens; mais comme ils ne la connoissoient pas, ils n'en ont parlé que d'une maniere obscure & très-embrouillée. Aristote, qui paroît avoir cru le monde éternel, parle cependant d'une premiere matiere universelle, sans oser néanmoins s'engager dans les détours ténébreux des idées qu'il en avoit. Il ne s'est exprimé à cet égard que d'une maniere fort ambiguë. Il la regardoit comme le principe de toutes les choses sensibles, & semble vouloir insinuer que les élémens se sont formés par une espèce d'antipathie ou de répugnance qui se trouvoit entre les parties de cette matiere (b). Il eût mieux philosophé s'il n'y avoit vu qu'une sympathie & un accord parfait; puisqu'on ne voit aucune con-

(a) Tab. Smarag.
(b) De ortu & interitu, l. 2. c. 1. & 2.

trariété dans les élémens mêmes, quoiqu'on pense ordinairement que le feu est opposé à l'eau. On ne s'y tromperoit pas, si l'on faisoit attention que cette opposition prétendue ne vient que de l'intention de leurs qualités, & de la différence de subtilité de leurs parties, puisqu'il n'y a point d'eau sans feu.

Thalès, Héraclite, Hésiode ont regardé l'eau comme la premiere matiere des choses. Moyse paroît dans la Genese (a) favoriser ce sentiment, en donnant les noms d'abyme & d'eau à cette premiere matiere; non qu'il entendît l'eau, élément que nous buvons, mais une espece de fumée, une vapeur humide, épaisse & ténébreuse, qui se condense dans la suite plus ou moins, selon les choses plus ou moins compactes qu'il a plu au Créateur d'en former. Ce brouillard, cette vapeur immense se concentra, s'épaissit, ou se raréfia en une eau universelle & chaotique, qui devint par-là le principe de tout pour le présent & pour la suite (b).

Dans son commencement, cette eau étoit volatile, telle qu'un brouillard; la condensation en fit une matiere plus ou moins fixe. Mais quelle que puisse être cette matiere, premier principe des choses, elle fut créée dans des ténebres trop épaisses & trop obscures, pour que l'esprit humain puisse y voir clairement. L'Auteur seul de la Nature la connoît, & en vain les Théologiens & les Philosophes voudroient-ils déterminer ce qu'elle étoit.

(a) C. 1.   (b) Cosmop. Tract. 4.

EGYPTIENNES ET GRECQUES. 53

Il est cependant très-vraisemblable que cet abyme ténébreux, ce chaos étoit une matiere aqueuse ou humide, comme plus propre & plus disposée à être atténuée, raréfiée, condensée, & servir par ces qualités à la construction des Cieux & de la Terre.

L'Ecriture Sainte nomme cette masse informe tantôt terre vuide, & tantôt eau, quoiqu'elle ne fût actuellement ni l'une ni l'autre, mais seulement en puissance. Il seroit donc permis de conjecturer qu'elle pouvoit être à peu près comme une fumée, ou une vapeur épaisse & ténébreuse, stupide & sans mouvement, engourdie par une espece de froid, & sans action; jusqu'à ce que la même parole qui créa cette vapeur, y infusa un esprit vivifiant, qui devint comme visible & palpable par les effets qu'il y produisit.

La séparation des eaux supérieures d'avec les inférieures, dont il est fait mention dans la Genese, semble s'être faite par une espece de sublimation des parties les plus subtiles, & les plus ténues, d'avec celles qui l'étoient moins, à peu près comme dans une distillation où les esprits montent & se séparent des parties les plus pesantes, plus terrestres, & occupent le haut du vase, pendant que les plus grossieres demeurent au fond.

Cette opération ne put se faire que par le secours de cet esprit lumineux qui fut infusé dans cette masse. Car la lumiere est un esprit igné, qui, en agissant sur cette vapeur, & dans elle, rendit quelques parties plus pesantes en les condensant, & devenues opaques par leur adhésion

D iij

plus étroite; cet esprit les chassa vers la région inférieure, où elles conservent les ténèbres dans lesquelles elles étoient premierement ensevelies. Les parties plus ténues, & devenues homogenes de plus en plus par l'uniformité de leur ténuité & de leur pureté, furent élevées & poussées vers la région supérieure, où moins condensées elles laisserent un passage plus libre à la lumiere qui s'y manifesta dans toute sa splendeur.

Ce qui prouve que l'abyme ténébreux, le chaos, où la premiere matiere du monde, étoit une masse aqueuse & humide, c'est qu'outre les raisons que nous avons rapportées, nous en avons une preuve assez palpable sous nos yeux. Le propre de l'eau est de couler, de fluer tant que la chaleur l'anime & l'entretient dans son état de fluidité. La continuité des corps, l'adhésion de leurs parties est due à l'humeur aqueuse. Elle est comme la colle ou la soudure qui réunit & lie les parties élémentaires des corps. Tant qu'elle n'en est point séparée entierement, ils conservent la solidité de leur masse. Mais si le feu vient à échauffer ces corps au-delà du degré nécessaire pour leur conservation dans leur maniere d'être actuelle, il chasse, raréfie cette humeur, la fait évaporer, & le corps se réduit en poudre, parce que le lien qui en réunissoit les parties n'y est plus.

La chaleur est le moyen & l'instrument que le feu emploie dans ses opérations; il produit même par son moyen deux effets qui paroissent opposés, mais qui sont très-conformes aux loix de la Nature, & qui nous représentent ce qui s'est passé dans le débrouillement du chaos. En séparant la partie la plus ténue & la plus humide de la plus terrestre, la chaleur raréfie la première, & condense la seconde. Ainsi par la séparation des hétérogenes se fait la réunion des homogenes.

Nous ne voyons en effet dans le monde qu'une eau plus ou moins condensée. Entre le Ciel & la Terre, tout est fumée, brouillards, vapeurs poussés du centre & de l'intérieur de la terre, & élevée au dessus de sa circonférence dans la partie que nous appelons air. La foiblesse des organes de nos sens ne nous permet pas de voir les vapeurs subtiles, ou émanations des corps célestes, que nous nommons influences, & se mêlent avec les vapeurs qui se subliment des corps sublunaires. Il faut que les yeux de l'esprit viennent au secours de la foiblesse des yeux du corps.

En tout temps les corps transpirent une vapeur subtile, qui se manifeste plus clairement en Eté. L'air échauffé sublime les eaux en vapeurs, les pompe, les attire à lui. Lorsqu'après une pluie les rayons du Soleil dardent sur la terre, on la voit fumer & s'exaler en vapeurs. Ces vapeurs voltigent dans l'air en forme de brouillards, lorsqu'elles ne s'élevent pas beaucoup au dessus de la superficie de la terre: mais quand elles montent jusqu'à la moyenne région, on les voit courir çà & là sous la forme de nuées. Alors elles se résolvent en pluie, en neige, en grêle, &c. & tombent pour retourner à leur origine.

L'ouvrier le sent à sa grande incommodité, quand il travaille avec action. L'homme oisif même l'éprouve dans les grandes chaleurs. Le corps transpire toujours, & les sueurs qui ruissellent souvent le long du corps le manifestent assez.

Ceux qui ont donné dans les idées creuses des Rabbins, ont cru qu'il avoit existé, avant cette premiere matiere, un certain principe plus ancien qu'elle, auquel ils ont donné fort improprement le nom d'*Hylé*. C'étoit moins un corps qu'une ombre immense, moins une chose, qu'une image très-obscure de la chose, que l'on devroit plutôt nommer un fantôme ténébreux de l'Être, une nuit très-noire, & la retraite ou le centre des ténebres; enfin une chose qui n'existe qu'en puissance, & telle seulement qu'il seroit possible à l'esprit humain de se l'imaginer dans un songe. Mais l'imagination même ne sauroit nous le représenter autrement que comme un aveugle-né se représente la lumiere du Soleil. Ces sectateurs du Rabbinisme ont jugé à propos de dire que Dieu tira de ce premier principe un abyme ténébreux, informe comme la matiere prochaine des élémens & du monde. Mais enfin tout de concert nous annonce l'eau comme premiere matiere des choses.

L'esprit de Dieu qui étoit porté sur les eaux (a), fut l'instrument dont le suprême Architecte du monde se servit pour donner la forme à l'Univers. Il répandit à l'instant la lumiere, réduisit de puissance en acte les semences des choses auparavant confuses dans le chaos, & par une altération constante de coagulations & de résolu-

_____

(a) Gen. 1.

tions, il entretint tous les individus. Répandu dans toute la maffe, il en anime chaque partie & par une continuelle & fecrete opération, donne le mouvement à chaque individu, felon le genre & l'efpece auquel il l'a déterminé. C'eſt proprement l'ame du monde; & qui l'ignore ou le nie, ignore les loix de l'Univers.

De la Nature.

A ce premier moteur ou principe de génération & d'altération, s'en joint un fecond corporifié, auquel nous donnons le nom de Nature. L'œil de Dieu, toujours attentif à fon ouvrage, eſt proprement la Nature même, & les loix qu'il a pofées pour fa confervation, font les caufes de tout ce qui s'opere dans l'Univers. La Nature que nous venons d'appeler un fecond moteur corporifié, eſt une Nature fecondaire, un ferviteur fidele qui obéit exactement aux ordres de fon maître (a), ou un inſtrument conduit par la main d'un ouvrier incapable de fe tromper. Cette Nature ou caufe feconde eſt un efprit univerfel, qui a une propriété vivifiante & fécondante de la lumiere créée dans le commencement, & communiquée à toutes les parties du macrocofme. Zoroaſtre avec Héraclite l'ont appelé un efprit igné, un feu invifible, & l'ame du monde. C'eſt de lui que parle Virgile, lorfqu'il dit (b): Dès le commencement un certain efprit igné fut

(a) Cofmopol. Tract. 2.
(b) Eneid. l. 6.

infusé dans le ciel, la terre & la mer, la lune, & les astres Titaniens ou terrestres (*a*). Cet esprit leur donne la vie & les conserve. Ame répandue dans tout le corps, elle donne le mouvement à toute la masse, & à chacune de ses parties. De là sont venues toutes les especes d'êtres vivans, quadrupedes, oiseaux, poissons. Cet esprit igné est le principe de leur vigueur: son origine est céleste, & il leur est communiqué par la semence qui les produit.

L'ordre qui regne dans l'Univers n'est qu'une suite développée des loix éternelles. Tous les mouvemens des différentes parties de sa masse en dépendent. La Nature forme, altere & corrompt sans cesse; & son modérateur, présent partout, répare continuellement les altérations de l'ouvrage.

On peut partager le monde en trois régions, la supérieure, la moyenne & l'inférieure. Les Philosophes Hermétiques donnent à la premiere le nom d'*intelligible*, & disent qu'elle est spirituelle, immortelle ou inaltérable; c'est la plus parfaite.

La moyenne est appelée *céleste*. Elle renferme les corps les moins imparfaits & une quantité d'esprits (*b*). Cette région étant au milieu par-

___

(*a*) C'est-à-dire, les minéraux & les métaux, auxquels on a donné les noms de Planétes.

(*b*) Il faut remarquer que les Philosophes n'entendent pas par ces esprits, des esprits immatériels ou esprits angéliques, mais seulement des esprits physiques, tels que l'esprit igné répandu dans l'Univers. Telle est aussi la spiritualité de leur région supérieure.

ticipe de la supérieure & de l'inférieure. Elle sert comme de milieu pour réunir ces deux extrêmes, & comme de canal par où se communiquent sans cesse à l'inférieure les esprits vivifians qui en animent toutes les parties. Elle n'est sujette qu'à des changemens périodiques.

L'inférieure ou élémentaire comprend tous les corps sublunaires. Elle ne reçoit des deux autres les esprits vivifians que pour les leur rendre. C'est pourquoi tout s'y altere, tout s'y corrompt, tout y meurt ; il ne s'y fait point de génération qui ne soit précédée de corruption ; & point de naissance, que la mort ne s'ensuive.

Chaque région est soumise, & dépend de celle qui lui est supérieure, mais elles agissent de concert. Le Créateur seul a le pouvoir d'anéantir les êtres, comme lui seul a eu le pouvoir de les tirer du néant. Les loix de la Nature ne permettent pas que ce qui porte le caractere d'être ou de substance, soit assujetti à l'anéantissement. Ce qui a fait dire à Hermès (a) que rien ne meurt dans ce monde, mais que tout passe d'une maniere d'être à une autre. Tout mixte est composé d'élémens, & se résout enfin dans ces mêmes élémens, par une rotation continuelle de la Nature, comme l'a dit Lucrece :

Huic accedit uti quicque in sua corpora rursum
Dissolvat natura ; neque ad nihilum interimat res.

Il y eut donc dès le commencement deux principes, l'un lumineux, approchant beaucoup

(a) Pymand.

de la Nature spirituelle; l'autre tout corporel & ténébreux. Le premier pour être le principe de la lumiere, du mouvement & de la chaleur: le second comme principe des ténebres, d'engourdissement & de froid (a). Celui-là actif & masculin; celui-ci passif & féminin. Du premier vient le mouvement pour la génération dans notre monde élémentaire, & de la part du second procéde l'altération, d'où la mort a pris commencement.

Tout mouvement se fait par raréfaction & condensation (b). La chaleur, effet de la lumiere sensible ou insensible, est la cause de la raréfaction, & le froid produit le resserrement ou la condensation. Toutes les générations, végétations & accrétions ne se font que par ces deux moyens; parce que ce sont les deux premieres dispositions dont les corps aient été affectés. La lumiere ne s'est répandue que par la raréfaction; & la condensation, qui produit la densité des corps, a seule arrêté le progrès de la lumiere, & conservé les ténebres.

Lorsque Moyse dit que Dieu créa le ciel & la terre, il semble avoir voulu parler des deux principes formel & matériel, ou actif & passif que nous avons expliqué, & il ne paroît pas avoir entendu par la terre, cette masse aride qui parut après que les eaux s'en furent séparées. Celle dont parle Moyse est le principe matériel de tout ce qui existe, & comprend le globe terra-aque-aérien. L'autre n'a pris proprement son nom que de sa séche-

(a) Cosmop. Tract. 1.
(b) Becher, Phys. subt.

resse ; & pour la distinguer de l'amas des eaux, *& vocavit Deus aridam terram, congregationesque aquarum maris* (a).

L'air, l'eau & la terre ne sont qu'une même matiere plus ou moins ténue & subtilisée, selon qu'elle est plus ou moins raréfiée. L'air, comme le plus proche du principe de raréfaction, est le plus subtil ; l'eau vient ensuite, & puis la terre.

Comme l'objet que je me propose en donnant ces principes abrégés de Physique, est seulement d'instruire sur ce qui peut éclairer les amateurs de la Philosophie Hermétique, je n'entrerai point dans le détail de la formation des astres & de leurs mouvemens.

De la lumiere, & de ses effets.

La lumiere, après avoir agi sur les parties de la masse ténébreuse, qui lui étoient plus voisines, & les avoir raréfiées plus ou moins à proportion de leur éloignement, pénétra enfin jusqu'au centre, pour l'animer dans son tout, la féconder, & lui faire produire tout ce que l'Univers présente à nos yeux. Il plut alors à Dieu d'en fixer la source naturelle dans le Soleil, sans cependant l'y ramasser toute entiere. Il semble que Dieu l'en ait voulu établir comme l'unique dispensateur, afin que la lumiere créée de Dieu unique, lumiere incréée, elle fût communiquée aux créatures par un seul ; comme pour nous indiquer sa premiere origine.

De ce flambeau lumineux tous les autres em-

(a) Genes. c. 1.

pruntent leur lumiere & l'éclat qu'ils réfléchissent sur nous ; parce que leur matiere compacte produit à notre égard le même effet qu'une masse sphérique polie, ou un miroir sur lequel tombent les rayons du Soleil. Nous devons juger des corps célestes comme de la Lune, dans laquelle la vue seule nous découvre de la solidité, & une propriété commune aux corps terrestres d'intercepter les rayons du Soleil, & de produire de l'ombre, ce qui ne convient qu'aux corps opaques. On ne doit pas en conclure que les Astres & les Planetes ne sont pas des corps diaphanes ; puisque les nuages, qui ne sont que des vapeurs ou de l'eau, font également de l'ombre en interceptant les rayons solaires.

Quelques Philosophes ont appelé le Soleil *ame du monde*, & l'ont supposé placé au milieu de l'univers, afin que comme d'un centre il lui fût plus facile de communiquer par-tout ses bénignes influences. Avant que de les avoir reçues, la terre étoit comme dans une espece d'oisiveté, ou comme une femelle sans mâle. Si-tôt qu'elle en fut imprégnée, elle produisit aussi-tôt, non des simples végétaux comme auparavant, mais des êtres animés & vivans, des animaux de toutes sortes d'especes.

Les élémens furent donc aussi le fruit de la lumiere ; & ayant tous un même principe, comment pourroient-ils, suivant l'opinion vulgaire, avoir entr'eux de l'antipathie & de la contrariété ? C'est de leurs union que sont formés tous les corps selon leur especes différentes ; & leur diversité ne vient que du plus ou du moins de ce que chaque élément fournit pour la composition de chaque mixte.

La première lumière avoit jeté les semences des choses dans les matrices qui étoient propres à chacune; celle du Soleil les a comme fécondées, & fait germer. Chaque individu conserve dans son intérieur une étincelle de cette lumière qui réduit les semences de puissance en acte. Les esprits des êtres vivans sont des rayons de cette lumière, & l'ame seule de l'homme est un rayon ou comme une émanation de la lumière incréée. Dieu, cette lumière éternelle, infinie, incompréhensible, pouvoit-il se manifester au monde autrement que par la lumière; & faut-il s'étonner s'il a infusé tant de beautés & de vertus dans son image, qu'il a formé lui-même, & dans laquelle il a établi son trône: *In sole posuit tabernaculum suum* (a).

De l'Homme.

Dieu en se corporifiant, pour ainsi dire, par la création du monde, ne crut pas que c'étoit assez d'avoir fait de si belles choses; il voulut y mettre le sceau de sa Divinité, & se manifester encore plus parfaitement par la formation de l'homme. Il le fit pour cet effet à son image & à celle du monde. Il lui donna une ame, un esprit & un corps; & de ces trois choses réunies dans un même sujet, il en constitua l'humanité.

Il composa ce corps d'un limon extrait de la

(a) Psal. 18.

plus pure substance de tous les corps créés. Il tira son esprit de tout ce qu'il y avoit de plus parfait dans la Nature; & il lui donna une ame faite par une espece d'extension de lui-même. C'est Hermès qui parle (a).

Le corps représente le monde sublunaire, composé de terre & d'eau; c'est pour cela qu'il est composé de sec & d'humide, ou d'os, de chair & de sang.

L'esprit infiniment plus subtil, tient comme le milieu entre l'ame & le corps, & leur sert comme de lien pour les unir, parce qu'on ne peut joindre deux extrêmes que par un milieu. C'est lui qui par sa vertu ignée vivifie & meut le corps sous la conduite de l'ame, dont il est le ministre; quelquefois rebelle à ses ordres, il suit ses propres fantaisies & son penchant. Il représente le firmament, dont les parties constituantes sont infiniment plus subtiles que celles de la terre & de l'eau. L'ame enfin est l'image de Dieu même, & le flambeau de l'homme.

Le corps tire sa nourriture de la plus pure substance des trois regnes de la Nature, qui passent successivement de l'un dans l'autre pour aboutir à l'homme, qui en est la fin, le com-

(a) Mens, ô Tat, ex propriâ essentia Dei est aliqua siquidem est Dei essentia. Qualiscumque tamen ille sit, hæc ipsum sola absolutè novit. Mens itaque ab essentiæ Dei habitu non est præcisa. Quin etiam velut diffusa, solis splendoris instar. Hæc autem mens in hominibus quidem Deus est; eâ de causâ homines dii sunt, ac ipsorum humanitas divinitati est confinis.
Pymand. cap. II.

plément

plément & l'abrégé. Ayant été fait de terre & d'eau, il ne peut se nourrir que d'une maniere analogue, c'est-à-dire, d'eau & de terre, & ne sauroit manquer de s'y résoudre.

L'esprit se nourrit de l'esprit de l'Univers, & de la quintessence de tout ce qui le constitue, parce qu'il en a été fait. L'ame enfin de l'homme s'entretient de la lumiere divine dont elle tire son origine.

La conservation du corps est confiée à l'esprit. Il travaille les alimens grossiers que nous prenons des végétaux & des animaux, dans les laboratoires pratiqués dans l'intérieur du corps. Il y sépare le pur de l'impur, il garde & distribue dans les vaisseaux déférens la quintessence analogue à celle dont le corps a été fait, soit pour en augmenter le volume, soit pour l'entretenir; renvoie & rejette l'impur & l'hétérogene par les voies destinées à cet usage.

C'est là le véritable archée de la Nature, que Van Helmont (a) suppose placé à l'orifice de l'estomac; mais dont il ne paroît pas avoir eu une idée nette, puisqu'il en a parlé d'une maniere si embrouillée, qu'il s'est rendu presque inintelligible.

Cet archée est un principe igné, principe de chaleur, de mouvement & de vie, qui anime le corps, & conserve sa maniere d'être autant de temps que la foiblesse de ses organes le permet. Il se nourrit des principes analogues à lui-même qu'il attire sans cesse par la respiration : c'est

---

(a) Traité des malad.

I. Partie.

pourquoi la mort succede à la vie, presque aussitôt que la respiration est interceptée.

Le corps est par lui-même un principe de mort, analogue à cette masse informe, froide & ténébreuse, de laquelle Dieu forma le monde. Il représente les ténèbres. L'esprit tient & participe de cette matiere animée par l'esprit de Dieu, qui au commencement étoit porté sur les eaux, &, qui par la lumiere qu'il répandit, infusa dans la masse cette chaleur qui donne le mouvement & la vie à toute la nature, & cette vertu fécondante, principe de génération, qui fournit à chaque individu l'envie & le moyen de multiplier son espece.

Infusé dans la matrice avec la semence même qu'il anime, il y travaille à former & à perfectionner la demeure & le logement qu'il doit habiter, suivant l'espece & la qualité des matériaux fournis, suivant la disposition des lieux, & la spécification de la matiere. Si les matériaux sont de bonnes qualités, le bâtiment en sera plus solide, le tempérament plus fort & plus vigoureux. S'ils sont mauvais, le corps en sera plus foible, & moins propre à résister aux assauts perpétuels qu'il aura à soutenir tant qu'il subsistera. Si la matiere est susceptible d'une organisation plus déliée, plus combinée & plus parfaite, l'esprit la fera de maniere qu'il puisse y exercer dans la suite son action avec toute la liberté & l'aisance possible. Alors l'enfant qui en viendra, sera plus alerte, plus vif, & l'esprit se manifestera dans les actions de la vie avec plus de brillant & d'éclat. Mais s'il manque quelque

ÉGYPTIENNES ET GRECQUES. 67

chose; si la matière est grossière & terrestre; si cet esprit est foible par lui-même, par son peu de force ou de quantité, les organes seront défectueux ou viciés; l'esprit ne pourra travailler à sa demeure que foiblement; l'enfant sera plus ou moins pesant, stupide. L'ame qui y sera infusée n'en sera pas moins parfaite; mais son ministre n'y pouvant alors exercer ses fonctions que difficilement, à cause des obstacles qu'il rencontre à chaque pas, elle ne paroîtra pas avec toute sa splendeur, & ne pourra se manifester telle qu'elle est. Une cabane de paysan, une maison même bourgeoise n'annonceroit pas la demeure d'un Roi, quoiqu'un Roi y fît son séjour. En vain aura-t-il toutes les qualités requises pour régner glorieusement; en vain son Ministre sera-t-il entendu & capable de seconder son Souverain; si la constitution de l'État est mauvaise, s'ils ne peuvent pas se faire obéir, s'il n'y a aucun remède, l'État ne sera point brillant, tout ira mal, tout languira. Il tendra à sa perte, sans qu'on puisse imputer l'existence du Souverain, ou rejeter sur lui le défaut de gloire & de splendeur. On rendra même au Roi & à son Ministre la justice qui leur est due.

On voit par là pourquoi la raison ne se manifeste dans les enfans qu'à un certain âge, & dans les uns plus tôt que dans les autres; pourquoi, à mesure que les organes s'affoiblissent, la raison paroît aussi s'affoiblir. *Corpus quod corrumpitur aggravat animam, & terrena inhabitatio deprimit sensum multa cogitantem* (a). Il faut un cer-

(a) Sap. 9.

E ij

tain temps aux organes pour se fortifier & se perfectionner. Ils s'usent enfin; ils tombent en décadence & se détruisent. L'Etat fût-il au plus haut degré de gloire, s'il commence à décliner, si sa perte est inévitable, le Roi & son Ministre avec toute l'attention & toute la capacité possible, ne pourront tout au plus que faire de temps en temps quelques efforts, qui manifesteront leurs talens, mais foiblement, de manière à ne pouvoir arrêter la ruine de l'Etat.

Si peu qu'un homme sensé se replie sur lui-même, & qu'il fasse l'anatomie de son composé, il y reconnoîtra bientôt ces trois principes de son humanité réellement distincts, mais réunis dans un seul individu (a).

Que les prétendus esprits forts, que les Matérialistes ignorans, & peu accoutumés à réfléchir sérieusement, rentrent de bonne foi en eux-mêmes, & suivent pas à pas ce petit détail de l'homme; ils reconnoîtront bientôt leur égarement & la foiblesse de leurs principes. Ils y verront que leur ignorance leur fait confondre le Roi avec le Ministre & les Sujets, l'ame avec l'esprit & le corps. Enfin qu'un Prince est responsable & de ses propres actions, & celles de son Ministre, lorsque celui-ci les fait par son ordre, ou de son consentement & avec son approbation.

Salomon confond l'erreur des Matérialistes de son temps, & nous apprend en même temps qu'ils raisonnoient aussi follement que ceux de nos jours. « Ils ont, dit-il (b), parlé en insensés, qui pen-

(a) Nicolas Flamel. Explic. des figures, chap. 7.
(b) Sap. c. 2.

ÉGYPTIENNES ET GRECQUES.

« sent mal, & ont dit : Le temps de la vie est
« court & ennuyeux ; nous n'avons ni biens ni
« plaisirs à espérer après notre mort ; personne
« n'est revenu de l'autre monde pour nous ap-
« prendre ce qu'on dit qui s'y passe, parce que
« nous sommes nés de rien, & qu'après notre
« mort nous serons comme si nous n'avions pas
« existés ; c'est une fumée que nous respirons,
« & une étincelle qui donne le mouvement à
« notre cœur : cette étincelle une fois éteinte,
« notre esprit se dissipera dans les airs, & notre
« corps ne sera plus qu'une cendre & une pouf-
« siere..... Venez donc, mes amis ; profitons des
« biens présens ; jouissons des créatures, diver-
« tissons-nous pendant que nous sommes jeu-
« nes...... C'est ainsi qu'ils ont pensé, & qu'ils
« sont tombés dans l'erreur, parce que leurs
« passions & la malice de leur cœur les ont
« aveuglés. Ils ont ignoré les promesses fermes
« & stables de Dieu ; ils n'ont point espéré
« la récompense promise à la justice, & n'ont
« pas eu assez de bon sens & de jugement pour
« reconnoître l'honneur & la gloire qui est ré-
« servée aux ames saintes & pieuses, puisque
« Dieu a créé l'homme à son image, & l'a fait
« *inexterminable*. »

On voit clairement dans ce chapitre la distinction de l'esprit & de l'ame. Le premier est
une vapeur ignée, une étincelle, un feu qui
donne la vie animale & le mouvement au corps,
& qui se dissipe dans l'air, quand les organes se
détruisent. L'ame est le principe des actions
volontaires & réfléchies ; & survit à la des-

truction du corps, & à la dissipation de l'esprit.

Ce chapitre détermine par conséquent le sens de ces paroles du même Auteur (a): « La condition de l'homme est la même que celle des bêtes; les uns & les autres respirent, & la mort des bêtes est la même que celle de l'homme. »

Cette vapeur ignée, cette parcelle de lumiere anime donc le corps de l'homme & en fait jouer tous les ressorts. En vain cherche-t-on le lieu particulier où l'ame fait sa résidence, où elle commande en maître. C'est le séjour particulier de cet esprit qu'il faudroit chercher; mais inutilement voudroit-on le déterminer. Toutes les parties du corps sont animées; il est répandu par-tout. Si la pression de la glande pinéale ou du corps calleux arrêtent l'action de cet esprit, ce n'est pas qu'il y habite en particulier; c'est que les ressorts que l'esprit emploie pour faire jouer la machine, aboutissent là médiatement ou immédiatement. Leur jeu est empêché par cette pression: & l'esprit, quoique répandu par-tout, ne peut plus les faire agir.

La ténuité de cette vapeur ignée est trop grande pour être apperçue des sens, autrement que par les effets. Ministre de Dieu & de l'ame dans les hommes, elle suit uniquement dans les animaux les impressions & les loix que le Créateur lui a imposées pour les animer, leur donner le mouvement conforme à leurs espèces. Il se fait tout à tout, & se spécifie dans l'homme & les ani-

___
(a) Ecclesiast. c. 3. v. 19. & suiv.

maux, suivant leurs organes. De là vient la conformité qui se remarque dans un très-grand nombre des actions des hommes & des bêtes. Dieu s'en sert comme d'un instrument au moyen duquel les animaux voient, goûtent, flairent, entendent. Il l'a constitué sous ses ordres le guide de leurs actions. Il le spécifie dans chacun d'eux, selon la différente spécification qu'il lui a plu de donner à leurs organes. De là la différence de leurs caracteres, & leurs manieres d'agir différentes, mais néanmoins toujours uniformes quant à chacun en particulier, prenant toujours le même chemin pour parvenir au même but, quand il ne s'y trouve pas d'obstacles.

Cet esprit, que l'on appelle ordinairement instinct, quand il s'agit des animaux, déterminé & presque absolument spécifié dans chaque animal, ne l'est pas dans l'homme, parce que celui de l'homme est l'abrégé & la quintessence de tous les esprits des animaux. Aussi l'homme n'a-t-il pas un caractere particulier qui lui soit propre, comme l'a chaque animal. Tout chien est fidele; tout agneau est doux; tout lion est hardi, entreprenant; tout chat est traître, sensuel; mais l'homme est tout ensemble, fidele, indiscret, traître, gourmand, sobre, doux, furieux, hardi, timide, courageux; les circonstances ou la raison décident toujours de ce qu'il est à chaque instant de la vie, & l'on ne voit jamais dans aucun animal ces variétés que l'on trouve dans l'homme, parce qu'il possede lui seul le germe de tout cela. Chaque homme le verroit développer, & le réduiroit de puissance en acte comme les animaux, toutes les fois que l'occasion s'en présente, si cet esprit n'étoit subordonné à une autre substance fort supérieure à la sienne. L'ame, purement spirituelle, tient les rênes : elle le guide & le conduit dans toutes les actions réfléchies. Quelquefois il ne lui laisse pas le temps de donner ses ordres, & d'exercer son empire. Il agit de lui-même ; il met les ressorts du corps en mouvement, & l'homme alors fait des actions purement animales. Telles sont celles que l'on appelle *premier mouvement*, & celles que l'on fait sans réflexion, comme aller, venir, manger, lorsqu'on a la tête pleine de quelque affaire sérieuse qui l'occupe toute entiere.

L'animal obéit toujours infailliblement à son penchant naturel, parce qu'il tend uniquement à la conservation de son être mortel & passager, dans laquelle gît tout son bonheur & sa félicité. Mais l'homme ne suit pas toujours cette pente ; parce que, s'il est porté à conserver ce qu'il y a en lui de mortel, il sent aussi un autre penchant qui le porte à travailler pour la félicité de sa partie immortelle, à laquelle il est très-persuadé qu'il doit la préférence.

Dieu a donc créé l'homme à son image, & l'a formé comme l'abrégé de tous ses ouvrages, & le plus parfait des êtres corporels. On l'appelle avec raison *Microcosme*. Il est le centre où tout aboutit : il renferme la quintessence de tout l'Univers. Il participe aux vertus & aux propriétés de tous les individus. Il a la fixité des métaux & des minéraux, la végétabilité des plantes, la faculté sensitive des animaux, & de plus une ame intelligente & immortelle. Le Créateur a renfermé dans lui, comme dans une boëte de Pandore, tous les dons & les vertus des choses supérieures & inférieures. Il finit son ouvrage de la création par la formation de l'homme, parce qu'il falloit créer tout l'Univers en grand, avant d'en faire l'abrégé. Et comme l'Etre suprême n'ayant point eu de commencement, étoit néanmoins le commencement de tout, il voulut mettre le sceau à son ouvrage par un individu, qui, ne pouvant être sans commencement, fût au moins sans fin comme lui-même.

Que l'homme ne deshonore donc point le modele dont il est l'image. Il doit penser qu'il n'a pas été fait pour vivre seulement suivant son animalité, mais suivant son humanité proprement dite. Qu'il boive, qu'il mange; mais qu'il prie, qu'il modere ses passions, qu'il travaille pour la vie éternelle; c'est en quoi il différera des animaux, & sera proprement homme.

Le corps de l'homme est sujet à l'altération & à la dissolution entiere, comme les autres mixtes. L'action de la chaleur produit ce changement dans la maniere d'être de tous les individus sublunaires, parce que leur masse étant un composé de parties plus grossieres, moins pures, moins liées, & plus hétérogenes entr'elles que celles des Astres ou des Planetes, elle est plus susceptible des effets de la raréfaction.

Cette altération est dans son progrès une vraie corruption qui se fait successivement, & qui par degrés dispose à une nouvelle génération, ou nouvelle maniere d'être; car l'harmonie de l'Univers consiste dans une diverse & graduée information de la matiere qui le constitue.

Ce changement de formes n'arrive qu'aux corps de ce bas monde. La cause n'est pas, comme plusieurs l'ont pensé, la contrariété ou l'opposition des qualités de la matiere, mais sa propre essence ténébreuse, & purement passive, qui n'ayant pas d'elle-même de quoi se donner une forme permanente, est obligée de recevoir ces formes différentes & passageres du principe qui l'anime, toujours selon la détermination qu'il a plu à Dieu de donner aux genres & aux especes.

Pour suppléer à ce défaut originel de la matiere, dont le corps même de l'homme a été formé, Dieu mit Adam dans le Paradis terrestre, afin qu'il pût combattre & vaincre cette caducité par l'usage du fruit de l'arbre de vie, dont il fut privé en punition de sa désobéissance, & condamné à subir le sort des autres individus que Dieu n'avoit pas favorisés de ce secours.

La premiere matiere dont tout a été fait, celle qui sert de base à tous les mixtes semble avoir été tellement fondue & identifiée dans eux, après qu'elle eut reçu sa forme de la lumiere, qu'on ne sauroit l'en séparer sans les détruire. La Nature nous a laissé un échantillon de cette masse confuse & informe, dans cette eau seche, qui ne mouille point, que l'on voit sortir des montagnes, ou qui s'exhale de quelques lacs, imprégnée de la semence des choses, & qui s'évapore à la moindre chaleur. Cette eau seche est celle qui fait la base du grand œuvre, suivant tous les Philosophes. Qui sauroit marier cette matiere toute volatile avec son mâle, en extraire les élémens, & les séparer philosophiquement, pourroit se flatter, dit d'Espagnet (a), d'avoir en sa possession le plus précieux secret de la Nature, & même l'abrégé de l'essence des cieux.

Des Elémens.

La Nature n'employa donc dès le commencement que deux principes simples, dont tout ce qui existe fut formé; savoir, la matiere premiere passive, & l'argent lumineux qui lui donna la forme. Les élémens sortirent de leur action, comme principes secondaires, du mélange desquels se forma une matiere seconde, sujette aux vicissitudes de la génération & de la corruption.

En vain s'imaginera t-on pouvoir, par le secours de l'art Chymique, acquérir & séparer les élémens absolument simples & distincts les uns des autres. L'esprit humain ne les connoît même pas. Ceux à qui le vulgaire donne le nom d'élémens, ne sont point réellement simples & homogenes : ils sont tellement mêlés & unis ensemble, qu'ils sont inséparables.

Les corps sensibles de la terre, de l'eau, de l'air, qui dans leurs spheres sont réellement distincts, ne sont pas les premiers & simples élémens que la Nature emploie dans ses diverses générations. Ils semblent n'être que la matrice des autres. Les élémens simples sont, imrcep-

(a) Enchirid. Phys. restit. can. 49.

tibles & infenfibles, jufqu'à ce que leur réunion conftitue une matiere denfe, que nous appelons corps, à laquelle fe joignent les élémens grofſiers comme parties intégrantes. *Ex infenfibilibus namque omnia confiteare principiis conftare* (a). Les élémens qui conftituent notre globe font trop cruds, impurs & indigeftes pour former une parfaite génération. Mal à propos auſſi les Chymiftes & les Phyficiens leur attribuent-ils les propriétés des vrais élémens principes. Ceux-ci font comme l'ame des mixtes; ceux-là n'en font que les corps. L'art ignore les premiers, & travailleroit en vain à y réduire les mixtes : c'eft l'ouvrage de la Nature feule.

Sur ces principes les anciens Philofophes diftinguerent les élémens en trois feulement, & feignirent l'Univers gouverné par trois freres, enfans de Saturne, qu'ils dirent fils du ciel & de la terre. Les Egyptiens, chez qui les anciens Philofophes Grecs avoient puifé leur Philofophie, regardoient Vulcain comme pere de Saturne, fi nous en croyons Diodore de Sicile. C'eft fans doute la raifon qui put les déterminer à ne pas mettre le feu au nombre des élémens. Mais comme ils fuppofoient que le feu de la Nature, principe du feu élémentaire, avoit fa fource dans le Ciel, ils en donnerent l'empire à Jupiter; & pour fceptre & marque diftinctive, ils l'armerent d'une foudre à trois pointes, & lui affocierent pour femme fa fœur Junon, qu'ils feignirent préfider à l'air. Neptune fut conftitué fur la mer, & Pluton fur les enfers. Les Poëtes

(a) Lucret. lib. 2.

adoptèrent ces idées des Philosophes; qui connoissant parfaitement la Nature, jugèrent à propos de la distinguer seulement en trois, persuadés que les accidens, qui distinguent la basse région de l'air de la supérieure, ne fournissoient pas une raison suffisante pour en faire une distinction réelle. Ils n'y remarquoient qu'une différence de sec & d'humide, de chaud & de froid, mariés ensemble; ce qui leur fit imaginer les deux sexes dans le même élément.

Chacun des trois freres avoit un sceptre à trois pointes, pour marque de son empire, & pour donner à entendre que chaque élément, tel que nous le voyons, est un composé des trois. Ils étoient proprement freres, puisqu'ils étoient sortis du même principe, fils du ciel & de la terre; c'est-à-dire, la premiere matiere animée dont tout a été fait.

Pluton est appelé le Dieu des richesses & le Maître des enfers, parce que la terre est la source des richesses, & que rien ne tourmente les hommes comme la soif des richesses & l'ambition.

Il n'est pas plus difficile d'appliquer le reste de la Fable à la Physique. Plusieurs Auteurs se sont exercés sur cette matiere, & ont comme démontré que les Anciens ne se proposoient que d'instruire par l'invention de ces fables. Les Philosophes Hermétiques, qui se flattent d'être les vrais disciples & les imitateurs de la Nature, firent une double application de ces principes; voyant dans les procédés & les progrès du grand œuvre les opérations de la Nature, comme dans un miroir; ils ne distinguerent plus les uns des autres; & les expliquérent de la même maniere. Ils comparérent alors tout ce qui se passe dans l'œuvre aux progrès successifs de la création de l'Univers, par une certaine analogie qu'ils crurent y remarquer. Est-il surprenant que toutes leurs fictions aient eu ces deux choses pour objet? Si l'on y faisoit réflexion, on ne trouveroit pas tant de ridicule dans leurs Fables. S'ils personnifioient tout, c'étoit pour rendre leurs idées plus sensibles; & l'on reconnoîtroit bientôt que les actions ridicules & licencieuses qu'ils attribuoient à ces prétendus Dieux, n'étoient que les opérations de la Nature, que nous voyons tous les jours sans y faire assez d'attention. Voulant ne s'expliquer que par allégories, pouvoient-ils supposer les choses autrement faites & par d'autres acteurs? Notre ignorance dans la Physique ne nous donne-t-elle point le sot privilége de nous moquer d'eux, & de leur imputer le ridicule, qu'ils feroient peut-être aisément retomber sur nous s'ils étoient sur la terre, pour s'expliquer dans le goût du siecle présent?

L'analyse des mixtes ne nous donne que le sec & l'humide, d'où l'on doit conclure qu'il n'y a que deux élémens sensibles dans le composé des corps, savoir, la terre & l'eau. Mais la même expérience nous montre que les deux autres y sont cachés. L'air est trop subtil pour frapper nos yeux; l'ouïe & le toucher sont les seuls sens qui nous démontrent son existence. Quant au feu de la Nature, il est impossible à l'art de le manifester autrement que par ses effets.

De la Terre.

La terre est froide de sa nature, parce qu'elle participe plus de la premiere matiere opaque & ténébreuse. Cette froideur en fait le corps le plus pesant, comme le plus dense; & cette densité la rend moins pénétrable à la lumiere, qui est le principe de la chaleur. Elle a été créée au milieu des eaux, avec lesquelles elle est toujours mêlée; & le Créateur semble ne l'avoir rendue aride dans sa superficie, que pour la rendre propre au séjour des végétaux & des animaux.

Le Créateur a fait la terre spongieuse, afin que l'air, l'eau & le feu y eussent un accès plus libre, & que le feu interne, qui lui fut infusé par l'esprit de Dieu avant la formation du Soleil (a), pût du centre à la superficie pousser par ses pores les vertus des élémens, & exhaler ces vapeurs humides qui corrompent les semences des choses par une légere putréfaction, & les préparent à la génération. Ces semences ainsi disposées reçoivent alors la chaleur céleste & vivifiante, l'attirent même par un amour magnétique; le germe se développe, & la semence produit son fruit.

La chaleur propre au sein de la terre n'est propre qu'à la corruption. Son humidité l'affoiblit, & ne sauroit rien produire, si elle n'est aidée de la chaleur céleste, pure & sans mélange, qui mene à la génération, en excitant l'action du feu interne, en le développant, en le dila-

(a) Cosmop. Tract. 4.

fant, & en le tirant, pour ainsi dire, du centre des semences, où il est comme engourdi & caché. Ces deux chaleurs, par leur homogénéité, travaillent de concert à la génération & à la conservation des mixtes.

Tout froid est contraire à la génération. Lorsqu'une matiere est de cette nature, elle devient passive, & n'y est propre qu'autant qu'elle est aidée & corrigée par un secours étranger. L'Auteur de la Nature voulant que la terre fût la matrice des mixtes, l'échauffe en conséquence continuellement par la chaleur des feux célestes & central, & y joint la nature humide de l'eau ; afin qu'aidée des deux principes de la génération, le chaud & l'humide, elle ne soit pas stérile, & devienne le vase où se font toutes les générations (a). On dit, par cette raison, que la terre contient les autres élémens.

Elle peut être divisée en terre pure & terre impure. La premiere est la base de tous les mixtes, & produit tout par le mélange de l'eau & l'action du feu. La seconde est comme l'habit de la premiere ; elle entre comme partie intégrante dans la composition des individus. La pure est animée d'un feu qui vivifie les mixtes, & les conserve dans leur maniere d'être, autant de temps que le froid de l'impure ne le domine point, ou qu'il n'est point trop excité & tyrannisé par le feu artificiel & élémentaire son fratricide. Ce qui est visible dans la terre est fixe ; & ce qui est invisible est volatil.

(a) Cosmop. *ibid.*

De

De l'Eau.

L'eau est d'une nature de densité qui tient le milieu entre celle de l'air & celle de la terre. Elle est le menstrue de la Nature, & le véhicule des semences. C'est un corps volatil qui semble fuir les atteintes du feu, & s'exhale en vapeurs à la chaleur la plus légère. Il est susceptible de toutes les figures, & plus changeant que Prothée. L'eau est un mercure, qui prenant tantôt la nature d'un corps terra-aqueux, tantôt celle d'un corps aqua-aérien, attire, & va chercher les vertus des choses supérieures & inférieures. Il devient par ce moyen le messager des Dieux & leur médiateur ; c'est par lui que s'entretient le commerce entre le ciel & la terre.

Un phlegme onctueux est répandu dans l'eau. (a) M. Eller l'a fort bien reconnu dans ses observations. Une eau, dit-il, très-purifiée & très-dégagée de toutes ses parties hétérogenes, (à la maniere des Chymistes vulgaires) peut suffire à la végétation. Elle fournit la terre, base de la solidité des plantes : elle répand même dans elle cette partie inflammable, huileuse ou résineuse qu'on y trouve.

Que l'on prenne une terre, après avoir été lessivée & desséchée au feu, dans laquelle on sera assuré qu'il n'y a aucune semence de plantes ; qu'on l'expose à l'air dans un vase, & que l'on ait soin de l'arroser d'eau de pluie, elle produira des petites plantes en grand nombre ;

(a) Mém. de l'Acad. de Berlin.

I. Partie.

preuve qu'elle est le véhicule des semences.

Comme l'eau est d'une nature plus approchante de la nature de la premiere matiere du monde, elle en devient aisément l'image. Le chaos d'où tout est sorti, étoit comme une vapeur, ou une substance humide, semblable à une fumée subtile. La lumiere l'ayant raréfiée, les cieux se formerent de la portion la plus subtilisée ; l'air, de celle qui l'étoit un peu moins ; l'eau élémentaire, de celle qui étoit un peu plus grossiere ; & la terre, de la plus dense, & comme des féces (*a*). L'eau participant donc de la nature de l'air & de la terre, se trouve placée au milieu. Plus légere que la terre & moins légere que l'air, elle est toujours mêlée avec l'un & l'autre. A la moindre raréfaction elle semble abandonner la terre pour prendre la nature de l'air ; est-elle condensée par le moindre froid, elle quitte l'air, & va se réunir à la terre.

La nature de l'eau est plutôt humide que froide, parce qu'elle est plus rare & plus ouverte à la lumiere que n'est la terre. L'eau a conservé l'humidité de la matiere premiere & du chaos : la terre en a retenu la froideur.

La siccité est un effet du froid comme de la chaleur, & l'humide est le principal sujet sur lequel le chaud & le froid agissent. Lorsque celui-ci est vif, il condense, il desseche l'humide ; nous le voyons dans la neige, la glace, la grêle : de là vient la chute des feuilles en automne. Le froid augmente-t-il, l'hiver succede, l'humide se

---

(*a*) *Raymond Lulle, Testam. Anc. Théor.*

coagule dans les plantes, les pores se resserrent; la tige devient foible faute de nourriture: elles sechent enfin. Si l'hiver est rigoureux, il porte la siccité jusques dans les racines: il attaque l'humide vital; les plantes périssent. Comment peut-on dire après cela que le froid est une qualité de l'eau, puisqu'il est son ennemi, & que la Nature ne souffre pas qu'un élément agisse sur lui-même? On parle, ce semble, un peu plus correctement, quand on dit que le froid a brûlé les plantes. Le froid & le chaud brûlent également, mais d'une maniere différente; la chaleur en dilatant, & le froid en resserrant les parties du mixte.

Ce que l'eau nous présente de visible est volatil; son intérieur est fixe. L'air tempere son humidité. Ce que l'air reçoit du feu, il le communique à l'eau; celle-ci à la terre.

On peut diviser cet élément en trois parties; le pur, le plus pur & le très-pur (a); de celui-ci les cieux ont été faits; du plus pur l'air, & le simplement pur est demeuré dans sa sphere: c'est l'eau ordinaire, qui ne forme qu'un même globe avec la terre. Ces deux élémens réunis font tout, parce qu'ils contiennent les deux autres. De leur union naît un limon, dont la Nature se sert pour former tous les corps. Ce limon est la matiere prochaine de toutes les générations. C'est une espece de chaos où les élémens sont comme confondus. Notre premier pere a été formé de limon, de même que toutes les

───────────

(a) Cosmopol. de l'eau.

F ij

générations qui s'en sont suivies. Du sperme & du menstrue il se forme un limon, & de ce limon un animal.

Dans la production des végétaux, les semences se putréfient, & se changent en limon avant de germer. Il se consolide ensuite & se raffermit en corps végétal. Dans la génération des métaux, le soufre & le mercure se résolvent en une eau visqueuse, qui est un vrai limon. La décoction coagule cette eau, la fixe plus ou moins, & il en résulte des minéraux & des métaux. Dans l'œuvre philosophique, on forme d'abord un limon de deux substances ou principes, après les avoir bien purifiés. Comme les quatre élémens s'y trouvent, le feu préserve la terre de submersion & de dissolution entiere : l'air entretient le feu ; l'eau conserve la terre contre les atteintes violentes de ce dernier ; & agissant ainsi les uns sur les autres de concert, il en résulte un tout harmonique, qui compose ce qu'ils appellent la pierre Philosophale & le Microcosme.

De l'Air.

L'air est léger, & n'est point visible ; mais il contient une matiere qui se corporifie, qui devient fixe. Il est d'une nature moyenne entre ce qui est au dessus & au dessous de lui ; c'est pourquoi il prend facilement les qualités de ses voisins. De là viennent les changemens que nous éprouvons dans la basse région, tant du froid que de la chaleur.

L'air est le réceptacle des semences de tout,

le crible de la Nature, par lequel les vertus & les influences des autres corps nous sont transmises. Il pénetre tout. C'est une fumée très-subtile; le sujet propre de la lumiere & des ténebres, du jour & de la nuit; un corps toujours plein, diaphane, & le plus susceptible des qualités étrangeres, comme le plus facile à les abandonner. Les Philosophes l'appellent esprit, quand ils traitent du grand œuvre. Il contient les esprits vitaux de tous les corps; il est l'aliment du feu, des végétaux & des animaux, qui meurent quand on le leur soustrait. Rien ne naîtroit dans le monde sans sa force pénétrante & altérante; & rien ne peut résister à sa raréfaction.

La région supérieure de l'air, voisine de la Lune, est pure sans être ignée, comme on l'a long-temps enseigné dans les écoles, sur l'opinion de quelques Anciens. Sa pureté n'est souillée par aucune des vapeurs qui s'élevent de la basse.

La moyenne reçoit les exhalaisons sulfureuses les plus subtiles, débarrassées des vapeurs grossieres. Elles y errent, & s'y allument de temps en temps par leurs mouvemens & les différens chocs qu'elles subissent entr'elles. Ce sont les divers météores que nous y appercevons.

Dans la basse région s'élevent & se ramassent les vapeurs de la terre. Elles s'y condensent par le froid, & retombent par leur propre poids. La Nature rectifie ainsi l'eau, & la purifie pour la rendre propre à ses générations. C'est pourquoi on distingue les eaux en supérieures & en inférieures. Celles-ci sont contiguës à la terre; y sont appuyées comme sur leur base, & ne forment qu'un même globe avec elle. Les supérieures occupent la basse région de l'air où elles se sont élevées en forme de vapeurs & de nuages, & où elles errent au gré des vents. L'air en est rempli en tout temps; mais elles ne se manifestent à notre vue qu'en partie, lorsqu'elles se condensent en nuées. C'est une suite de la création. Dieu sépara les eaux du firmament, de celles qui étoient au dessous. Il ne doit pas être surprenant que toutes ces eaux rassemblées aient pu couvrir toute la surface de la terre, & former un déluge universel, puisqu'elles la couvroient avant que Dieu les en eût séparées (a). Ces masses humides qui volent sur nos têtes, sont comme des voyageurs qui vont recueillir les richesses de tous les pays, & reviennent en gratifier leur patrie.

Du Feu.

Quelques Anciens plaçoient le feu comme quatrieme élément, dans la plus haute région de l'air, parce qu'ils le regardoient comme le plus léger & le plus subtil. Mais le feu de la Nature ne differe point du feu céleste; c'est pourquoi Moyse n'en fait aucune mention dans la Genese, parce qu'il avoit dit que la lumiere fut créée le premier jour.

Le feu dont on use communément est en partie naturel, & artificiel en partie. Le Créateur a ramassé dans le Soleil un esprit igné, principe

(*a*) Gen. c. 5.

de mouvement & d'une chaleur douce, telle qu'il la faut à la Nature pour ses opérations. Il la communique à tous les corps, & en excitant & développant le feu qui leur est inné, il conserve le principe de la génération & de la vie. Chaque individu y participe plus ou moins. Qui cherche dans la Nature un autre élément du feu, ignore ce que c'est que le Soleil & la lumiere.

Il est logé dans l'humide radical, comme dans le siége qui lui est propre. Chez les animaux, il semble avoir établi son domicile principal dans le cœur, qui le communique à toutes les parties, comme le Soleil le fait à tout l'Univers.

Le feu de la nature est son premier agent. Il réduit les semences de puissance en acte. Si-tôt qu'il n'agit plus, tout mouvement apparent cesse, & toute action vitale. Le mouvement a la lumiere pour principe, & le mouvement est la cause de la chaleur. C'est pourquoi l'absence du Soleil & de la lumiere font de si grands effets sur les corps. La chaleur pénetre dans l'intérieur des plus opaques & des plus durs, & y anime la nature cachée & engourdie. La lumiere ne pénetre que les corps diaphanes, & son propre est de manifester les accidens sensibles des mixtes. Le Soleil est donc le premier agent naturel & universel.

En partant du Soleil, la lumiere frappe les corps denses, tant célestes que terrestres ; elle met leurs facultés en mouvement, les emporte, les réfléchit avec elle, & les répand tant dans l'air supérieur que dans l'inférieur. L'air ayant une disposition à se mêler avec l'eau & la terre, devient le véhicule de ces facultés, & les communique aux corps qui en sont formés, ou qui en sont susceptibles par l'analogie qu'ils ont avec elles. Ce sont ces facultés que l'on appelle *influences*. Nombre de Physiciens en nient l'existence, parce qu'ils ne les connoissent pas.

On divise le feu en trois, le céleste, le terrestre ou central, & l'artificiel. Le premier est le principe des deux autres, & se distingue en feu universel, & feu particulier. L'universel répandu par-tout excite & met en mouvement les vertus des corps; il échauffe & conserve les semences des choses infusées dans notre globe, destiné à leur servir de matrice. Il développe le feu particulier; il mêle les élémens, & donne la forme à la matiere.

Le feu particulier est inné, & implanté dans chaque mixte avec sa semence. Il n'agit gueres que lorsqu'il est excité; il fait alors dans la partie de l'Univers, ce que le Soleil son pere fait dans le tout.

Par-tout où il y a génération, il y a nécessairement du feu, comme cause efficiente. Les Anciens le pensoient comme nous (a). Mais il est surprenant qu'ils aient admis une contrariété & une opposition entre le feu & l'eau, puisqu'il n'y a point d'eau sans feu, & qu'ils agissent tou-

---

(a) Inde hominum pecudumque genus, vitæque volantum,
Et quæ marmoreo fert monstra sub æquore pontus.
Igneus est illis vigor, & cœlestis origo
Seminibus. *Virg. Æneid. l. 6.*

jours de concert dans les générations des individus.

Tout œil un peu clairvoyant doit au contraire remarquer un amour, une sympathie qui fait la conservation de l'Univers, le cube de la Nature, & le lien le plus solide pour unir les élémens, & les choses supérieures avec les inférieures. Cet amour même est, pour ainsi dire, ce que l'on devroit appeler la Nature, le ministre du Créateur, qui emploie les élémens pour exécuter ses volontés, selon les loix qu'il luy a imposées. Tout se fait dans le monde en paix & en union, ce qui ne peut être un effet de la haine & de la contrariété. La Nature ne seroit pas si semblable à elle-même dans la formation des individus de même espece, si tout chez elle ne se faisoit pas de concert. Nous ne verrions que des monstres sortir de la semence hétérogene de peres perpétuellement ennemis, & qui se combatroient sans cesse. Voyons-nous les animaux travailler par haine & par contrariété à la propagation de leurs especes? Jugeons des autres opérations de la Nature par celle-là : ses loix sont simples & uniformes.

Que la Philosophie cesse donc d'attribuer l'altération, la corruption, la caducité, la décadence des mixtes à la contrariété prétendue entre les élémens : elle se trouve dans la pénurie & la foiblesse propre à la matiere premiere ; car dans le chaos, *Frigida non pugnabant calidis, humentia siccis.* Tout y étoit froid & humide, qualités qui conviennent à la matiere, comme femelle. Le chaud & le sec, qualités masculines & formelles, lui font venus de la lumiere, dont elle a reçu la forme. Aussi n'est-ce qu'après la retraite des eaux que la terre fut appelée *aride* ou seche.

Nous voyons sans cesse que le chaud & le sec donnent la forme à tout. Un Potier ne réussiroit jamais à faire un vase, si la sécheresse ne donne à sa terre un certain dégré de liaison & de solidité. La terre est-elle trop mouillée, trop molle, c'est de la boue, c'est un limon qui n'a aucune forme déterminée.

Tel étoit le chaos, avant que la chaleur de la lumiere l'eût raréfié, & fait évaporer une partie de l'humidité. Les parties se rapprochérent, le limon du chaos devint terre, & une terre d'une consistance propre à servir de matiere à la formation de tous les mixtes de la Nature.

Le chaud & le sec ne sont donc que des qualités accidentelles à la premiere matiere; elle n'en a été douée qu'en recevant sa forme (*a*). Aussi n'est-il point dit dans la Genese, que Dieu trouva le chaos *très-bon*, comme il l'assure de la lumiere & des autres choses. L'abyme semble n'avoir acquis un degré de perfection, que lorsqu'il commença à produire. La confusion, la difformité, une densité opaque, une froideur, une humidité indigeste, & une impuissance étoient son apanage; qualités qui indiquent un corps languissant, malade, disposé à la corruption. Il a conservé quelque chose de cette tache originelle & primitive, & en a infecté tous les corps qui en sont sortis, pour être placé dans cette basse région. C'est pourquoi tous les mixtes

(*a*) Genes. ch. 1.

y ont une maniere d'être paſſagere, quant à la détermination de leur forme individuelle & ſpécifiée.

Quelqu'oppoſées que ſemblent être la lumiere & les ténebres, depuis qu'elles ont concouru, l'une comme agent, l'autre comme patient, à la formation de l'Univers, elles ont fait dans ce concours de leurs qualités contraires, un traité de paix preſqu'inaltérable, qui a paſſé dans la famille homogéne des élémens, d'où s'en eſt ſuivi la génération paiſible de tous les individus. La Nature ſe plaît dans la combinaiſon, & fait tout par proportion, poids & meſure, & non par contrariété.

Eſt modus in rebus, ſunt certè denique fines,
Quos ultra citraque nequit conſiſtere rectum.
Hor. Art. Poët.

Chaque élément a en propre une des qualités dont nous parlons. Le chaud, le ſec, le froid & l'humide ſont les quatre roues que la Nature emploie pour produire le mouvement lent, gradué & circulaire qu'elle ſemble affecter dans la formation de tous ſes ouvrages.

Le feu, ſon agent univerſel, eſt le principe du feu élémentaire. Celui-ci ſe nourrit de toutes les choſes graſſes, parce que tout ce qui eſt gras, eſt de la nature humide & aérienne. Quoiqu'à l'extérieur il nous paroiſſe ſec, tel que le ſoufre, la poudre à canon, &c. l'expérience nous apprend que cet extérieur cache un humide gras, onctueux, huileux, qui ſe réſout à la chaleur.

Ceux qui ont imaginé qu'il se formoit dans l'air des corps durs, tels que les pierres de foudre, se sont trompés, s'ils les ont regardés comme des corps proprement terrestres. C'est une matiere qui appartient à l'élément grossier de l'eau : une humeur grasse, visqueuse, renfermée dans les nuages comme dans un fourneau, où elle se condense en se mêlant avec des exhalaisons sulfureuses, par conséquent chaudes & très-aisées à s'enflammer. L'air qui s'y trouve renfermé & trop resserré par la condensation, s'y raréfie par la chaleur ; & y fait le même effet que la poudre à canon dans une bombe : le vaisseau éclate, le feu répandu dans l'air, débarrassé de ses liens par le mouvement, produit cette lumiere & ce bruit qui étonne souvent les plus intrépides.

Notre feu artificiel & commun a des propriétés tout-à-fait contraires au feu de la Nature, quoiqu'il l'ait pour pere. Il est ennemi de toute génération ; il ne s'entretient que de la ruine des corps ; il ne se nourrit que de rapine ; il réduit tout en cendres, & détruit tout ce que l'autre compose. C'est un patricide, le plus grand ennemi de la Nature ; & si l'on ne savoit opposer des digues à sa fureur, il ravageroit tout. Est-il surprenant que les souffleurs voient périr tout entre ses mains, leurs biens & leur santé s'évanouir en fumée, & une cendre inutile pour toute ressource ?

M. Stahl n'est pas le premier, comme le veut M. Pott, qui ait donné des idées raisonnables & liées sur la substance du feu qui se trouve dans les corps ; mais il est le premier qui en a raisonné sous le nom de *Phlogistique*. On a vu ci-devant le sentiment des Philosophes Hermétiques à ce sujet. Il ne faut qu'ouvrir leurs livres pour être convaincu qu'ils connoissoient parfaitement cet agent de la Nature ; & que M. Pott avance mal à propos que les Auteurs antérieurs à M. Stahl se perdoient dans des obscurités continuelles & des contradictions innombrables. Peut-être ne parle-t-il que des Chymistes & des Physiciens vulgaires ; mais dans ce cas il auroit dû faire une exception des Chymistes Hermétiques, qu'il a sans doute lus, & avec lesquels il s'est du moins si heureusement rencontré, dans son Traité du feu & de la lumiere, imprimé avec la Traduction Françoise de sa Lithogéognosie. M. Stahl les avoit étudiés avec beaucoup d'attention. Il en fournit une grande preuve, non seulement pour avoir raisonné comme eux sur cette matiere, mais par le grand nombre de citations qu'il en fait dans son Traité qui a pour titre : *Fundamenta Chemiæ dogmaticæ & experimentalis*. Il y donne au mercure le nom d'*eau seche*, nom que les Philosophes Hermétiques donnent au leur. Basile Valentin, Philalethe & plusieurs autres sont cités à cet égard. Il distingue même les Chymistes vulgaires des Chymistes Hermétiques, (part. 1. p. 124) en nommant les premiers *Physici communes*, & les seconds *Chymici alii*. Dans la même partie du même ouvrage, pag. 2. il dit qu'Isaac Hollandois, Arnaud de Villeneuve, Raymond Lulle, Basile Valentin, Trithême, Paracelse, &c. se sont rendus recommandables dans l'Art Chymique.

Loin de méprifer, comme tant d'autres, & de rejeter comme faux ce que ces Auteurs difent, cet habile homme fe contente de parler comme eux, & dit, p. 183. qu'ils fe font exprimés par énigmes, allégories, &c. pour cacher leur fecret au Peuple, & femblent n'avoir affecté des contradictions, que pour donner le change aux Lecteurs ignorans. Il s'étend encore davantage fur cette matiere, pag. 219. & fuiv. où il appelle les Chymiftes Hermétiques du nom de *Philofophes*. On peut après un fi grand homme employer cette dénomination. Nous aurons occafion de parler encore de M. Pott, en traitant de la lumiere & de fes effets.

La proximité de l'eau & de la terre fait qu'ils font prefque toujours mêlés. L'eau délaye la terre ; celle-ci épaiffit l'eau ; il s'en forme du limon. Si l'on expofe ce mélange à une chaleur vive, chaque élément vifible retourne à fa fphere, & la forme du corps fe détruit.

Placée entre la terre & l'air, l'eau eft proprement la caufe des révolutions, du défordre, du trouble, de l'agitation, & du renverfement que l'on remarque dans l'air & la terre. Elle obfcurcit l'air par de noires & dangereufes vapeurs, elle inonde la terre : elle porte la corruption dans l'un & dans l'autre, & par fon abondance ou fa difette, elle trouble l'ordre des faifons & de la Nature. Elle fait enfin autant de maux que de biens.

Quelques Anciens difoient que le Soleil préfidoit particulierement au feu, & la Lune à l'eau, parce qu'ils regardoient le Soleil comme la source du feu de la Nature, & la Lune comme le principe de l'humide. Ce qui a fait dire à Hippocrate (a) que les élémens du feu & de l'eau pouvoient tout, parce qu'ils renfermoient tout.

Des opérations de la Nature.

La sublimation, la descension & la coction sont trois instrumens ou manieres d'opérer que la Nature emploie pour parfaire ses ouvrages. Par la première, elle évacue l'humidité superflue, qui suffoqueroit le feu, & empêcheroit son action dans la terre sa matrice.

Par la descension, elle rend à la terre l'humidité dont les végétaux ou la chaleur l'ont privée. La sublimation se fait par l'élévation des vapeurs dans l'air, où elles se condensent en nuages. La seconde se fait par la pluie & la rosée. Le beau temps succede à la pluie, & la pluie au beau temps à l'alternative; une pluie continuelle inonderoit tout; un beau temps perpétué dessécheroit tout. La pluie tombe gouttes à gouttes, parce que versée trop abondamment, elle perdroit tout, comme un Jardinier qui arroseroit ses graines à pleins seaux. C'est ainsi que la Nature distribue ses bienfaits avec poids, mesure & proportion.

La coction est une digestion de l'humeur crue instillée dans le sein de la terre, une maturation, & une conversion de cet humeur en aliment, au moyen de son feu secret.

Ces trois opérations sont tellement liées ensemble, que la fin de l'une est le commence-

(a) Lib. 1º. de Diætâ.

ment de l'autre. La fublimation a pour objet de convertir une chofe pefante en une légere; une exhalaifon en vapeurs; d'atténuer le corps craffe & impur, & de le dépouiller de fes féces; de faire prendre à ces vapeurs les vertus & propriétés des chofes fupérieures; & enfin de débarraffer la terre d'une humeur fuperflue qui empêcheroit fes productions.

A peine ces vapeurs font-elles fublimées, qu'elles fe condenfent en pluie, &, de fpiritueufes & invifibles qu'elles étoient, elles deviennent, un inftant après, un corps denfe & aqueux, pour retomber fur la terre, & l'imbiber du nectar célefte dont il a été imprégné pendant fon féjour dans les airs. Si-tôt que la terre l'a reçu, la Nature travaille à le digérer & le cuire.

Chaque animal, le plus vil vermiffeau eft un petit monde où toutes ces chofes fe font. Si l'homme cherche le monde hors de lui-même, il le trouvera par-tout. Le Créateur en a fabriqué une infinité de la même matiere; la forme feule en eft différente. L'humilité donc convient parfaitement à l'homme, & la gloire à Dieu feul.

L'eau contient un ferment, un efprit vivifiant, qui découle des natures fupérieures fur les inférieures, dont elle s'eft imprégnée en errant dans les airs, & qu'elle dépofe enfuite dans le fein de la terre. Ce ferment eft une femence de vie, fans laquelle l'homme, les animaux & les végétaux ne vivroient & n'engendreroient point. Tout refpire dans la Nature; & l'homme ne vit pas de pain feul, mais de cet efprit aérien qu'il afpire fans ceffe.

Dieu

Dieu seul, & la Nature son ministre, savent se faire obéir des élémens matériels principes des corps. L'art n'y sauroit atteindre; mais les trois qui en résultent, deviennent sensibles dans la résolution des mixtes. Les Chymistes les nomment soufre, sel & mercure. Ce sont les élémens principiés. Le mercure se forme par le mélange de l'eau & de la terre : le soufre, de la terre & de l'air ; le sel, de l'air & de l'eau condensés. Le feu de la Nature s'y joint comme principe formel. Le mercure est composé d'une terre grasse visqueuse & d'une eau limpide. Le soufre, d'une terre très-seche, très-subtile, mêlée avec l'humide de l'air. Le sel, enfin d'une eau crasse, pontique, & d'un air crud qui s'y trouve embarrassé. *Voyez la Physique souterraine de Becher.*

Démocrite a dit que tous les mixtes étoient composés d'atômes ; ce sentiment ne paroît point éloigné de la vérité, quand on fait attention à ce que la raison nous dicte, & à ce que l'expérience nous démontre. Ce Philosophe a voilé, comme les autres, sous cette maniere obscure de s'expliquer, le vrai mélange des élémens, qui, pour être conforme aux opérations de la Nature, doit se faire intimement, ou, comme on dit, *per minima,* & *actu indivisibilia corpuscula.* Sans cela les parties ne feroient pas un tout continu. Les mixtes se résolvent en une vapeur très-subtile par la distillation artificielle ; & la Nature n'est-elle pas une ouvriere bien plus adroite que l'homme le plus expérimenté ? C'est tout ce que Démocrite a voulu dire.

I. Partie. G

Des manieres d'être générales des Mixtes.

On remarque trois façons d'être (a), qui constituent trois genres, ou trois classes appelées *regnes*, l'animal, le végétal, & le minéral. Les minéraux s'engendrent dans la terre seulement; les végétaux ont leurs racines dans la terre, & s'élevent dans l'eau & l'air; les animaux prennent naissance dans l'air, l'eau & la terre; & l'air est pour tous un principe de vie.

Quelque différence que les mixtes paroissent avoir quant à leurs formes extérieures, ils ne different point de principes (b); la terre & l'eau leur servent de base à tous, & l'air n'entre presque dans leur composition que comme instrument, de même que le feu. La lumiere agit sur l'air, l'air sur l'eau, l'eau sur la terre. L'eau devient souvent l'instrument du mélange dans les ouvrages de l'art, mais ce mélange n'est que superficiel, comme nous le voyons dans le pain, la brique, &c. Il y a une autre mixtion intime que Beccher appelle *centrale* (c). C'est celle par laquelle l'eau est tellement mêlée avec la terre, qu'on ne peut les séparer sans détruire la forme du mixte. Nous n'entrerons point dans le detail des différens degrés de cette cohésion, afin d'être plus court. On peut voir tout cela dans l'ouvrage que nous venons de citer.

(a) Cosmop. Nov. lum. Chem. Tr. 7.
(b) Cosmop. Tract. 2.
(c) Phys. sub. sect. 1. c. 4.

De la différence qui se trouve entre ces trois Regnes.

Le Minéral.

On dit communément des minéraux qu'ils existent, & non pas qu'ils vivent, comme on le dit des animaux & des végétaux; quoiqu'on puisse dire que les métaux tirent en quelque façon leur vie des minéraux, soit parce que dans leur génération il y a comme une jonction du mâle & de la femelle sous les noms de soufre & de mercure, qui par une fermentation, une circulation, & une cuisson continuée, se purifient avec le secours de sel de nature, se cuisent & se forment enfin en une masse que nous appelons métal; soit parce que les métaux parfaits contiennent un principe de vie, ou feu inné, qui devenu languissant, & comme sans mouvement sous la dure écorce qui le renferme, y est caché comme un trésor, jusqu'à ce qu'étant mis en liberté par une solution philosophique de cette écorce, il se développe & s'exhale par un mouvement végétatif, au plus haut degré de perfection que l'art puisse lui donner.

Le Végétal.

Un âme ou esprit végétatif anime les plantes; c'est par lui qu'elles croissent & se multiplient; mais elles sont privées du sentiment & du mouvement des animaux. Leurs semences sont hermaphrodites, quoique les Naturalistes aient remarqué les deux sexes dans presque tous les végétaux. L'esprit végétatif & incorruptible se développe dans la fermentation & la putréfaction des semences. Quand le grain pourrit en terre sans germer, cet esprit va rejoindre sa sphere.

L'Animal.

Les animaux ont de plus que les minéraux & les végétaux une ame sensitive, principe de leur vie & de leurs mouvemens. Ils sont comme le complément de la Nature quant aux êtres sublunaires. Dieu a distingué & séparé les deux sexes dans ce regne, afin que de deux il en vînt un troisieme. Ainsi dans les choses les plus parfaites se manifeste plus parfaitement l'image de la Trinité.

L'homme est le Prince souverain de ce bas monde. Toutes ses facultés sont admirables. Les troubles qui s'élevent dans son esprit, ses agitations, ses inquiétudes, sont comme des vents, des éclairs, des tonnerres, des tourbillons, & des météores qui s'élevent dans le grand monde. Son cœur, son sang, tout son corps même en sont quelquefois agités, mais ce sont comme des tremblemens de terre, & tout prouve en lui qu'il est véritablement l'abrégé de l'Univers. David n'avoit-il donc pas raison de s'écrier que Dieu est infiniment admirable dans ses ouvrages (a)?

_____

(a) Psal. 91. 6. & 138. 14.

De l'ame des Mixtes.

Tous les mixtes parfaits qui ont vie, ont une ame, ou esprit, & un corps. Le corps est composé de limon, ou de terre & d'eau, l'ame qui donne la forme au mixte, est une étincelle du feu de la Nature, ou un rayon imperceptible de la lumiere, qui agit dans les mixtes, suivant la disposition actuelle de la matiere, & la perfection des organes spécifiés dans chacun d'eux. Si les bêtes ont une ame, elle ne differe gueres de leur esprit que du plus au moins.

Les formes spécifiques des mixtes, ou, si l'on veut, leur ame, conserve une je ne sais quelle connoissance de leur origine. L'ame de l'homme se réfléchit souvent sur la lumiere divine par la contemplation. Elle semble vouloir pénétrer dans ce sanctuaire accessible à Dieu seul: elle y tend sans cesse, & y retourne enfin. Les ames des animaux, sorties du secret des Cieux, & des trésors du Soleil, semblent avoir une sympathie avec cet Astre, par les différens présages de son lever, de son coucher, du mouvement même des cieux, & des changemens de température de l'air, que les mouvemens des animaux nous annoncent.

Fournies par l'air, & presque entierement aériennes, les ames des végétaux poussent tant qu'elles peuvent la tête de leur tige en haut, comme empressées de retourner à leur patrie.

Les rochers, les pierres, formés d'eau & de terre, se cuisent dans la terre comme un ouvrage

G iij

de poterie, c'est pourquoi ils tendent à la terre, comme en faisant partie. Mais les pierres précieuses & les métaux sont plus favorisés des influences célestes; les premieres sont comme des larmes du Ciel, & une rosée céleste congelée; c'est pourquoi les Anciens leur attribuoient tant de vertus. Le Soleil & les Astres semblent avoir aussi une attention particuliere pour les métaux, & l'on diroit que la Nature leur laisse le soin de leur imprimer la forme. L'ame des métaux est comme emprisonnée dans leur matiere; le feu des Philosophes sait l'en tirer pour lui faire produire un fils digne du Soleil; & une quintessence admirable, qui rapproche le Ciel de nous.

La lumiere est le principe de la vie, & les ténebres sont celui de la mort. Les ames des mixtes sont des rayons de lumiere, & leurs corps sont des abymes de ténebres. Tout vit par la lumiere, & tout ce qui meurt en est privé. C'est de ce principe auquel on fait si peu d'attention, qu'on dit communément d'un homme mort, qu'il a perdu le jour, la lumiere; & que saint Jean dit (a), *la lumiere est la vie des hommes*.

Chaque mixte a des connoissances qui lui sont propres. Quant aux animaux, il suffit de réfléchir sur leurs actions pour en être convaincu. Le temps de s'accoupler qui leur est si bien connu; la juste distribution des parties dans les petits qui en viennent; l'usage qu'ils font de chaque membre; l'attention & le soin qu'ils se donnent, tant pour la nourriture de leurs petits, que pour

(a) Evang. c. I.

leur défense ; leurs différentes affections de plaisir, de crainte, de bienveillance envers leurs maîtres ; leurs dispositions à en recevoir les instructions ; leur adresse à se procurer les besoins de la vie ; leur prudence à éviter ce qui peut leur nuire, & tant d'autres choses qu'un observateur peut remarquer, prouvent que leur ame est douée d'une espece de raisonnement.

Les végétaux ont aussi une faculté vitale, & une maniere de connoître & de prévoir. Les facultés vitales sont chez eux le soin d'engendrer leurs semblables, les vertus multiplicatives, nutritives, augmentatives, sensitives & autres. Leur notion se manifeste dans le présage du temps, & la connoissance de la température qui leur est favorable pour germer & pousser leurs tiges. Leurs observations strictes des changemens, comme loix de la Nature dans le choix de l'aspect du Ciel qui leur est propre ; dans la maniere d'enfoncer leurs racines, d'élever leurs tiges, d'étendre leurs branches, de développer leurs feuilles, de configurer & de colorer leurs fruits, de transmuer les élémens en nourriture, d'infuser dans leurs semences une vertu prolifique.

Pourquoi certaines plantes ne poussent-elles que dans certaines saisons, quoiqu'elles se sement d'elles-mêmes par la chûte naturelle de leurs graines, ou qu'on les seme si-tôt qu'elles sont en maturité ? Elles ont dès-lors leur principe végétatif, & néanmoins elles ne le développeront que dans un temps marqué, à moins que l'art ne leur fournisse ce qu'elles trouveroient dans la saison qui leur est propre. Pourquoi une plante,

G iv

semée dans une mauvaise terre tout joignant une bonne, poussera-t-elle ses racines du côté de cette derniere ? Qu'est-ce qui apprend à un oignon mis en terre le germe en bas, à le diriger vers l'air ? Comment le lierre, & autres plantes de telle espece, dirigent-elles leurs foibles branches vers les arbres qui peuvent les soutenir ? Pourquoi la citrouille alonge-t-elle son fruit de tout son possible vers un vase plein d'eau, placé auprès ? Qu'est-ce qui enseigne aux plantes dans lesquelles on remarque les deux sexes, à se placer communément le mâle auprès de la femelle, & même assez souvent inclinés l'un vers l'autre ? Avouons que tout cela passe notre entendement ; que la Nature n'est pas aveugle, & qu'elle est gouvernée par la sagesse même.

De la génération & de la corruption des Mixtes.

Tout retourne à son principe. Chaque individu est en puissance dans le monde matériel avant que de paroître au jour sous sa forme individuelle, & retournera dans son temps, & à son rang au même point d'où il est sorti, comme les fleuves dans la mer, pour renaître à leur tour (*a*). C'étoit peut-être ainsi que Pythagore entendoit sa métempsycose, que l'on n'a pas comprise.

Lorsque le mixte se dissout, par le vice des élémens corruptibles qui le composent, la partie éthérée l'abandonne, & va rejoindre sa patrie,

(*a*) Ecclés. 1. 7.

Il se fait alors un dérangement, un désordre & une confusion dans les parties du cadavre, par l'absence de celui qui y conservoit l'ordre. La mort, la corruption s'en emparent, jusqu'à ce que cette matiere reçoive de nouveau les influences célestes qui réunissant les élémens épars & errans, les rendra propres à une nouvelle génération.

Cet esprit vivifiant ne se sépare pas de la matiere pendant la putréfaction générative, parce qu'elle n'est pas une corruption entiere & parfaite, comme celle qui produit la destruction du mixte. C'est une corruption combinée, & causée par cet esprit même, pour donner à la matiere la forme qui convient à l'individu qu'il doit animer. Il y est quelquefois dans l'inaction, tel qu'on le voit dans les semences ; mais il n'attend que d'être excité. Si-tôt qu'il l'est, il met la matiere en mouvement ; & plus il agit, plus il acquiert de nouvelles forces jusqu'à ce qu'il ait achevé de perfectionner le mixte.

Que les Matérialistes, les partisans ridicules du hasard dans la formation des mixtes & leur conservation, examinent & réfléchissent un peu sérieusement & sans préjugés sur tout ce que nous avons dit, & qu'ils me disent ensuite comment un être imaginaire peut être la cause efficiente de quelque chose de réel & de si bien combiné. Qu'ils suivent cette Nature pas à pas, ses procédés, les moyens qu'elle emploie, & ce qui en résulte. Ils verront, s'ils ne veulent pas fermer les yeux à la lumiere, que la génération des mixtes a un temps déterminé ; que tout se fait dans l'Univers par poids & mesure, & qu'il n'y a qu'une sagesse infinie qui puisse y présider.

Les élémens commencent la génération par la putréfaction, comme les alimens la nutrition. Ils se résolvent en nature humide ou premiere matiere; le chaos se fait alors, & de ce chaos la génération. C'est donc avec raison que les Physiciens disent que la conservation est une création continuée, puisque la génération de chaque individu répond analogiquement à la création & à la conservation du Macrocôsme. La Nature est toujours semblable à elle-même; elle n'a qu'une voie droite, dont elle ne s'écarte que par des obstacles insurmontables, alors elle fait des monstres.

La vie est le résultat harmonique de l'union de la matiere avec la forme, ce qui constitue la perfection de l'individu. La mort est le terme préfixe où se fait la désunion, & la séparation de la forme & de la matiere. On commence à mourir dès que cette désunion commence, & la dissolution du mixte en est le complément.

Tout ce qui vit soit végétal, soit animal, à besoin de nourriture pour sa conservation, & ces alimens sont de deux sortes. Les végétaux ne se nourrissent pas moins d'air que d'eau & de terre. Les mamelles mêmes de celle-ci tariroient bientôt, si elles n'étoient continuellement abreuvées du lait éthéréen. C'est ce que Moyse nous exprime parfaitement par les termes de la bénédiction qu'il donna aux fils de Joseph; *De benedictione Domini terra ejus; de pomis cœli & rore, atque abysso subjacente; de pomis fruc-*

tuum Solis, & Lunæ ; de pomis collium æternorum ; de vertice antiquorum montium ; & de frugibus terræ, & de plenitudine ejus, &c. (a)

Seroit-ce seulement pour rafraîchir le cœur, que la Nature auroit pris soin de placer auprès de lui les poumons, ces admirables & infatigables soufflets ? Non, ils ont un usage plus essentiel : c'est pour aspirer & lui transmettre continuellement cet esprit éthéréen qui vient au secours des esprits vitaux, & répare leur perte & les multiplie quelquefois. C'est pourquoi l'on respire plus souvent quand on se donne beaucoup d'agitation, parce qu'il se fait alors une plus grande déperdition esprits, que la Nature cherche à remplacer.

Les Philosophes donnent le nom d'*esprits*, ou *natures spirituelles*, non seulement aux êtres créés sans être matiere, & qui ne peuvent être connues que par l'intellect, telles que les Anges, les Démons ; mais celles-là mêmes qui, quoique matérielles, ne peuvent être apperçues des sens, à cause de leur grande ténuité. L'air pur ou Ether est de cette nature ; les influences des corps célestes, le feu inné, les esprits séminaux, vitaux, végétaux, &c. Ils sont les ministres de la Nature, qui semble n'agir sur la matiere que par leur moyen.

Le feu de la Nature ne se manifeste dans les animaux que par la chaleur qu'il excite. Lorsqu'il se retire, la mort prend sa place, le corps élémentaire ou le cadavre reste entier jusqu'à ce qu'il commence à se résoudre. Ce feu est trop

(a) Deuter. 33.

foible dans les végétaux, pour y devenir senfible au sens même du toucher.

On ne sait pas quelle est la nature du feu commun; sa matiere est si ténue, qu'elle ne se manifeste que par les autres corps auxquels elle s'attache. Le charbon n'est pas feu, ni le bois qui brûle, ni la flamme, qui n'est qu'une fumée enflammée. Il paroît s'éteindre & s'évanouir quand l'aliment lui manque. Il faut qu'il soit un effet de la lumiere sur les corps combustibles.

De la Lumiere.

L'origine de la lumiere nous prouve sa nature spirituelle. Avant que la matiere commençât à recevoir sa forme, Dieu forma la lumiere; elle se répandit aussi-tôt dans la matiere, qui lui servit comme de meche pour son entretien. La manifestation de la lumiere fut donc comme le premier acte que Dieu exerça sur la matiere; le premier mariage du créateur avec la créature, & celui de l'esprit avec le corps.

Répandue d'abord par-tout, la lumiere sembla se réunir dans le Soleil, comme plusieurs rayons se réunissent dans un point. La lumiere du Soleil est par conséquent un esprit lumineux, attaché inséparablement à cet Astre, dont les rayons se revêtent des parties de l'Ether pour devenir sensibles à nos yeux. Ce sont des ruisseaux qui coulent sans cesse d'une source inépuisable, & qui se répandent dans la vaste étendue de tout l'Univers.

Il ne faut cependant pas en conclure que ces

rayons sont purement spirituels. Ils se corporifient avec l'Ether comme la flamme avec la fumée. Fournissons dans nos foyers un aliment perpétuellement fumeux, nous aurons une flamme perpétuelle.

La nature de la lumiere est de fluer sans cesse; & nous sommes convenus d'apeler rayons ces effluxions du Soleil mêlées avec l'Ether. Il ne faut donc pas confondre la lumiere avec le rayon, ou la lumiere avec la splendeur & la clarté. La lumiere est la cause; la clarté est l'effet.

Quand une bougie allumée s'éteint, l'esprit igné & lumineux qui enflamme la meche, ne se perd pas, comme on le croit communément. Son action seule disparoît quand l'aliment lui manque, ou qu'on l'en retire. Il se répand dans l'air, qui est le réceptacle de la lumiere, & des natures spirituelles du monde matériel.

De même que les corps retournent, par la résolution, à la matiere d'où ils tirent leur origine; de même aussi les formes naturelles des individus retournent à la forme universelle, ou à la lumiere, qui est l'esprit vivifiant de l'Univers. On ne doit pas confondre cet esprit avec les rayons du Soleil, puisqu'ils n'en sont que le véhicule. Il pénetre jusqu'au centre même de la terre, lorsque le Soleil n'est pas sur notre horizon.

La lumiere est pour nous une vive image de la Divinité. L'amour Divin ne pouvant, pour ainsi dire, se contenir dans lui-même, s'est comme répandu hors de lui, & multiplié dans la création. La lumiere ne se renferme pas non plus dans le corps lumineux: elle se répand, elle se multiplie, elle est comme Dieu une source inépuisable de biens. Elle se communique sans cesse sans aucune diminution ; elle semble même prendre de nouvelles forces par cette communication, comme un maître qui enseigne à ses disciples les connoissances qu'il a, sans les perdre, & même en les imprimant davantage dans son esprit.

Cet esprit igné porté dans les corps par les rayons, s'en distingue fort aisément. Ceux-ci ne se communiquent qu'autant qu'ils ne trouvent dans leur chemin point de corps opaques qui en arrêtent le cours. Celui-là pénetre même les corps les plus denses, puisqu'on sent la chaleur au côté d'un mur opposé au côté où tombent les rayons, quoiqu'ils n'y aient pu pénétrer. Cette chaleur subsiste même encore après que les rayons sont disparus avec le corps lumineux.

Tout corps diaphane, le verre particulierement, transmet cet esprit igné & lumineux sans transmettre les rayons : c'est pourquoi l'air qui est derriere, en fournissant un nouveau corps à cet esprit, devient illuminé & forme des rayons nouveaux, qui se répandent comme les premiers. D'ailleurs tout corps diaphane, en servant de milieu pour transmettre cet esprit, se trouve non seulement éclairé, mais devient lumineux ; & cette augmentation de clarté se manifeste aisément à ceux qui y font un peu d'attention. Cette augmentation de splendeur n'arriveroit pas si le corps diaphane transmettoit les rayons tels qu'il les a reçus.

M. Pott paroît avoir adopté ces idées des Philosophes Hermétiques sur la lumiere, dans son Essai d'observations Chymiques & Physiques sur les propriétés & les effets de la lumiere & du feu. Il s'est parfaitement rencontré avec d'Espagnet, dont j'analyse ici les sentimens, & qui vivoit il y a près d'un siecle & demi. Les observations que ce savant Professeur de Berlin rapporte, concourent toutes à prouver la vérité de ce que nous ayons dit jusqu'ici. Il appelle la lumiere *le grand & merveilleux agent de la Nature.* Il dit que sa substance, à cause de la ténuité de ses parties, ne peut être examinée par le nombre, par la mesure ni par le poids; que la Chymie ne peut exposer sa forme extérieure, parce que dans aucune substance elle ne peut être conçue, encore moins exprimée; que sa dignité & son excellence sont annoncées dans l'Ecriture sainte, où Dieu se fait appeler du nom de lumiere & de feu: puisqu'il y est dit, que Dieu est une lumiere, qu'il demeure dans la lumiere; que la lumiere est son habit; que la vie est dans la lumiere; qu'il fait ses Anges flammes de feu; &c. & enfin que plusieurs personnes regardent la lumiere plutôt comme un être spirituel que comme une substance corporelle.

En réfléchissant sur la lumiere, la premiere chose, dit cet Auteur, qui se présente à mes yeux & à mon esprit, c'est la lumiere du Soleil; & je présume que le Soleil est la source de toute la lumiere qui se trouve dans la Nature; que toute la lumiere y rentre comme dans son cercle de révolution, & que de là elle est de nouveau renvoyée sur notre globe.

Je ne pense pas, ajoute-t-il, que le Soleil contienne un feu brûlant, destructif; mais il renferme une substance lumineuse, pure, simple & concentrée, qui éclaire tout. Je regarde la lumière comme une substance qui réjouit, qui anime, & qui produit la clarté; en un mot, je la regarde comme le premier instrument que Dieu mit & met encore en œuvre dans la Nature. De là vient le culte que quelques Payens ont rendu au Soleil; de là la fable de Prométhée qui déroba le feu dans le Ciel, pour le communiquer à la terre.

M. Pott n'approuve cependant pas en apparence, mais il le fait en réalité, le sentiment de ceux qui font de l'Ether un véhicule de la matiere de la lumiere, parce qu'ils multiplient, dit-il, les êtres sans nécessité. Mais si la lumiere est un être si simple qu'il l'avoue, pourra-t-elle se manifester autrement que par quelque substance sensible ? Elle a la propriété de pénétrer très-subtilement les corps par sa ténuité supérieure à celle de l'air, & par son mouvement progressif, le plus rapide qu'on puisse imaginer; mais il n'ose déterminer s'il est dû à une substance spirituelle, quoiqu'il soit certain que le principe moteur est aussi ancien que cette substance même.

Le mouvement, comme mouvement, ne produit pas la lumière, mais il la manifeste dans les matieres convenables. Elle ne se montre que dans les corps mobiles; c'est-à-dire, dans une matiere extrêmement subtile, fine & propre au mouvement précipité, soit que cette matiere s'écoule s'écoule immédiatement du Soleil, ou de son atmosphère, & qu'elle pénètre jusqu'à nous; soit, ce qui paroît, dit-il, plus vraisemblable, que le Soleil mette en mouvement ces matières extrêmement subtiles, dont notre atmosphère est remplie.

Voilà donc un véhicule de la lumière, & un véhicule qui ne diffère point de l'Ether; puisque ce Savant ajoute plus bas: *C'est donc aussi là la cause du mouvement de la lumière qui agit sur notre Ether, & qui nous vient principalement, & plus efficacement du Soleil.* Ce véhicule n'est donc pas, même selon lui, un être multiplié sans nécessité.

Il distingue très-bien le feu de la lumière, & marque la différence de l'un & de l'autre; mais après avoir dit que la lumière produit la clarté, il confond ici cette dernière avec le principe lumineux, comme on peut le conclure des expériences qu'il rapporte. J'en aurois conclu qu'il y a un feu & une lumière qui ne brûlent pas, c'est-à-dire, qui ne détruisent pas les corps auxquels ils sont adhérens; mais non pas qu'il y a une lumière sans feu. Le défaut de distinction entre le principe ou la cause de la splendeur & de la clarté, & l'effet de cette cause est la source d'une infinité d'erreurs sur cette matière.

Peut-être n'est-ce que la faute du Traducteur qui aura employé indifféremment les termes de lumière & clarté comme synonymes. Je serois assez porté à le croire, puisque M. Pott, immédiatement après avoir rapporté divers phénomènes des matières phosphoriques, le bois pourri, les

I. Partie. H

vers lumineux, l'argile calcinée & frottée, &c. dit, que la matière de la lumière dans sa pureté, ou séparée de tout autre corps, ne se laisse pas appercevoir, que nous ne la traitons qu'entourée d'une enveloppe, & que nous ne connoissons sa présence que par induction. C'est distinguer proprement la lumière de la clarté qui en est l'effet. Avec cette distinction, il est aisé de rendre raison d'une infinité de phénomènes très-difficiles à expliquer sans cela.

La chaleur, quoiqu'effet du mouvement, est comme identifiée avec lui. La lumière étant le principe du feu, l'est du mouvement & de la chaleur; celle-ci n'étant qu'un moindre degré de feu; ou le mouvement produit par un feu plus modéré, ou plus éloigné du corps affecté. C'est à ce mouvement que l'eau doit sa fluidité, puisque sans cette cause elle devient glace.

On ne doit donc pas confondre le feu élémentaire avec le feu des cuisines; & observer que le premier ne devient un feu actuel brûlant, que lorsqu'il est combiné avec des substances combustibles; il ne donne par lui-même ni flamme, ni lumière. Ainsi le phlogistique ou substance huileuse, sulfureuse, résineuse, n'est pas le principe du feu, mais la matière propre à l'entretenir, à le nourrir & à le manifester.

Les raisonnemens de M. Pott prouvent que le sentiment de d'Espagnet & des autres Philosophes Hermétiques sur le feu & la lumière, est un sentiment raisonné, & très-conforme aux observations Physico-Chymiques les plus exactes, puisqu'ils sont d'accord avec ce savant Professeur de Chymie dans l'Académie des Sciences & Belles-Lettres de Berlin. Ces Philosophes connoissoient donc la Nature: & s'ils la connoissoient, pourquoi ne pas plutôt essayer de lever le voile obscur sous lequel ils ont caché ses procédés par leurs discours énigmatiques, allégoriques, fabuleux, que de mépriser leurs raisonnemens, parce qu'ils paroissent intelligibles; ou de les accuser d'ignorance & de mensonge?

De la conservation des Mixtes.

L'esprit igné, le principe vivifiant donne la vie & la vigueur aux mixtes; mais ce feu les consumeroit bientôt, si son activité n'étoit modérée par l'humeur aqueuse qui les lie. Cet humide circule perpétuellement dans tous. Il s'en fait une révolution dans l'Univers, au moyen de laquelle les uns se forment, se nourissent, augmentent même de volume pendant que son évaporation & son absence font dessécher & périr les autres.

Toute la machine du monde ne compose qu'un corps, dont toutes les parties sont liées par des milieux qui participent des extrêmes. Ce lien est caché, ce nœud est secret; mais il n'en est pas moins réel; & c'est par son moyen que toutes ces parties se prêtent un secours mutuel, puisqu'il y a un rapport, & un vrai commerce entre elles. Les esprits émissaires des natures supérieures font & entretiennent cette communication; les uns s'en vont quand les autres viennent; ceux-ci retournent à leur source quand ceux-là en descendent; les derniers venus prennent la place, ceux-ci partent à leur tour, d'autres leur succedent; & par ce flux & reflux continuels, la Nature se renouvelle & s'entretient. Ce sont les ailes de Mercure, à l'aide desquelles ce messager des Dieux rendoit de si fréquentes visites aux habitans du Ciel & de la Terre.

Cette succession circulaire d'esprits se fait par deux moyens, la raréfaction & la condensation, que la Nature emploie pour spiritualiser les corps & corporifier les esprits; ou, si l'on veut, pour atténuer les élémens grossiers, les ouvrir, les élever même à la nature subtile des matieres spirituelles, & les faire ensuite retourner à la nature des élémens grossiers & corporels. Ils éprouvent sans cesse de telles métamorphoses. L'air fournit à l'eau une substance ténue éthéréenne qui commence à s'y corporifier; l'eau la communique à la terre où elle se corporifie encore plus. Elle devient alors un aliment pour les minéraux & les végétaux. Dans ceux-ci, elle se fait tige, écorce, feuilles, fleurs, fruit; en un mot, une substance corporelle, palpable.

Dans les animaux, la Nature sépare le plus subtil, le plus spirituel du boire & du manger pour le tourner en aliment. Elle change & spécifie la plus pure substance en semence, en chair, en os, &c. & laisse la plus grossiere & la plus hétérogene pour les excrémens. L'art imite la Nature dans ses résolutions & ses compositions.

De l'humide radical.

La vie & la conservation des individus consiste dans l'union étroite de la forme & de la matiere. Le nœud, le lien qui forme cette union consiste dans celle du feu inné avec l'humide radical. Cet humide est la portion la plus pure, la plus digérée de la matiere, & comme une huile extrêmement rectifiée par les alambics de la Nature. Les semences des choses contiennent beaucoup de cet humide radical, dans lequel une étincelle de feu céleste se nourrit; & mis dans une matrice convenable, il opere, quand il est aidé constamment, tout ce qui est nécessaire à la génération.

On trouve quelque chose d'immortel dans cet humide radical; la mort des mixtes ne le fait évanouir ni disparoître. Il résiste même au feu le plus violent, puisqu'on le trouve encore dans les cendres des cadavres brûlés.

Chaque mixte contient deux humides, celui dont nous venons de parler, & un humide élémentaire, en partie aqueux, aérien en partie. Celui-ci cede à la violence du feu; il s'envole en fumée, en vapeurs, & lorsqu'il est tout-à-fait évaporé, le corps n'est plus que cendres, ou parties séparées les unes des autres.

Il n'en est pas ainsi de l'humide radical; comme il constitue la base des mixtes, il affronte la tyrannie du feu, il souffre le martyre avec un courage insurmontable, & demeure attaché opiniâtrément aux cendres du mixte; ce qui indique manifestement sa grande pureté.

H iij

L'expérience a montré aux Verriers, gens communément très-ignorans dans la connoissance de la Nature, que cet humide est caché dans les cendres. Ils ont trouvé à force de feu le secret de le manifester autant que l'art & la violence du feu artificiel en sont capables. Pour faire le verre, il faut nécessairement mettre les cendres en fusion, & il ne sauroit y avoir de fusion, où il n'y a pas d'humide.

Sans savoir que les sels extraits des cendres contiennent la plus grande vertu des mixtes, les laboureurs brûlent les chaumes & les herbes pour augmenter la fertilité de leurs champs : preuve que cet humide radical est inaccessible aux atteintes du feu ; qu'il est le principe de la génération, la base des mixtes, & que sa vertu, son feu actif ne demeurent engourdis que jusqu'à ce que la terre, matrice commune des principes, en développe les facultés, ce qui se voit journellement dans les semences.

Ce baume radical est le ferment de la Nature, qui se répand dans toute la masse des individus. C'est une teinture ineffaçable, qui a la propriété de multiplier, & qui pénètre même jusques dans les plus sales excrémens ; puisqu'on les emploie avec succès pour fumer les terres, & augmenter leur fertilité.

On peut conjecturer avec raison, que cette base, cette racine des mixtes, qui survit à leur destruction, est une partie de la première matière, la portion la plus pure, & indestructible, marquée au coin de la lumière dont elle reçut la forme. Car le mariage de cette première matière avec sa forme est indissoluble, & tous les élémens corporifiés en individus tirent d'elle leur origine. Ne falloit-il pas en effet une telle matiere pour servir de base incorruptible, & comme de racine cubique aux mixtes corruptibles, pour pouvoir en être un principe constant, perpétuel, & néanmoins matériel, autour duquel tourneroient sans cesse les vissicitudes & les changemens que les êtres matériels éprouvent tous les jours ?

S'il étoit permis de porter ses conjectures dans l'obscurité de l'avenir, ne pourroit-on pas dire que cette substance inaltérable est le fondement du monde matériel, & le ferment de son immortalité, au moyen duquel il subsistera même après sa destruction, après avoir passé par la tyrannie du feu, & avoir été purgé de sa tache originelle, pour être renouvelé & devenir incorruptible & inaltérable pendant toute l'éternité ?

Il semble que la lumiere n'a encore opéré que sur lui, & qu'elle a laissé le reste dans les ténebres ; aussi en conserve-t-il toujours une étincelle, qui n'a besoin que d'être excitée.

Mais le feu inné est bien différent de l'humide. Il tient de la spiritualité de la lumiere, & l'humide radical est d'une nature moyenne entre la matiere extrêmement subtile & spirituelle de la lumiere, & la matiere grossiere, élémentaire, corporelle. Il participe des deux, & lie ces deux extrêmes. C'est le sceau du traité visible & palpable de la lumiere & des ténebres ; le point de réunion & de commerce entre le Ciel & la Terre.

On ne peut donc confondre sans erreur cet humide radical avec le feu inné. Celui-ci est l'habitant, celui-là l'habitation, la demeure. Il est dans tous les mixtes le laboratoire de Vulcain ; le foyer où se conserve ce feu immortel, premier moteur créé de toutes les facultés des individus ; le baume universel, l'élixir le plus précieux de la Nature, le mercure de vie parfaitement sublimé & travaillé, que la Nature distribue par poids & par mesure à tous les mixtes. Qui saura extraire ce trésor du cœur, & du centre caché des productions de ce bas monde ; le dépouiller de l'écorce épaisse, élémentaire, qui le cache à nos yeux, & le tirer de la prison ténébreuse où il est renfermé, & dans l'inaction, pourra se glorifier de savoir faire la plus précieuse médecine pour soulager le corps humain.

De l'harmonie de l'Univers.

Les corps supérieurs & les inférieurs du monde ayant une même source, & une même matiere pour principe, ont conservé entr'eux une sympathie qui fait que les plus purs, les plus nobles, les plus forts, communiquent à ceux qui le sont moins toute la perfection dont ils sont susceptibles. Mais lorsque les organes des mixtes se trouvent mal disposés naturellement ou par accident, cette communication est troublée ou empêchée, l'ordre établi pour ce commerce se dérange ; le foible moins secouru s'affoiblit, succombe, & devient le principe de sa propre ruine, *mole ruit suâ.*

(a) Les quatre qualités des élémens, le froid, le chaud, le sec & l'humide, sont comme les tons harmoniques de la Nature. Ils ne sont pas plus contraires entr'eux, que le ton grave dans la musique l'est à l'aigu; mais ils sont différens, & comme séparés par des intervalles, ou tous moyens, qui rapprochent les deux extrêmes. De même que par ces tons moyens on compose une très belle harmonie, la Nature sait aussi combiner les qualités des élémens, de maniere qu'il en résulte un tempérament qui constitue celui des mixtes.

Du Mouvement.

Il n'y a point de repos réel & proprement dit dans la Nature (b). Elle ne peut rester oisive; & si elle laissoit succéder le repos réel au mouvement pendant un seul instant, toute la machine de l'Univers tomberoit en ruine. Le mouvement l'a comme tiré du néant; le repos l'y replongeroit. Ce à quoi nous donnons le nom de repos, n'est qu'un mouvement moins accéléré, moins sensible. Le mouvement est donc continuel dans chaque partie comme dans le tout. La Nature agit toujours dans l'intérieur des mixtes: les cadavres mêmes ne sont point en repos, puisqu'ils se corrompent, & que la corruption ne peut se faire sans mouvement.

L'ordre & l'uniformité regnent dans la maniere de mouvoir la machine du monde; mais

---

(a) Cosmop. Tract. 2.
(b) Ibid. Tr. 4.

il y a divers degrés dans ce mouvement, qui est inégal, & différent dans les choses différentes & inégales. La Géométrie exige même cette loi d'inégalité, & l'on peut dire que les corps célestes ont un mouvement égal en raison géométrique; savoir, eu égard à la différence de leur grandeur, de leur distance & de leur nature.

Nous appercevons aisément dans le cours des saisons, que les voies que la Nature emploie ne différent entr'elles qu'en apparence. Pendant l'hiver elle paroît sans mouvement, morte, ou du moins engourdie. C'est cependant durant cette *morte saison* qu'elle prépare, digere, couve les semences, & les dispose à la génération. Elle accouche pour ainsi dire au printemps; elle nourrit & éleve en été, elle mûrit même certains fruits; elle en réserve d'autres pour l'automne, quand ils ont besoin d'une plus longue digestion. A la fin de cette saison, tout devient caduque, pour se disposer à une nouvelle génération.

L'homme éprouve dans cette vie les changemens de ces quatre saisons. Son hiver n'est pas le temps de la vieillesse, comme on le dit communément, c'est celui qu'il passe dans le ventre de sa mere sans action, & comme dans les ténebres, parce qu'il n'a pas encore joui des bienfaits de la lumiere solaire. A peine a-t-il vu le jour, qu'il commence à croître : il entre dans son printemps, qui dure jusqu'à ce qu'il soit capable de mûrir ses fruits. Son été succede alors; il se fortifie, il digere, il cuit le principe de vie qui doit la donner à d'autres. Son fruit est-il mûr, l'automne s'en empare; il devient sec, il flétrit, il penche vers le principe où sa nature l'entraîne; il y tombe, il meurt, il n'est plus.

De la distance inégale & variée du Soleil procede particulierement la variété des saisons. Le Philosophe qui veut s'appliquer à imiter les procédés de la Nature dans les opérations du grand œuvre, doit les méditer très-sérieusement.

Je n'entrerai point ici dans le détail des différens mouvemens des corps célestes. Moyse n'a presque expliqué que ce qui regarde le globe que nous habitons. Il n'a presque rien dit des autres créatures, sans doute afin que la curiosité humaine trouvât plutôt matiere à l'admiration, qu'à former des argumens pour la dispute. L'envie désordonnée de tout savoir tyrannise cependant encore le foible esprit de l'homme. Il ne sait pas se conduire, & il est assez fou pour prescrire au Créateur des regles pour conduire l'Univers. Il forge des systêmes, & parle avec un ton si décisif, qu'on diroit que Dieu l'a consulté pour tirer le monde du néant, & qu'il a suggéré au Créateur les loix qui conservent l'harmonie de son mouvement général & particulier. Heureusement les raisonnemens de ces prétendus Philosophes n'influent en rien sur cette harmonie. Nous aurions lieu d'en craindre des conséquences aussi fâcheuses pour nous, que celles qu'on tire de leurs principes sont ridicules. Tranquillisons-nous : le monde ira son train autant de temps qu'il plaira à son Auteur, de le conserver. Ne perdons pas le temps d'une vie aussi courte que la nôtre à disputer des choses que nous ignorons. Appliquons-nous plutôt à chercher le remede aux maux qui nous accablent; à prier celui qui a créé *la médecine de la terre*, de nous la faire connoître; & qu'après nous avoir favorisé de cette admirable connoissance, nous n'en usions que pour l'utilité de notre prochain, par amour pour le souverain Etre, à qui seul soit rendu gloire dans tous les siecles des siecles.

TRAITÉ
DE
L'ŒUVRE HERMÉTIQUE.

LA source de la santé & des richesses, deux bases sur lesquelles est appuyé le bonheur de cette vie, sont l'objet de cet art. Il fut toujours un mystere; & ceux qui en ont traité, en ont parlé dans tous les temps, comme d'une science, dont la pratique a quelque chose de surprenant, & dont le résultat tient du miracle dans lui-même & dans ses effets. Dieu auteur de la Nature, que le Philosophe se propose d'imiter, peut seul éclairer & guider l'esprit humain dans la recherche de ce trésor inestimable, & dans le labyrinthe des opérations de cet art. Aussi tous ces Auteurs recommandent-ils de recourir au Créateur, & de lui demander cette grace avec beaucoup de ferveur & de persévérance.

ÉGYPTIENNES ET GRECQUES. 125

Doit-on être surpris que les possesseurs d'un si beau secret l'ait voilé des ombres des hiéroglyphes, des fables, des allégories, des métaphores, des énigmes, pour en ôter la connoissance au commun des hommes? Ils n'ont écrit que pour ceux à qui Dieu daigneroit en accorder l'intelligence. Les décrier, déclamer fortement contre la science même, parce qu'on a fait d'inutiles efforts pour l'obtenir, c'est une vengeance basse; c'est faire tort à sa propre réputation, c'est afficher son ignorance, & l'impuissance où l'on est d'y parvenir. Que l'on élève sa voix contre les souffleurs, contre ces brûleurs de charbons, qui, après avoir été dupes de leur propre ignorance, cherchent à faire d'autres dupes, à la bonne heure. Je me joindrois volontiers à ces sortes de critiques; je voudrois même avoir une voix de Stentor pour me faire mieux entendre. Mais qui sont ceux qui se mêlent de parler & d'écrire contre la Philosophie Hermétique? Des gens qui en ignorent, je gagerois, jusqu'à la définition; gens dont la mauvaise humeur n'est excitée que par le préjugé. J'en appelle à la bonne foi; qu'ils examinent sérieusement, s'ils sont au fait de ce qu'ils critiquent: ont-ils lu & relu vingt fois & davantage, les bons Auteurs qui traitent cette matiere? qui d'entr'eux peut se flatter de savoir les opérations & les procédés de cet art? quel Œdipe leur a donné l'intelligence de ses énigmes & de ses allégories? quelle est la Sibylle qui les a introduits dans son sanctuaire? qu'ils demeurent donc dans l'étroite sphere de leurs connoissances: *ne sutor ultra crepidam*. Où puisque c'est la mode, qu'il leur soit permis d'aboyer après un si grand tréfor dont ils défefperent la poffeffion. Foible confolation, mais la feule qui leur refte! Et plût à Dieu que leurs cris fe faffent entendre de tous ceux qui dépenfent mal à propos leurs biens dans la pourfuite de celui-ci qui leur échappe, faute de connoître les procédés fimples de la Nature.

Monfieur de Maupertuis en penfe bien autrement (lettres); Sous quelque afpect qu'on confidere la pierre Philofophale, on ne peut, dit ce célebre Académicien, en prouver l'impoffibilité; mais fon prix, ajoute-t-il, ne fuffit pas pour balancer le peu d'efpérance de la trouver. M. de Jufti, Directeur général des mines de l'Impératrice Reine de Hongrie, en prouve non feulement la poffiblité, mais l'exiftence actuelle, dans un difcours qu'il a donné au public, & dont les argumens font fondés fur fa propre expérience.

Confeils Philofophiques.

Adorez Dieu feul; aimez-le de tout votre cœur, & votre prochain comme vous-même. Propofez-vous toujours la gloire de Dieu pour fin de toutes vos actions: invoquez-le, il vous exaucera; glorifiez-le, il vous exaltera.

Soyez tardif dans vos paroles & dans vos actions. Ne vous appuyez pas fur votre prudence, fur vos connoiffances, ni fur la parole & les richeffes des hommes, principalement des Grands. Ne mettez votre confiance qu'en Dieu. Faites valoir le talent qu'il vous a confié. Soyez avare du temps; il est infiniment court pour un homme qui sait l'employer. Ne remettez pas au lendemain, qui n'est pas à vous, une chose nécessaire que vous pouvez faire aujourd'hui. Fréquentez les bons & les savans. L'homme est né pour apprendre; sa curiosité naturelle en est une preuve bien palpable; & c'est dégrader l'humanité, que de croupir dans l'oisiveté & l'ignorance. Plus un homme a de connoissances, plus il approche de l'Auteur de son être, qui sait tout. Profitez donc des lumieres des savans; recevez leurs instructions avec douceur, & leurs corrections toujours en bonne part. Fuyez le commerce des méchans, la multiplicité des affaires, & la quantité d'amis.

Les sciences ne s'acquierent qu'en étudiant, en méditant, & non dans la dispute. Apprenez peu à la fois; répétez souvent la même étude; l'esprit peut tout quand il est à peu, & ne peut rien quand il est en même temps à tout.

La science jointe à l'expérience forme la vraie sagesse. On est contraint, à son défaut, de recourir à l'opinion, au doute, à la conjecture, & à l'autorité.

Les sujets de la science sont Dieu, le grand monde, & l'homme. L'homme a été fait pour Dieu, la femme pour Dieu & l'homme, & les autres créatures pour l'homme & la femme (a), afin qu'ils en fissent usage pour leurs occupations, leur propre conservation, & la gloire de leur Auteur commun. Après tout, faites en sorte

_____
(a) Sap. 9. v. 2. & suiv.

que vous soyez toujours bien avec Dieu & votre prochain. La vengeance est une foiblesse dans les hommes. Ne vous faites jamais aucun ennemi ; & si quelqu'un veut vous faire du mal, ou vous en a fait, vous ne sauriez mieux & plus noblement vous venger qu'en lui faisant du bien.

APHORISME

DE LA VÉRITÉ DES SCIENCES.

Deux sortes de sciences, & non plus. La Religion & la Physique ; c'est-à-dire, la science de Dieu & celle de la Nature : tout le reste n'en est que les branches. Il y en a même de bâtardes ; mais elles sont plutôt des erreurs que des sciences.

Dieu donne la premiere dans sa perfection aux Saints & aux enfans du Ciel. Il éclaire l'esprit de l'homme pour acquérir la seconde, & le Démon y jette des nuages pour insinuer les bâtardes.

La Religion vient du Ciel, c'est la vraie science, parce que Dieu, source de toute vérité, en est l'auteur. La Physique est la connoissance de la Nature ; avec elle l'homme fait des choses surprenantes. *Mens humana mirabilium effectrix.*

La puissance de l'homme est plus grande qu'on ne sauroit l'imaginer. Il peut tout par Dieu, rien sans lui, excepté le mal.

La clef des Sciences.

Le premier pas à la sagesse est la crainte de Dieu, le second la connoissance de la Nature. Par elle on monte jusqu'à la connoissance de son Auteur (a). La Nature enseigne aux clairvoyans la Physique Hermétique. L'ouvrage long est toujours de la Nature ; elle opere simplement, successivement, & toujours par les mêmes voies pour produire les mêmes choses. L'ouvrage de l'art est moins long ; il avance beaucoup les démarches de la Nature. Celui de Dieu se fait en un instant. L'Alchymie proprement dite est une opération de la Nature, aidée par l'art. Elle nous met en main la clef de la magie naturelle ou de la Physique, & nous rend admirables aux hommes, en nous élevant au dessus du commun.

Du Secret.

La statue d'Harpocrate, qui avoit une main sur sa bouche, étoit chez les anciens Sages l'emblême du secret, qui se fortifie par le silence, s'affoiblit & s'évanouit par la révélation. Jésus-Christ notre Sauveur ne révéloit nos mysteres qu'à ses Disciples, & parloit toujours au peuple par allégories & par paraboles. *Vobis datum est noscere mysteria regni cœlorum... sine parabolis non loquebatur eis* (b).

Les Prêtres chez les Egyptiens, les Mages chez les Persans, les Mécubales & les Cabalistes

(a) S. Paul. Rom. 1. 20.
(b) Mat. 13. v. 11. Marc. 4. v. 11. Matth. 13. v. 34.

I. Partie. I

chez les Hébreux, les Bracmanes aux Indes, les Gymnosophistes en Ethiopie, les Orphées, les Homeres, les Pythagores, les Platons, les Porphyres parmi les Grecs, les Druides parmi les Occidentaux, n'ont parlé des sciences secretes que par énigmes & par allégories: s'ils avoient dit quel en étoit le véritable objet, il n'y auroit plus eu de mysteres, & le sacré auroit été mêlé avec le profane.

Des moyens pour parvenir au Secret.

Les dispositions pour arriver au secret, sont la connoissance de la Nature, & de soi-même. L'on ne peut avoir parfaitement la premiere & même la seconde que par l'aide de l'Alchymie, l'amour de la sagesse, l'horreur du crime, du mensonge, la fuite des Cacochymistes, la fréquentation des Sages, l'invocation du Saint-Esprit, ne pas ajouter secret sur secret, ne s'attacher qu'à une chose, parce que Dieu & la Nature se plaisent dans l'unité & la simplicité.

L'homme étant l'abrégé de toute la Nature, il doit apprendre à se connoître comme le précis & le raccourci d'icelle. Par sa partie spirituelle, il participe à toutes les créatures immortelles; & par sa partie matérielle, à tout ce qui est caduc dans l'Univers.

Des clefs de la Nature.

De toutes choses matérielles il se fait de la cendre; de la cendre on fait du sel, du sel on sépare l'eau & le mercure, du mercure on compose un élixir ou une quintessence. Le corps se met en cendres pour être nettoyé de ses parties combustibles, en sel pour être séparé de ses terrestréités, en eau pour pourrir & se putréfier, & en esprit pour devenir quintessencé.

Les sels sont donc les clefs de l'Art & de la Nature; sans leur connoissance il est impossible de l'imiter dans ses opérations. Il faut savoir leur sympathie & leur antipathie avec les métaux & avec eux-mêmes. Il n'y a proprement qu'un sel de nature, mais il se divise en trois sortes pour former les principes des corps. Ces trois sont le nitre, le tartre & le vitriol; tous les autres en sont composés.

Le nitre est fait du premier sel par atténuation, subtilisation, & purgation des terrestréités crues & froides qui s'y trouvent mélangées. Le Soleil le cuit, le digere en toutes ses parties, y fait l'union des élémens, & l'impregne des vertus séminales, qu'il porte ensuite avec la pluie dans la terre qui est la matrice commune.

Le sel de tartre est ce même nitre plus cuit, plus digéré par la chaleur de la matrice où il avoit été déposé, parce que cette matrice sert de fourneau à la Nature. Ainsi du nitre & du tartre se forment les végétaux. Ce sel se trouve par-tout où le nitre a été déposé, mais particulierement sur la superficie de la terre, où la rosée & la pluie le fournissent abondamment.

Le vitriol est le même sel nitre, qui ayant passé par la nature du tartre, devient sel minéral par une cuisson plus longue, & dans des fourneaux plus ardens. Il se trouve en abondance dans les entrailles, les concavités & les porosités de la terre, où il se réunit avec un humeur visqueuse qui le rend métallique.

Des Principes métalliques.

Des sels dont nous venons de parler, & de leurs vapeurs se fait le mercure que les Anciens ont appelé *semence minérale*. De ce mercure & du soufre soit pur, soit impur, sont faits tous les métaux dans les entrailles de la terre & à sa superficie.

Lorsque les élémens corporifiés par leur union prennent la forme de salpêtre, de tartre & de vitriol, le feu de la Nature, excité par la chaleur solaire, digere l'humidité que la sécheresse de ces sels attire, & séparant le pur de l'impur, le sel de la terre, les parties homogenes des hétérogenes, elle l'épaissit en argent-vif, puis en métal pur ou impur, suivant le mélange & la qualité de la matrice.

La diversité du soufre & du mercure plus ou moins purs, & plus ou moins digérés, leur union & leurs différentes combinaisons forment la nombreuse famille du regne minéral. Les pierres, les marcassites, les minéraux different encore entr'eux, suivant la différence de leurs matrices, & le plus ou moins de cuisson.

De la matiere du grand œuvre en général.

Les Philosophes n'ont, ce semble, parlé de la matiere que pour la cacher, au moins quand il s'est agi de la désigner en particulier. Mais quand ils en parlent en général, ils s'étendent beaucoup sur ses qualités & ses propriétés ; ils lui donnent tous les noms des individus de l'Univers, parce qu'ils disent qu'elle en est le principe & la base. « Examinez, dit le Cosmopolite (a), si ce que
» vous vous proposez de faire, est conforme à
» ce que peut faire la Nature. Voyez quels sont
» les matériaux qu'elle emploie, & de quel
» vase elle se sert. Si vous ne voulez que faire
» ce qu'elle fait, suivez-la pas à pas. Si vous
» voulez faire quelque chose de mieux, voyez
» ce qui peut servir à cet effet ; mais demeurez
» toujours dans les natures de même genre. Si,
» par exemple, vous voulez pousser un métal au
» delà de la perfection qu'il a reçue de la Na-
» ture, il faut prendre vos matériaux dans le
» genre métallique, & toujours un mâle & une
» femelle, sans quoi vous ne réussirez pas. Car
» en vain vous proposeriez-vous de faire un
» métal avec de l'herbe, ou une nature animale,
» comme d'un chien ou de toute autre bête,
» vous ne sauriez produire un arbre. »

Cette premiere matiere est appelée plus communément soufre & argent-vif. Raymond Lulle (b) les nomme les deux extrêmes de la pierre & de tous les métaux. D'autres disent en général que le Soleil est son pere & la Lune sa mere ; qu'elle

(a) Tract. 1.   (b) Codicit. c. 9.

est mâle & femelle ; qu'elle est composée de quatre, de trois, de deux & d'un, & tout cela pour la cacher. Elle se trouve par-tout, sur terre & sur mer, dans les plaines, sur les montagnes, &c. Le même Auteur dit que leur matiere est unique, & dit ensuite que la pierre est composée de plusieurs principes individuels. Toutes ces contradictions ne sont cependant qu'apparentes, parce qu'ils ne parlent pas de la matiere dans un seul point de vûe; mais quant à ses principes généraux, ou aux différens états où elle se trouve dans les opérations.

Il est certain qu'il n'y a qu'un seul principe dans toute la Nature, & qu'il l'est de la pierre comme des autres choses. Il faut donc savoir distinguer ce que les Philosophes disent de la matiere en général, d'avec ce qu'ils en disent en particulier. Il n'y a aussi qu'un seul esprit fixe, composé d'un feu très-pur, & incombustible, qui fait sa demeure dans l'humide radical des mixtes. Il est plus parfait dans l'or que dans toute autre chose, & le seul mercure des Philosophes a la propriété & la vertu de le tirer de sa prison, de le corrompre & de le disposer à la génération. L'argent-vif est le principe de la volatilité, de la malléabilité, & de la minéralité ; l'esprit fixe de l'or ne peut rien sans lui. L'or est humecté, réincrudé, volatilisé & soumis à la putréfaction par l'opération du mercure : & celui-ci est digéré, cuit, épaissi, desséché & fixé par l'opération de l'or philosophique, qui le rend par ce moyen une teinture métallique.

L'un & l'autre font le mercure & le soufre

philosophique. Mais ce n'est pas assez qu'on fasse entrer dans l'œuvre un soufre métallique comme levain; il en faut aussi un comme sperme ou semence de nature sulfureuse, pour s'unir à la semence de substance mercurielle. Ce soufre & ce mercure ont été sagement représentés chez les Anciens par deux serpens, l'un mâle & l'autre femelle, entortillés autour de la verge d'or de Mercure. La verge d'or est l'esprit fixe, où ils doivent être attachés. Ce sont les mêmes que Junon envoya contre Hercule, dans le temps que ce héros étoit encore au berceau.

Ce soufre est l'ame des corps, & le principe de l'exubération de leur teinture; le mercure vulgaire en est privé; l'or & l'argent vulgaires n'en ont que pour eux. Le mercure propre à l'œuvre doit donc premièrement être imprégné d'un soufre invisible (a), afin qu'il soit plus disposé à recevoir la teinture visible des corps parfaits, & qu'il puisse ensuite la communiquer avec usure.

Nombre de Chymistes suent sang & eau pour extraire la teinture de l'or vulgaire; ils s'imaginent qu'à force de lui donner la torture, il la lui feront dégorger, & qu'ensuite ils trouveront le secret de l'augmenter & de la multiplier, mais

Spes tandem Agricolas vanis eludit aristis.
Virg. Georg.

Car il est impossible que la teinture solaire puisse être entierement séparée de son corps. L'art ne sauroit défaire dans ce genre ce que la Nature

(a) D'Espagnet, Can. 30.

a si bien uni. S'ils réussissent à tirer de l'or une liqueur colorée & permanente, par la force du feu ou par la corrosion des eaux fortes, il faut la regarder seulement comme une portion du corps, mais non comme sa teinture; car ce qui constitue proprement la teinture, ne peut être séparé de l'or. C'est ce terme de teinture qui fait illusion à la plupart des Artistes. Je veux bien encore que ce soit une teinture, au moins conviendront-ils qu'elle est altérée par la force du feu, ou les eaux fortes, qu'elle ne peut être utile à l'œuvre, & qu'elle ne sauroit donner aux corps volatils la fixité de l'or dont elle auroit été séparée. C'est pour ces raisons que d'Espagnet (a) leur conseille de ne pas dépenser leur argent & leur or dans un travail si pénible, & dont ils ne pourroient tirer aucun fruit.

Des noms que les anciens Philosophes ont donné à la matiere.

Les anciens Philosophes cachoient le vrai nom de la matiere du grand œuvre avec autant de soins que les modernes. Ils n'en parloient que par allégories, & par symboles. Les Egyptiens la représentoient dans leurs hiéroglyphes sous la forme d'un bœuf, qui étoit en même temps le symbole d'Osiris & d'Isis, qu'on supposoit avoir été frere & sœur, l'époux & l'épouse, l'un & l'autre petits-fils du Ciel & de la Terre. D'autres lui ont donné le nom de Vénus. Ils l'ont

---

(a) Can. 34.

ÉGYPTIENNES ET GRECQUES. 137

aussi appelé Androgyne ; Andromede, femme de Saturne, fille du Dieu Neptune ; Latone, Maja, Semele, Leda ; Cérès, & Homere l'a honorée plus d'une fois du titre de mere des Dieux. Elle étoit aussi connue sous les noms de Rée ἀπὸ τȣ ῥεῖν, terre coulante, fusible, & enfin d'une infinité d'autres noms de femmes, suivant les différentes circonstances où elle se trouve dans les diverses & successives opérations de l'œuvre. Ils la personnifioient, & chaque circonstance leur fournissoit un sujet pour je ne sais combien de fables allégoriques, qu'ils inventoient comme bon leur sembloient : on en verra des preuves dans tout le cours de cet ouvrage.

Le Philosophe Hermétique veut que le *Laiton* (nom qu'il lui a plu aussi de donner à leur matiere) soit composé d'un or & d'un argent cruds, volatils, immeurs, & plein de noirceur pendant la putréfaction, qui est appelé *ventre de Saturne*, dont Vénus fut engendrée. C'est pourquoi elle est regardée comme née de la mer Philosophique. Le sel, qui en étoit produit, étoit représenté par Cupidon, fils de Vénus & de Mercure ; parce qu'alors Vénus signifioit le soufre, & Mercure l'argent-vif, ou le mercure philosophique.

Nicolas Flamel a représenté la premiere matiere dans ses figures hiéroglyphiques sous la figure de deux Dragons, l'un ailé, l'autre sans ailes, pour signifier, dit-il (a), « le principe » fixe, ou le mâle, ou le soufre ; & par celui

(a) Explicat. des fig. ch. 4.

» qui a des ailes, le principe volatil, ou l'hu-
» midité, ou la femelle, ou l'argent-vif. Ce
» sont, ajoute-t-il, le Soleil & la Lune de source
» mercurielle. Ce sont ces Serpens & Dragons,
» que les anciens Egyptiens ont peints en cercle,
» la tête mordant la queue, pour dire qu'ils
» étoient sortis d'une même chose, & qu'elle
» seule étoit suffisante à elle-même, & qu'en
» son contour & circulation elle se parfaisoit.
» Ce sont ces Dragons que les anciens Philo-
» sophes Poëtes ont mis à garder sans dormir
» les pommes dorées des jardins des Vierges
» Hespérides. Ce sont ceux sur lesquels Jason,
» en l'aventure de la Toison d'or, versa le jus
» préparé par la belle Médée, des discours des-
» quels les livres des Philosophes sont si rem-
» plis, qu'il n'y a point de Philosophe qui n'en
» ait écrit depuis le véridique Hermès Trismé-
» giste, Orphée, Pythagoras, Artéphius, Morie-
» nus & les autres suivans jusqu'à moi.

» Ce sont ces deux Serpens envoyés par Ju-
» non, qui est la nature métallique, que le fort
» Hercule, c'est-à-dire, le Sage, doit étrangler
» en son berceau : je veux dire vaincre & tuer,
» pour les faire pourrir, corrompre & engen-
» drer au commencement de son œuvre. Ce
» sont les deux Serpens attachés autour du ca-
» ducée de Mercure, avec lesquels il exerce sa
» grande puissance, & se transfigure & se change
» comme il lui plaît. »

La Tortue étoit aussi chez les Anciens le symbole de la matiere, parce qu'elle porte sur son
écaille une espece de représentation de cette

figure de ♄ Saturne. C'est pourquoi Vénus étoit quelquefois représentée (a) assise sur un Bouc, dont la tête comme celle du Bélier présente à peu près cette figure ♉ de Mercure, & le pied droit appuyé sur une Tortue. On voit aussi dans un emblême Philosophique un Artiste faisant une sauce à une Tortue avec des raisins. Et un Philosophe interrogé quelle étoit la matiere, répondit *testudo solis cum pinguedine vitis.*

Chez les Aborigenes la figure ♄ de Saturne étoit en grande vénération; ils la mettoient sur leurs médailles, sur leurs colonnes, obélisques, &c. Ils représentoient Saturne sous la figure d'un vieillard, ayant cependant un air mâle & vigoureux, qui laissoit couler son urine en forme de jet d'eau; c'étoit dans cette eau qu'ils faisoient consister la meilleure partie de leur médecine & de leurs richesses. D'autres y joignoient la plante appelée *Molybdnos*, ou plante Saturnienne, dont ils disoient que la racine étoit de plomb, la tige d'argent & les fleurs d'or. C'est la même dont il est fait mention dans Homere (b) sous le nom de Moly. Nous en parlerons fort au long dans les explications que nous donnerons de la descente d'Enée aux enfers, à la fin de cet ouvrage.

Les Grecs inventerent aussi une infinité de fables à cette occasion, & formerent en conséquence le nom de *Mercure* de Μηρός, *inguin*, & de Κύρος, *puer*, parce que le Mercure philosophique

---

(a) Plutarchus in præceptis connub.
(b) Odyss. l. 10. v. 302. & suiv.

est une eau, que plusieurs Auteurs, & particulièrement Raymond Lulle (a) ont appelé *urine d'enfant*. De-là aussi la fable d'Orion, engendré de l'urine de Jupiter, de Neptune & de Mercure.

La matiere est une & toute chose.

Les Philosophes, toujours attentifs à cacher tant leur matiere que leurs procédés, appellent indifféremment leur matiere, cette même matiere dans tous les états où elle se trouve dans le cours des opérations. Ils lui donnent pour cet effet bien des noms en particulier qui ne lui conviennent qu'en général, & jamais mixte n'a eu tant de noms. Elle est une & toutes choses, disent-ils, parce qu'elle est le principe radical de tous les mixtes. Elle est en tout & semblable à tout, parce qu'elle est susceptible de toutes les formes, mais avant qu'elle soit spécifiée à quelque espece des individus des trois regnes de la Nature. Lorsqu'elle est spécifiée au genre minéral, ils disent qu'elle est semblable à l'or, parce qu'elle en est la base, le principe & la mere. C'est pourquoi ils l'appellent or crud, or volatil, or immeur, or lépreux. Elle est analogue aux métaux, étant le mercure dont ils sont composés. L'esprit de ce mercure est si congelant, qu'on le nomme le pere des pierres tant précieuses que vulgaires. Il est la mere qui les conçoit, l'humide qui les nourrit, & la matiere qui les fait.

Les minéraux en sont aussi formés; & comme

(a) Lib. Secretorum & alibi.

l'antimoine est le Prothée de la Chymie, & le minéral qui a le plus de propriétés & de vertus, Artéphius a nommé la matiere du grand œuvre, *Antimoine des parties de Saturne.* Mais quoiqu'elle donne un vrai mercure, il ne faut pas s'imaginer que ce mercure se tire de l'antimoine vulgaire, ni que ce soit le mercure commun. Philalethe nous assure (*a*) que de quelque façon qu'on traite le mercure vulgaire, on n'en fera jamais le mercure Philosophique. Le Cosmopolite dit que celui-ci est le vrai mercure, & que le mercure commun n'est que son frere bâtard (*b*). Lorsque le mercure des Sages est mêlé avec l'argent & l'or, il est appelé l'électre des Philosophes, leur airain, leur laiton, leur cuivre, leur acier ; & dans les opérations, leur venin, leur arsenic, leur orpiment, leur plomb, leur laiton qu'il faut blanchir ; Saturne, Jupiter, Mars, Vénus, la Lune & le Soleil.

Ce mercure est une eau ardente, qui a la vertu de dissoudre tous les mixtes, les minéraux, les pierres ; & tout ce que les autres menstrues ou eaux fortes ne sauroient faire, la faux du vieillard Saturne en vient à bout ; ce qui lui a fait donner le nom de dissolvant universel.

Paracelse, en parlant de Saturne, s'exprime ainsi (*c*) « : Il ne seroit pas à propos que l'on » se persuadât, encore moins que l'on fût ins- » truit des propriétés cachées dans l'intérieur de » Saturne & tout ce qu'on peut faire avec lui

(*a*) Introitus apertus, &c.
(*b*) Dialog. Mercur. Alkemistæ & Naturæ.
(*c*) Cœlum Philosoph. Can. de Saturno.

» & par lui. Si les hommes le savoient, tous
» les Alchymistes abandonneroient toute autre
» matiere pour ne travailler que sur celle-là. »

Je finirai ce que j'ai à dire sur la matiere du grand œuvre, par l'exclusion que quelques Philosophes donnent à certaine matiere que les Souffleurs prennent communément pour faire la médecine dorée, ou pierre Philosophale. « J'ai, dit
» Riplée, fait beaucoup d'expériences sur toutes
» les choses que les Philosophes nomment dans
» leurs écrits, pour faire de l'or & de l'argent,
» & je veux vous les raconter. J'ai travaillé sur
» le cinabre, mais il ne valoit rien, & sur le
» mercure sublimé qui me coûtoit bien cher.
» J'ai fait beaucoup de sublimations d'esprits,
» de fermens, des sels du fer, de l'acier & de
» leur écume, croyant par ce moyen & ces ma-
» tieres parvenir à faire la pierre ; mais je vis
» bien enfin que j'avois perdu mon temps, mes
» frais & mes peines. Je suivois pourtant exac-
» tement tout ce qui m'étoit prescrit par les Au-
» teurs ; & je trouvai que tous les procédés qu'ils
» enseignoient étoient faux. Je fis ensuite des eaux
» fortes, des eaux corrosives, des eaux ardentes,
» avec lesquelles j'opérois de diverses manieres ;
» mais toujours à pure perte. J'eus recours après
» cela aux coques d'œufs, au soufre, au vitriol,
» que les Artistes insensés prennent pour le Lion
» vert des Philosophes, à l'arsenic, à l'orpiment,
» au sel ammoniac, au sel de verre, au sel al-
» kali, au sel commun, au sel gemme, au sal-
» pêtre, au sel de soude, au sel attincar, au sel
» de tartre, au sel alembrot ; mais, croyez-moi,

ÉGYPTIENNES ET GRECQUES.

» donnez-vous de garde de toutes ces matieres.
» Fuyez les métaux imparfaits rubéfiés, l'odeur
» du mercure, le mercure sublimé ou précipité,
» vous y seriez trompé comme moi. J'ai éprouvé
» tout, le sang, les cheveux, l'ame de Saturne,
» les marcassites, l'æs ustum, le safran de Mars,
» les écailles & l'écume du fer, la lytharge,
» l'antimoine ; tout cela ne vaut pas une figure
» pourrie. J'ai travaillé beaucoup pour avoir
» l'huile & l'eau de l'argent ; j'ai calciné ce mé-
» tal avec un sel préparé, & sans sel, avec de
» l'eau-de-vie ; j'ai tiré des huiles corrosives ;
» mais tout cela étoit inutile. J'ai employé les
» huiles, le lait, le vin, la présure, le sperme
» des étoiles qui tombe sur la terre, la chéli-
» doine, les secondines, & une infinité d'au-
» tres choses, & je n'en ai tiré aucun profit. J'ai
» mélangé le mercure avec des métaux, je les ai
» réduits en cryſtaux, m'imaginant faire quelque
» chose de bon ; j'ai cherché dans les cendres
» mêmes : mais, croyez-moi, pour Dieu, fuyez,
» fuyez de telles sottises. Je n'ai trouvé qu'un
» seul œuvre véritable. »

Le Trévisan (a) s'explique à peu près dans le même sens. « Et par ainsi, dit-il, nous en avons
» vu & connu plusieurs & infinis besoignans
» en ces amalgamations & multiplications au
» blanc & au rouge, avec toutes les matieres
» que vous sauriez imaginer, & toutes peines,
» continuations & constances, que je crois qu'il
» est possible ; mais jamais nous ne trouvions

(a) Philosoph. des Métaux.

» notre or ni notre argent multiplié ni du
» tiers, ni de moitié, ni de nulle partie. Et si
» avons vu tant de blanchissemens & rubifica-
» tions, de receptes, de sophistications par tant
» de pays, tant en Rome, Navarre, Espagne,
» Turquie, Grece, Alexandrie, Barbarie, Perse,
» Messine; en Rhodes, en France, en Ecosse,
» en la Terre-Sainte & ses environs; en toute
» l'Italie, en Allemagne, en Angleterre, & quasi
» circuyant tout le monde. Mais jamais nous ne
» trouvions que gens besoignans de choses so-
» phistiques & matieres herbales, animales, vé-
» gétables & plantables, & pierres minérales,
» sels, aluns & eaux fortes, distillations & sé-
» parations des élémens, & sublimations, cal-
» cinations, congelations d'argent-vif par her-
» bes, pierres, eaux, huiles, fumiers, & feu
» & vaisseaux très-étranges, & jamais nous ne
» trouvions labourans sur matiere due. Nous en
» trouvions bien en ces pays qui savoient bien
» la pierre, mais jamais ne pouvions avoir leur
» accointance......... & je me mis donc à lire
» les livres avant que de besoigner davantage,
» pensant bien en moi-même que par homme
» je n'y pouvois parvenir; partant que s'ils le
» savoient, jamais ne le voudroient dire....
» ainsi je regardai là où plus les livres s'accor-
» doient; alors je pensois que c'étoit là la vé-
» rité: car ils ne peuvent dire vérité qu'en une
» chose. Et par ainsi je trouvai la vérité. Car où
» plus ils s'accordent, cela étoit la vérité; com-
» bien que l'un le nomme en une maniere, &
» l'autre en une autre; toutefois *c'est toute une*
» *substance*

» *substance* en leurs paroles. Mais je connus que
» la fausseté étoit en diversité, & non point en
» accordance; car si c'étoit vérité, *ils n'y met-*
» *troient qu'une matière*, quelques noms & quel-
» ques figures qu'ils baillassent......... Et en mon
» Dieu, je crois que ceux qui ont écrit parabo-
» liquement & figurativement leurs livres, en
» parlant de cheveux, d'urine, de sang, de
» sperme, d'herbes, de végétables, d'animaux,
» de plantes, & des pierres & des minéraux,
» comme sont sels, alums & coperose, a tra-
» mens, vitriols, borax & magnesie, & pierres
» quelconques, & eaux; je crois, dis-je, qu'onc-
» ques il ne leur coûta gueres, où qu'ils n'y ont
» prins gueres de peines, ou qu'ils sont trop
» cruels...... Car sachez que nul livre ne dé-
» clare en paroles vraies, sinon par paraboles,
» comme figure. Mais l'homme y doit aviser &
» reviser souvent le possible de ce qu'ils disent;
» & regarder les opérations que Nature adresse
» en ses ouvrages.

» Parquoi je conclus, & me croyez. Laissez
» sophistications & tous ceux qui y croyent: fuyez
» leurs sublimations, conjonctions, séparations,
» congélations, préparations, disjonctions, con-
» nexions, & autres déceptions.... Et se taisent
» ceux qui afferment autre teinture que la nôtre,
» non vraie, ne portant quelque profit. Et se
» taisent ceux qui vont disant & sermonant autre
» soufre que le nôtre, qui est caché dedans la
» magnesie (Philosophique), & qui veulent
» tirer autre argent-vif que du serviteur rouge,
» & autre eau que la nôtre, qui est permanente;

» qui nullement ne se conjoint qu'à sa nature;
» & qui ne mouille autre chose, sinon chose
» qui soit la propre unité de sa nature....

» Laissez alums, vitriols, sels & tous attra-
» mens, borax, eaux fortes quelconques, ani-
» maux, bêtes, & tout ce que d'eux peut sor-
» tir; cheveux, sang, urine, spermes, chairs,
» œufs, pierres & tous minéraux. Laissez tous
» métaux seulets: car combien que d'eux soit
» l'entrée, & que notre matiere, par tous les
» dits des Philosophes, doit être composée de
» vif-argent; & vif-argent n'est en autres choses
» qu'ès métaux, comme il appert par Gébert,
» par le grand Rosaire, par le code de toute vé-
» rité, par Morien, par Haly, par Calib, par
» Avicenne, par Bendegid, Esid, Serapion,
» par Sarne, qui fit le livre appelé *Lilium*,
» par Euclides en son septantieme chapitre des
» Retractations, & par le Philosophe (Aristote)
» au troisieme des météores..... & pour ce disent
» Aristote & Democritus au livre de la Physique,
» chapitre troisieme des Météores: fassent grande
» chere les Alchymistes; car ils ne mueront ja-
» mais la forme des métaux, s'il n'y a réduc-
» tion faite à leur premiere matiere.... Or sachez,
» comme le dit Noscus, en la Turbe, lequel fut
» Roi d'Albanie, que d'homme ne vient qu'hom-
» me; de volatil que volatil, ni de bête brute
» que bête brute, & que Nature ne s'amende
» qu'en sa propre nature, & non point en
» autre. »

Ce que nous venons de rapporter de ces deux Auteurs est une leçon pour les Souffleurs. Elle leur indique clairement qu'ils ne sont pas dans la bonne voie, & pourra servir en même temps de préservatif à ceux qu'ils auroient envie de duper, parce que toutes les fois qu'un homme promettra de faire la pierre avec les matieres ci-dessus exclues, on peut en conclure que c'est ou un ignorant, ou un fripon. Il est clair aussi par tout ce raisonnement du Trévisan, que la matiere du grand œuvre doit être de nature minérale & métallique ; mais quelle est cette matiere en particulier ? aucun ne la dit précisément.

La clef de l'Œuvre.

Basile Valentin (a) dit que celui qui a de la farine fera bientôt de la pâte, & que celui qui a de la pâte trouvera bientôt un four pour la cuire. C'est comme s'il disoit que l'Artiste qui auroit la véritable matiere philosophique, ne sera pas embarrassé pour la mettre en œuvre : il est vrai, si l'on en croit les Philosophes, que la confection de l'œuvre est une chose très-aisée, & qu'il faut plus de temps & de patience que de frais ; mais cela ne doit sans doute s'entendre que de certaines circonstances de l'œuvre, & lorsqu'on est parvenu à un certain point. Flamel (b) dit, que *la préparation des agens est une chose difficile sur toute autre au monde.* Augurelle (c) nous assure qu'il faut un travail d'Hercule :

(a) Addition aux 12 Clefs.
(b) Explicat. des fig. hiéroglyp.
(c) Chrysop. l. 2.

Alter inauratam noto de vertice pellem
Principium velut ostendit, quod sumere possis:
Alter onus quantum subeas.

Et d'Espagnet ne fait pas difficulté de dire qu'il y a beaucoup d'ouvrage à faire (a). « Dans la » sublimation philosophique du mercure, ou la » prémiere préparation, il faut un travail d'Her- » cule, car sans lui Jason n'auroit jamais osé » entreprendre la conquête de la Toison d'or. » Il ne faut pas cependant s'imaginer que cette sublimation se fasse à la maniere des sublimations chymiques, aussi a-t-il eû soin de l'appeler *Philosophique*. Il fait entendre par ce qu'il dit après, qu'elle consiste dans la dissolution & la putréfaction de la matiere; parce que cette sublimation n'est autre chose qu'une séparation du pur de l'impur, ou une purification de la matiere, qui est de nature à ne pouvoir être sublimée que par la putréfaction. D'Espagnet cite en conséquence les paroles suivantes de Virgile. Le Poëte, dit-il, semble avoir touché quelque chose de la nature, de la qualité, & de la culture de la terre philosophique par ces termes:

Pingue solum primis extemplò à mensibus anni
Fortes invertant Tauri:
Tunc zephyro putris se gleba resolvit.
Georg. I.

C'est donc la solution qui est la clef de l'œuvre. Tous les Philosophes en conviennent, &

(a) Can. 42.

tous parlent de la même maniere à ce sujet. Mais il y a deux travaux dans l'œuvre, l'un pour faire la pierre, l'autre pour faire l'élixir. Il faut d'abord commencer à préparer les agens ; & c'est de cette préparation que les Philosophes n'ont point parlé, parce que tout dépend d'elle, & que le second œuvre n'est, suivant leur dire, qu'un jeu d'enfans & un amusement de femmes. Il ne faut donc pas confondre les opérations du second œuvre avec celles du premier, quoique Morien (*a*) nous assure que le second œuvre, qu'il appelle *disposition*, n'est qu'une répétition du premier. Il est à croire cependant que ce n'est pas une chose si pénible & si difficile, puisqu'ils n'en disent mot, ou n'en parlent que pour la cacher. Telle que puisse être cette préparation, il est certain qu'elle doit se commencer par la dissolution de la matiere ; quoique plusieurs lui aient donné le nom de calcination ou de sublimation ; & puisqu'ils n'en ont pas voulu parler clairement, on peut au moins des opérations de la seconde disposition tirer des introductions pour nous éclairer sur les opérations de la premiere.

Il s'agit d'abord de faire le mercure philosophique ou le dissolvant avec une matiere qui renferme en elle deux qualités, & qui soit en partie volatile, & fixe en partie. Ce qui prouve qu'il faut une dissolution, c'est que le Cosmopolite nous dit de chercher une matiere de laquelle nous puissions faire une *eau* qui dissolve l'or naturellement & sans violence. Or une matiere

---

(*a*) Entretien du Roi Calid.

ne peut se réduire en eau que par la dissolution, quand on n'emploie pas la distillation de la Chymie vulgaire, qui est exclue de l'œuvre.

Il est bon de remarquer ici que tous les termes de la Chymie vulgaire, que les Philosophes emploient dans leurs livres, ne doivent pas être pris dans le sens ordinaire, mais dans le sens philosophique. C'est pourquoi le Philalethe nous avertit (a) que les termes de distillation, sublimation, calcination, assation, réverbération, dissolution, descension, coagulation, ne sont qu'une & même opération, faite dans un même vase, c'est-à-dire, une cuisson de la matiere ; nous en ferons voir les différences dans la suite, lorsque nous parlerons de chacune en particulier.

Il faut encore remarquer que les signes démonstratifs de l'œuvre, desquels les Philosophes font mention, regardent particulierement le second œuvre. On observera aussi que le plus grand nombre des Auteurs Hermétiques commencent leurs traités à cette seconde opération, & qu'ils supposent leur mercure & leur soufre déjà faits ; que les descriptions qu'ils en font dans leurs énigmes, leurs allégories, leurs fables, &c. sont presque toutes tirées de ce qui se passe dans cette seconde disposition de Morien ; & que de là viennent les contradictions apparentes qui se trouvent dans leurs ouvrages, où l'un dit qu'il faut deux matieres, l'autre une seulement, l'autre trois, l'autre quatre, &c. Ainsi, pour s'exprimer conformément aux idées des Philosophes,

_____

(a) Enarratio method. trium Gebri medicin.

il faut donc les suivre pas à pas; & comme je ne veux point m'éloigner en rien de leurs principes, ni de leur maniere de les déduire, je les copierai mot pour mot, afin que le Lecteur ne regarde pas les explications que je donnerai des fables, comme une pure production de mon imagination. Basile Valentin est un de ceux qui en fait le plus d'applications, dans son Traité des 12 Clefs; mais il les emploie pour former ses allégories, & non pour faire voir quelle étoit l'intention de leurs Auteurs. Flamel au contraire en cite de temps en temps quelques-unes dans le sens de leurs Auteurs; c'est pourquoi je le citerai ici plus souvent que les autres; & ce traité sera dans la suite composé, pour la plus grande partie, de ses propres paroles.

Les deux Dragons, qu'il a pris pour symbole hyéroglyphique de la matiere, sont, dit-il (a), » les deux serpens envoyés par Junon, qui est » la nature métallique, que le fort Hercule, » c'est-à-dire, le Sage, doit étrangler en son ber- » ceau: je veux dire vaincre & tuer pour les » faire pourrir, corrompre & engendrer *au com-* » *mencement de son œuvre.* » Voilà la clef de l'œuvre ou la dissolution annoncée; les Serpens, les Dragons, la Chimere, le Sphinx, les Harpies & les autres monstres de la fable, que l'on doit tuer; & comme la putréfaction succede à la mort, « Flamel dit qu'il faut les faire pourrir » & corrompre. Etant donc mis ensemble dans » le vaisseau du sépulcre, ils se mordent tous

(a) Loco cit.

» deux cruellement, & par leur grand poison
» & rage furieuse, ne se laissent jamais depuis
» le moment qu'ils se sont pris & entresaisis (si
» le froid ne les empêche) que tous deux de
» leur bavant venin & mortelles blessures, ne
» se soient ensanglantés par toutes les parties de
» leur corps, & finalement s'entretuant, ne se
» soient étouffés dans leur venin propre, qui les
» change après leur mort, *en eau vive & perma-*
» *nente.* Cette eau est proprement le mercure
» des Philosophes. Ce sont, ajoute-t-il, ces deux
» spermes masculins & féminin, décrits au com-
» mencement de mon sommaire philosophique,
» qui sont engendrés, (dit Rasis, Avicenne, &
» Abraham Juif) dans les reins, entrailles, &
» des opérations des quatre élémens. Ce sont
» l'humide radical des métaux, soufre & argent
» vif; non les vulgaires, & qui se vendent par
» les Marchands droguistes; mais ce sont ceux
» que nous donnent ces deux beaux & chers
» corps que nous aimons tant. Ces deux spermes,
» disoit Démocrite, ne se trouvent point sur la
» terre des vivans. Avicenne le dit aussi, mais il
» ajoute qu'ils se recueillent de la fiente, ordure
» & pourriture du Soleil & de la Lune. »

La putréfaction est déclarée par les termes suivans : « La cause pourquoi j'ai peint ces deux
» spermes en forme de Dragons, c'est parce que
» leur puanteur est très-grande, comme est celle
» des Dragons, & les exhalaisons qui montent
» dans le matras, sont obscures, noires, bleues
» & jaunâtres.... le Philosophe ne sent jamais
» cette puanteur, s'il ne casse ses vaisseaux ;

» mais seulement il la juge telle par la vue &
» le changement des couleurs qui proviennent
» de la pourriture de ses confections. » Que les
Chymistes ou Souffleurs qui cherchent la pierre
philosophale dans leurs calcinations & leurs
creusets, jugent de ces paroles de Flamel, si leurs
opérations sont conformes aux siennes, & s'ils
ont raison de s'exposer à respirer les vapeurs des
matieres puantes & arsénicales sur lesquelles ils
operent.

La putréfaction de la matiere dans le vase est
donc le principe & la cause des couleurs, qui se
manifestent, & la premiere un peu permanente
ou de durée qui doit paroître, est la couleur noire,
qu'ils appellent simplement *le noir*, & d'une infinité d'autres noms que l'on verra ci-après dans
le cours de cet ouvrage, ou dans le Dictionnaire
des termes propres à la Philosophie Hermétique,
qui le suit immédiatement.

Cette couleur signifie donc la putréfaction &
la génération qui s'ensuit, & qui nous est donnée par la *dissolution* de nos corps parfaits. Ces
dernieres paroles indiquent que Flamel parle de
la seconde opération, & non de la premiere.
« Cette dissolution vient de la chaleur externe,
» qui aide, & de l'ignéité pontique, & vertu
» aigre admirable du poison de notre mercure,
» qui met & résout en pure poussiere, même en
» poudre impalpable, ce qu'il trouve qui lui
» résiste. Ainsi la chaleur agissant sur & contre
» l'humidité radicale métallique, visqueuse &
» oléagineuse, engendre sur le sujet la noirceur.
» Elle est ce voile noir avec lequel le navire

» de Thésée revint victorieux de Crete, & qui
» fut cause de la mort de son pere. Aussi faut-il
» que le pere meure, afin que des cendres de
» ce Phœnix il en renaisse un autre, & que le
» fils soit Roi. »

La véritable clef de l'œuvre est cette noirceur au commencement de ses opérations ; & s'il paroît une autre couleur rouge ou blanche avant celle-là, c'est une preuve qu'on n'a pas réussi, ou, comme le dit notre Auteur, « on doit tou-
» jours souhaiter cette noirceur, & certes qui
» ne la voit durant les jours de la pierre, quelle
» autre couleur qu'il voie, il manque entiere-
» ment au magistere, & ne le peut plus par-
» faire avec ce chaos.... Et véritablement je te
» dis derechief, que quand même tu besoigne-
» rois sur les vraies matieres, si au commence-
» ment, après avoir mis les confections dans
» l'œuf philosophique, c'est-à-dire, quelque
» temps après que le feu les a irritées, si tu ne
» vois cette *tête de corbeau, noire du noir très-
» noir*, il te faut recommencer ; car cette faute
» est irréparable. Sur-tout on doit craindre une
» couleur orangée ou demi-rouge, parce que si
» dans ce commencement tu la vois dans ton œuf,
» sans doute tu brûles, ou as brûlé la verdeur
» & la vivacité de la pierre. »

La couleur bleuâtre & jaunâtre indiquent que la putréfaction & la dissolution n'est point encore achevée. La noirceur est le vrai signe d'une parfaite solution. Alors la matiere se dissout en poudre plus menue, pour ainsi dire, que les atômes qui voltigent aux rayons du Soleil, & ces atômes se changent en eau permanente. Les Philosophes ont donné à cette dissolution les noms de *mort, destruction & perdition, enfer, tartare, ténèbres, nuit, veste ténébreuse, sépulcre, tombeau, eau venimeuse, charbon, fumier, terre noire, voile noir, terre sulfureuse, mélancolie, magnésie noire, boue, menstrue puant, fumée, noir de fumée, feu venimeux, nuée, plomb, plomb noir, plomb des Philosophes, Saturne, poudre noire, chose méprisable, chose vile, sceau d'Hermès, esprit puant, esprit sublimé, soleil éclipsé,* ou *éclipse du soleil & de la lune, fiente de cheval, corruption, écorce noire, écume de la mer, couverture du vase, chapiteaux de l'alambic, naphte, immondice du mort, cadavre, huile de Saturne, noir plus noir que le noir même.* Ils l'ont enfin désignée par tous les noms qui peuvent exprimer ou désigner la corruption, la dissolution & la noirceur. C'est elle qui a fourni aux Philosophes la matiere à tant d'allégories sur les morts & les tombeaux. Quelques-uns l'ont même nommée *calcination, dénudation, séparation, trituration, assation,* à cause de la réduction des matieres en poudre très-menues. D'autres, *réduction en premiere matiere, mollification, extraction, commixtion, liquéfaction, conversion des élémens, subtilisation, division, humation, impastation & distillation.* Les autres *xir, ombres cimmériennes, goufre, génération, ingression, submersion, complexion, conjonction, imprégnation.* Lorsque la chaleur agit sur ces matieres, elles se changent d'abord en poudre, & eau grasse & gluante, qui monte en vapeur au

haut du vase, & redescend en rosée ou pluie, au fond du vase (a), où elle devient à peu près comme un bouillon noir un peu gras. C'est pourquoi on l'a appelée sublimation, & volatilisation, ascension & descension. L'eau se coagulant ensuite davantage devient comme de la poix noire, ce qui la fait nommer terre fétide & puante. Elle donne une odeur de relent, de sépulcres & de tombeaux. Hermès l'a appelée la terre des feuilles. « Mais son vrai nom, dit Flamel, est le *laiton ou laton, qu'il faut blanchir.*
» Les anciens Sages, ajoute-t-il, l'ont décrite
» sous l'histoire du Serpent de Mars, qui avoit
» dévoré les compagnons de Cadmus, lequel
» le tua en le perçant de sa lance contre un
» chêne creux. » *Remarques sur ce chêne.*

Mais pour parvenir à cette putréfaction il faut un agent ou dissolvant analogue au corps qu'il doit dissoudre. Celui-ci est le corps dissoluble, appelé semence masculine; l'autre est l'esprit dissolvant, nommé semence féminine. Quand ils sont réunis dans le vase, les Philosophes leur donnent le nom de *Rebis*; c'est pourquoi Merli a dit :

Res rebis est bina conjuncta, sed tamen una.

Philalethe (b) s'exprime ainsi au sujet de ce dissolvant. « Cette semence féminine est un
» des principaux principes de notre magistere;
» il faut donc méditer profondément dessus,

(a) Artéphius.
(b) Vera confect. lapid. Philosop. p. 13. & suiv.

» comme fut une matiere sans laquelle on ne
» peut réuſſir, puiſque quoiqu'argent-vif, il n'eſt
» pas en effet un argent-vif naturel dans ſa
» propre nature, mais un certain autre mercure
» propre à une nouvelle génération, & qui, ou-
» tre ſa pureté, demande une longue & admi-
» rable préparation, qui lui laiſſe ſa qualité mi-
» nérale, homogene, ſaine & ſauve. Car ſi l'on
» ôte à cet eſprit diſſolvant ſa fluidité & ſa
» mercurialité, il devient inutile à l'œuvre phi-
» loſophique, parce qu'il a perdu par là ſa na-
» ture diſſolvante; & s'il étoit changé en pou-
» dre, de quelque eſpece quelle puiſſe être; ſi
» elle n'eſt pas de la nature du corps diſſoluble,
» il ſe perd, il n'a plus de relation ni de pro-
» portion avec lui, & doit être rejeté de notre
» œuvre. Ceux-là penſent donc follement &
» fauſſement qui alterent l'argent-vif, avant
» qu'il ſoit uni avec les eſpeces métalliques.
» Car cet argent-vif, qui n'eſt pas le vulgaire,
» eſt la matiere de tous les métaux, & comme
» leur eau, à cauſe de ſon homogénéité avec eux.
» Il ſe revêt de leur nature dans ſon mélange
» avec eux, & prend toutes leurs qualités, parce
» qu'il reſſemble au mercure céleſte, qui de-
» vient ſemblable aux qualités des planetes avec
» leſquelles il eſt en conjonction. »

Aucune eau ne peut diſſoudre radicalement &
naturellement les eſpeces métalliques, ſi elle n'eſt
de leur nature, & ſi elle ne peut être congelée avec
elles. Il faut qu'elle paſſe dans les métaux comme
un aliment qui s'incorpore avec eux, & ne faſſe
plus qu'une & même ſubſtance. Celui qui ôtera

donc à l'argent-vif son humidité avec les sels, les vitriols, ou autres choses corrosives, agit en insensé. Ceux-là ne se trompent pas moins, qui s'imaginent extraire du mercure naturel une eau limpide & transparente, avec laquelle ils puissent faire des choses admirables. Quand même ils viendroient à bout de faire une telle eau, elle ne vaudroit rien pour l'œuvre.

Définitions & propriétés de ce Mercure.

Le mercure est une chose qui dissout les métaux d'une dissolution naturelle, qui conduit leurs esprits de puissance en acte.

Le mercure est cette chose qui rend la matiere des métaux lucide, claire & sans ombre, c'est-à-dire, qui les nettoye de leurs impuretés, & tire de l'intérieur des métaux parfaits leur nature & semence qui y est cachée.

Le mercure dissolvant est une vapeur seche, nullement visqueuse, ayant beaucoup d'acidité, très-subtile, très-volatile au feu, ayant une grande propriété de pénétrer & de dissoudre les métaux en le préparant; & en faisant cette dissolution, outre la longueur du travail, on court un très-grand danger, dit Philalethe. Il recommande en conséquence de préserver ses yeux, ses oreilles & son nez.

La confection de ce mercure, ajoute le même Auteur, est le plus grand des secrets de la Nature; on ne peut gueres l'apprendre que par la révélation de Dieu, ou d'un ami; car on n'en

ÉGYPTIENNES ET GRECQUES. 159

viendra presque jamais à bout par les instructions des livres.

Le mercure dissolvant n'est point mercure des Philosophes avant sa préparation, mais seulement après, & il est le commencement de la Médecine du troisieme ordre. Voyez ce qu'on entend par ces médecines, dans le Dictionnaire ci-joint.

Ceux qui à la place de ce mercure emploient pour l'œuvre philosophique le mercure naturel, ou sublimé, ou en poudre calcinée ou précipitée, se trompent lourdement.

Le mercure dissolvant est un élément de la terre, dans lequel il faut semer le grain de l'or. Il corrompt le Soleil, le putréfie, le résout en mercure, & le rend volatil, & semblable à lui-même. Il se change en Soleil & Lune, & devient comme les mercures des métaux. Il tire au dehors les ames des corps, les enleve & les cuit. C'est ce qui a donné lieu aux anciens Sages, de dire que le Dieu Mercure tiroit les ames des corps vivans & les conduisoit au Royaume de Pluton. C'est pourquoi Homere nomme très-souvent mercure Ἀργυφόντης, *Argicida*.

Le mercure dissolvant ne doit pas être sec, car s'il est tel, tous les Philosophes nous assurent qu'il ne sera pas propre à la dissolution. Il faut donc prendre une semence féminine en forme semblable & prochaine à celle des métaux. L'art le rend menstrue des métaux; & par les opérations de la premiere médecine, ou de sa préparation imparfaite, il passe par toutes les qualités des métaux, jusqu'à celles du Soleil. Le soufre des métaux imparfaits le coagule, & il prend les qualités du métal dont le soufre l'a coagulé ; si le mercure dissolvant n'est point animé, en vain l'emploiera-t-on pour l'œuvre universel, ni pour le particulier.

Le mercure dissolvant est le vase unique des Philosophes, dans lequel s'accomplit tout le magistere. Les Philosophes lui ont donné divers noms, dont voici les plus usités. *Vinaigre, vinaigre des Philosophes, champ, aludel, eau, eau de l'art, eau ardente, eau divine, eau de fontaine, eau purifiante, eau permanente, eau premiere, eau simple, bain, ciel, prison, paupiere supérieure, crible, fumée, humidité, feu, feu artificiel, feu corrodant, feu contre nature, feu humide, jourdain, liqueur, liqueur végétale crue, lune, matiere, matiere lunaire ; premiere vertu, mere, mercure crud, mercure préparant, ministre premier, serviteur fugitif, nymphes, bacchantes, muses, femme, mer, esprit crud, esprit cuit, sépulcre, sperme de mercure, eau stygienne, estomac d'autruche ; vase, vase des Philosophes, inspecteur de choses cachées, argent-vif crud tiré simplement de sa miniere* ; mais on ne doit point oublier que ce n'est pas celui qui se vend dans les boutiques des Apothicaires ou Droguistes.

Lorsque la conjonction du mercure est faite avec le corps dissoluble, les Philosophes ne parlent des deux que comme d'une seule chose ; & alors ils disent que les Sages trouvent dans le mercure tout ce qu'il leur faut. On ne doit donc pas se laisser tromper à la diversité des noms ; & pour prévenir les erreurs en ce genre, en voici quelques-

EGYPTIENNES ET GRECQUES. 161

quelques-uns des principaux. Eau épaissie, nôtre eau, eau seconde, arcane, argent-vif, bien, bien qui a plusieurs noms, chaos, hylé, nôtre compôt, nôtre confection, corps confus, corps mixte, cuivre, Æs des Philosophes, laiton, fumier, fumée aqueuse, humidité brûlante, feu étranger, feu innaturel, pierre, pierre minerale, pierre unique, matiere unique, matiere confuse des métaux, menstrue, menstrue second, miniere, nôtre miniere, miniere des métaux, mercure, mercure épaissi, piece de monnoie, œuf, œuf des Philosophes, racine, racine unique, pierre connuë dans les chapitres des livres. C'est enfin à ce mélange ou mercure que la plûpart des Auteurs commencent leurs livres & leurs traités sur l'œuvre.

Du vase de l'Art, & de celui de la Nature.

Trois sortes de matrices, la premiere est la terre, la matrice universelle du monde, le réceptacle des élemens, le grand vase de la Nature, le lieu où se fait la corruption des semences, le sépulcre & le tombeau vivant de toutes les créatures. Elle est en particulier la matrice du végétal & du mineral.

La seconde matrice est celle de l'uterus dans l'animal; celle des volatiles est l'œuf, & le seul rocher, celle de l'or & de l'argent.

La troisieme, celle du métal, est connuë de peu de personnes; la matrice étant avec la spermie, la cause de la specification du métal.

I. Partie. L

La connoissance de ce vase précieux, & de l'esprit fixe & saxifique implanté dans lui, étoit un des plus grands secrets de la cabale des Egyptiens. Il a donc fallu chercher un vase analogue à celui que la Nature emploie pour la formation des métaux; un vase qui devînt la matrice de l'arbre doré des Philosophes; & l'on n'en a point trouvé de meilleur que le verre. Ils y ont ajouté la maniere de le sceller, à l'imitation de la Nature, afin qu'il ne s'en exhalât aucun des principes. Car, comme dit Raymond Lulle, la composition qui se fait de la substance des vapeurs exhalées, & rabattues sur la matiere qui se corrompt, pour l'humecter, la dissoudre, est la putréfaction. Ce vase doit donc avoir une forme propre à faciliter la circulation des esprits, & doit être d'une épaisseur & d'une consistance capable de résister à leur impétuosité.

Noms donnés à ce vase par les Anciens.

Les Philosophes faisoient en sorte de faire entrer ce vase dans leurs allégories, de maniere qu'on n'eût pas le moindre soupçon sur l'idée qu'ils en avoient. Tantôt c'étoit une tour, tantôt un navire; ici un coffre; là une corbeille. Telle fut la tour de Danaé; le coffre de Deucalion; & le tombeau d'Osiris; la corbeille, l'outre de Bacchus & sa bouteille; l'amphore d'or ou vase de Vulcain; la coupe que Junon présenta à Thétis le vaisseau de Jason; le marais de Lerne, qui fut ainsi appelé de λίμνη, capsa, loculus; le panier d'Erichthonius; la cassette dans laquelle fut enfermé Tennis Triodite avec sa sœur Hémithée; la chambre de Léda; les œufs d'où naquirent Castor, Pollux, Clytemnestre & Hélene; la ville de Troye; les cavernes des mouettes; les vases dont Vulcain fit présent à Jupiter. La cassette que Thétis donna à Achille, dans laquelle on mit les os de Patrocle, & ceux de son ami. La coupe avec laquelle Hercule passa la mer pour aller enlever les bœufs de Gérion. La caverne du mont Hélicon, qui servoit de demeure aux Muses & à Phœbus; tant d'autres choses enfin accommodées aux fables que l'on inventoit au sujet du grand œuvre. Le lit où Vénus fut trouvée avec Mars; la peau dans laquelle Orion fut engendré; le clepsydre ou corne d'Amalthée, de κρύπτω, je cache, & ὕδωρ, eau. Les Egyptiens enfin n'entendoient autre chose par leurs puits, leurs sépulcres, leurs urnes, leurs mausolées en forme de pyramide.

Mais ce qui a trompé davantage ceux qui ont étudié la Philosophie Hermétique dans les livres, c'est que le vase de l'Art & celui de la Nature n'y sont pas communément distingués. Ils parlent tantôt de l'un, tantôt de l'autre, suivant que le sujet les amene, sans qu'aucun en fasse la distinction. Ils font mention pour l'ordinaire d'un triple vaisseau. Flamel l'a représenté dans ses Hiéroglyphes, sous la figure d'une écritoire. « Ce vaisseau de terre, en forme d'é-
» critoire dans une niche, est appelé, dit-il, le
» triple vaisseau; car dans son milieu il y a
» un étage, sur lequel il y a une écuelle pleine
» de cendres tiedes, dans lesquelles est posé l'œuf

» Philosophique, qui est un matras de verre,
» que tu vois peint en forme d'écritoire, & qui
» est plein de confection de l'art, c'est-à-dire,
» de *l'écume de la mer Rouge & de la graisse du*
» *vent mercuriel.* » Mais il paroît, par la description qu'il donne de ce triple vaisseau, qu'il parle non seulement du vase, mais du fourneau.

Il est absolument nécessaire de connoître le vase & sa forme pour réussir dans l'œuvre. Quant à celui de l'art, il doit être de verre, de forme ovale; mais pour celui de la Nature, les Philosophes nous disent qu'il faut être instruit parfaitement de sa quantité & de sa qualité. C'est la terre de la pierre, ou la femelle, ou la matrice dans laquelle la semence du mâle est reçue, se putréfie & se dispose à la génération. Morien parle de celui-ci en ces termes : « Vous devez
» savoir, ô bon Roi, que ce magistere est le
» secret des secrets de Dieu très-grand; il l'a
» confié & recommandé à ses Prophetes, dont
» il a mis les ames dans son paradis. Que si les
» Sages, leurs successeurs, n'eussent compris ce
» qu'ils avoient dit de la *qualité* du vaisseau dans
» lequel se fait le magistere, ils n'auroient jamais pu faire l'œuvre. » Ce vase, dit Philalethe, « est un aludel, non de verre, mais de
» terre; il est le réceptacle des teintures; &
» respectivement à la pierre, il doit contenir
» (la premiere année des Chaldéens) vingt-
» quatre pleines mesures de Florence; ni plus,
» ni moins. »

Les Philosophes ont parlé de différens vases pour tromper les ignorans. Ils ont même cherché

à en faire un mystere comme de tout le reste. C'est pourquoi ils lui ont donné divers noms, suivant les différentes dénominations qu'il leur a plu donner aux divers états de la matiere. Ainsi ils ont fait mention d'alambic, de cucurbite, de vases sublimatoires, calcinatoires, &c. Mais il n'y a qu'un vase de l'art que d'Espagnet (a) décrit ainsi : « Pour dire la vérité, & parler avec
» ingénuité, on n'a besoin que d'un seul vase
» pour perfectionner les deux soufres; il en faut
» un second pour l'élixir. La diversité des di-
» gestions ne demande pas un changement de
» vase; il est même nécessaire de ne point l'ou-
» vrir, ni le changer jusqu'à la fin du premier
» œuvre. Ce vase sera de verre, ayant le fond
» rond ou ovale, & un cou long au moins d'une
» palme, mais étroit comme celui d'une bou-
» teille; il faut que le verre soit épais égale-
» ment dans toutes ses parties, sans nœuds ni
» fêlures, afin qu'il puisse résister à un feu long
» & quelquefois vif.

» Le second vase de l'art sera fait de deux
» hémispheres creux de chêne, dans lesquels on
» mettra l'œuf, pour le faire couver. » Le Trévisan fait aussi mention de ce tronc de chêne, en ces termes (b) : « Après, afin que la fontaine
» fût plus forte; & que les chevaux n'y mar-
» chassent, ni autres bêtes brutes, il y éleva un
» creux de chêne tranché par le milieu, qui
» garde le Soleil & l'ombre de lui. »

Le troisieme vase enfin est le fourneau qui

(a) Can. 112. & suiv.
(b) Philosoph. des métaux. 4. part.

renferme & conserve les deux autres vases & la matiere qu'ils contiennent. Flamel dit qu'il n'auroit jamais pu deviner sa forme, si Abraham Juif ne l'avoit dépeint avec le feu proportionné, dans ses figures hyéroglyphiques. En effet, les Philosophes l'ont mis au nombre de leurs secrets, & l'ont nommé Athanor, à cause du feu qu'on y entretient continuellement, quoiqu'inégalement quelquefois, parce que la capacité du fourneau & la quantité de la matiere demandent un feu proportionné. Quant à sa construction, on peut voir ce qu'en dit d'Espagnet.

Du Feu en général.

Quoique nous ayons parlé du feu assez au long dans les principes de Physique qui précedent ce traité, il est à propos d'en dire encore deux mots, pour ce qui regarde l'œuvre. Nous connoissons trois sortes de feux, le céleste, le feu de nos cuisines, & le feu central. Le premier est très-pur, simple, & non brûlant par lui-même ; le second est impur, épais, & brûlant ; le central est pur en lui-même, mais il est mélangé & tempéré. Le premier est ingénérant, & luit sans brûler ; le second est destructif, & brûle en luisant, au lieu d'engendrer ; le troisieme engendre & éclaire quelquefois sans brûler, & brûle quelquefois sans éclairer. Le premier est doux ; le second âcre & corrosif ; le troisieme est salé & doux. Le premier est par lui-même sans couleur & sans odeur ; le second, puant & coloré, suivant son aliment ; le troisieme est invisible, quoique de toutes couleurs & de toutes odeurs. Le céleste n'est connu que par ses opérations; le second par les sens, & le central par ses qualités.

Le feu est très-vif dans l'animal, stupide & lié dans le métal, tempéré dans le végétal; bouillant & très-brûlant dans les vapeurs minérales.

Le feu céleste a pour sa sphere la région éthérée, d'où il se fait sentir jusqu'à nous. Le feu élémentaire a pour demeure la superficie de la terre, & notre atmosphere; le feu central est logé dans le centre de la matiere. Ce dernier est tenace, visqueux, glutineux, & est inné dans la matiere; il est digérant, maturant, ni chaud, ni brûlant au toucher; il se dissipe & consume très-peu, parce que sa chaleur est tempérée par le froid.

Le feu céleste est sensible, vital, actif dans l'animal, plus chaud au toucher, moins digérant; & s'exhale sensiblement.

L'élémentaire est destructif, d'une voracité incroyable; il blesse les sens, il brûle; il ne digere, ne cuit, & n'engendre rien. Il est dans l'animal ce que les Médecins appellent *chaleur fébrile* & *contre nature*; il consume ou divise l'humeur radicale de notre vie.

Le céleste passe en la nature du feu central; il devient interne, engendrant; le second est externe & séparant; le central est interne, unissant & homogénant.

La lumière ou le feu du Soleil habillé des rayons de l'Ether, concentrés & réverbérés sur la superficie de la terre, prend la nature du feu élémentaire, ou de nos cuisines. Celui-ci passe en la nature du feu céleste à force de se dilater, & devient central à force de se concentrer dans la matiere. Nous avons un exemple de ces trois feux dans une bougie allumée ; sa lumiere dans son expension représente le feu céleste ; sa flamme le feu élémentaire, & la meche le feu central.

Comme le feu de l'animal est d'une dissipation incroyable, dont la plus grande se fait par la transpiration insensible, les Philosophes se sont étudiés à chercher quelque moyen de réparer cette perte ; & sentant bien que cette réparation ne pouvoit se faire par ce qui est impur & corruptible comme l'animal même, ils ont eu recours à une matiere où cette chaleur requise fût concentrée abondamment. L'art de la Médecine ne pouvant empêcher cette perte, & ignorant les moyens abrégés de la réparer, s'est contentée d'aller aux accidens qui détruisent notre substance, qui viennent ou des vices des organes, ou de l'intempérie du sang, des esprits, des humeurs, de leur abondance ou disette ; d'où suit infailliblement la mort, si l'on n'y apporte un remede efficace, que les Médecins avouent eux-mêmes ne connoître que très-imparfaitement.

Du Feu Philosophique.

La raison qui engageoit les anciens Sages à faire un mystere de leur vase, étoit le peu de connoissance que l'on avoit dans ces temps reculés, de la fabrique du verre. On a découvert dans la suite la maniere de le faire ; c'est pourquoi les Philosophes n'ont plus tant caché la matiere, & la forme de leur vase. Il n'en est pas ainsi de leur feu secret ; c'est un labyrinthe dont le plus avisé ne sauroit se tirer.

Le feu du Soleil ne peut être ce feu secret ; il est interrompu, inégal ; il ne peut fournir une chaleur en tout semblable dans ses degrés, sa mesure & sa durée. Sa chaleur ne sauroit pénétrer l'épaisseur des montagnes, ni échauffer la froideur des marbres & des rochers, qui reçoivent les vapeurs minérales dont l'or & l'argent sont formés.

Le feu de nos cuisines empêche l'union des miscibles, & consume ou fait évaporer le lien des parties constituantes des corps ; il en est le tyran.

Le feu central ou inné dans la matiere a la propriété de mêler les substances, & d'engendrer ; mais il ne peut être cette chaleur Philosophique tant vantée, qui fait la corruption des semences métalliques ; parce que ce qui est de soi-même principe de corruption, ne le peut être de génération que par accident ; je dis par accident ; car la chaleur qui engendre est interne & innée à la matiere, & celle qui corrompt est externe & étrangere.

Cette chaleur est fort différente dans la génération des individus des trois regnes. L'animal l'emporte de beaucoup en activité au dessus de la plante. La chaleur du vase dans la génération du métal doit répondre & être proportionnée à la qualité de la semence dont la corruption est très-difficile. Il faut donc conclure que n'y ayant point de génération sans corruption, & point de corruption sans chaleur, il faut proportionner la chaleur à la semence que l'on emploie pour la génération.

Il y a donc deux chaleurs, une putrédinale externe, & une vitale, ou générative interne. Le feu interne obéit à la chaleur du vase jusqu'à ce que, délié & délivré de sa prison, il s'en rend le maître. La chaleur putrédinale vient à son secours, elle passe en la nature de la chaleur vitale, & toutes deux travaillent ensuite de concert.

C'est donc le vase qui administre la chaleur propre à corrompre; & la semence qui fournit le feu propre à la génération; mais comme la chaleur de ce vase n'est pas si connue pour le métal comme elle l'est pour l'animal & la plante, il faut réfléchir sur ce que nous avons dit du feu en général pour trouver cette chaleur. La Nature l'a si proportionnellement mesurée dans la matrice quant aux animaux, qu'elle ne peut gueres être augmentée ni diminuée; la matrice est dans ce cas un véritable Athanor.

Quant à la chaleur du vase pour la corruption de la graine des végétaux, il la faut très-petite; le Soleil la lui fournit suffisamment : mais il n'en est pas de même dans l'art Hermétique. La matrice étant de l'invention de l'Artiste, veut un feu artistement inventé & proportionné à celui que la Nature implante au vase pour la génération des matieres minérales. Un Auteur anonyme dit que pour connoître la matiere de ce feu, il suffit de savoir comment le feu élémentaire prend la forme du feu céleste, & que pour sa forme, tout le secret consiste dans la forme & la structure de l'Athanor, par le moyen duquel ce feu devient égal, doux, continu, & tellement proportionné, que la matiere puisse se corrompre; après quoi la génération du soufre doit se faire, qui prendra la domination pour quelque temps, & régira le reste de l'œuvre. C'est pourquoi les Philosophes disent que la femelle domine pendant la corruption, & le mâle chaud & sec pendant la génération.

Artéphius est un de ceux qui a traité le plus au long du feu Philosophique; & Pontanus avoue avoir été redressé, & reconnu son erreur dans la lecture du traité de ce Philosophe. Voici ce qu'il en dit: « Notre feu est minéral, il est égal, il est
» continuel, il ne s'évapore point, s'il n'est trop
» fortement excité; il participe du soufre; il est
» pris d'autre chose que de la matiere; il détruit
» tout, il dissout, congele & calcine; il y a de
» l'artifice à le trouver & à le faire; il ne coûte
» rien, ou du moins fort peu. De plus, il est
» humide, vaporeux, digérant, altérant, pénétrant, subtil, aérien, non violent, incomburant, ou qui ne brûle point, environnant,
» contenant & unique. Il est aussi la fontaine
» d'eau vive, qui environne & contient le lieu
» où se baignent & se lavent le Roi & la Reine.
» Ce feu humide suffit en toute l'œuvre au commencement, au milieu & à la fin; parce que
» tout l'art consiste en ce feu. Il y a encore un
» feu naturel, un feu contre nature, & un feu
» innaturel, & qui ne brûle point; enfin, pour

» complément, il y a un feu chaud, sec, hu-
» mide, froid. Pensez bien à ce que je viens de
» dire, & travaillez droitement, sans vous ser-
» vir d'aucune matiere étrangere. » Ce que le
même Auteur ajoute ensuite est dans le fond une
véritable explication de ces trois feux ; mais
comme il les appele *feu de lampes, feu de cendre, & feu naturel de notre eau*, on voit bien
qu'il a voulu donner le change ; ceux qui voudront voir un détail plus circonstancié du feu
Philosophique, peuvent avoir recours au Testament de Raymond Lulle & à son Codicille ; d'Espagnet en parle aussi fort au long depuis le 98e
Canon jusqu'au cent huitieme. Les autres Philosophes n'en ont presque fait mention que pour
le cacher ; ou ne l'ont indiqué que par ses propriétés. Mais quand il s'est agi d'allégories ou de
fables, ils ont donné à ce feu les noms d'épée,
de lance, de fleches, de javelot, de hache, &c.:
telle fut celle dont Vulcain frappa Jupiter pour le
faire accoucher de Pallas ; l'épée que le même
Vulcain donna à Pélée, pere d'Achille ; la massue
dont il fit présent à Hercule ; l'arc que ce héros
reçut d'Apollon ; le cimeterre de Persée ; la lance
de Bellérophon, &c. C'est le feu que Prométhée
vola au Ciel ; celui que Vulcain employoit pour
fabriquer les foudres de Jupiter, & les armes des
Dieux ; la ceinture de Vénus, le trône d'or du
Souverain des Cieux, &c. C'est enfin le feu de
Vesta, entretenu si scrupuleusement à Rome,
qu'on punissoit de mort les Vierges vestales, auxquelles on avoit confié le soin de l'entretenir, lorsque par négligence ou autrement elles le laissoient
éteindre.

Principes opératifs.

La préparation est composée de quatre parties: La première est la solution de la matière en eau mercurielle ; la seconde est la préparation du mercure des Philosophes ; la troisieme est la corruption ; la quatrieme, la génération & la création du soufre Philosophique. La premiere se fait par la semence minérale de la terre ; la seconde volatilise & spermatise les corps ; la troisieme fait la séparation des substances & leur rectification ; la quatrieme les unit & les fixe ; ce qui est la création de la pierre. Les Philosophes ont comparé la préparation à la création du monde, qui fut d'abord une masse, un chaos, une terre vuide, informe & ténébreuse, qui n'étoit rien en particulier, mais tout en général ; la seconde est une forme d'eau pondéreuse & visqueuse, pleine de l'esprit occulte de son soufre ; & la troisieme est la figure de la terre qui parut acide après la séparation des eaux.

Dieu dit, la lumiere fut faite ; elle sortit de son limbe, & se plaça dans la région la plus élevée. Alors les ténèbres disparûrent devant elle ; le chaos & la confusion firent place à l'ordre, la nuit au jour, & pour ainsi dire, le néant à l'être.

Dieu parla une seconde fois, les élémens confus se séparèrent, les plus légers se logèrent en haut, & les plus pesans en bas ; alors la terre dégagée de ses moites abymes parut, & parut capable de tout produire.

Cette séparation d'eau de la terre, où l'air se trouva & le feu se répandit, n'est qu'un changement successif de la matiere sous cette double forme; ce qui a fait dire aux Philosophes, que l'eau est tout le fondement de l'œuvre, sans laquelle la terre ne pouvoit être dissoute, pourrie, préparée, & que la terre est le corps où les élémens humides se terminent, se congelent, & s'ensevelissent en quelque façon, pour reprendre une plus noble vie.

Il se fait alors une circulation, dont le premier mouvement sublime la matiere en la raréfiant; le second l'abaisse en la congelant; & le tout se termine enfin en une espece de repos, ou plutôt un mouvement interne, une coction insensible de la matiere.

La premiere roue de cette rotation d'élémens, comme l'appelle d'Espagnet, consiste dans la réduction de la matiere en eau, où la génération commence; l'éclipse du Soleil & de la Lune se fait ensuite. La seconde est une évacuation de l'humidité superflue, & une coagulation de la matiere sous forme d'une terre visqueuse & métallique; la troisieme roue opere la séparation & la rectification des substances; les eaux se séparent des eaux. Tout se spiritualise ou se volatilise; le Soleil & la Lune reprennent leur clarté, & la lumiere commence à paroître sur la terre. La quatrieme est la création du soufre.

« Par la premiere digestion, dit l'Auteur que je viens de citer (a), le corps se dissout; la

---

(a) Can. 68. & suiv.

» conjonction du mâle & de la femelle, & le
» mélange de leurs semences se font; la putré-
» faction succede, & les élémens se résolvent
» en une eau homogene. Le Soleil & la Lune
» s'éclipsent à la tête du Dragon; & tout le monde
» enfin retourne & rentre dans le chaos antique
» & dans l'abyme ténébreux. Cette premiere di-
» gestion se fait, comme celle de l'estomac, par
» une chaleur pépantique & foible, plus propre
» à la corruption qu'à la génération.

» Dans la seconde digestion, l'esprit de Dieu
» est porté sur les eaux; la lumiere commence
» à paroître, & les eaux se séparent des eaux;
» la Lune & le Soleil reparoissent; les élémens
» ressortent du chaos pour constituer un nouveau
» monde, un nouveau ciel, & une terre nou-
» velle. Les petits corbeaux changent de plumes
» & deviennent des colombes; l'aigle & le lion
» se réunissent par un lien indissoluble.

» Cette régénération se fait par l'esprit igné,
» qui descend sous la forme d'eau pour laver la
» matiere de son péché originel, & y porter la
» semence aurifique; car l'eau des Philosophes
» est un feu. Mais donnez toute votre attention
» pour que la séparation des eaux se fasse par
» poids & mesure, de crainte que celles qui
» sont sous le ciel n'inondent la terre, ou que
» s'élevant en trop grande quantité, elles ne
» laissent la terre trop seche & trop aride.

» La troisieme digestion fournit à la terre nais-
» sante un lait chaud, & y infuse toutes les
» vertus spirituelles d'une quintessence qui lie
» l'ame avec le corps au moyen de l'esprit. La

» terre alors cache un grand trésor dans son sein,
» & devient premierement semblable à la Lune,
» puis au Soleil. Là premiere se nomme terre
» de la Lune; la seconde terre du Soleil, & sont
» nées pour être liées par un mariage indissolu-
» ble; car l'une & l'autre ne craignent plus les
» atteintes du feu.

» La quatrieme digestion acheve tous les mys-
» teres du monde; la terre devient par son
» moyen un ferment précieux, qui fermente
» tout en corps parfaits, comme le levain change
» toute pâte en sa nature: elle avoit acquis cette
» propriété en devenant quintessencé céleste. Sa
» vertu émanée de l'esprit universel du monde,
» est une panacée ou médecine universelle à
» toutes les maladies des créatures qui peuvent
» être guéries. Le fourneau secret des Philoso-
» phes vous donnera ce miracle de l'Art & de la
» Nature, en répétant les opérations du premier
» œuvre. »

Tout le procédé Philosophique consiste dans la solution du corps & la congélation de l'esprit, & tout se fait par une même opération. Le fixe & le volatil se mêlent intimement; mais cela ne peut se faire si le fixe n'est auparavant volatilisé. L'un & l'autre s'embrassent enfin, & par la réduction ils deviennent absolument fixes.

Les principes opératifs, que l'on appelle aussi les clefs de l'œuvre, ou le régime, sont donc au nombre de quatre; le premier est la solution ou liquéfaction; le second l'ablution; le troisieme la réduction; & le quatrieme la fixation. Par la solution, les corps retournent en leur premiere matiere,

ÉGYPTIENNES ET GRECQUES. 177

matiere, & se réincrudent par la coction. Alors le mariage se fait entre le mâle & la femelle, & il en naît le corbeau. La pierre se résout en quatre élémens confondus ensemble; le ciel & la terre s'unissent pour mettre Saturne au monde. L'ablution apprend à blanchir le corbeau, & à faire naître Jupiter de Saturne : cela se fait par le changement du corps en esprit. L'office de la réduction est de rendre au corps son esprit que la volatilisation lui avoit enlevé, & de le nourrir ensuite d'un lait spirituel, en forme de rosée, jusqu'à ce que le petit Jupiter ait acquis une force parfaite.

« Pendant ces deux dernieres opérations, dit d'Espagnet, le Dragon descendu du ciel, devient furieux contre lui-même; il dévore sa queue, & s'engloutit peu à peu, jusqu'à ce qu'enfin il se métamorphose en pierre. » Tel fut le Dragon dont parle Homere (*a*) : il est la véritable image, ou le vrai symbole de ces deux opérations. « Pendant que nous étions assemblés sous un beau plane, disoit Ulysse aux Grecs, & que nous étions là pour faire des hécatombes, auprès d'une fontaine qui sourdoit de cet arbre, il apparut un prodige merveilleux. Un horrible Dragon dont le dos étoit tacheté, envoyé par Jupiter même, sortit du fond de l'autel, & courut au platane. Au haut de cet arbre étoient huit petits moineaux avec leur mere, qui voltigeoit autour d'eux. Le Dragon les saisit avec fureur, & même la mere

(*a*) Iliad. l. 2. v. 306. & suiv.
I. Partie.   M

» qui pleuroit la perte de ses petits. Après cette
» action le même Dieu qui l'avoit envoyé, le
» rendit beau, brillant, & le changea en pierre
» à nos yeux étonnés. » Je laisse au Lecteur à
en faire l'application.

Principes opératifs en particulier.

La Calcination.

La calcination vulgaire n'est autre chose que la mort & la mortification du mixte, par la séparation de l'esprit, ou de l'humide qui lioit ses parties. C'est à proprement parler une pulvérisation par le feu, & une réduction du corps en chaux, cendre, terre, fleurs, &c.

La Philosophique est une extraction de la substance de l'eau, du sel, de l'huile, de l'esprit, & le reste de la terre, & un changement d'accidens, une altération de la quantité, une corruption de la substance, de maniere cependant que toutes ces choses séparées puissent se réunir pour qu'il en vienne un corps plus parfait. La calcination vulgaire se fait par l'action du feu de nos cuisines, ou des rayons concentrés du Soleil; la Philosophique à l'eau pour agent; ce qui a fait dire aux Philosophes: *Les Chymistes brûlent avec le feu, & nous brûlons avec l'eau;* d'où l'on doit conclure que la Chymie vulgaire est aussi différente de la Chymie Hermétique, que le feu differe de l'eau.

Solution.

La solution, chymiquement parlant, est une atténuation ou liquéfaction de la matiere sous forme d'eau, d'huile, d'esprit ou d'humeur. Mais la Philosophique est une réduction du corps en sa premiere matiere, ou une désunion naturelle des parties du composé, & une coagulation des parties spirituelles. C'est pourquoi les Philosophes l'appellent une solution du corps & une congélation de l'esprit. Son effet est d'aquéfier, dissoudre, ouvrir, réincruder, décuire, & évacuer les substances de leur terrestréités, de décorporifier le mixte pour le réduire en sperme.

Putréfaction.

La putréfaction est en quelque façon la clef de toutes les opérations, quoiqu'elle ne soit pas proprement la premiere. Elle nous découvre l'intérieur du mixte: elle est l'outil qui rompt les liens des parties; elle fait, comme le disent les Philosophes, l'occulte manifeste. Elle est le principe du changement des formes, la mort des accidentelles, le premier pas à la génération, le commencement & le terme de la vie; le milieu entre le non être & l'être.

Le Philosophe veut qu'elle se fasse, quand le corps dissous par une résolution naturelle, est soumis à l'action de la chaleur putrédinale. La distillation & la sublimation n'ont été inventées qu'à l'imitation de celles de la Nature à l'égard des élémens, dont l'inclination ou la disposition à se raréfier & s'élever, à se condenser & à descendre, font tout le mélange & les productions de la Nature.

La distillation diffère de la sublimation, en ce que la premiere se fait par l'élévation des choses humides, qui distillent ensuite goutte à goutte, au lieu que la sublimation & l'élévation d'une matiere seche s'attache au vaisseau. L'une & l'autre sont vulgaires.

La distillation & la sublimation, philosophiquement parlant, sont une purgation, subtilisation, rectification de la matiere.

La coagulation & la fixation sont les deux grands instrumens de la Nature & de l'Art.

Fermentation.

Le ferment est dans l'œuvre ce que le levain est dans la fabrique du pain. On ne peut faire du pain sans levain, & l'on ne peut faire de l'or sans or. L'or est donc l'ame & ce qui détermine la forme intrinseque de la pierre. Ne rougissons pas d'apprendre à faire de l'or & de l'argent, comme le boulanger fait le pain, qui n'est qu'un composé d'eau & de farine pétrie, fermentée, qui ne differe l'un de l'autre que par la cuisson. De même la médecine dorée n'est qu'une composition de terre & d'eau, c'est-à-dire, de soufre & de mercure fermentés avec l'or ; mais avec un or réincrudé. Car comme on ne peut faire du levain avec du pain cuit, on ne peut en faire un avec l'or vulgaire, tant qu'il demeure or vulgaire.

Le mercure ou eau mercurielle est cette eau, le soufre cette farine, qui par une longue fermentation s'aigrissent & sont faits levain, avec lequel l'or & l'argent sont faits. Et comme le levain se multiplie éternellement, & sert toujours de matiere à faire du pain, la médecine Philosophique se multiplie aussi, & sert éternellement de levain pour faire de l'or.

Signes ou principes démonstratifs.

Les couleurs qui surviennent à la matiere Philosophique pendant le cours des opérations de l'œuvre sont des signes démonstratifs, qui font connoître à l'Artiste qu'il a procédé de maniere à réussir. Elles se succedent immédiatement & par ordre ; si cet ordre est dérangé, c'est une preuve qu'on a mal opéré. Il y a trois couleurs principales ; la premiere est la noire, appelée tête de corbeau, & de beaucoup d'autres noms que nous avons rapportés ci-devant dans l'article intitulé, *Clef de l'œuvre*.

Le commencement de cette noirceur indique que le feu de la Nature commence à opérer, & que la matiere est en voie de solution ; lorsque cette couleur noire est parfaite, la solution l'est aussi, & les élémens sont confondus. Le grain se pourrit pour se disposer à la génération. « Celui » qui ne noircira point, ne sauroit blanchir, » dit Artéphius ; parce que la noirceur est le » commencement de la blancheur, & c'est la » marque de la putréfaction & de l'altération. » Voici comment cela se fait. En la putréfaction

» qui se fait dans notre eau ; il paroît premiere-
» ment une noirceur qui ressemble à du bouil-
» lon gras, sur lequel on a jeté du poivre. Cette
» liqueur s'étant ensuite épaissie, devient com-
» me une terre noire ; elle se blanchit en con-
» tinuant de la cuire.... & de même que la cha-
» leur agissant sur l'humide, produit la noirceur,
» laquelle est la premiere couleur qui paroît ; de
» même la chaleur continuant toujours son action,
» elle produit la blancheur qui est la seconde
» principale de l'œuvre. »

Cette action du feu sur l'humide fait tout dans l'œuvre, comme il fait tout dans la Nature, pour la génération des mixtes. Ovide l'avoit dit :

.... *Ubi temperiem sumpsere humorque colorque*
Concipiunt : & ab his oriuntur cuncta duobus.

Métam. l. I.

Pendant cette putréfaction, le mâle Philoso-phique ou le soufre est confondu avec la femelle, de maniere qu'ils ne font plus qu'un seul & même corps, que les Philosophes nomment Her-maphrodite : « C'est, dit Flamel (*a*), l'andro-
» gyne des Anciens, la tête du corbeau, & les
» élémens convertis. En cette façon, je te peins
» ici que tu as deux natures réconciliées, qui peu-
» vent former un embryon en la matrice du
» vaisseau, & puis t'enfanter un Roi très puis-
» sant, invincible, & incorruptible.... Notre
» matiere dans cet état est le serpent Python,
» qui ayant pris son être de la corruption du

(*a*) Loco cit.

» limon de la terre, doit être mis à mort, &
» vaincu par les fleches du Dieu Apollon, par
» le blond Soleil ; c'est-à-dire, par notre feu,
» égal à celui du Soleil. Celui qui lave ou plu-
» tôt ces lavemens qu'il faut continuer avec
» l'autre moitié, ce sont les dents de ce serpent
» que le sage opérateur, le prudent Cadmús,
» semera dans la même terre, d'où naîtront des
» soldats, qui se détruiront eux-mêmes, se laissant
» résoudre en la même nature de terre...... Les
» Philosophes envieux ont appelé cette confec-
» tion, Rebis; & encore *Numus, Ethelia, Arene,*
» *Boritis, Corsufle, Cambar, Albar aris, Due-*
» *nech, Bauderic, Kukul, Thabitris, Ebisemeth,*
» *Ixir,* &c. c'est ce qu'ils ont commandé de
» blanchir. » J'ai parlé assez au long de cette
noirceur dans l'article des principes opératifs : le
Lecteur pourra y avoir recours.

Le second signe démonstratif ou la deuxieme couleur principale est le blanc. Hermès (a) dit : Sachez, fils de la science, que le vautour crie du haut de la montagne, je suis le blanc du noir ; parce que la blancheur succede à la noirceur. Morien appelle cette blancheur la fumée blanche. Alphidius nous apprend que cette matiere ou cette fumée blanche est la racine de l'art, & l'argent-vif des Sages. Philalethe (b) nous assure que cet argent-vif est le vrai mercure des Philosophes. « Cet argent-vif, dit-il, extrait de cette
» noirceur très subtile, est le mercure tingeant Phi-

(b) Sept. chap.
(a) Narrat. method. p. 36.

» losophique avec son soufre blanc & rouge
» naturellement mêlé ensemble dans leur mi-
» tiere. »

Les Philosophes lui ont entr'autres noms donné ceux qui suivent. Cuivre blanc, agneau, agneau sans tache, aibathest, blancheur, alborach, eau bénite, eau pesante, talc, argent-vif animé, mercure coagulé, mercure purifié, argent, zoticon, arsenic, orpiment, or, or blanc, azoch, baurach, borax, bœuf, cambar, caspa, céruse, cire, chaia, comerisson, corps blanc, corps improprement dit, Décembre, E, électre, essence, essence blanche, Euphrate, Eve, sada, favonius, le fondement de l'art, pierre précieuse de givinis, diamant, chaux, gomme blanche, hermaphrodite, hæ, hypostase, hylé, ennemi, insipide, lait, lait de vierge, pierre connue, pierre minérale, pierre unique, lune, lune dans son plein, magnésie blanche, alun, mere, matiere unique des métaux, moyen dispositif, menstrue, mercure dans son couchant, huile, huile vive, légume, œuf, phlegme, plomb blanc, point, racine, racine de l'art, racine unique, rebis, sel, sel alkali, sel alerot, sel alembrot, sel fusible, sel de nature, sel gemme, sel des métaux, savon des sages, seb, secondine, sedne, vieillesse, seth, serinech, serf fugitif, main gauche, compagnon, sœur, sperme des métaux, esprit, étain, sublimé, suc, soufre, soufre blanc, soufre onctueux, terre, terre feuillée, terre féconde, terre en puissance, champ dans lequel il faut semer l'or, tevos, tincar, vapeur, étoile du soir, vent, virago, verre, verre de Pharaon, vingt-un, urine d'enfant, vautour, zibach, ziva, voile, voile blanc, narcisse, lys, rose blanche, os calciné, coque d'œuf, &c.

Artéphius dit que la blancheur vient de ce que l'ame du corps surnage au dessus de l'eau comme une crême blanche ; & que les esprits s'unissent alors si fortement, qu'ils ne peuvent plus s'enfuir, parce qu'ils ont perdu leur volatilité.

Le grand secret de l'œuvre est donc de blanchir le laiton ; & laisser là tous les livres, afin de ne point s'embarrasser par leur lecture, qui pourroit faire naître des idées de quelque travail inutile & dispendieux. Cette blancheur est la pierre parfaite au blanc ; c'est un corps précieux, qui, quand il est fermenté, & devenu élixir au blanc, est plein d'une teinture exhubérante, qu'il a la propriété de communiquer à tous les autres métaux. Les esprits volatils auparavant sont alors fixes. Le nouveau corps ressuscite beau, blanc, immortel, victorieux. C'est pourquoi on l'a appelé *résurrection, lumiere, jour*, & de tous les noms qui peuvent indiquer la blancheur, la fixité & l'incorruptibilité.

Flamel a représenté cette couleur dans ses figures Hiéroglyphiques, par une femme environnée d'un rouleau blanc, pour te montrer, dit-il, « que Rebis commencera de se blanchir » de cette même façon, blanchissant premiere- » ment aux extrémités tout à l'entour de ce cer- » cle blanc. L'échelle des Philosophes (*a*) dit : » Le signe de la premiere partie de la blancheur,

(*a*) Scala Philosop.

» est quand l'on voit un certain petit cercle ca-
» pillaire ; c'est-à-dire, passant sur la tête, qui
» apparoîtra à l'entour de la matiere aux côtés
» du vaisseau ; en couleur tirant sur l'orangé. »

Les Philosophes, suivant le même Flamel, ont représenté aussi cette blancheur sous la figure d'une épée nue brillante. » Quand tu auras blan-
» chi, ajoute le même Auteur, tu as vaincu les
» Taureaux enchantés qui jetoient feu & fu-
» mée par les narines. Hercule a nettoyé l'étable
» pleine d'ordure, de pourriture & de noirceur.
» Jason a versé le jus sur les Dragons de Col-
» chos, & tu as en ta puissance la corne d'Amal-
» thée, qui encore qu'elle ne soit que blanche,
» te peut combler tout le reste de ta vie, de
» gloire, d'honneur & de richesses. Pour l'a-
» voir, il t'a fallu combattre vaillamment, &
» comme un Hercule. Car cet Acheloüs, ce
» fleuve humide (qui est la noirceur, l'eau noire
» du fleuve Esep) est doué d'une force très-
» puissante, outre qu'il se change très-souvent
» d'une forme en une autre. »

Comme le noir & le blanc sont, pour ainsi dire, deux extrêmes, & que deux extrêmes ne peuvent s'unir que par un milieu, la matiere, en quittant la couleur noire, ne devient pas blanche tout à coup ; la couleur grise se trouve intermédiaire, parce qu'elle participe des deux.

Les Philosophes lui ont donné le nom de Jupiter, parce qu'elle succede au noir, qu'ils ont appelé Saturne. C'est ce qui a fait dire à d'Espagnet, que l'air succede à l'eau après qu'elle a achevé ses sept révolutions, que Flamel a nommées *inhibitions.* La matiere, ajoute d'Espagnet, s'étant fixée au bas du vase, Jupiter, après avoir chassé Saturne, s'empare du Royaume, & en prend le gouvernement. A son avénement l'enfant Philosophique se forme, se nourrit dans la matrice, & vient enfin au jour avec un visage beau, brillant, & blanc comme la Lune. Cette matiere au blanc est dès-lors un remede universel à toutes les maladies du corps humain.

Enfin la troisieme couleur principale est la rouge : elle est le complément & la perfection de la pierre. On obtient cette rougeur par la seule continuation de la cuisson de la matiere. Après le premier œuvre, on l'appèlle *sperme masculin, or philosophique, feu de la pierre, couronne royale, fils du Soleil, miniere de feu céleste.*

Nous avons déja dit que la plupart des Philosophes commencent leurs traités de l'œuvre à la pierre au rouge. Ceux qui lisent ces ouvrages, ne sauroient faire trop d'attention à cela. Car c'est une source d'erreurs pour eux, tant parce qu'ils ne sauroient deviner de quelle matiere parlent alors les Philosophes, qu'à cause des opérations, des proportions des matieres qui sont dans le second œuvre, ou la fabrique de l'élixir, bien différentes de celles du premier. Quoique Morien nous assure que cette seconde opération n'est qu'une répétition de la premiere, il est bon cependant de remarquer que ce qu'ils appellent feu, air, terre & eau dans l'un, ne sont pas les mêmes choses que celles auxquelles ils donnent les mêmes noms dans l'autre. Leur mercure est appelé mércure, tant fous la forme liquide que fous la forme feche. Ceux, par exemple, qui lifent Alphidius, s'imaginent, quand il appelle la matiere de l'œuvre, *miniere rouge*, qu'il faut chercher, pour le premier commencement des opérations, une matiere rouge; les uns en conféquence travaillent fur le cinabre, d'autres fur le minium, d'autres fur l'orpiment, d'autres fur la rouille de fer; parce qu'ils ne favent pas que cette miniere rouge eft la pierre parfaite au rouge, & qu'Alphidius ne commence fon ouvrage que de-là. Mais afin que ceux qui liront cet ouvrage, & qui voudront travailler, n'y foient pas trompés, voici un grand nombre des noms donnés à la pierre au rouge. *Acide, aigu, adam, aduma, almagra, altum* ou *élevé, azernard, ame, bélier, or, or-vif, or altéré, cancer, cadmie, camereth, bile, chibur, cendré, cendre de tartre, corfufle, corps, corps proprement dit, corps rouge, droite, déeb, déhab, Eté, fer, forme, forme de l'homme, frere, fruit, coq, crête de coq, gabricius, gabrius, gophrith, grain d'Ethiopie, gomme, gomme rouge, hageralzarnard, homme, feu, feu de nature, infini, jeuneffe, hebrit, pierre, pierre indienne, pierre indradême, pierre lafule, pierre rouge, litharge d'or, litharge rouge, lumiere, matin, Mars, marteck, mâle, magnéfie rouge, métros, miniere, neufi, huile de Mars, huile incombuftible, huile rouge, olive, olive perpétuelle, oriens, pere, une partie, pierre étoilée, phifon, roi, réezon, réfidence, rougeur, rubis, fel, fel rouge, femence, fericon, foleil, foufre, foufre rouge, foufre vif, tamne, troifieme,* treizieme, terre rouge, thériaque, thelima, thion, thita, toarech, vare, veine, sang, pavot, vin rouge, vin, virago, jaune d'œuf, vitriol rouge, chalcitis, colchotar, cochenille, verre, zaaph, zahau, zit, zumech, zumelazuli, sel d'urine, &c.

Mais tous ces noms ne lui ont pas été donnés pour la même raison ; les Auteurs dans ces différentes dénominations n'ont eu égard qu'à la maniere de l'envisager, tantôt par rapport à sa couleur, tantôt à ses qualités. Ceux, par exemple, qui ont nommé cette matiere ou pierre au rouge, acide, adam, Eté, almagra, ame, bélier, or, cancer, camereth, cendre de tartre, corsuflé, déeb, frere, fruit, coq, jeunesse, kibrit, pierre indradème, marteck, mâle, pere, soleil, troisieme, neusis, olive, thion, verte, zaaph, ne l'ont nommée ainsi qu'à cause de l'altération de sa complexion. Ceux qui n'ont eu en vue que sa couleur, l'ont appelée gomme rouge, huile rouge, rubis, séricon, soufre rouge, jaune d'œuf, vitriol rouge, &c. « En cette opération de rubi-
» fiement, dit Flamel, encore que tu imbibes,
» tu n'auras gueres de noir, mais bien du vio-
» let, bleu, & de la couleur de la queue du
» paon : car notre pierre est si triomphante en
» siccité, qu'incontinent que ton mercure la
» touche, la nature s'éjouissant de sa nature, se
» joint à elle, & la boit avidement ; & par-
» tant le noir qui vient de l'humidité ne se peut
» montrer qu'un peu sous ces couleurs violettes
» & bleues, d'autant que la siccité gouverne
» maintenant absolument..... Or souviens-toi

» de commencer la rubification par l'apposition
» du mercure orangé rouge ; mais il n'en faut
» gueres verser, & seulement une ou deux fois,
» selon que tu verras : car cette opération se doit
» faire par feu sec, sublimation & calcination
» seche. Et vraiment je te dis ici un secret que
» tu trouveras bien rarement écrit. »

Dans cette opération le corps fixe se volatilise ; il monte & descend en circulant dans le vase, jusqu'à ce que le fixe ayant vaincu le volatil, il le précipite au fond avec lui pour ne plus faire qu'un corps de nature absolument fixe. Ce que nous avons rapporté de Flamel doit s'entendre de l'élixir dont nous parlerons ci après ; mais quant aux opérations du premier œuvre, ou de la maniere de faire le soufre Philosophique, d'Espagnet la décrit ainsi (a) : « Choisissez
» un Dragon rouge, courageux, qui n'ait rien
» perdu de sa force naturelle ; ensuite sept ou
» neuf Aigles vierges, hardies, dont les rayons
» du Soleil ne soient pas capables d'éblouir les
» yeux : mettez-les avec le Dragon dans une
» prison claire transparente, bien close, & par
» dessus un bain chaud, pour les exciter au
» combat. Ils ne tarderont pas à en venir aux
» prises ; le combat sera long & très-pénible
» jusqu'au quarante-cinquieme ou cinquantieme
» jour, que les Aigles commenceront à dévorer
» le Dragon. Celui-ci en mourant infectera
» toute la prison de son sang corrompu, & d'un
» venin très-noir, à la violence duquel les Ai-

(a). Lum. 109.

ÉGYPTIENNES ET GRECQUES.

» gles ne pouvant réfister, expireront aussi. De
» la putréfaction de leurs cadavres naîtra un
» corbeau, qui élevera peu à peu sa tête; &
» par l'augmentation du bain, il déploiera ses
» ailes, & commencera à voler; le vent, les
» nuages l'emporteront çà & là; fatigué d'être
» ainsi tourmenté, il cherchera à s'échapper :
» ayez donc soin qu'il ne trouve aucune issue.
» Enfin lavé & blanchi par une pluie cons-
» tante, de longue durée, & une rosée céleste,
» on le verra métamorphosé en cygne. La naiss-
» sance du corbeau vous indiquera la mort du
» Dragon.

» Si vous êtes curieux de pousser jusqu'au
» rouge, ajoutez l'élément du feu qui manque
» à la blancheur : sans toucher ni remuer le vase,
» mais en fortifiant le feu par degrés, poussez
» son action sur la matiere jusqu'à ce que l'oc-
» culte devienne manifeste, ce sera la cou-
» leur citrine. Gouvernez alors le feu du qua-
» trieme degré, toujours par les degrés requis,
» jusqu'à ce que par l'aide de Vulcain, vous
» voyiez éclore des roses rouges, qui se change-
» ront en amaranthes, couleur de sang. Mais ne
» cessez de faire agir le feu par le feu, que vous
» ne voyiez le tout réduit en cendres très-rouges
» & impalpables. »

Ce soufré Philosophique est une terre d'une
ténuité, d'une ignéité & d'une sécheresse extrêmes. Elle contient un feu de nature très-abon-
dant, c'est pourquoi on l'a nommé *feu de la
pierre*. Il a la propriété d'ouvrir, de pénétrer
les corps des métaux, & de les changer en sa

propre nature : on le nomme en conséquence *pere* & *semence masculine*.

Les trois couleurs noire, blanche & rouge doivent nécessairement se succéder dans l'ordre que nous les avons décrites; mais elles ne sont pas les seules qui se manifestent. Elles indiquent les changemens essentiels qui surviennent à la matiere : au lieu que les autres couleurs presqu'infinies & semblables à celles de l'arc-en-ciel, ne sont que passageres & d'une durée très-courte. Ce sont des especes de vapeurs qui affectent plutôt l'air que la terre, qui se chassent les unes & les autres, & qui se dissipent pour faire-place aux trois principales dont nous avons parlé.

Ces couleurs étrangeres sont cependant quelquefois des signes d'un mauvais régime, & d'une opération mal conduite; la noirceur répétée en est une marque certaine : car les petits corbeaux, dit d'Espagnet (a), ne doivent point retourner dans le nid après l'avoir quitté. La rougeur prématurée est encore de ce nombre; car elle ne doit paroître qu'à la fin, comme preuve de la maturité du grain, & du temps de la moisson.

De l'Elixir.

Ce n'est pas assez d'être parvenu au soufre Philosophique que nous venons de décrire; la plupart y ont été trompés, & ont abandonné l'œuvre dans cet état-là, croyant l'avoir poussé à sa perfection. L'ignorance des procédés de la

_____
(a) Can. 66.

Nature & de l'Art font la cause de cette erreur. En vain voudroit-on tenter de faire la projection avec ce soufre au pierre, au rouge. La pierre Philosophale ne peut être parfaite qu'à la fin du second œuvre qu'on appelle *Elixir*.

De ce premier soufre on en fait un second, que l'on peut ensuite multiplier à l'infini. On doit donc conserver précieusement cette premiere miniere de feu céleste pour l'usage requis.

L'élixir, suivant d'Espagnet, est composé d'une matiere triple; savoir, d'une eau métallique, ou du mercure sublimé philosophiquement, du ferment blanc, si l'on veut faire l'élixir au blanc, ou du ferment rouge pour l'élixir au rouge, & enfin du second soufre; le tout selon les poids & proportions Philosophiques. L'élixir doit avoir cinq qualités; il doit être fusible, permanent, pénétrant, *tingeant* & *multipliant*; il tire sa teinture & sa fixation du ferment; sa fusibilité de l'argent-vif, qui sert de moyen pour réunir les teintures du ferment & du soufre; & sa propriété multiplicative lui vient de l'esprit de la quintessence qu'il a naturellement.

Les deux métaux parfaits donnent une teinture parfaite, parce qu'ils tiennent la leur du soufre pur de la Nature; il ne faut donc point chercher son ferment ailleurs que dans ces deux corps. Teignez donc votre élixir blanc avec la Lune, & le rouge avec le Soleil. Le mercure reçoit d'abord cette teinture, & la communique ensuite. Prenez garde à vous tromper dans le mélange des fermens, & ne prenez pas l'un pour l'autre; vous perdriez tout. Ce second œuvre se

I. Partie. N

fait dans le même vase, ou dans un vase semblable au premier, dans le même fourneau, & avec les mêmes degrés de feu; mais il est beaucoup plus court.

La perfection de l'élixir consiste dans le mariage & l'union parfaite du sec & de l'humide, de maniere qu'ils soient inséparables, & que l'humide donne au sec la propriété d'être fusible à la moindre chaleur. On en fait l'épreuve en en mettant un peu sur une lame de cuivre ou de fer échauffé: s'il fond d'abord sans fumée, on a ce qu'on souhaite.

PRATIQUE DE L'ÉLIXIR,

Suivant d'Espagnet.

24. « Terre rouge ou ferment rouge, trois par-
» ties; eau & air pris ensemble, six parties: mê-
» lez le tout, & broyez pour en faire un amal-
» game, ou pâte métallique, de consistance de
» beurre, de maniere que la terre soit impal-
» pable ou insensible au tact; ajoutez-y une
» partie & demie de feu, & mettez le tout dans
» un vase que vous scellerez parfaitement.
» Donnez-lui un feu du premier degré, pour
» la digestion; vous ferez ensuite l'extraction
» des élémens par les degrés de feu qui leur
» sont propres, jusqu'à ce qu'ils soient tous ré-
» duits en terre fixe. La matiere deviendra com-
» me une pierre brillante, transparente, rouge,
» & sera pour lors dans sa perfection. Prenez-
» en à volonté, mettez-le dans un creuset sur

» un feu léger, & imbibez cette partie avec son
» huile rouge, en l'incérant goutte à goutte jus-
» qu'à ce qu'elle se fonde & coule sans fumée.
» Ne craignez pas que votre mercure s'évapore;
» car la terre boira avec plaisir & avidité cette
» humeur qui est de sa nature. Vous avez alors
» en possession votre élixir parfait. Remerciez
» Dieu de la faveur qu'il vous a faite; faites-en
» usage pour sa gloire, & gardez le secret. »

L'élixir blanc se fait de même que le rouge; mais avec des ferments blancs, & de l'huile blanche.

Quintessence.

La quintessence est une extraction de la plus spiritueuse & radicale substance de la matiere; elle se fait par la séparation des élémens qui se terminent en une céleste & incorruptible essence dégagée de toutes les hétérogénéités. Aristote la nomme une substance très-pure, incorporée en certaine matiere non mélangée d'accidens. Héraclite l'appelle une essence céleste, qui prend le nom du lieu d'où elle tire son origine. Paracelse la dit, l'être de notre ciel centrique; Pline, une essence corporelle, séparée néanmoins de toute matérialité, & dégagée du commerce de la matiere. Elle a été nommée en conséquence un corps spirituel, ou un esprit corporel, fait d'une substance Ethérée. Toutes ces qualités lui ont fait donner le nom de quintessence, c'est-à-dire, une cinquieme substance, qui résulte de l'union des parties les plus pures des élémens.

Le secret Philosophique consiste à séparer les

élémens des mixtes, à les rectifier, & par la réunion de leurs parties pures, homogènes & spiritualisées, faire cette quintessence, qui en renferme toutes les propriétés, sans être sujette à leur altération.

La Teinture.

Lorsque les ignorans dans la Philosophie Hermétique lisent le terme de *teinture* dans les ouvrages qui traitent de cette science, ils s'imaginent qu'on doit l'entendre seulement de la couleur des métaux, telle que l'orangée pour l'or, & la blanche pour l'argent. Et comme il est dit dans ces mêmes ouvrages, que le soufre est le principe de la teinture; on travaille à extraire ce soufre par des eaux fortes, des eaux régales, par la calcination & les autres opérations de la Chymie vulgaire. Ce n'est pas là proprement l'idée des Philosophes, non seulement pour les opérations, mais pour la teinture prise en elle-même. La teinture de l'or ne peut être séparée de son corps, parce qu'elle en est l'ame; & qu'on ne pourroit l'en extraire sans détruire le corps; ce qui n'est pas possible à la Chymie vulgaire, comme le savent très-bien tous ceux qui ont voulu tenter cette expérience.

La teinture, dans le sens Philosophique, est l'élixir même, rendu fixe, fusible, pénétrant & tingeant, par la corruption & les autres opérations dont nous avons parlé. Cette teinture ne consiste donc pas dans la couleur externe, mais dans la substance même qui donne la teinture avec la forme métallique. Elle agit comme le safran dans l'eau; elle pénètre même plus que l'huile ne fait sur le papier; elle se mêle intimement comme la cire avec la cire, comme l'eau avec l'eau, parce que l'union se fait entre deux choses de même nature. C'est de cette propriété que lui vient celle d'être une panacée admirable pour les maladies des trois regnes de la Nature; elle va chercher dans eux le principe radical & vital, qu'elle débarrasse, par son action, des hétérogenes qui l'embarrassent, & le tiennent en prison; elle vient à son aide, & se joint à lui pour combattre ses ennemis. Ils agissent alors de concert, & remportent une victoire parfaite. Cette quintessence chasse l'impureté des corps, comme le feu fait évaporer l'humidité du bois; elle conserve la santé, en donnant des forces au principe de la vie pour résister aux attaques des maladies, & faire la séparation de la substance véritablement nutritive des alimens, d'avec celle qui n'en est que le véhicule.

La Multiplication.

On entend par la multiplication Philosophique, une augmentation en quantité & en qualités, & l'une & l'autre au-delà de tout ce qu'on peut s'imaginer. Celle de la qualité est une multiplication de la teinture par une corruption, une volatilisation & une fixation réitérées autant de fois qu'il plaît à l'Artiste. La seconde augmente seulement la quantité de la teinture, sans accroître ses vertus.

Le second soufre se multiplie avec la même matiere dont il a été fait, en y ajoutant une petite partie du premier, selon les poids & mesures requises. Il y a néanmoins trois manieres de faire la multiplication, si nous en croyons d'Espagnet, qui les décrit de la maniere suivante. La premiere est de prendre une partie de l'élixir parfait rouge, que l'on mêle avec neuf parties de son eau rouge; on met le vase au bain, pour faire dissoudre le tout en eau. Après la solution, on cuit cette eau jusqu'à ce qu'elle se coagule en une matiere semblable à un rubis; on infere ensuite cette matiere à la maniere de l'élixir; & dès cette premiere opération la médecine acquiert dix fois plus de vertus qu'elle n'en avoit. Si l'on réitere ce même procédé une seconde fois, elle augmentera de cent; une troisieme fois de mille, & ainsi de suite toujours par dix.

La seconde maniere est de mêler la quantité que l'on veut d'élixir avec son eau, en gardant cependant les proportions entre l'un & l'autre, & après avoir mis le tout dans un vase de réduction bien scellé, le dissoudre au bain, & suivre tout le régime du second, en distillant successivement les élémens par leurs propres feux, jusqu'à ce que le tout devienne pierre. On incere ensuite comme dans l'autre, & la vertu de l'élixir augmente de cent dès la premiere fois; mais cette voie est plus longue. On la réitere comme la premiere, pour accroître sa force de plus en plus.

La troisieme enfin est proprement la multiplication en quantité. On projette une once de l'élixir multiplié en qualité sur cent onces de mercure commun purifié ; ce mercure mis sur un petit feu se changera bientôt en élixir. Si on jette une once de ce nouvel élixir sur cent onces d'autre mercure commun purifié, il deviendra or très-fin. La multiplication de l'élixir au blanc se fait de la même maniere, en prenant l'élixir blanc & son eau, au lieu de l'élixir rouge.

Plus on réiterera la multiplication en qualité, plus elle aura d'effet dans la projection ; mais non pas de la troisieme maniere de multiplier dont nous avons parlé ; car sa force diminue à chaque projection. On ne peut cependant pousser cette réitération que jusqu'à la quatrieme ou cinquieme fois, parce que la médecine seroit alors si active & si ignée, que les opérations deviendroient instantanées, puisque leur durée s'abrege à chaque réitération ; sa vertu d'ailleurs est assez grande à la quatrieme ou cinquieme fois pour combler les desirs de l'Artiste, puisque, dès la premiere, un grain peut convertir cent grains de mercure en or, à la seconde mille, à la troisieme dix mille, à la quatrieme cent mille, &c. On doit juger de cette médecine comme du grain, qui multiplie à chaque fois que l'on seme.

Des poids dans l'Œuvre.

Rien de plus embrouillé que les poids & les proportions requis dans l'œuvre Philosophique. Tous les Auteurs en parlent, & pas un ne les explique clairement. L'un dit qu'il faut mesurer son feu clibaniquement (*a*); l'autre géométriquement (*b*). Celui-là, suivant la chaleur du Soleil depuis le printems jusqu'en automne : celui-ci, qu'il faut une chaleur fébrile, &c. Mais le Trévisan nous conseille de donner un feu lent & foible plutôt que fort, parce qu'on ne risque alors que de finir l'œuvre plus tard, au lieu qu'en forçant le feu, on est dans un danger évident de tout perdre.

Le composé des mixtes & leur vie ne subsistent que par la mesure & le poids des élémens combinés & proportionnés de maniere que l'un ne domine point sur les autres en tyran. S'il y a trop de feu, le germe se brûle ; si trop d'eau, l'esprit séminal & radical se trouve suffoqué ; si trop d'air & de terre, le composé aura ou trop, ou trop peu de consistance, & chaque élément n'aura pas son action libre.

Cette difficulté n'est pas cependant si grande qu'elle le paroît d'abord à la premiere lecture des Philosophes ; quelques-uns nous avertissent (*c*) que la Nature a toujours la balance à la main pour peser ces élémens, & en faire ses mélanges tellement proportionnés, qu'il en résulte toujours les mixtes qu'elle se propose de faire, à moins qu'elle ne soit empêchée dans ses opérations par le défaut de la matrice où elle fait ses opérations, ou par celui des semences qu'on lui fournit, ou enfin par d'autres accidens. Nous voyons même dans la Chymie vulgaire, que

(*a*) Flamel.
(*b*) D'Espagnet & Artéphius.
(*c*) Le Trévisan.

deux corps hétérogenes ne se mêlent point ensemble, ou ne peuvent rester long-temps unis ; que lorsque l'eau a dissout une certaine quantité de sel, elle n'en dissout pas davantage ; que plus les corps ont d'affinité ensemble, plus ils semblent se chercher, & quitter même ceux qui en ont le moins pour se réunir à ceux qui en ont le plus. Ces expériences sont connues, particulierement entre les minéraux & les métaux.

L'Artiste du grand œuvre se propose la Nature pour modele ; il faut donc qu'il étudie cette Nature pour pouvoir l'imiter. Mais comment trouver ses poids & ses combinaisons ? Quand elle veut faire quelque mixte, elle ne nous appelle pas à son conseil, ni à ses opérations, tant pour voir ses matieres constituantes, que son travail dans l'emploi qu'elle en fait. Les Philosophes Hermétiques ne se lassent point de nous recommander de suivre la Nature ; sans doute qu'ils la connoissent, puisqu'ils se flattent d'être ses disciples. Ce seroit donc dans leurs ouvrages qu'on pourroit apprendre à l'imiter. Mais l'un (a) dit « qu'il ne faut qu'une seule chose pour parfaire » l'œuvre, qu'il n'y a qu'une pierre, qu'une » médecine, qu'un vaisseau, qu'un régime, & » qu'une seule disposition ou maniere pour faire » successivement le blanc & le rouge. Ainsi, » quoi que nous disions, ajoute le même Auteur, » mets ceci, mets cela ; nous n'entendons pas » qu'il faille prendre plus d'une chose, la mettre » une seule fois dans le vaisseau, & le fermer

___

(a) Artéphius.

» ensuite jusqu'à ce que l'œuvre soit parfaite &
» accomplie...... que l'Artiste n'a autre chose
» à faire qu'à préparer extérieurement la ma-
» tiere comme il faut, parce que d'elle-même
» elle fait intérieurement tout ce qui est néces-
» saire pour se rendre parfaite.... ainsi prépare &
» dispose seulement la matiere, & la Nature fera
» tout le reste. »

Raymond Lulle nous avertit que cette chose unique n'est pas une seule chose prise individuellement, mais deux choses de même nature, qui n'en font qu'une; s'il y a deux ou plusieurs choses à mêler, il faut le faire avec proportion, poids & mesure. Nous en avons parlé dans l'article des signes démonstratifs, sous les noms d'Aigle & de Dragon; & nous avons aussi donné les proportions des matieres requises pour la multiplication. On doit voir par-là que les proportions des matieres ne sont pas les mêmes dans le premier & le second œuvre.

Régles générales très-instructives.

Il ne faut presque jamais prendre les paroles des Philosophes à la lettre, parce que tous leurs termes ont double entente, & qu'ils affectent d'employer ceux qui sont équivoques. Ou s'ils font usage des termes connus & usités dans le langage ordinaire (a), plus ce qu'ils disent paroît simple, clair & naturel, plus il faut y soupçonner de l'artifice. *Timeo Danaos, & dona*

(a) Geber, d'Espagnet, & plusieurs autres.

fcrentes. Dans les endroits au contraire où ils paroiſſent embrouillés, enveloppés, & preſqu'inintelligibles, c'eſt ce qu'il faut étudier avec plus d'attention. La vérité y eſt cachée.

Pour mieux découvrir cette vérité, il faut les comparer les uns avec les autres, faire une concordance de leurs expreſſions & de leurs dires, parce que l'un laiſſe échapper quelquefois ce qu'un autre a omis à deſſein (*a*). Mais dans ce recueil de textes, on doit bien prendre garde à ne pas confondre ce que l'un dit de la première préparation, avec ce qu'un autre dit de la troiſieme.

Avant de mettre la main à l'œuvre, on doit avoir tellement combiné tout, que l'on ne trouve plus dans les livres des Philoſophes (*b*) aucune choſe qu'on ne ſoit en état d'expliquer par les opérations qu'on ſe propoſe d'entreprendre. Il faut pour cet effet être aſſuré de la matiere que l'on doit employer; voir ſi elle a véritablement toutes les qualités & les propriétés par leſquelles les Philoſophes la déſignent, puiſqu'ils avouent qu'ils ne l'ont point nommée par le nom ſous lequel elle eſt connue ordinairement. On doit obſerver que cette matiere ne coûte rien, ou peu de choſes; que la médecine, que le Philalethe (*c*), après Geber, appelle médecine du premier ordre, ou la premiere préparation, ſe parfait ſans beaucoup de frais, en tout lieu, en tout

(*a*) Philalethe.
(*b*) Zachaire.
(*c*) Enarr. Meth. Trium. Gebr. medic.

temps, par toutes sortes de personnes, pourvû qu'on ait une quantité suffisante de matière.

La Nature ne perfectionne les mixtes que par des choses qui sont de même nature (*a*) ; on ne doit donc pas prendre du bois pour perfectionner le métal. L'animal engendre l'animal, la plante produit la plante, & la nature métallique les métaux. Les principes radicaux du métal sont un soufre & un argent-vif, mais non les vulgaires ; ceux-ci entrent comme complément, comme principes même constituans, mais comme principes combustibles, accidentels & séparables du vrai principe radical, qui est fixe & inaltérable. On peut voir sur la matière ce que j'en ai rapporté dans son article, conformément à ce qu'en disent les Philosophes.

Toute altération d'un mixte se fait par dissolution en eau ou en poudre, & il ne peut être perfectionné que par la séparation du pur d'avec l'impur. Toute conversion d'un état à un autre se fait par un agent, & dans un temps déterminé. La nature n'agit que successivement ; l'Artiste doit faire de même.

Les termes de conversion, dessication, mortification, inspissation, préparation, altération, ne signifient que la même chose dans l'Art Hermétique. La sublimation, descension, distillation, putréfaction, calcination, congélation, fixation, cération, sont, quant à elles-mêmes, des choses différentes ; mais elles ne constituent dans l'œuvre qu'une même opération continuée dans le

---

(*a*) Cosmopolite.

même vase. Les Philosophes n'ont donné tous ces noms qu'aux différentes choses ou changemens qu'ils ont vu se passer dans le vase. Lorsqu'ils ont apperçu la matiere s'exhaler en fumée subtile, & monter au haut du vase, ils ont nommé cette ascension, *sublimation*. Voyant ensuite cette vapeur descendre au fond du vase, ils l'ont appelée *descension*, *distillation*. Morien dit en conséquence : toute notre opération consiste à extraire l'eau de sa terre, & à l'y remettre jusqu'à ce que la terre pourrisse & se purifie. Lorsqu'ils ont apperçu que cette eau, mêlée avec sa terre, se coaguloit ou s'épaississoit, qu'elle devenoit noire & puante, ils ont dit que c'étoit la putréfaction, principe de génération. Cette putréfaction dure jusqu'à ce que la matiere soit devenue blanche.

Cette matiere étant noire, se réduit en poudre lorsqu'elle commence à devenir grise ; cette apparence de cendre a fait naître l'idée de la calcination, *incération*, *incinération*, *déalbation* ; & lorsqu'elle est parvenue à une grande blancheur, ils l'ont nommée calcination parfaite. Voyant que la matiere prenoit une consistance solide, qu'elle ne fluoit plus, elle a formé leur *congélation*, leur *induration* ; c'est pourquoi ils ont dit que tout le magistere consiste à dissoudre & à coaguler naturellement.

Cette même matiere congelée, & endurcie de maniere qu'elle ne se résolve plus en eau, leur a fait dire, qu'il falloit la sécher & la fixer ; ils ont donc donné à cette prétendue opération, les noms de *dessication*, *fixation*, *cération*, parce qu'ils expliquent ce terme d'une union parfaite de la partie volatile avec la fixe fous la forme d'une poudre ou pierre blanche.

Il faut donc régarder cette opération comme unique, mais exprimée en termes différens. On saura encore que toutes les expreffions fuivantes ne fignifient auffi que la même chofe. Diftiller à l'alambic; féparer l'ame du corps; brûler; aquéfier; calciner; cérer; donner à boire; adapter enfemble; faire manger; affembler; corriger; cribler; couper avec des tenailles; divifer; unir les élémens; les extraire; les exalter; les convertir; les changer l'un dans l'autre; couper avec le couteau; frapper du glaive, de la hache, du cimeterre; percer avec la lance, le javélot, la fleche; affommer; écrafer; lier; délier; corrompre; folier; fondre; engendrer; concevoir; mettre au monde; puifer; humecter; arrofer; imbiber; empâter; amalgamer; enterrer; incérer; laver; laver avec le feu; adoucir; polir; limer; battre avec le marteau; mortifier; noircir; putréfier; tourner au tour; circuler; rubéfier; diffoudre; fublimer; leffiver; inhumer, reffufciter, réverbérer, broyer; mettre en poudre; piler dans le mortier; pulvérifer fur le marbre, & tant d'autres expreffions femblables: tout cela ne veut dire que cuire par un même régime, jufqu'au rouge foncé. On doit donc fe donner de garde de remuer le vafe, & de l'ôter du feu; car fi la matiere fe refroidiffoit, tout feroit perdu.

Des vertus de la Médecine.

Elle est, suivant le dire de tous les Philosophes, la source des richesses & de la santé ; puisqu'avec elle on peut faire l'or & l'argent en abondance, & qu'on se guérit non seulement de toutes les maladies qui peuvent être guéries ; mais que, par son usage modéré, on peut les prévenir. Un grain seul de cette médecine ou élixir rouge, donné aux paralytiques, hydropiques, goutteux, lépreux, les guérira, pourvu qu'ils en prennent la même quantité pendant quelques jours seulement. L'épilepsie, les coliques, les rhumes, fluxions, phrénésie & toute autre maladie interne ne peuvent tenir contre ce principe de vie. Quelques Adeptes ont dit qu'elle donnoit l'ouïe aux sourds & la vue aux aveugles ; qu'elle est un remede assuré contre toutes sortes de maladies des yeux, tous apostèmes, ulceres, blessures, cancers, fistule, noli-me-tangere, & toutes maladies de la peau, en en faisant dissoudre un grain dans un verre de vin ou d'eau, dont l'on bassine les maux extérieurs ; qu'elle fond peu à peu la pierre dans la vessie ; qu'elle chasse tout venin & poison en en buvant comme ci-dessus.

Raymond Lulle (a) assure qu'elle est en général un remede souverain contre tous les maux qui affligent l'humanité, depuis les pieds jusqu'à la tête ; qu'elle les guérit en un jour, s'ils ont duré un mois ; en douze jours, s'ils sont d'une

(a) Testam. antiq.

année ; & en un mois, quelque vieux qu'ils soient.

Arnaud de Villeneuve (a) dit que son efficacité est infiniment supérieure à celle de tous les remedes d'Hippocrate, de Galien, d'Alexandre, d'Avicenne & de toute la Médecine ordinaire ; qu'elle réjouit le cœur, donne de la vigueur & de la force, conserve la jeunesse, & fait reverdir la vieillesse. En général, qu'elle guérit toutes les maladies tant chaudes que froides, tant seches qu'humides.

Geber (b), sans faire l'énumération des maladies que cette médecine guérit, se contente de dire, qu'elle surmonte toutes celles que les Médecins ordinaires regardent comme incurables. Qu'elle rajeunit la vieillesse, & l'entretient en santé pendant de longues années, même au-delà du cours ordinaire, en prenant seulement gros comme un grain de moutarde deux ou trois fois la semaine à jeun.

Philalethe (c) ajoute à cela qu'elle nettoie la peau de toutes taches, rides, &c. ; qu'elle délivre la femme en travail d'enfant, fût-il mort, en tenant seulement la poudre au nez de la mere; & cite Hermès pour son garant. Il assure avoir lui-même tiré des bras de la mort bien des malades abandonnés des Médecins. On trouve la maniere de s'en servir particulierement dans les ouvrages de Raymond Lulle & d'Arnaud de Villeneuve.

(a) Rosari.
(b) Summâ.
(c) Introit. apert. & enarrat. Method.

Des maladies des Métaux.

Le premier vice des métaux vient du premier mélange des principes avec l'argent-vif, & le second se trouve dans l'union des soufres & du mercure. Plus les élémens sont épurés, plus ils sont proportionnellement mêlés & homogenes, plus ils ont de poids, de malléabilité, de fusion, d'extension, de fulgidité, & d'incorruptibilité permanente.

Il y a donc deux sortes de maladies dans les métaux : la premiere est appelée originelle & incurable ; la seconde vient de la diversité du soufre qui fait leur imperfection & leurs maladies ; savoir, la lepre de Saturne, la jaunisse de Vénus, l'enrhumement de Jupiter, l'hydropisie de Mercure, & la gale de Mars.

L'hydropisie du mercure ne lui arrive que de trop d'aquosité & de crudité qui trouvent leur cause dans la froideur de la matrice où il est engendré, & de défaut de temps pour se cuire. Ce vice est un péché originel dont tous les autres métaux participent. Cette froideur, cette crudité, cette aquosité ne peuvent être guéries que par la chaleur & l'ignéité d'un soufre bien puissant.

Outre cette maladie, les autres métaux ont de plus celle qui leur vient de leur soufre tant interne qu'externe. Ce dernier n'étant qu'accidentel, peut être aisément séparé, parce qu'il n'est pas du premier mélange des élémens. Il est noir, impur, puant, il ne se mêle point avec le soufre radical, parce qu'il lui est hétérogene. Il n'est

I. Partie.   O

point susceptible d'une décoction qui puisse le rendre radical & parfait.

Le soufre radical purge, épaissit, fixe en corps parfait le mercure radical; au lieu que le second le suffoque, l'absorbe, & le coagule avec ses propres impuretés & ses crudités; il produit alors les métaux imparfaits. On en voit une preuve dans la coagulation du mercure vulgaire fait par la vapeur du soufre de Saturne, éteint par celle de Jupiter.

Ce soufre impur fait toute la différence des métaux imparfaits. La maladie des métaux n'est donc qu'accidentelle; il y a donc un remede pour les guérir, & ce remede est la poudre Philosophique, ou pierre Philosophale, appelée pour cette raison *poudre de projection*. Son usage est pour les métaux, d'en enfermer dans un peu de cire proportionnellement à la quantité du métal que l'on veut transmuer, & de la jeter sur du mercure mis dans un creuset sur le feu, lorsque le mercure est sur le point de fumer. Il faut que les autres métaux soient en fonte & purifiés. On laisse le creuset au feu jusqu'après la détonation, & puis on le retire, ou on le laisse refroidir dans le feu.

Des temps de la Pierre.

« Les temps de la pierre sont indiqués, dit
» d'Espagnet, par l'eau Philosophique & Astro-
» nomique. Le premier œuvre au blanc doit être
» terminé dans la maison de la Lune; le second,
» dans la seconde maison de Mercure. Le

« premier œuvre au rouge, dans le second domi-
» cile de Vénus ; & le second ou le dernier, dans
» la maison d'exaltation de Jupiter ; car c'est de
» lui que notre Roi doit recevoir son sceptre &
» sa couronne ornée de précieux rubis. »

Philalethe (a) ne se lasse point de recommander à l'Artiste de bien s'instruire du poids, de la mesure du temps & du feu ; qu'il ne réussira jamais s'il ignore, quant à la médecine du troisieme ordre, les cinq choses suivantes.

Les Philosophes réduisent les années en mois ; les mois en semaines, & les semaines en jours.

Toute chose seche boit avidement l'humidité de son espece.

Elle agit sur cette humidité, après qu'elle en est imbibée, avec beaucoup plus de force & d'activité qu'auparavant.

Plus il y aura de terre, & moins d'eau, la solution sera plus parfaite. La vraie solution naturelle ne peut se faire qu'avec des choses de même nature ; & ce qui dissout la Lune, dissout aussi le Soleil.

Quant au temps déterminé & à sa durée pour la perfection de l'œuvre, on ne peut rien conclure de certain de ce qu'en disent les Philosophes ; parce que les uns, en le déterminant, ne parlent point de celui qu'il faut employer dans la préparation des agens ; les autres ne traitent que de l'élixir ; d'autres mêlent les deux œuvres ; ceux qui font mention de l'œuvre au rouge, ne parlent point toujours de la multipli-

(a) Loco cit. p. 156.

O ij

cation ; d'autres ne parlent que de l'œuvre au blanc ; d'autres ont leur intention particuliére. C'est pourquoi on trouve tant de différence dans les ouvrages sur cette matiere. L'un dit qu'il faut douze ans, l'autre dix, sept, trois, un & demi, quinze mois ; tantôt c'est un tel nombre de semaines. Un Philosophe a intitulé son ouvrage : *L'œuvre de trois jours.* Un autre a dit qu'il n'en falloit que quatre. Pline le Naturaliste dit que le mois Philosophique est de quarante jours. Enfin tout est un myftere dans les Philosophes.

Conclusion.

Tout ce traité est tiré des Auteurs ; je me suis servi presque toujours de leurs propres expressions. J'en ai cité de temps en temps quelques-uns, afin de mieux persuader que je n'y parle que d'après eux. Quand je n'ai point cité leurs ouvrages, c'est que je ne les avois pas alors sous ma main. On a dû y remarquer un accord parfait, quoiqu'ils ne parlent que par énigmes & par allégories. J'avois d'abord dessein de rapporter beaucoup de traits tirés des douze Clefs de Basile Valentin, parce qu'il a plus souvent que les autres employé les allégories des Dieux de la Fable, & qu'elles auroient eu en conséquence un rapport plus immédiat avec le traité suivant ; mais des énigmes n'expliquent pas des énigmes ; d'ailleurs cet ouvrage est assez commun ; il n'en est pas de même des autres.

Pour entendre plus aisément les explications que je donne dans le traité des Hiéroglyphes, on saura que les Philosophes donnent ordinairement le nom de mâle ou pere, au principe sulfureux, & le nom de femelle au principe mercuriel. Le fixe est aussi mâle ou agent; le volatil est femelle ou patient. Le résultat de la réunion des deux, est l'enfant Philosophique, communément mâle, quelquefois femelle, quand la matiere n'est parvenue qu'au blanc, parce qu'elle n'a pas encore toute la fixité dont elle est susceptible; aussi les Philosophes l'ont nommée Lune, Diane; & le rouge, Soleil, Apollon, Phébus. L'eau mercurielle & la terre volatile sont toujours femelle, souvent mere, comme Cérès, Latone, Sémélé, Europe, &c. L'eau est ordinairement désignée sous des noms de filles, Nymphes, Naïades, &c. Le feu interne est toujours masculin, & dans l'action. Les impuretés sont indiquées par des monstres.

Basile Valentin, que j'ai cité ci-devant, introduit les Dieux de la Fable, ou les Planetes, comme interlocuteurs, dans la pratique abrégée qu'il donne au commencement de son Traité des douze Clefs. En voici la substance.

Dissous du bon or comme la Nature l'enseigne, dit cet Auteur; tu trouveras une semence qui est le commencement, le milieu & la fin de l'œuvre, de laquelle notre or & sa femme sont produits; savoir, un subtil & pénétrant esprit, une ame délicate, nette & pure, & un corps ou sel qui est un baume des Astres. Ces trois choses sont réunies dans notre eau mercurielle. On mena cette eau au Dieu Mercure son pere, qui l'épousa; il en vint une huile incombustible. Mercure jeta ses ailes d'aigle, dévora sa queue de dragon & attaqua Mars, qui le fit prisonnier, & constitua Vulcain pour son Geolier. Saturne se présenta, & conjura les autres Dieux de le venger des maux que Mercure lui avoit faits. Jupiter approuva les plaintes de Saturne, & donna ses ordres, qui furent exécutés. Mars alors parut avec une épée flamboyante, variée de couleurs admirables, & la donna à Vulcain pour qu'il exécutât la sentence prononcée contre Mercure, & qu'il réduisît en poudre les os de ce Dieu. Diane ou la Lune se plaignit que Mercure tenoit son frere en prison avec lui, & qu'il falloit l'en retirer; Vulcain n'écouta point sa priere, & ne se rendit même pas à celle de la belle Vénus qui se présenta avec tous ses appas. Mais enfin le Soleil parut couvert de son manteau de pourpre & dans tout son éclat.

Je finis ce traité par la même allégorie que d'Espagnet. La Toison d'or est gardée par un Dragon à trois têtes; la premiere vient de l'eau, la seconde de la terre, la troisième de l'air. Ces trois têtes doivent enfin, par les opérations, se réunir en une seule, qui sera assez forte & assez puissante pour dévorer tous les autres Dragons. Invoquez Dieu pour qu'il vous éclaire, & s'il vous accorde cette Toison d'or, n'en usez que pour sa gloire, l'utilité du prochain, & vôtre salut.

LES FABLES
ET
LES HIÉROGLYPHES
DES
ÉGYPTIENS.

LIVRE PREMIER.

INTRODUCTION.

Tout chez les Egyptiens avoit un air de myſtere, ſuivant le témoignage de Saint Clément d'Alexandrie (a). Leurs maiſons, leurs temples, leurs inſtrumens, les habits qu'ils portoient tant dans les cérémonies de leur culte, que dans les pompes & les fêtes publiques, leurs geſtes mêmes étoient des ſymboles, & des repréſentations de quelque choſe de grand. Ils avoient puiſé ce goût dans les inſtitutions du plus grand homme qui ait jamais paru. Il étoit Egyptien lui-même, nommé *Thoth* ou

───────────────
(a) Stromat. l. 6.

Q. iv

Phtath par ses compatriotes, *Taut* par les Phéniciens (a), & *Hermès Trismégiste* par les Grecs. La Nature sembloit l'avoir choisi pour son favori, & lui avoit en conséquence prodigué toutes les qualités nécessaires pour l'étudier & la connoître parfaitement; Dieu lui avoit, pour ainsi dire, infusé les arts & les sciences, afin qu'il en instruisît le monde entier.

Voyant la superstition introduite en Egypte, & qu'elle avoit obscurci les idées que leurs peres leur avoient données de Dieu, il pensa sérieusement à prévenir l'idolâtrie, qui menaçoit de se glisser insensiblement dans le culte Divin. Mais il sentit bien qu'il n'étoit pas à propos de découvrir les mysteres trop sublimes de la Nature & de son Auteur à un peuple aussi peu capable d'être frappé de leur grandeur, qu'il étoit peu susceptible de leur connoissance. Persuadé que tôt ou tard ce peuple les tourneroit en abus, il s'avisa d'inventer des symboles si subtils, & si difficiles à entendre, que les Sages ou les génies les plus pénétrans seroient les seuls qui pourroient y voir clair, pendant que le commun des hommes n'y trouveroit qu'un sujet d'admiration. Ayant cependant dessein de transmettre ses idées claires & pures à la postérité, il ne voulut pas les laisser à deviner, sans déterminer leur signification, & sans les communiquer à quelques personnes. Il fit choix pour cet effet d'un certain nombre d'hommes qu'il reconnut les plus propres à être les dépositaires de son secret; & seu-

_____
(a) Euseb. l. 1. c. 7.

lement entre ceux qui pouvoient aspirer au trône. Il les établit Prêtres du Dieu vivant, après les avoir rassemblés, & les instruisit de toutes les sciences & les arts, en leur expliquant ce que signifioient les symboles & les hiéroglyphes qu'il avoit imaginés. L'Auteur Hébreu du livre qui a pour titre *la Maison de Melchisedech*, parle d'Hermès en ces termes : « La maison de
» Canaan vit sortir de son sein un homme d'une
» sagesse consommée, nommé *Adris* ou Hermès.
» Il institua le premier des écoles, inventa les
» lettres & les sciences Mathématiques ; il ap-
» prit aux hommes l'ordre des temps ; il leur
» donna des loix, il leur montra la maniere de
» vivre en société, & de mener une vie douce
» & gracieuse ; ils apprirent de lui le culte Divin,
» & tout ce qui pouvoit contribuer à les faire
» vivre heureusement ; de maniere que tous ceux
» qui après lui se rendirent recommandables dans
» les arts & les sciences, ambitionnoient de por-
» ter le même nom d'*Adris*. »

Dans le nombre de ces arts & sciences, il y en avoit un qu'il ne communiqua à ces Prêtres qu'à condition qu'ils le garderoient pour eux avec un secret inviolable. Il les obligea par serment à ne le divulguer qu'à ceux qui, après une longue épreuve, auroient été trouvés dignes de leur succéder : les Rois leur défendirent même de le révéler, sous peine de la vie. Cet art étoit appelé l'*Art des Prêtres*, comme nous l'apprenons de Salamas (a), de Mahumet Ben Almas-

_____

(a) De mirabil. mundi.

chaudi dans Gelaldinus (a), d'Ismaël Sciachin-
scia ; & de Gelaldinus lui-même (b). Alkandi
fait mention d'Hermès dans les termes suivans :
« Du temps d'Abraham vivoit en Egypte Hermès
» où Idris second ; que la paix soit sur lui ; &
» il fut surnommé Trismégiste, parce qu'il étoit
» Prophete, Roi & Philosophe. Il enseigna l'Art
» des métaux, l'Alchymie, l'Astrologie, la Ma-
» gie, la science des Esprits.., Pythagore ; Ben-
» tecle (Empédocle), Archélaüs le Prêtre ; So-
» crate, Orateur & Philosophe ; Platon Auteur
» politique, & Aristote le Logicien, puiserent
» leur science dans les écrits d'Hermès. » Eusebe
déclare expressément, d'après Manéthon, qu'Hermès fut l'instituteur des Hiéroglyphes ; qu'il les
réduisit en ordre, & les dévoila aux Prêtres ; que
Manéthon, Grand-Prêtre des Idoles, les expli-
qua en Langue grecque à Ptolomée Philadelphe.
Ces Hiéroglyphes étoient regardés comme sacrés ;
on les tenoit cachés dans les lieux les plus secrets
des Temples (c).

(a) *Fuit autem Nacraus artis sacerdotalis & magiæ peritus ; fecit autem ope magiæ mirabilia multa & magna. ..... & cum Nacraus fuisset mortuus, successit filius ejus Nathras ; fuitque sicut pater, artis sacerdotalis & magiæ peritus.* Hist. Ægypt.

(b) *Et cum mortuus esset Nathras, regnavit post eum frater ejus Mesram, fuitque sicut cæteri peritus artis sacerdotalis & magiæ*, ibid.

(c) *Ex scriptis Manethonis sebennitæ, qui tempore Ptolomæi Philadelphi Archisacerdos idolorum, quæ sunt in Ægypto, oraculo doctus imaginum jacentium in terra Syradica, sacra dialecto inscriptorum, sacrisque litteris insculptorum à Thoyt primo Hermete, quas interpretatus est*

ÉGYPTIENNES ET GRECQUES. 219

Le grand secret qu'observerent les Prêtres, & les hautes sciences qu'ils professoient, les firent considérer & respecter de toute l'Egypte, tant pendant les longues années qu'ils n'eurent point de communication avec les étrangers, qu'après qu'ils leur eurent laissé la liberté du commerce. L'Egypte fut toujours regardée comme le séminaire des sciences & des arts. Le mystere que les Prêtres en faisoient irritoit encore davantage la curiosité. Pythagore (a), toujours envieux d'apprendre, consentit même à souffrir la circoncision, pour être du nombre des initiés. Il étoit en effet flatteur pour un homme de se trouver distingué du commun, non par un secret dont l'objet n'auroit été que chimérique, mais par des sciences réelles, qu'on ne pouvoit apprendre sans cela, puisqu'elles ne se communiquoient que dans le fond du Sanctuaire (b), & seulement à ceux que l'on en trouvoit dignes, par l'étendue de leur génie, & par leur probité.

Mais comme les loix les plus sages trouvent toujours des prévaricateurs, & que les choses les mieux instituées sont sujettes à ne pas durer toujours dans le même état ; les figures hiéroglyphiques, qui devoient servir de fondement iné-

post Cataclysmum ex sacrâ dialecto in linguam Græcam litteris hieroglyphicis, & posuit eas in libro Agathodæmon secundus Hermes, pater Tat, in adytis templorum Ægyptiorum, quas pronuntiavit ipsi Philadelpho Regi secundo Ptolomæo, qui in libros Sothios, ita scribit: Regi magno Ptolomæo, &c. Euseb. in Sozomenis.

(a) S. Clém. d'Alexand. l. 1. Strom.
(b) Justin. quæst. ad orthod.

branlable pour appuyer la véritable Religion, & la soutenir dans toute sa pureté, furent une occasion de chute pour le peuple ignorant. Les Prêtres, obligés au secret pour ce qui concernoit certaines sciences, craignirent de le violer en expliquant ces Hiéroglyphes quant à la Religion, parce qu'ils s'imaginerent sans doute, qu'il se trouveroit des gens du commun assez clair-voyans pour soupçonner que ces mêmes Hiéroglyphes servoient en même temps de voile à quelques autres mysteres; & qu'ils viendroient enfin à bout d'y pénétrer. Il fallut donc quelquefois leur donner le change, & ces explications forcées tournerent en abus. Ils ajouterent même quelques symboles arbitraires à ceux qu'Hermès avoit inventés; ils fabriquerent des fables qui se multiplierent dans la suite, & l'on s'accoutuma insensiblement à regarder comme Dieux les choses qu'on ne présentoit au peuple que pour lui rappeler l'idée du seul & unique Dieu vivant.

Il n'est pas surprenant que le peuple ait donné aveuglément dans des idées aussi bizarres. Peu accoutumé à réfléchir sur les choses qui ne tendent pas à la ruine de ses intérêts, ou au risque de sa vie, il laisse à ceux qui ont plus de loisir le soin de penser & de l'instruire. Les Prêtres ne raisonnoient gueres avec lui que symboliquement, & le peuple prenoit tout à la lettre. Il eut dans les commencemens les idées qu'il devoit avoir de Dieu & de la Nature; il est même vraisemblable que le plus grand nombre les conserverent toujours. Les Egyptiens, qui passoient pour les plus spirituels & les plus éclairés de tous les hommes, auroient-ils pu donner dans des absurdités aussi grossieres, & dans des puérilités aussi ridicules que celles qu'on leur attribue ? On ne doit pas même le croire de ceux d'entre les Grecs qui furent en Egypte, pour se mettre au fait de ces sciences qu'on n'apprenoit que par hiéroglyphes. Si les Prêtres ne leur dévoilerent pas à tous le secret de l'*Art sacerdotal*, au moins ne leur cacherent-ils pas ce qui regardoit la Théologie & la Physique. Orphée se métamorphosa, pour ainsi dire, en Egypte, & s'appropria leurs idées & leurs raisonnemens, au point que les hymnes, & ce qu'elles renferment (*a*), annoncent plutôt un Prêtre d'Egypte, qu'un Poëte Grec. Il fut le premier qui transporta dans la Grèce les fables des Egyptiens; mais il n'est pas probable qu'un homme, que Diodore de Sicile appelle *le plus savant des Grecs*, recommandable par son esprit & ses connoissances, ait voulu débiter dans sa patrie ces fables pour des réalités. Les autres Poëtes, Homere, Hésiode, auroient-ils voulu de sang froid tromper les peuples, en leur donnant pour de véritables histoires, des faits controuvés, & des acteurs qui n'existerent jamais en effet ?

Un disciple devenu maître, donne communé-

(*a*) Quod vel inde patet, quod Orphei Hymni nescio quid Ægyptiacum oleant; imo hieroglyphicam doctrinam mysteriosis suis allegoriis ita exactè exhibeant; ut non à Græco, sed Ægyptio sacerdote compositi videantur. Kircher. Ob. Pamph. l. 2. c. 3. Ce témoignage du P. Kircher n'a pu persuader les Savans, qui regardent les ouvrages d'Orphée comme supposés.

ment ſes leçons & ſes inſtructions de la maniere & ſuivant la méthode qu'il les a reçues. Ils avoient été inſtruits, par des fables, des hiéroglyphes, des allégories, des énigmes; ils en ont uſé de même. Il s'agiſſoit de myſteres; ils ont écrit myſtérieuſement. Il n'étoit pas néceſſaire d'en avertir les Lecteurs; les moins clairvoyans pouvoient s'en appercevoir. Qu'on faſſe ſeulement attention aux titres des ouvrages d'Eumolpe, de Ménandre, de Melanthius, de Jamblique, d'Evanthe, & de tant d'autres qui ſont remplis de fables, on ſera bientôt convaincu qu'ils avoient deſſein de cacher les myſteres ſous le voile de ces fictions, & que leurs écrits renferment bien des choſes qui ne ſe manifeſtent pas au premier coup d'œil, même à une lecture faite avec attention.

Jamblique s'en explique ainſi au commencement de ſon ouvrage : » Les Écrivains d'Egypte
» penſant que Mercure avoit tout inventé, lui
» attribuoient tous leurs ouvrages. Mercure pré-
» ſide à la ſageſſe & à l'éloquence; Pythagore,
» Platon, Démocrite, Eudoxe, & pluſieurs au-
» tres ſe rendirent en Egypte pour s'inſtruire
» par la fréquentation des ſavans Prêtres de ce
» pays là. Les livres des Aſſyriens & des Egyp-
» tiens ſont remplis des différentes ſciences de
» Mercure, & les colonnes les préſentent aux
» yeux du public. Elles ſont pleines d'une doc-
» trine profonde; Pythagore & Platon y puiſe-
» rent leur Philoſophie. »

La deſtruction de pluſieurs villes, & la ruine de preſque toute l'Egypte par Cambyſe, Roi de

ÉGYPTIENNES ET GRECQUES. 125

Perse, dispersa beaucoup de Prêtres dans les pays voisins, & dans la Grece. Ils y portereht leurs sciences; mais ils continuerent sans doute à les enseigner à la maniere usitée parmi eux, c'est-à-dire, mystérieusement. Ne voulant pas les prodiguer à tout le monde, ils les enveloppèrent encore dans les ténebres des fables & des hiéroglyphes, afin que le commun, en voyant, ne vît rien, & en entendant, ne comprît rien. Tous puiserent dans cette source; mais les uns n'en prenoient que l'eau pure & nette, pendant qu'ils la troubloient pour les autres, qui n'y trouverent que de la boue.

De là cette source d'absurdités qui ont inondé la terre pendant tant de siécles. Ces mysteres cachés sous tant d'enveloppes, mal entendus, mal expliqués, se répandirent dans la Grece, & de là par toute la terre.

Ces ténebres, dans le sein desquelles l'idolatrie prit naissance, s'épaissirent de plus en plus. La plupart des Poëtes, peu au fait de ces mysteres quant au fond, enchérirent encore sur les fables des Egyptiens, & le mal s'accrut jusqu'à la venue de Jésus-Christ notre Sauveur, qui détrompa les peuples des erreurs où ces fables les avoient jetés. Hermès avoit prévû cette décadence du culte Divin, & les erreurs des fables qui devoient prendre sa place (a): « Le temps viendra, dit-il, où
» les Egyptiens paroîtront avoir inutilement
» adoré la Divinité avec la piété requise, &
» avoir observé en vain son culte avec tout le

(a) In Asclepio.

» zele & l'exactitude qu'ils devoient.... O Egyp-
» te! ô Egypte! il ne réstera de ta Religion que
» les fables; elles deviendront même incroya-
» bles à nos descendans; les pierres gravées &
» sculptées seront les seuls monumens de ta
» piété. » Il est certain qu'Hermès ni les Prêtres
d'Egypte ne reconnoissoient point la pluralité
des Dieux. Qu'on lise attentivement les Hymnes
d'Orphée, particulierement celle de Saturne,
où il dit que ce Dieu est répandu dans toutes
les parties qui composent l'Univers, & qu'il n'a
point été engendré ; qu'on réfléchisse sur l'Asclépius d'Hermès, sur les paroles de Parmenide
le Pythagoricien, sur les ouvrages de Pythagore
même, on y trouvera par-tout des expressions
qui manifestent leur sentiment sur l'unité d'un
Dieu, principe de tout, sans principe lui-même ;
& que tous les autres Dieux dont ils font mention ne sont que des différentes dénominations,
soit de ses attributs, soit des opérations de la
Nature. Jamblique (a) seul est capable de nous

(a) Ego vero causam im-primis tibi dicam, ob quam sacri & antiqui Ægyptio-rum scriptores de his varia senserint, & insuper hujus sæculi sapientes non eâdem de his ratione loquantur. Cum enim multæ in univer-so sint essentiæ, ac simul multifariam inter se diffe-rant, meritò earum, & mul-ta earum tradita sunt prin-cipia habentia ordines diffe-rentes.... Mercurius ipse tradit 20000 voluminibus, vel sicut Manethon refert 30000, & in his perfectè omnia demonstravit. Opor-tet igitur de his omnibus ve-ritatem breviter declarare, atque primum quod primò quæritis. Primus Deus ante ens & solus, pater est primi Dei, quem gignit mane..s in unitate sua solitaria, atque id est superintelligibile; atque

en

en convaincre, par ce qu'il dit des mystères des Egyptiens, lorsque ses disciples lui demanderent quel il pensoit que fût la premiere cause & le premier principe de tout.

Hermès & les autres Sages ne présenterent donc aux peuples les figures des choses comme des Dieux, que pour leur manifester un seul & unique Dieu dans toutes choses; car celui qui voit la sagesse (a), la providence & l'amour de Dieu manifestées dans ce monde, voit Dieu même; puisque toutes les créatures ne sont que des miroirs qui réfléchissent sur nous les rayons de la sagesse divine. On peut voir là-dessus l'ouvrage de M. Paul Ernest Jablonski, où il justifie parfaitement les Egyptiens de l'idolâtrie ridicule qu'on leur impute (b).

Les Egyptiens & les Grecs ne prirent pas toujours ces hiéroglyphes pour de purs symboles d'un seul Dieu; les Prêtres, les Philosophes de la Grèce, les Mages de la Perse, &c. furent les seuls qui conserverent cette idée; mais celle de la pluralité des Dieux s'accrédita tellement parmi

exemplar illius, quod dicitur sui pater, sui filius, unipater & Deus vere bonus; ille enim major & primus, & fons omnium, & radix eorum quæ primâ intelliguntur & intelligunt, scilicet idearum. Ab hoc utique unus Deus per se sufficiens, sui pater, sui princeps. Est enim hic principium, Deus Deorum, unitas ex uno super, essentiam essentiæ principium, ab eo enim essentia, propterea pater essentiæ nominatur. Ipsa enim est ens intelligibilium principium; hæc sunt principia omnium antiquissima, quæ Mercurius proponit de Diis Æthereis, &c.

(a) S. Denis l'Aréopag.
(b) Panthéon Ægyptiorum. Francofurti, 1751.

le peuple, que les principes de la sagesse & de la Philosophie ne furent pas toujours assez forts pour vaincre la timidité de la foiblesse humaine dans ceux qui auroient pu désabuser ce peuple, & lui faire connoître son erreur. Les Philosophes paroissoient même en public adopter les absurdités des fables; ce qui fit qu'un Prêtre d'Egypte, gémissant sur la puérile crédulité des Grecs, dit un jour à quelques-uns: *Les Grecs sont des enfans & seront toujours enfans* (a).

Cette maniere d'exprimer Dieu, ses attributs, la nature, ses principes & ses opérations, fut usitée de toute l'Antiquité & dans tous les Pays. On ne croyoit pas qu'il fût convenable de divulguer au peuple des mysteres si relevés & si sublimes. La nature de l'hiéroglyphe & du symbole, est de conduire à la connoissance d'une chose, par la représentation d'une autre tout-à-fait différente. Pythagore, selon Plutarque (b), fut tellement saisi d'admiration, quand il vit la maniere dont les Prêtres d'Egypte enseignoient les sciences, qu'il se proposa de les imiter; il y réussit si bien, que ses ouvrages sont pleins d'équivoques; & ses sentences sont voilées sous des détours, & des façons de s'exprimer très-mysterieuses. Moyse, si nous en voulions croire Rambam (c), écrivit ses livres d'une maniere énigmatique: « Tout ce qui est contenu dans la loi
» des Hébreux, dit cet Auteur, est écrit dans
» un sens allégorique ou littéral, par des termes

(a) Plato in Timæo.
(b) L. de Osir. & Isid.
(c) In exordio Geneseos.

» qui résultent de quelques calculs arithmétiques,
» ou de quelques figures géométriques des carac-
» teres changés, ou transposés, ou rangés har-
» moniquement suivant leur valeur. Tout cela ré-
» sulte des formes des caracteres, de leurs jonc-
» tions, de leurs séparations, de leur inflexion,
» de leur courbure, de leur droiture, de ce qui
» leur manque, de ce qu'ils ont de trop, de leur
» grandeur, de leur petitesse, de leur ouverture,
» &c. »

Salomon regardoit les hiéroglyphes, les proverbes & les énigmes comme un objet digne de l'étude d'un homme sage; on peut voir les louanges qu'il leur donne dans tous ses ouvrages. Le Sage s'adonnera (a) à l'étude des paraboles, il s'appliquera à interpréter les expressions, les sentences & les énigmes des anciens Sages. Il pénétrera (b) dans les détours & les subtilités des paraboles; il discutera les proverbes pour y découvrir ce qu'il y a de plus caché, &c.

Les Egyptiens ne s'exprimoient pas toujours par des hiéroglyphes ou des énigmes; ils ne le faisoient que quand il s'agissoit de parler de Dieu ou de ce qui se passa de plus secret dans les opérations de la Nature; & les hiéroglyphes de l'un n'étoient pas toujours les hiéroglyphes de l'autre. Hermès inventa l'écriture des Egyptiens; on n'est pas d'accord sur l'espece de caractere qu'il mit d'abord en usage; mais on sait qu'il y en avoit de quatre sortes: la (c) premiere étoit les caracteres de l'écriture vulgaire, connue de

(a) Prov. c. I.   (b) Ecclis. c. 39.
(c) Abenephi.

P ij

tout le monde, & employés dans le commerce de la vie. La seconde n'étoit en usage que parmi les Sages, pour parler des mystères de la Nature; la troisième étoit un mélange de caractères & de symboles; & la quatrième étoit le caractère sacré, connu des Prêtres, qui ne s'en servoient que pour écrire sur la Divinité & ses attributs. Il ne faut donc pas confondre toutes ces différentes façons que les Egyptiens avoient pour peindre & corporifier leur pensées. Ce défaut de distinction a occasionné les erreurs où sont tombés nombre d'Antiquaires, qui n'ayant qu'un objet en vue, expliquoient tous les monumens antiques conformément à cet objet. De là les dissertations multipliées faites par différens Auteurs qui ne sont point d'accord entr'eux. Il faudroit, pour réussir parfaitement, avoir des modèles de tous ces différens caractères. Ce qui seroit écrit dans les Antiques d'une espèce de caractère, seroit expliqué des choses que l'on exprimoit par ce caractère. Si c'étoit le premier des Egyptiens, on pourroit assurer que les choses déduites regarderoient le commerce de la vie, l'histoire, &c.; si c'étoit le second, les choses de la Nature; le quatrième ce qui concerne Dieu, son culte, ou les fables. On ne se trouveroit pas alors dans le cas de recourir à la conjecture, & d'expliquer un monument antique d'une chose, pendant qu'il avoit un tout autre objet. Mais il ne nous reste proprement de certain sur tout cela que les fables, comme l'avoit prévu Hermès dans l'Asclépius d'Apulée que nous avons cité à ce sujet.

Tout homme sensé qui veut de bonne foi faire

réflexion sur les absurdités des fables, ne sauroit s'empêcher de regarder les Dieux comme des êtres imaginaires; puisque les Divinités Payennes tirent leur origine de celles que les Egyptiens avoient inventées. Mais Orphée & ceux qui transporterent ces fables dans la Grece, les y débiterent de la maniere & dans le sens qu'ils les avoient apprises en Egypte. Si dans ce dernier pays elles ne furent imaginées que pour expliquer symboliquement ce qui se passe dans la Nature, ses principes, ses procédés, ses productions, & même quelque opération secrete d'un art qui imiteroit la Nature pour parvenir au même but, on doit sans contredit expliquer les fables Grecques, au moins les anciennes, celles qui ont été divulguées par Orphée, Mélampe, Lin, Homere, Hésiode, &c. dans le même sens, & conformément à l'intention de leurs Auteurs, qui se proposoient les Egyptiens pour modele. La plupart des ouvrages fabuleux sont parvenus jusqu'à nous; on peut en faire une analyse réfléchie, & voir s'ils n'y ont point glissé quelques traits particuliers qui démasquent l'objet qu'ils avoient en vue. Toutes les puérilités, les absurdités qui frappent dans ces fables, montrent que le dessein de leurs Auteurs n'étoit pas de parler de la Divinité réelle. Ils avoient puisé dans les ouvrages d'Hermès, & dans la fréquentation des Prêtres d'Egypte, des idées trop pures & trop relevées de Dieu & de ses attributs, pour en parler d'une maniere en apparence si indécente & si ridicule. Lorsqu'il s'agit de traiter les hauts mysteres de Dieu, ils le font avec beau-

P iij

coup d'élévation d'idées, de sentimens & d'expressions, comme il convient. Il n'est point alors question d'incestes, d'adulteres, de parricides, &c. Ils ne pouvoient donc avoir que la Nature en vue ; ils ont personnifié, à la maniere des Egyptiens, les principes qu'elle emploie, & ses opérations ; ils les ont représentés sous différentes faces, & enveloppés sous différens voiles, quoiqu'ils n'entendissent que la même chose. Ils ont eu l'adresse d'y mêler des leçons de politique, de morale, des traits généraux de Physique ; ils ont quelquefois pris occasion d'un fait historique pour former leurs allégories ; mais toutes ces choses ne sont qu'accidentelles, & n'en faisoient pas la base & l'objet. En vain se mettra-t-on donc en frais pour expliquer ces hiéroglyphes fabuleux par leur moyen. Ceux qui ont cru devoir le faire par l'histoire, ont été dans la nécessité d'admettre la réalité de ces Dieux, Déesses, Héros & Héroïnes, au moins comme des Rois, Reines, & des gens dont on raconte les actions. Mais la difficulté de ranger le tout suivant les regles de la saine chronologie, présente à leur travail un obstacle invincible : c'est un labyrinthe dont ils ne se tireront jamais. L'objet de l'histoire fut dans tous les temps de proposer des modeles de vertus à suivre, & des exemples pour former les mœurs ; on ne peut gueres penser que les Auteurs de ces fables se soient proposé cet objet ; puisqu'elles sont remplies de tant d'absurdités, & de traits si licencieux, qu'elles sont infiniment plus propres à corrompre les mœurs, qu'à les former. Il seroit donc pour le moins aussi inutile de se donner la torture pour leur trouver un sens moral.

On peut cependant probablement distinguer quatre sortes de sens donnés à ces hiéroglyphes, tant par les Egyptiens, que par les Grecs & les autres Nations où ils furent en usage. Les ignorans, dont le commun du peuple est composé, prenoient l'histoire des Dieux à la lettre, de même que les fables qui avoient été imaginées en conséquence : voilà la source des superstitions auxquelles le peuple est si enclin. La seconde classe étoit de ceux qui sentant bien que ces histoires n'étoient que des fictions, pénétroient dans les sens cachés & mystérieux des fables & des hiéroglyphes, & les expliquoient des causes, des effets & des opérations de la Nature. Et comme ils en avoient acquis une connoissance parfaite, par les instructions secrètes qu'ils se donnoient les uns aux autres successivement, suivant celles qu'ils avoient reçues d'Hermès, ils opérerent des choses surprenantes en faisant jouer les seuls ressorts de la Nature, dont ils se proposerent d'imiter les procédés pour parvenir au même but. Ce sont ces effets qui formoient l'objet de l'*Art sacerdotal*; cet Art sur lequel ils s'obligeoient par serment de garder le secret, & qu'il leur étoit défendu, sous peine de mort, de divulguer en aucune maniere à d'autres qu'à ceux qu'ils jugeroient dignes d'être initiés dans l'Ordre sacerdotal, d'où les Rois étoient tirés. Cet Art n'étoit autre que celui de faire une chose qui pût être la source du bonheur & de la félicité de l'homme dans cette vie, c'est-à-dire, la source de la santé, des richesses & de la connoissance de toute la

Nature. Ce secret si recommandé ne pouvoit pas avoir d'autres objets. Hermès, en instituant les hiéroglyphes, n'avoit pas dessein d'introduire l'idolatrie, ni de tenir secretes les idées que l'on devoit avoir de la Divinité; son but étoit même de faire connoître Dieu, comme l'unique Dieu, & d'empêcher que le peuple n'en adorât d'autres; il s'efforça de le faire connoître dans tous les individus, en faisant remarquer dans chacun des traits de la sagesse divine. S'il voila sous l'ombre des hiéroglyphes quelques mysteres sublimes, ce n'étoit pas tant pour les cacher au peuple, que parce que ces mysteres n'étoient pas à sa portée, & que ne pouvant les contenir dans les bornes d'une connoissance prudente & sage, il ne manqueroit pas d'abuser des instructions qu'on leur donneroit à cet égard. Les Prêtres étoient les seuls à qui cette connoissance étoit confiée après une épreuve de plusieurs années. Il falloit donc que ce secret eût un autre objet. Plusieurs Anciens nous ont dit qu'il consistoit dans la connoissance de ce qu'avoient été Osiris, Isis, Horus & les autres prétendus Dieux; & qu'il étoit défendu, sous peine de perdre la vie, de dire qu'ils avoient été des hommes. Mais ces Auteurs étoient-ils bien certains de ce qu'ils avançoient? & quand même ce qu'ils disent seroit vrai, ce secret n'auroit pas pour objet Dieu, les mysteres de la Divinité, & son culte; puisqu'Hermès, qui obligea les Prêtres à ce secret, savoit bien qu'Osiris, Isis, &c. n'étoient pas des Dieux, & il ne les eût pas donnés comme tels aux Prêtres, qu'il auroit instruit de la vérité, en même temps qu'il auroit induit le peuple en erreur. On ne peut pas soupçonner un si grand homme d'une conduite si condamnable, & qui ne s'accorde en aucune façon avec le portrait qu'on nous en fait.

Le troisieme sens dont ces hiéroglyphes étoient susceptibles, fut celui de la morale ou des regles de conduite. Et le quatrieme enfin étoit proprement celui de la haute sagesse. On expliquoit, par ces prétendues histoires des Dieux, tout ce qu'il y avoit de sublime dans la Religion, dans Dieu, & dans l'Univers. C'est-là où les Philosophes puiserent tout ce qu'ils ont dit de la Divinité. Ils n'en faisoient pas un secret à ceux qui pouvoient le comprendre. Les Philosophes Grecs en furent instruits dans la fréquentation qu'ils eurent avec les Prêtres, & l'on en a de grandes preuves dans tous leurs ouvrages. Tous les Auteurs en conviennent; on nomme même ceux de qui ces Philosophes prirent des leçons. Eudoxe eut, dit-on, pour maître Conophée de Memphis; Solon, Sonchis de Saïs; Pythagore, Œnuphée d'Héliopolis, &c. Mais quoiqu'ils n'eurent rien de caché pour la plupart de ces Philosophes, quant à ce qui regardoit la Divinité, & la Philosophie tant morale que physique, ils ne leur apprirent cependant pas à tous cet *Art sacerdotal* dont nous avons parlé. Qui dit *Art*, dit une chose pratique. La connoissance de Dieu n'est pas un art, non plus que la connoissance de la morale, ni même de la Philosophie. Les anciens Auteurs nous apprennent qu'Hermès enseigna aux Egyptiens l'Art des

métaux & l'*Alchymie*. Le P. Kircher avoue lui-même, sur le témoignage de l'Histoire & de toute l'Antiquité, qu'Hermès avoit voilé l'art de faire de l'or sous l'ombre des énigmes & des hiéroglyphes ; & des mêmes hiéroglyphes qui servoient à ôter au peuple la connoissance des mysteres de Dieu & de la Nature. « Il est si cons-
» tant, dit cet Auteur (a), que ces premiers
» hommes possédoient l'art de faire l'or, soit
» en le tirant de toutes sortes de matieres, soit
» en transmuant les métaux, que celui qui en
» douteroit, ou qui voudroit le nier, se mon-
» treroit parfaitement ignorant dans l'histoire.
» Les Prêtres, les Rois & les Chefs de famille
» en étoient les seuls instruits. Cet Art fut tou-
» jours conservé dans un grand secret, & ceux
» qui en étoient possesseurs garderent toujours
» un profond silence à cet égard, de peur que
» les laboratoires & le sanctuaire les plus ca-
» chés de la Nature, étant découverts au peuple
» ignorant, il ne tournât cette connoissance au
» détriment & à la ruine de la République.
» L'ingénieux & prudent Hermès prévoyant ce
» danger qui menaçoit l'Etat, eut donc raison
» de cacher cet Art de faire de l'or sous les mê-
» mes voiles & les mêmes obscurités hiérogly-
» phiques, dont il se servoit pour cacher au
» peuple profane la partie de la Philosophie qui
» concernoit Dieu, les Anges & l'Univers. »
Le P. Kircher n'est point suspect sur cet article, puisqu'il a combattu la pierre Philosophale dans

―――――――――
(a) Œdypus Ægypt. T. II. p. 2. de Alchym. c. 1.

toutes les circonstances où il a eu occasion d'en parler. Il faut donc que l'évidence & la force de la vérité lui aient arraché de tels aveux ; sans cela, il est assez difficile de le concilier avec lui-même. Il dit dans sa Préface sur l'Alchymie des Egyptiens : « Quelque Aristarque s'élevera sans
» doute contre moi de ce que j'entreprends de
» parler d'un Art que bien des gens regardent
» comme odieux, trompeur, sophistique, plein
» de supercheries, pendant que beaucoup d'au-
» tres personnes en ont une idée comme d'une
» science qui manifeste le plus haut degré de la
» sagesse divine & humaine. Mais qu'il sache
» que m'étant proposé d'expliquer, en qualité
» d'Œdipe, tout ce que les Egyptiens ont voilé
» sous leurs hiéroglyphes, je dois traiter de cette
» science qu'ils avoient ensevelie dans les mêmes
» ténebres des symboles. Ce n'est pas que
» je l'approuve, ou que je pense qu'on puisse
» tirer de cette science aucune utilité quant à
» la partie qui concerne l'art de faire de l'or ;
» mais parce que toute la respectable Antiquité
» en parle, & nous l'a transmise sous le sceau
» d'une infinité d'hiéroglyphes & de figures
» symboliques. Il est certain que de tous les arts
» & de toutes les sciences qui irritent la curio-
» sité humaine, & auxquelles l'homme s'appli-
» que, je n'en connois point qui ait été atta-
» quée avec plus de force, & qui ait été mieux
» défendue. » Il rapporte dans le cours de l'ou-
vrage un grand nombre de témoignages d'Auteurs anciens, pour prouver que cette science étoit connue chez les Egyptiens ; qu'Hermès l'enseigna

aux Prêtres; & qu'elle étoit tellement en honneur dans ce pays-là, que c'étoit un crime digne de mort (a) de la divulguer à d'autres qu'aux Prêtres, aux Rois & aux Philosophes de l'Egypte.

Le même Auteur conclut, malgré tous ces témoignages (b), que les Egyptiens ne connoissoient point la pierre Philosophale, & que leurs hiéroglyphes n'avoient point sa pratique pour objet. Il est surprenant que s'étant donné la peine de lire les Auteurs qui en traitent, pour expliquer par eux l'hiéroglyphe Hermétique dont il donne la figure, & que les copiant, pour ainsi dire, mot pour mot à cet effet, tels que sont les douze

---

(a) *Major hujus arcanæ scientiæ honor habebatur Ægyptiis, qui præter Reges, Sacerdotes & Philosophos summo & acuto ingenio præditos homines, nullum alium hominum eam callere, crimen rebantur non nisi morte piandum; unde non sine ratione tot ac tantis abstrusis symbolorum notis eandem obvelabant, ne in plebeiæ insipientiæ abusum eam cum notabili regni præjudicio, imo ruiná, verti contingerent. Kirch. loc. cit.*

Fuit autem datá operá summo silentio à possessoribus ideo suppressa, ne arcaniora naturæ gazophilacia ignaræ plebi aperta in conclamatam Reipublicæ perniciem cederent, regnoque ultimam meritò ruinam adducerent. Unde non sine ratione ingeniosissimus Mercurius tanta damna prævidens, sicut diviniorem de Deo, Angelis, Mundo, Philosophiæ portionem, reconditissimis symbolis, ne communi usui paterent, obvelavit; sic & hanc artem auriferam inter eas scientias, quæ sublunaris subterraneique mundi œconomiam contemplantur, arcanissam, divinissimamque meritò iisdem hieroglyphicarum notarum obscuritatibus à profanorum lectione longè semotissimam abtexit. Ibid. cap. 1.

(b) *De Alchym. Ægypt.* c. 7.

traités du Cosmopolite, & l'*Arcanum Hermeticæ Philosophiæ opus* de d'Espagnet, &c. le P. Kircher ose soutenir que cette figure & les autres hiéroglyphes ne regardent pas la pierre Philosophale, dont les Auteurs que je viens de citer traitent, comme on dit, *ex professo*. Puisque tout ce que ces Auteurs disent concerne la pierre Philosophale, le P. Kircher n'a dû employer leurs raisonnemens que pour cet objet. « Les Egyp-
» tiens, dit-il (a), n'avoient point en vue la
» pratique de cette pierre ; & s'ils touchent quel-
» que chose de la préparation des métaux, &
» qu'ils dévoilent les trésors les plus secrets des
» minéraux ; ils n'entendoient pas pour celà ce
» que les Alchymistes anciens & modernes en-
» tendent ; mais ils indiquoient une certaine
» substance du monde inférieur analogue au So-
» leil, douée d'excellentes vertus, & de pro-
» priétés si surprenantes, qu'elles sont fort au
» dessus de l'intelligence humaine, c'est-à-dire,
» une quintessence cachée dans tous les mixtes,
» imprégnée de la vertu de l'esprit universel du
» monde, que celui qui, inspiré de Dieu &
» éclairé de ses divines lumieres, trouveroit le
» moyen d'extraire, deviendroit par son moyen
» exempt de toutes infirmités, & meneroit une
» vie pleine de douceur & de satisfactions. Ce
» n'étoit donc pas de la pierre Philosophale
» qu'ils parloient, mais de l'élixir dont je viens
» de parler. »

Si ce que nous venons de rapporter du Pere

(a) Loc. cit.

Kircher n'est pas précisément la pierre Philosophale, je ne sais pas en quoi elle consiste. Si l'idée qu'il en avoit n'étoit pas conforme à celle que nous en donnent les Auteurs, tout ce qu'il dit contr'elle ne la regarde pas. On peut en juger, tant par ce que nous avons dit jusqu'ici, que par ce que nous en dirons dans la suite. L'objet des Philosophes Hermétiques anciens ou modernes, fut toujours d'extraire d'un certain sujet, par des voies naturelles, cet élixir ou cette quintessence, dont parle le P. Kircher; & d'opérer, en suivant les loix de la Nature, de maniere à le séparer des parties hétérogènes dans lesquelles il est enveloppé, afin de le mettre en état d'agir sans obstacles, pour délivrer les trois regnes de la nature de leurs infirmités; ce qu'on ne sauroit gueres nier être possible; puisque cet esprit universel étant l'ame de la Nature, & la base de tous les mixtes, il leur est parfaitement analogue, comme il l'est par ses effets & ses propriétés avec le Soleil; c'est pourquoi les Philosophes disent que le Soleil est son pere, & la Lune sa mere.

Il ne faut pas confondre les Philosophes Hermétiques ou les vrais Alchymistes avec les Souffleurs: ceux-ci cherchent à faire de l'or immédiatement avec les matieres qu'ils emploient; & les autres cherchent à faire une quintessence, qui puisse servir de panacée universelle pour guérir toutes les infirmités du corps humain, & un élixir pour transmuer les métaux imparfaits en or. C'est proprement les deux objets que se proposoient les Egyptiens, suivant tous les Au-

teurs tant anciens que modernes. C'est cet Art sacerdotal dont ils faisoient un si grand mystere; & que les Philosophes tiendront toujours enveloppé dans l'obscurité des symboles & les ténebres des hiéroglyphes. Ils se contenteront de dire avec Haled (a): « Qu'il y a une essence radi-
» cale, primordiale, inaltérable dans tous les
» mixtes, qu'elle se trouve dans toutes les choses
» & en tous lieux; heureux celui qui peut com-
» prendre & découvrir cette secrete essence, &
» la travailler comme il faut! Hermès dit aussi
» que l'eau est le secret de cette chose, & l'eau
» reçoit sa nourriture des hommes. Marcunes
» ne fait pas de difficulté d'assurer que tout ce qui
» est dans le monde se vend plus cher que cette
» eau; car tout le monde la possede; tout le
» monde en a besoin. Abuamil dit, en parlant
» de cette eau, qu'on la trouve en tout lieu,
» dans les plaines, les vallées, sur les monta-
» gnes; chez le riche & le pauvre, chez le fort
» & le foible. Telle est la parabole d'Hermès
» & des Sages, touchant leur pierre; c'est une
» eau, un esprit humide, dont Hermès a enve-
» loppé la connoissance sous des figures sym-
» boliques les plus obscures, & les plus difficiles
» à interpréter. »

La matiere d'où se tire cette essence renferme un feu caché & un esprit humide; il n'est donc pas surprenant qu'Hermès nous l'ait représentée sous l'emblême hiéroglyphique d'Osiris, qui veut dire *feu caché* (b), & d'Isis, qui étant prise pour

(a) Comment. in Hermet.
(b) Kirch. Œdip. Ægypt. T. 1. p. 176.

la Lune, signifie une nature humide. Diodore de Sicile confirme cette vérité, en disant, que les Egyptiens qui regardent Osiris & Isis comme des Dieux, disent qu'ils parcourent le monde sans cesse; qu'ils nourrissent & font croître tout, pendant les trois saisons de l'année, le Printemps, Eté & Hiver; & que la nature de ces Dieux contribue infiniment à la génération des animaux, parce que l'un est igné & spirituel, l'autre humide & froid; que l'air est commun à tous deux; enfin que tous les corps en sont engendrés, & que le Soleil & la Lune perfectionnent la nature des choses (a). Plutarque (b) nous assure de son côté, que tout ce que les Grecs nous chantent & nous débitent des Géans, des Titans, des crimes de Saturne, & des autres Dieux, du combat d'Apollon avec Python, des courses de Bacchus, des recherches & des voyages de

---

(a) *Hos Deos arbitrati (Ægyptii) dicunt eos universum circumire orbem, aut nutrire augereque corpora tribus anni temporibus motu continuo perficientes orbem, Vere, Æstate ac Hyeme; quorum Deorum natura plurimùm conferat ad omnium animantium generationem; cùm alter igneus ac spiritualis existat, altera humida & frigida; aër utique communis: ab eis itaque generari, atque nutriri corpora omnia, rerumque naturam à Sole & Luna perfici.* Diodor. l. 1. c. 1.

(b) *Quæ de Gigantibus & Titanibus apud Græcos cantantur, & Saturni scelera, Pythonis certamen cum Apolline, exilia Bacchi, Cereris errores, non absunt ab Osiridis & Isidis eventu, aliisque similibus, quæ ab hominibus sunt licentiosè conficta; eadem quoque earum ratio, quæ in mysticis sacris occultè aguntur, & efferri ad vulgus, aut ab eo videri nefas dicitur.* Plutarchus de Iside.

Cérès,

Cérès, ne different point de ce qui regarde Osiris & Isis; & que tout ce qu'on a inventé de semblable avec assez de liberté dans les fables, que l'on divulgue, doit être entendu de la même maniere, comme ce qui s'observe dans les mysteres sacrés, & que l'on dit être un crime de le dévoiler au peuple.

Tout étant dans la Nature engendré du chaud & de l'humide, les Egyptiens donnerent à l'un le nom d'Osiris, à l'autre celui d'Isis, & dirent qu'ils étoient frere & sœur, époux & épouse. On les prit toujours pour la Nature même, comme nous le verrons dans la suite.

Quand on voudra ne pas recourir à des subtilités, il sera aisé de découvrir ce que les Egyptiens, les Grecs, &c. entendoient par leurs hiéroglyphes & leurs fables. Ils les avoient si ingénieusement imaginés, qu'ils cachoient plusieurs choses sous la même représentation, comme ils n'entendoient aussi qu'une même chose par divers hiéroglyphes & divers symboles: les noms, les figures, les histoires mêmes étoient variés; mais le fond & l'objet n'étoient point différens.

On sait, & il ne faut qu'ouvrir les ouvrages des Philosophes Hermétiques, pour voir au premier coup-d'œil qu'ils ont dans tous les temps, non-seulement suivi la méthode des Egyptiens pour traiter de la pierre Philosophale, mais qu'ils ont aussi employé les mêmes hiéroglyphes & les mêmes fables en tout ou en partie, suivant la maniere dont ils étoient affectés. Les Arabes ont imité de plus près les Egyptiens, parce qu'ils traduisirent dans leur langue un grand nombre

I. Partie. Q

des traités Hermétiques & autres, écrits en langue & style Egyptiens. La proximité du pays, & par conséquent la fréquentation & le commerce plus particulier des deux Nations peut aussi y avoir beaucoup contribué. Cette unanimité d'idées, & cet usage non interrompu depuis tant de siecles forment, sinon une preuve sans réplique, du moins une présomption que les hiéroglyphes des Egyptiens & les fables avoient été imaginés en vue du grand œuvre, & inventés pour instruire de sa théorie & de sa pratique quelques personnes seulement, pendant qu'à cause des abus & des inconvéniens qui en résulteroient, on tiendroit l'une & l'autre cachées au peuple, & à ceux qu'on n'en jugeroit pas dignes.

Je ne suis donc pas le premier qui ait eu l'idée d'expliquer ces hiéroglyphes & ces fables par les principes, les opérations & le résultat du grand œuvre, appelé aussi pierre Philosophale, & Médecine dorée. On les voit répandus presque dans tous les ouvrages qui traitent de cet Art mystérieux. Quelques Chymistes ont même fait des traités dans la même vue que moi. Fabri de Castelnaudari donna dans le siecle dernier quelque chose sur les travaux d'Hercule, sous le titre d'*Hercules Philochymicus*; Jacques Tolle voulut embrasser toute la fable dans un petit ouvrage intitulé : *Fortuita*. Il n'est pas surprenant que l'un & l'autre n'aient pas réussi parfaitement. Le premier paroît avoir lu les Philosophes Hermétiques, mais assez superficiellement, pour n'avoir pas été en état d'en faire une concordance judicieuse, & de pénétrer dans leurs véritables principes. Le second, trop entêté de la Chymie vulgaire, ne juroit que par Basile Valentin, qu'il n'entendoit sans doute pas, puisqu'il l'explique presque toujours à la lettre, quoique suivant Olaüs Borrichius (a), Basile Valentin soit un des Auteurs Hermétiques des plus difficiles à entendre, tant à cause des altérations qu'on a mises dans ses traités, que par le voile obscur des énigmes, des équivoques, & des figures hiéroglyphiques dont il les a farcis.

Michel Majer a fait un grand nombre d'ouvrages sur cette matière; on peut en voir l'énumération dans le Catalogue des Auteurs Chymistes, Métallurgistes, & Philosophes Hermétiques, que M. l'Abbé Lenglet du Fresnoy a inseré dans son histoire de la Philosophie Hermétique. D'Espagnet estimoit entr'autres ouvrages de Majer, son traité des Emblêmes, parce qu'ils représentent, dit-il, avec assez de clarté aux yeux des clairvoyans ce que le grand œuvre a de plus secret & de plus caché. J'ai lu avec attention plusieurs des traités de Michel Majer, & ils m'ont été d'un si grand secours, que celui qui a pour titre *Arcana Arcanissima*, a servi de canevas à mon ouvrage, au moins pour sa distribution, car je n'ai pas toujours suivi ses idées. Cet Auteur embrouilloit ses raisonnemens quand il ne vouloit ou ne pouvoit pas expliquer certains traits de la fable, soit que le secret si recommandé aux Philosophes lui tînt fort à cœur,

_____
(a) Prospect. Chym. celebr.

& qu'il craignît d'être indiscret, soit (comme on pourroit le croire) que sa discrétion fût forcée.

Les Philosophes Hermétiques qui ont employé les allégories de la fable, sont pour le moins aussi obscurs que la fable même, pour ceux qui ne sont pas Adeptes; ils n'ont répandu de lumiere sur elle qu'autant qu'il en falloit pour nous faire comprendre que ses mysteres n'étoient pas des mysteres pour eux. « Souvenez-vous bien de ceci, dit Basile Valentin (a): travaillez de maniere que Pâris puisse défendre la belle & noble Helene; empêchez que la ville de Troye ne soit ravagée de nouveau par les Grecs; faites en sorte que Priam & Ménélas ne soient plus en guerre & en affliction; Hector & Achille seront bientôt d'accord; ils ne combattront plus pour le sang royal; ils auront alors une Monarchie qu'ils laisseront même en paix à tous leurs descendans. » Cet Auteur introduit tous les principaux Dieux de la fable dans ses douze Clefs. Raymond Lulle parle souvent de l'Egypte & de l'Ethyopie. L'un enfin emploie une fable, l'autre une autre; mais toujours allégoriquement.

Toutes les explications que je donnerai sont prises de ces Auteurs, ou appuyées sur leurs textes & leurs raisonnemens; elles seront si naturelles, qu'il sera aisé d'en conclure que la véritable Chymie fut la source des fables, qu'elles en renferment tous les principes & les opérations, & qu'en vain se donne-t-on la torture pour les

---

(a) Traité du Vitriol.

expliquer nettement par d'autres moyens. Je ne pense pas que tout le monde en convienne; l'usage s'est introduit d'expliquer les Antiquités par l'histoire & la morale; cet usage a même prévalu, & s'est accrédité au point que le préjugé fait regarder toute autre application comme des rêveries. On regardera celles-ci dans tel point de vue qu'on voudra, peu m'importe. J'écris pour ceux qui voudront me lire, pour ceux qui ne pouvant sortir du labyrinthe où ils se trouvent engagés, en suivant les systêmes ci-dessus, chercheront ici un fil d'Ariadne, qu'ils y trouveront certainement; pour ceux qui, versés dans la lecture assidue des Philosophes Hermétiques, sont plus en état de porter un jugement sain & désintéressé. Ils y trouveront de quoi fixer leurs idées vagues & indéterminées sur la matiere du grand œuvre, & sur la maniere de la travailler. Quant à ceux qui, aveuglés par le préjugé ou par de mauvaises raisons, prêtent aux Egyptiens, aux Pythagore, aux Platon, aux Socrate & aux autres grands hommes des idées aussi absurdes que celles de la pluralité des Dieux, je les prie seulement de concilier, avec ce sentiment, l'idée de la haute sagesse que l'on remarque dans tous leurs écrits, & qu'on leur accorde avec raison. Je les renverrai à une lecture de leurs ouvrages plus sérieuse & plus réfléchie, pour y trouver ce qui leur avoit échappé. Je n'ai garde d'ambitionner les applaudissemens de ceux à qui la Philosophie Hermétique est tout-à-fait inconnue. Ils ne pourroient gueres juger de cet ouvrage que comme un aveugle juge des couleurs.

Q iij

CHAPITRE PREMIER.

Des Hiéroglyphes des Egyptiens.

Lorsqu'on prend à la lettre les fables d'Egypte, & qu'on les explique de la Divinité, rien de plus bizarre, rien de plus ridicule, rien de plus extravagant. Les Antiquaires ont suivi communément ce système dans leurs explications des monumens qui nous restent. J'avoue que ce sont très-souvent des marques de la superstition, qui prévalut parmi le peuple dans les temps postérieurs à celui où Hermès imagina les hiéroglyphes; mais pour dévoiler ce qu'ils ont d'obscur, il faut nécessairement remonter à leur institution, & se mettre au fait de l'intention de ceux qui les ont inventés. Ni les idées que le peuple y attachoit, ni celles qu'en avoient même des Auteurs Grecs ou Latins, quoique très-savans sur d'autres choses, ne doivent nous servir de guide dans ces occasions-là. S'ils n'ont fréquenté que le peuple, ils n'ont pu avoir à cet égard que des idées populaires. Il faut être assuré qu'ils avoient été initiés dans les mysteres d'Osiris, d'Isis, &c. & instruits par les Prêtres à qui l'intelligence de ces hiéroglyphes avoit été confiée. Hermès dit plus d'une fois dans son dialogue avec Asclépius, que Dieu ne peut être représenté par aucune figure; qu'on ne peut lui donner de nom, parce qu'étant seul, il n'a pas besoin d'un nom distinctif ; qu'il n'a point de mouvement, parce qu'il est par-tout, qu'il est enfin son propre principe, & son pere à lui-même. Il n'y a donc pas d'apparence qu'il ait prétendu le représenter par des figures, ni le faire adorer sous les noms d'Osiris, d'Isis, &c.

Plusieurs Anciens peu au fait des vrais sentimens d'Hermès & des Prêtres ses successeurs, ont donné occasion à ces fausses idées, en débitant que les Egyptiens disoient de la Divinité, ce qu'ils ne disoient en effet que de la Nature. Hermès voulant instruire les Prêtres qu'il avoit choisis, leur disoit qu'il y avoit deux principes des choses, l'un bon, & l'autre mauvais ; & si nous en croyons Plutarque, toute la Religion des Egyptiens étoit fondée là-dessus. Nombre d'autres Auteurs ont pensé comme Plutarque, sans trop examiner si ce sentiment étoit fondé sur une erreur populaire, & si les Prêtres, chargés d'instruire le peuple, pensoient réellement ainsi de la Divinité, ou des principes des mixtes ; l'un principe de vie, l'autre principe de mort. Sur ce sentiment de Plutarque, appuyé par d'autres Auteurs, des Antiquaires ont hasardé des explications de plusieurs monumens que le temps a épargnés, & l'on a adopté leurs idées, parce qu'on n'en trouvoit pas de plus vraisemblables. Il est cependant vrai que bien des Antiquaires ont assez de discrétion pour avouer qu'ils ne parlent dans plusieurs cas que par conjectures, & qu'on ne peut expliquer certains monumens qu'en devinant. (a) Le premier qui se présente dans l'Anti-

(a) 2. p. du T. II. pag. 271. planche 105.

quité expliquée de D. de Montfaucon en est un exemple, suivant le système reçu : ce Savant nous avertit, qu'il s'en trouve bien d'autres de cette espece dans le cours de son ouvrage. Il n'y a cependant dans ce monument rien de difficile à entendre, & il en est très-peu qui présentent les choses plus au naturel. Tout homme un peu versé dans la science Hermétique, l'auroit compris au premier coup-d'œil ; & n'auroit pas eu besoin de recourir à un Œdype, ou à la conjecture pour en donner l'explication. On en jugera, en comparant l'explication que D. de Montfaucon en a donnée, avec celle que je donnerai.

« Ce monument, dit notre Auteur, est une
» pierre sépulcrale, qu'on appeloit *Ara*, que *A.*
» Herennuleius Hermès a fait pour sa femme,
» pour lui, pour ses enfans, & pour sa posté-
» rité. Il est représenté lui-même au milieu de
» l'inscription, sacrifiant aux mânes. De l'autre
» côté de la pierre sont deux serpens, dressés sur
» leur queue, & mis de face l'un contre l'autre,
» dont un tient un œuf dans sa bouche, & l'autre
» semble vouloir le lui ôter. »

M. Fabreti à qui ce monument appartenoit, avoit voulu expliquer ce symbole ; mais comme il ne satisfaisoit pas D. de Montfaucon, celui-ci l'explique dans les termes suivans. « Avant que
» d'avancer ma conjecture sur ce monument,
» il faut remarquer qu'on trouve à Rome &
» dans l'Italie quantité de ces marques des su-
» perstitions Egyptiennes, que les Romains
» avoient adoptées. Celle-ci est du nombre : c'est
» une image dont la signification ne peut être

» que symbolique. Les anciens Egyptiens re-
» connoissoient un bon principe qui avoit fait
» le monde; ce qu'ils exprimoient allégorique-
» ment par un serpent qui tient un œuf à la
» bouche; cet œuf signifioit le monde créé. Ce
» serpent donc qui tient l'œuf à la bouche sera
» le bon principe qui a créé le monde & qui le
» soutient. Mais comme les Egyptiens admet-
» toient deux principes, l'un bon, l'autre mau-
» vais, il faudra dire que l'autre serpent qui dressé
» sur sa queue, est opposé au premier, sera
» l'image du mauvais principe qui veut ôter le
» monde à l'autre. »

Pour mettre le Lecteur en état de juger si mon explication sera plus naturelle que celle de D. de Montfaucon, je vais donner une description de cette pierre prétendue sépulcrale. Les deux serpens sont dressés sur leur queue repliée en cercle; l'un tient l'œuf entre ses dents, l'autre a la tête appuyée dessus, la bouche un peu ouverte, comme s'il vouloit mordre l'autre, & lui disputer cet œuf. Tous deux ont une crête à peu-près quarrée. Sur l'autre côté de la pierre, est la figure d'un homme debout, en habit long, les manches retroussées jusqu'au coude; il tient le bras droit étendu, & une espèce de cerceau à la main, au centre duquel paroît un autre petit cercle, ou un poing. De la main gauche il relève sa robe, en la tenant appuyée sur la hanche. Au tour de cette figure sont gravées les paroles suivantes: *A. Herennuleius Hermes fecit conjugi bene merenti Juliæ L. F. Latinæ sibi & suis posterque eor.*

Il n'est pas nécessaire de récourir à la Religion

des Egyptiens pour expliquer ce monument. Les deux principes qu'admettroient les Prêtres d'Egypte ne doivent s'entendre que des deux principes bons & mauvais de la Nature, qui se trouvent toujours mêlés dans ses mixtes, & qui concourent à leur composition ; c'est pourquoi ils disoient qu'Osiris & Typhon étoient freres, & que ce dernier faisoit toujours la guerre au premier. Osiris étoit le bon principe, ou l'humeur radicale, la base du mixte, & la partie pure & homogene ; Typhon étoit le mauvais principe, ou les parties hétérogenes, accidentelles, & principe de destruction & de mort, comme Osiris l'étoit de vie & de conservation.

Les deux serpens du monument dont il s'agit, représentent à la vérité deux principes, mais les deux principes que la Nature emploie dans la production des individus : on les appelle, par analogie, l'un mâle & l'autre femelle ; tels sont les deux serpens entortillés autour du caducée de Mercure ; l'un mâle & l'autre femelle, qui sont aussi représentés tournés l'un contre l'autre, & entre leurs deux têtes une espece de globe ailé qu'ils semblent vouloir mordre. Les crêtes quarrées des deux serpens du monument dont nous parlons, sont un symbole des élémens ; dont le grand & le petit monde sont formés ; & l'œuf est le résultat de la réunion de ces deux principes de la Nature. Mais comme dans la composition des mixtes il y a des principes purs & homogenes, & des principes impurs & hétérogenes, il se trouve une espece d'inimitié entr'eux ; l'impur tend toujours à vouloir corrompre le pur :

c'est ce qui se voit représenté par le serpent qui semble vouloir disputer l'œuf à celui qui en est en possession. La destruction des individus n'est produite que par ce combat mutuel.

Voilà ce qu'on peut dire pour expliquer en général cette partie du monument dont nous parlons. Mais son Auteur avoit sans doute une intention moins générale ; il est certain qu'il vouloit signifier quelque chose de particulier. Rapprochons toutes les parties symboliques de ce monument ; le rapport qu'elles ont entr'elles nous dévoilera cette intention particuliere.

Celui qui fait faire ce monument se nomme *Herennuleius Hermés*, & il porte un habit long comme les Philosophes ; il y a donc grande apparence que cet Herennuleius étoit un de ces savans initiés dans les mysteres Hermétiques ; (ce qui est désigné par son surnom d'Hermès), qui, comme je l'ai dit ci-devant, étant instruit de ces mysteres, prenoit le nom d'Aris ou Hermès. Il tient à la main droite une espece de cerceau, que D. de Montfaucon a pris sans doute pour une *patere* ou tasse, & a décidé en conséquence de cette erreur, qu'Herennuleius faisoit un sacrifice aux mânes ; rien autre ne peut y désigner cette action. Ce cerceau n'est point une patere ; c'est le signe symbolique de l'or, ou du Soleil terrestre & hermétique, que les Chymistes mêmes vulgaires représentent encore aujourd'hui de cette maniere ☉. C'est à cette face du monument qu'il faut rapporter en particulier l'hiéroglyphe des deux serpens & de l'œuf, qui se trouvent sur la face opposée, pour n'en faire qu'un tout, dont le résultat consiste dans cette or Philosophique que présente Herennuleius. Voici donc comment il faut expliquer ce monument en particulier.

Les deux serpens sont les deux principes de l'art sacerdotal ou hermétique, l'un mâle ou feu, terre fixe, & soufre ; l'autre femelle, eau volatile & mercurielle, qui concourent tous deux à la formation & génération de la pierre Hermétique, que les Philosophes appeloient œuf & petit monde, qui est composé des quatre élémens, représentés par les deux crêtes quarrées, mais dont deux seulement sont visibles, la terre & l'eau. On peut aussi expliquer l'œuf du vase, dans lequel l'œuf se forme, par le combat du fixe & du volatil, qui se réunissent enfin l'un & l'autre, & ne font plus qu'un tout fixe, appelé or Philosophique, ou soleil Hermétique. C'est cet or qu'Herennuleius montre au spectateur comme le résultat de son art. Le plus grand nombre des Philosophes qui ont traité de cette science, ont représenté ses deux principes sous le symbole de deux serpens. On en trouve une infinité de preuves dans cet ouvrage. L'inscription de ce monument nous apprend seulement qu'Herennuleius a fait cet or comme une source de santé & de richesses, pour lui, pour son épouse qu'il aimoit tendrement, pour ses enfans & la postérité.

J'ai apporté cet exemple pour faire voir combien il est aisé d'expliquer les hiéroglyphes de certains monumens Egyptiens, Grecs, &c. quand on les rappelle à la Philosophie Hermétique, sans les lumieres de laquelle ils deviennent inintelligibles & inexplicables. Je ne prétends cependant pas qu'on puisse par son moyen les expliquer tous. Quoiqu'elle ait été la source, la base & le fondement des hiéroglyphes, elle n'a pas été l'objet de tous les monumens hiéroglyphiques qui nous restent. La plupart sont historiques, ou représentent quelques traits de la fable, souvent ajustés suivant la fantaisie de celui qui les commandoit à l'Artiste, ou celle de l'Artiste même, qui n'étant pas initiés dans les mysteres des Egyptiens, des Grecs, des Romains, &c. conservoient seulement le fond, selon les instructions fort défectueuses & peu éclairées qu'ils en avoient ; ils suivoient pour le reste leur goût & leur imagination.

. . . . Pictoribus atque Poëtis
Quidlibet audendi semper fuit æqua potestas.
Horat. in Art. Poët.

Et Cicéron dans son Traité *de Natura Deorum*, dit que les Dieux nous présentent les figures qu'il a plu aux Peintres & aux Sculpteurs de leur donner. *Nos Deos omnes eâ facie novimus, quâ Pictores fictoresque voluerunt.* Lib. 2 de Nat. Deor.

Il nous reste donc des monumens hiéroglyphiques de toutes les especes ; & ceux des Egyptiens ont ordinairement pour fondement Osiris, Isis, Horus & Typhon, avec quelques traits de leur histoire fabuleuse. Les uns sont défigurés par les Artistes ignorans ; les autres conservent la pureté de leur invention, quand ils ont été faits ou conduits par des Philosophes, ou des personnes bien instruites. Nous avons encore aujourd'hui sous nos yeux des exemples de cela. Un Sculpteur fait un grouppe de statues, un Peintre fait un tableau; l'un & l'autre a un sujet déterminé; mais pourvu qu'ils représentent ce sujet de maniere à le faire reconnoître au premier coup d'œil, & qu'ils gardent le costume, quant à tout ce qui est nécessaire pour les figures & l'action; combien se trouve-t-il d'Artistes qui y ajoutent des figures inutiles, & pour le dire en termes de l'Art, des *figures à louer*? combien y mettent-ils des ornemens arbitraires & de fantaisies, des coquillages, des fleurs, quelquefois des animaux, des rochers, &c.? Si les Artistes instruits tombent quelquefois dans ce défaut, que doit-on penser des ignorans qui n'ont souvent qu'une bonne main, & une fougue d'imagination qui enfante tout ce qu'ils mettent au jour? Folie que vouloir se mettre en tête d'expliquer toutes leurs productions. Y en a-t-il moins à faire des dissertations pleines de recherches & d'érudition sur des bagatelles & des choses très-peu intéressantes, qui se rencontrent dans beaucoup de monumens antiques?

Il est constant que les hiéroglyphes ont pris naissance en Egypte; & la plus commune opinion en regarde Hermès comme l'inventeur, quoique les plus anciens Ecrivains de l'histoire d'Egypte ne nous apprennent rien d'absolument certain sur l'origine des caracteres de l'écriture & des sciences. On ne trouve même rien de positif sur les premiers Rois du monde, qui ne soit susceptible de contradiction. Des Auteurs ont été assez peu sensés pour dire que les premiers hommes sont sortis de la terre comme des champignons, d'autres se sont imaginés que les hommes avoient été formés en Egypte, conjecturans sans doute qu'ils sont venus de la terre, comme ces rats que l'on voit sortir en grand nombre des crevasses du limon du Nil, après que le Soleil en a desséché l'humidité. Diodore de Sicile (a), après avoir parcouru la plus grande partie de l'Europe, de l'Asie & de l'Egypte, avoue qu'il n'a pu découvrir rien de certain sur les premiers Rois de tous ces pays. Ce qui nous reste de plus constant, sont les hiéroglyphes Egyptiens, pour ce qui regarde l'écriture ; mais pour ce qui concerne leurs Rois, nous n'avons que des fables. Le même Diodore dit (b), que les premiers hommes ont adoré le Soleil & la Lune comme des Dieux éternels ; qu'ils ont appelé le Soleil Osiris, & la Lune Isis, ce qui convient parfaitement aux idées qu'on nous donne du peuple d'Egypte. Pour nous qui avons appris plus certainement de l'Ecriture Sainte, quel est l'unique vrai Dieu des autres Dieux ; quel fut le premier homme, & la terre qu'il habita, nous gémissons sur la vanité des Egyptiens, qui leur faisoit pousser l'antiquité de leur Nation & la généalogie de leurs Rois jusqu'au delà de vingt mille ans.

Ce n'est pas que les Savans d'Egypte adoptassent ce sentiment ; ils savoient trop bien qu'il n'y avoit qu'un Dieu unique. D'ailleurs, com-

_____
(a) L. 1. c. 1.   (b) Ch. 2.

ment auroient-ils pu accorder l'éternité d'Osiris & d'Isis avec la paternité de Saturne ou de Vulcain, desquels, selon eux, Osiris & Isis étoient fils ? Preuve trop évidente que Diodore n'étoit instruit que des idées populaires. Les Egyptiens entendoient toute autre chose par ces fils de Saturne; nous avons des indices sans nombre, qui démontrent que l'on cultivoit en Egypte la science de la Nature; que la Philosophie Hermétique y étoit connue & pratiquée par les Prêtres & les plus anciens Rois de ce pays-là ; & l'on ne doute plus que pour la communiquer aux Sages leurs successeurs, à l'insu du peuple, ils n'aient inventé les hiéroglyphes pris des animaux, des hommes, &c. & qu'enfin pour expliquer ce que signifioient ces caracteres, ils imaginerent des allégories & des fables, prises de personnes feintes, & des actions prétendues de ces personnes.

Nous parlerons plus au long de ces hiéroglyphes dans la suite de cet Ouvrage.

CHAPITRE II.
Des Dieux de l'Egypte.

ON ne peut révoquer en doute que la pluralité des Dieux n'ait été admise par le peuple d'Egypte. Les plus anciens Historiens nous assurent même que les Grecs & les autres Nations n'avoient d'autres Dieux que ceux des Egyptiens;

mais

mais sous des noms différens. Hérodote (a) comptoit douze principaux Dieux que les Grecs avoient pris des Egyptiens avec leurs noms mêmes, & ajoute que ces derniers Peuples dresserent les premiers des autels, & éleverent des temples aux Dieux. Mais il n'est pas moins constant que quelque superstitieuse que fût cette Nation, on y voyoit bien des traces de la véritable Religion. Une partie même considérable de l'Egypte, la Thébaïde, dit Plutarque, ne reconnoissoit point de Dieu mortel; mais un Dieu sans commencement & immortel, qui en la langue du pays s'appeloit *Cneph*, & selon Strabon *Knuphis*. Ce que nous avons rapporté d'Hermès, de Jamblique, &c. prouve encore plus clairement que les mysteres des Egyptiens n'avoient point pour objet les Dieux comme Dieu, & leur culte comme culte de la Divinité.

Isis & Osiris sur lesquels roule presque toute la Théologie Egyptienne, étoient à recueillir les sentimens de divers Auteurs, tous les Deux du paganisme. Isis, selon eux, étoit Cérès, Junon, la Lune, la Terre, Minerve, Proserpine, Thétis, la mere des Dieux ou Cybele, Vénus, Diane, Bellone, Hécate, Rhamnusia, la Nature même; en un mot, toutes les Déesses. C'est ce qui a donné lieu de l'appeler *Myrionyme*, ou la Déesse à mille noms. De même qu'Isis se prenoit pour toutes les Déesses, on prenoit aussi Osiris pour tous les Dieux; les uns disent qu'Osiris étoit Bacchus; d'autres le font le même que

(a) Lib. 2.
I. Partie. R

Sérapis, le Soleil, Pluton, Jupiter, Ammon, Pan : d'autres (a) font d'Osiris Attis, Adonis, Apis, Titan, Apollon, Phébus, Mithras, l'Océan, &c. Je n'entrerai point dans un détail qu'on peut voir dans beaucoup d'autres Auteurs.

Les interprétations mal entendues des hiéroglyphes inventés par les Philosophes & les Prêtres, ont donné lieu à cette multitude de Dieux, qu'Hésiode (b) fait monter à 30000. Trismégiste, Jamblique, Psellus & plusieurs autres n'en ont point déterminé le nombre ; mais ils ont dit que les cieux, l'air & la terre en étoient remplis. Maxime de Tyr disoit, en parlant d'Homere, que ce Poëte ne reconnoissoit aucun endroit de la terre qui n'eût son Dieu. La plupart des Payens regardoient même la Divinité comme ayant les deux sexes, & la nommoient Hermaphrodite ; ce qui a fait dire à Valerius Soranus :

Jupiter omnipotens, Regum, rerumque Deûmque
Progenitor, genitrixque Deûm, Deus unus & omnis.

Cette confusion tant dans les noms que dans les Dieux mêmes, doit nous convaincre que ceux qui les ont inventés, ne pouvoient avoir en vue que la Nature, ses opérations & ses productions. Et comme le grand œuvre est un de ses plus admirables effets, les premiers qui le trouverent ayant considéré sa matiere, sa forme, les divers changemens qui lui survenoient pendant les opérations, ses effets surprenans ; & qu'en tout cela

---

(a) Hésychius.　　　(b) Théogon.

elle participoit en quelque sorte avec les principales parties de l'Univers (a), telles que le Soleil, la Lune, les étoiles, le feu, l'air, la terre & l'eau, ils en prirent occasion de lui donner tous ces noms. Tout ce qui se forme dans la Nature, ne se faisant que par l'action de deux, l'un agent, l'autre patient, qui sont analogues au mâle & à la femelle dans les animaux; le premier chaud, sec, igné; le second froid & humide. Les Prêtres d'Egypte personnifierent la matiere de leur art sacerdotal, & appelerent Osiris, ou feu caché, le principe actif qui fait les fonctions de mâle, & Isis le principe passif qui tient lieu de femelle. Ils désignerent l'un par le Soleil, à cause du principe de chaleur & de vie que cet astre répand dans toute la Nature; & l'autre par la Lune, parce qu'ils la regardoient comme d'une nature froide & humide. Le fixe & le volatil, le chaud & l'humide étant les parties constituantes des mixtes, avec certaines parties hétérogenes qui s'y trouvent toujours mêlées, & qui sont la cause de la destruction des individus, ils y joignirent un troisieme, à qui ils donnerent le nom de Typhon, ou mauvais principe. Mercure fut donné pour adjoint à Osiris & à Isis, pour les secourir contre les entreprises de Typhon, parce que Mercure est comme le lien & le milieu qui réunit le chaud & le froid, l'humide & le sec; qu'il est comme le nœud au moyen duquel le subtil & l'épais, le pur & l'impur se trouvent associés; & qu'enfin il ne

(a) Majer Arcana Arcaniss.

se fait point de conjonction du Soleil avec la Lune, sans que Mercure, voisin du Soleil, y soit présent.

Osiris & Isis furent donc regardés comme l'époux & l'épouse, le frere & la sœur, enfans de Saturne, selon les uns (a), fils de Cœlus selon d'autres (b); Typhon passoit seulement pour leur frere utérin, parce que la liaison des parties homogenes, inaltérables & radicales avec les parties hétérogenes, impures & accidentelles des mixtes se fait dans la même matrice, ou dans les entrailles de la terre. Toutes les mauvaises qualités qu'on attribuoit à Typhon, nous découvrent parfaitement ce que l'on avoit dessein de signifier par lui. Nous en dirons quelque chose de plus détaillé dans la suite.

Ces quatre personnes, Osiris, Isis, Mercure & Typhon, étoient chez les Egyptiens les principales & les plus célebres; trois passoient pour des Dieux, & Typhon pour un esprit malin. Mais pour des Dieux de la nature de ceux dont Hermès parle à Asclépius, je veux dire des Dieux fabriqués artistement par la main des hommes (c). A ces quatre ils joignirent Vulcain, inventeur du feu, que Diodore fait pere de Saturne, parce que le feu Philosophique est absolument nécessaire dans l'œuvre Hermétique. Ils leur associerent aussi Pallas ou la sagesse, la prudence

---

(a) Diodor. de Sicile.
(b) Kirch. p. 179.
(c) Asclepius, & horum o Trismegiste, Deorum, qui terreni habentur, cujusmodi est qualitas? Trism. Constat, o Asclepi, de herbis, de lapidibus, & aromatibus vim Divinitatis naturalem habentibus in se. Hermes in Asclepio.

& l'adresse dans la conduite du regime, pour les opérations. L'Océan, pére des Dieux, & Thétis leur mere vinrent ensuite avec le Nil, c'est-à-dire, l'eau, & enfin la Terre, mere de toutes choses; parce que, suivant Orphée, la terre nous fournit les richesses. Saturne, Jupiter, Vénus, Apollon, & quelques autres Dieux furent enfin admis, & Horus, comme fils d'Osiris & d'Isis.

Non seulement les choses, mais leurs vertus & propriétés physiques devinrent des Dieux dans l'esprit du peuple, à mesure qu'on s'efforçoit de lui en démontrer l'excellence. S. Augustin (a), Lactance, Eusebe & beaucoup d'autres Auteurs Chrétiens & Payens nous le disent dans différens endroits; Cicéron (b), Denis d'Halicarnasse (c), pensent que la variété & la multitude des Dieux du Paganisme ont pris naissance dans les observations qu'avoient faites les Savans sur les propriétés du Ciel, les essences des Elémens, les influences des Astres, les vertus des mixtes, &c. Ils s'imaginerent qu'il n'y avoit pas une plante, un animal, un métal ou une pierre spécifiée sur terre, qui n'eût son étoile, ou son génie dominant (d).

(a) De Civit. Dei, 4.
(b) L. 2. de Nat. Deor.
(c) L. 2. Antiquit. Roman.
(d) Videtis-ne igitur ut à physicis rebus bene & utiliter inventis, ratio sit tracta ad commentitios Deos? quæ res genuit falsas opiniones, erroresque turbulentos, & superstitiones pene aniles. Eusebius.

Non est tibi ulla herba, aut planta, aut aliud inferius, cui non sit stella in firmamento, qui fulciat eam, & dicat ei, cresce. Rab. Mos. ou Rambam in Moreh Nebuchim. Cité par Kircher, Obelisc. de Pamph. p. 187.

Outre les Dieux dont nous avons parlé ci-devant, qu'Hérodote (a) appelle les *grands Dieux*, & que les Egyptiens regardoient comme célestes suivant Diodore, « ils avoient encore, dit cet
» Auteur (b), des Génies, qui ont été des hom-
» mes ; mais qui, pendant leur vie, ont excellé
» en sagesse, & se sont rendus recommandables
» par leurs bienfaits envers l'humanité. Quel-
» ques-uns d'entr'eux, disent-ils, ont été leurs
» Rois, & se nommoient comme les Dieux cé-
» lestes ; d'autres avoient des noms qui leur
» étoient propres. Le Soleil, Saturne, Rhée,
» Jupiter, appelé Ammon, Junon, Vulcain,
» Vesta, & enfin Mercure. Le premier se nom-
» moit Soleil, de même que l'astre qui nous
» éclaire. Mais plusieurs de leurs Prêtres soute-
» noient que c'étoit Vulcain l'inventeur du feu ;
» & que cette invention avoit engagé les Egyp-
» tiens à le faire leur Roi. » Le même Auteur ajoute qu'après Vulcain, Saturne regna ; qu'il épousa sa sœur Rhée; qu'il fut pere d'Osiris, d'Isis, de Jupiter & de Junon; que ces deux derniers obtinrent l'empire du monde par leur prudence & leur valeur.

Jupiter & Junon, si nous en croyons Plutarque (c), engendrerent cinq Dieux, suivant les cinq jours intercalaires des Egyptiens ; savoir, Osiris, Isis, Typhon, Apollon & Vénus. Osiris fut surnommé Denis, & Isis Cérès. Presque tous les Auteurs conviennent qu'Osiris étoit frere &

(a) L. 2. (b) L. 1. c. 2.
(c) De Isid. & Osir.

mari d'Isis, comme Jupiter étoit frere & mari de Junon; mais Lactance & Minutius Félix disent qu'il étoit fils d'Isis; Eusebe l'appelle son mari, son frere & son fils.

S'il est difficile de concilier toutes ces qualités & tous ces titres dans une même personne, il ne l'est pas moins d'expliquer comment, suivant les Egyptiens, Osiris & Isis contracterent mariage dans le ventre de leur mere, & qu'Isis en sortit enceinte d'Aruetis (*a*), ou l'ancien Horus, qui a passé pour leur fils. De quelque maniere qu'on puisse interpréter cette fiction, elle paroîtra toujours extravagante à tout homme qui ne la verra que par les yeux des Mythologues, qui voudront l'expliquer historiquement, politiquement ou moralement: elle ne peut convenir à aucun de ces systêmes; & celui de la Philosophie Hermétique la développe très-clairement, comme nous le verrons dans la suite.

Les Egyptiens, selon le même Plutarque, racontoient beaucoup d'autres histoires qui sont marquées au même coin d'obscurité & de puérilité; que Rhée, après avoir connu Saturne en cachette, eut ensuite affaire au Soleil, puis à Mercure; & qu'elle mit au monde Osiris; que l'on entendit au moment de sa naissance (*b*) une voix qui disoit: *Le Seigneur de tout est né*. Le lendemain naquit Aruetis, ou Apollon, ou Horus l'ancien. Le troisieme jour, Typhon, qui ne vint pas au monde par les voies ordinaires, mais

---

(*a*) Manethon, apud Plutar.
(*b*) Diodore de Sicile.

R iv

par une côte de sa mere arrachée par violence. Isis parut la quatrieme, & Nephté le cinquieme.

Quoi qu'il en soit de toutes ces fables, Hérodote nous apprend qu'Isis & Osiris étoient les Dieux les plus respectables de l'Egypte, & qu'ils étoient honorés dans tous les pays; au lieu que beaucoup d'autres ne l'étoient que dans des *Nomes* particuliers (a). Ce qui jette beaucoup d'embarras & d'obscurité sur leur histoire, c'est que dans les temps postérieurs à ceux qui imaginerent ces Dieux, & ce qu'on leur attribue, des Savans, mais peu instruits des intentions & des idées de Mercure Trismégiste, regarderent ces Dieux comme des personnes qui avoient autrefois gouverné l'Egypte avec beaucoup de sagesse & de prudence; & d'autres, comme des Etres immortels de leur nature, qui avoient formé le monde, & arrangé la matiere dans la forme qu'elle conserve aujourd'hui.

Cette variété de sentimens fit perdre de vue l'objet qu'avoit eu l'inventeur de ces fictions, qui les avoit d'ailleurs tellement ensevelies dans l'obscurité & les ténebres des hiéroglyphes, qu'elles étoient inintelligibles & inexplicables dans leur vrai sens, pour tout autre que pour les Prêtres, seuls confidens du secret de l'Art sacerdotal. Quelque crédule que soit le peuple, il faut cependant lui présenter les choses d'une maniere vraisemblable. Il s'agissoit pour cela de fabriquer une histoire suivie: on le fit; & ce qu'on y mêla

(a) Ce mot signifie les différentes Préfectures, ou les différens Gouvernemens de l'Egypte.

de peu conforme à ce qui se passe communément dans la Nature, ne fut pour le peuple qu'un motif d'admiration.

Cette histoire mystérieuse, ou plutôt cette fiction devint dans la suite le fondement de la Théologie Egyptienne, qui se trouvoit cachée sous les symboles de ces deux Divinités, pendant que les Philosophes, & les Prêtres y voyoient les plus grands secrets de la Nature. Osiris étoit pour les ignorans le Soleil ou l'Astre du jour, & Isis la Lune; les Prêtres y voyoient les deux principes de la Nature & de l'art Hermétique. Les étymologies de ces deux noms concouroient même à donner le change. Les uns, comme Plutarque, prétendoient qu'Osiris signifioit *très-Saint*; d'autres, avec Diodore, Horus-Apollo, Eusebe, Macrobe, disoient qu'il vouloit dire, *qui a beaucoup d'yeux, celui qui voit clair*; on prenoit en conséquence Osiris pour le Soleil. Mais les Philosophes voyoient dans le nom de ce Dieu, le Soleil terrestre, le feu caché de la Nature, le principe igné, fixe & radical qui anime tout. Isis pour le commun n'étoit que l'*Ancienne* ou la Lune; pour les Prêtres, elle étoit la Nature même, le principe matériel & passif de tout. C'est pourquoi Apulée (*a*) fait parler ainsi cette Déesse : *Je suis la Nature, mere de toutes choses, maîtresse des Elémens, le commencement des siécles, la Souveraine des Dieux, la Reine des Mânes, &c.* Mais Hérodote nous apprend que les Egyptiens prenoient aussi Isis pour Cérès, &

(*a*) Métam. l. I.

croyoit qu'Apollon & Diane étoient ses enfans. Il dit ailleurs qu'Apollon & Orus, Diane ou Bubastis, & Cérès ne sont pas différentes d'Isis; preuve que le secret des Prêtres avoit un peu transpiré dans le public; puisque, malgré cette contradiction apparente, tout cela se voit en effet dans l'œuvre Hermétique, ou la mere, le fils, le frere & la sœur, l'époux & l'épouse sont réunis dans un même sujet. C'est ainsi que les Prêtres avoient trouvé l'art de voiler leurs mysteres, soit en présentant Osiris comme un homme mortel, dont ils racontoient l'histoire, soit en disant que c'étoit, non un homme mortel, mais un astre qui combloit tout l'Univers, & l'Egypte en particulier, de tant de bienfaits, par la fécondité & l'abondance qu'il procure. Ils savoient même donner le change à ceux qui, soupçonnant quelque chose de mystérieux, cherchoient à s'en instruire, & à y pénétrer. Comme les principes théoriques & pratiques de l'art Sacerdotal ou Hermétique pouvoient s'appliquer à la connoissance générale de la Nature & de ses productions, que cet art se propose pour modele; ils donnoient à ces gens curieux, des leçons de Physique; & bien des Philosophes Grecs puiserent leur Philosophie dans ces sortes d'instructions.

CHAPITRE III.

Histoire d'Osiris.

Osiris & Isis devenus époux, donnerent tous leurs soins à faire le bonheur de leurs sujets. Comme ils vivoient dans une parfaite union, ils y travaillerent de concert; ils s'appliquerent à polir leur peuple, à leur enseigner l'agriculture, à leur donner des loix, & à leur apprendre les arts nécessaires à la vie (*a*). Ils leur apprirent entr'autres l'usage des instrumens & la méchanique, la fabrique des armes, la culture de la vigne & de l'olivier, les caracteres de l'écriture dont Mercure, ou Hermès, ou Thaut les avoit instruit. Isis bâtit, en l'honneur de ses peres Jupiter & Junon, un Temple célebre par sa grandeur & sa magnificence. Elle en fit construire deux autres petits d'or, l'un en l'honneur de Jupiter le céleste, l'autre moindre en l'honneur de Jupiter le terrestre, ou Roi son pere, que quelques-uns ont appelé Ammon. Vulcain étoit trop recommandable pour être oublié : il eut aussi un Temple superbe, & chaque Dieu, continue Diodore, eut son Temple, son culte, ses Prêtres, ses sacrifices. Isis & Osiris instruisirent aussi leurs sujets de la vénération qu'ils doivent avoir

---

(*a*) Diodore de Sicile, l. 1. c. 1. & Plutarque de Iside & Osiride.

pour les Dieux, & l'estime qu'ils devoient faire de ceux qui avoient inventé les arts, ou qui les avoient perfectionnés. On vit dans la Thébaïde des ouvriers en toutes sortes de métaux. Les uns forgeoient les armes pour la chasse des bêtes ; les instrumens & les outils propres à la culture des terres & aux autres arts ; des Orfevres firent des petits Temples d'or, & y placerent des statues des Dieux, composées de même métal. Les Egyptiens prétendent même, ajoute notre Auteur, qu'Osiris honora & révéra particulierement Hermès, comme l'inventeur de beaucoup de choses utiles à la vie. C'est Hermès, disent-ils, qui le premier a montré aux hommes la maniere de coucher par écrit leurs pensées, & de mettre leurs expressions en ordre, pour qu'il en résultât un discours suivi. Il donna des noms convenables à beaucoup de choses ; il institua les cérémonies que l'on devoit observer dans le culte de chaque Dieu. Il observa le cours des astres, inventa la musique, les différens exercices du corps, l'arithmétique, la médecine, l'art des métaux, la lyre à trois cordes ; il régla les trois tons de la voix, l'aigu pris de l'Eté ; le grave pris de l'Hiver, & le moyen du Printemps. Le même apprit aux Grecs la maniere d'interpréter les termes, d'où ils lui donnerent le nom d'*Hermès*, qui signifie *interprete*. Tous ceux enfin qui du temps d'Osiris firent usage des lettres sacrées, l'apprirent de Mercure.

Osiris ayant ainsi disposé tout avec sagesse, & rendu ses Etats florissans, conçut le dessein de rendre tout l'Univers participant du même bonheur. Il assembla pour cet effet une grande armée, moins pour conquérir le monde par la force des armes, que par la douceur & l'humanité, persuadé qu'en civilisant les hommes, & leur apprenant la culture des terres, l'éducation des animaux domestiques, & tant d'autres choses utiles, il lui en resteroit une gloire éternelle.

Avant que de partir pour son expédition, il régla tout dans son Royaume. Il en donna la régence à Isis, & laissa près d'elle Mercure pour son conseil, avec Hercule, qu'il constitua intendant des Provinces. Il partagea ensuite son Royaume en divers gouvernemens. La Phénicie & les côtes maritimes échurent à Busiris; la Lybie, l'Ethiopie, & quelques pays circonvoisins à Anthée. Il partit ensuite, & fut si heureux dans son expédition, que tous les pays où il alla se soumirent à son empire.

Osiris emmena avec lui son frere que les Grecs appellent Apollon, l'inventeur du laurier. Anubis & Macédon, fils d'Osiris, mais d'une valeur bien différente, suivirent leur pere : le premier avoit un chien pour enseigne; le second un loup. Les Egyptiens prirent de-là occasion de représenter l'un avec une tête de chien, l'autre avec une tête de loup; & d'avoir beaucoup de respect & de vénération pour ces animaux. Osiris se fit aussi accompagner de Pan, en l'honneur duquel les Egyptiens bâtirent dans la suite une ville dans la Thébaïde, à laquelle ils donnèrent le nom de *Chémnim*, ou *Ville du pain*. Maron & Triptolême furent encore de la partie; l'un pour apprendre aux peuples la culture de la vigne; l'autre, celle des grains.

Ofiris partit donc, & l'on a foin de faire remarquer qu'il eut une attention particuliere pour l'entretien de fa chevelure, jufqu'à fon retour. Il prit fon chemin par l'Ethiopie, où il trouva des Satyres, dont les cheveux defcendoient jufqu'à la ceinture. Comme il aimoit beaucoup la mufique & la danfe, il mena avec lui un grand nombre de muficiens; mais on remarquoit particulierement neuf jeunes filles fous la conduite d'Apollon, que les Grecs appelerent les neuf Mufes, & difoient qu'Apollon avoit été leur maître; d'où ils lui donnerent le nom de muficien, & d'inventeur de la mufique.

Dans ce temps-là, difent les Auteurs, le Nil à la naiffance du Chien Syrius, c'eft-à-dire, au commencement de la canicule, inonda la plus grande partie de l'Egypte, & celle en particulier à laquelle Prométhée préfidoit. Ce fage Gouverneur, outré de douleur à la vue de la défolation de fon pays & de fes habitans, vouloit de défefpoir fe donner la mort. Hercule vint heureufement au fecours, & fit tant par fes confeils & fes travaux, qu'il fit rentrer le Nil dans fon lit. La rapidité de ce fleuve, & la profondeur de fes eaux, lui firent donner le nom d'*Aigle*.

Ofiris étoit alors en Éthiopie, où voyant que le danger d'une telle inondation menaçoit tout ce pays, il fit élever des digues fur les deux rives du fleuve, de maniere qu'en contenant les eaux dans leur lit, ces digues laiffoient néanmoins echapper autant d'eau qu'il en falloit pour féconder le terrein. Delà il traversa l'Arabie, & parvint jusqu'aux extrémités des Indes, où il bâtit plusieurs villes; à l'une desquelles il donna le nom de *Nysa*, en mémoire de celle où il avoit été élevé, & y planta le lierre, le seul arbrisseau qu'on éleve dans ces deux villes. Il parcourut beaucoup d'autres pays de l'Asie, & vint ensuite en Europe par l'Hellespont. En traversant la Thrace, il tua Lycurgue, Roi barbare, qui s'opposoit à son passage, & mit le vieillard Maron à sa place. Il établit Macédon le fils Roi de Macédoine, & envoya Triptolême dans l'Attique pour y enseigner l'agriculture. Osiris laissa partout des marques de ses bienfaits, ramena les hommes, alors entierement sauvages, aux douceurs de la société civile; leur apprit à bâtir des villes & des bourgs, & revint enfin en Egypte par la mer Rouge, comblé de gloire, après avoir fait élever dans les lieux où il avoit passé, des colonnes & d'autres monumens sur lesquels étoient gravés ses exploits. Ce grand Prince quitta enfin les hommes pour aller jouir de la société des Dieux. Isis & Mercure lui en décernerent les honneurs, & instituerent des cérémonies mystérieuses dans le culte qu'on devoit lui rendre, pour donner une grande idée du pouvoir d'Osiris.

Telle est l'histoire de l'expédition de ce prétendu Roi d'Egypte, suivant ce qu'en rapporte Diodore de Sicile, qui la raconte sans doute de la maniere qu'on la débitoit dans le pays. Le genre de la mort de ce Prince n'est pas moins intéressant; nous en ferons mention ci-après, lorsque nous aurons fait quelques remarques sur les principales circonstances de sa vie.

Il n'est pas surprenant que l'on ait supposé Osiris (*a*) très-religieux & plein de vénération envers Vulcain & Mercure; il tenoit de ces Dieux tout ce qu'il étoit. Suivant l'Auteur cité, Vulcain étoit son ayeul, inventeur du feu, & le principal agent de la Nature; pendant qu'Osiris étoit lui-même un feu caché. Mais de quel feu Vulcain étoit-il supposé l'inventeur? Pense-t-on que ce soit celui dont Diodore parle en ces termes ? « La foudre ayant mis le feu à un arbre » pendant l'hiver, la flamme se communiqua » aux arbres voisins. Vulcain y accourut, & se » sentant réchauffé, recréé & ranimé par la cha- » leur, fournit au feu de nouvelles matieres » combustibles; & l'ayant entretenu par ce » moyen, il fit venir d'autres hommes pour être » témoins de ce spectacle, & s'en préconisa l'in- » venteur. » Je ne crois pas qu'on adopte ce sentiment de Diodore. Ce feu n'est autre que celui de nos cuisines, qui étoit très-connu même avant le Déluge. Caïn & Abel l'employerent dans leurs sacrifices; Tubalcaïn en fit usage dans les ouvrages de fer, de cuivre & autres métaux. On ne sauroit dire que par Vulcain, Diodore ou les Egyptiens aient eu en vue Caïn ou Abel. Ce feu dont on attribue l'invention à Vulcain, étoit donc différent de celui de nos forges, quoiqu'on regarde communément Vulcain comme le Dieu des Forgerons. Ce feu, suivant les idées d'Hermès,

(*a*) Diod. loc. cit.

étoit

étoit le feu dont les Philosophes font un si grand mystere ; ce feu dont l'invention, selon Artéphius, demande un homme adroit, ingénieux & savant dans la science de la Nature ; ce feu qui doit être administré géométriquement suivant le même Artéphius & d'Espagnet; clibaniquement si nous en croyons Flamel, & par poids & mesure au rapport de Raymond Lulle. On peut dire d'un tel feu qu'il a été inventé, & non de celui de nos cuisines, qui est connu de tous, & qui, selon toutes les apparences, le fut dès le commencement du monde. Le peuple d'Egypte, duquel Diodore avoit sans doute emprunté ce qu'il disoit de Vulcain, ne connoissoit pas d'autre feu que le commun; il ne pouvoit donc parler que de celui-là. Les Prêtres, les Philosophes instruits par Hermès, connoissoient cet autre feu qui est le principal agent de l'Art sacerdotal ou Hermétique; mais il se donnoit bien de garde de s'expliquer à son sujet, parce qu'il faisoit partie du secret qui leur étoit confié. Vulcain étoit ce feu-là même personnifié par eux, & se trouvoit en en effet par ce moyen ayeul d'Osiris, ou du feu caché dans la pierre des Philosophes, que d'Espagnet appelle *miniere de feu*.

Pour concilier toutes les contradictions apparentes des Auteurs sur la généalogie d'Osiris, il faut se mettre devant les yeux ce qui se passe dans l'œuvre Hermétique, & les noms que les Philosophes ont donné dans tous les temps aux différens états & aux diverses couleurs principales de la matiere dans le cours des opérations. Cette matiere est composée d'une chose qui contient deux substances, l'une fixe & l'autre volatile, ou eau & terre. Ils ont appelé l'un mâle, l'autre femelle ; de ces deux réunis naît un troisieme, qui se trouve leur fils, sans différer de son pere & de sa mere, qu'il renferme en lui, quant à la substance radicale. Le second œuvre est semblable au premier.

Cette matiere mise dans le vase au feu Philosophique appelé Vulcain, ou inventé, dit-on, par Vulcain, se dissout, se putréfie & devient noire par l'action de ce feu. Elle est alors le Saturne des Philosophes, ou Hermétique, qui devient en conséquence fils de Vulcain, comme l'appelle Diodore. Cette couleur noire disparoît, la blanche & la rouge prennent la place successivement, la matiere se fixe, & forme la pierre de feu de Basile Valentin (a), la miniere de feu de d'Espagnet, *le feu caché* signifié par Osiris. Voilà donc Osiris fils de Saturne. Il n'est pas moins aisé d'expliquer le sentiment de ceux qui le font fils de Jupiter, & voici comment. Lorsque la couleur noire s'évanouit, la matiere passe par la grise avant d'arriver à la blanche, & les Philosophes ont donné le nom de Jupiter à cette couleur grise. Si l'on réfléchit un peu sérieusement sur ce que je viens de dire, on ne trouvera point d'embarras ni de difficultés à concevoir comment Osiris & Isis pouvoient être frere & sœur, mari & femme, fils de Saturne, fils de Vulcain, fils de Jupiter ; comment même Osiris a pu être pere d'Isis, puisqu'Osiris étant le feu

(a) Char. triomph. de l'Antim.

caché de la matiere, c'est lui qui lui donne la forme, la consistance, & la fixité qu'elle acquiert dans la suite. En deux mots, les Egyptiens entendoient par Isis & Osiris tant la substance volatile & la substance fixe de la matiere de l'œuvre, que la couleur blanche & la rouge qu'elle prend dans les opérations.

Ces explications, dira quelqu'un, ne s'accordent point avec la fable, qui fait Vulcain fils de Jupiter & de Junon, & qui par conséquent ne sauroit être pere de Saturne. Je réponds à cela que ces contradictions ne sont qu'apparentes ; on en sera convaincu, lorsqu'on aura lu le chapitre qui regarde Vulcain en particulier, auquel je renvoie le Lecteur, pour retourner à Osiris & à son expédition.

Au seul récit de cette histoire, il n'est point d'homme sensé qui ne la reconnoisse pour une fiction. Former le dessein d'aller conquérir toute la terre, assembler pour cela une armée composée d'hommes & de femmes, de satyres, de musiciens, de danseuses ; se mettre en tête d'apprendre aux hommes ce qu'ils savoient déja : cela n'est pas déja trop bien concerté. Mais supposer qu'un Roi, avec une armée de cette espece, ait parcouru l'Afrique, l'Asie, l'Europe jusqu'à leurs extrémités ; qu'il n'y ait même pas un endroit où il n'ait été, suivant cette inscription : *Je suis le fils aîné de Saturne, sorti d'une tige illustre, & d'un sang généreux ; cousin du jour : il n'est point de lieu où je n'aie été, & j'ai libéralement répandu mes bienfaits sur tout le genre humain* (a).

(a) Diodore de Sicile.

Le fait n'est pas vraisemblable, & l'on ne concevroit pas comment M. l'Abbé Banier (a) peut l'avoir raconté d'un aussi grand sang froid, si l'on ne savoit pas qu'il adopte volontiers, sans beaucoup de critique, tout ce qui est favorable à son système, & même ce que rapportent des Auteurs, dont il dit en plus d'un endroit qu'il ne faut pas faire beaucoup de cas.

Il est au moins inutile de recourir à l'expédition d'Osiris pour fixer le temps où l'on a commencé à cultiver les terres dans l'Attique, & les autres pays de l'Asie & de l'Europe. Les saintes écritures, le livre le plus ancien & le plus vrai de toutes les histoires, nous apprennent que l'agriculture étoit connue avant le Déluge, même. Sans relever le faux & le ridicule d'une telle histoire prise à la lettre, il suffit de la présenter à un homme un peu versé dans la lecture des Philosophes Hermétiques, pour qu'il décide au premier récit, qu'elle en est un symbole palpable. Mais comme je dois supposer que bien des lecteurs n'ont pas toutes les opérations de cet art assez présentes, je vais passer en revue toutes les circonstances principales de cette histoire.

Isis & Osiris sont, comme nous l'avons dit, l'agent & le patient dans un même sujet. Osiris part pour son expédition, & dirige sa route d'abord par l'Ethiopie, pour parvenir à la mer Rouge, qui bordoit l'Egypte, de même que l'Ethiopie. Ce n'étoit pas le chemin le plus court, mais c'est la route qu'il est nécessaire de tenir

_____
(a) Mytholog. T. I.

dans les opérations du grand œuvre, où la couleur noire & la couleur rouge sont les deux extrêmes. La noirceur se manifeste d'abord dans le commencement des opérations signifiées par le voyage d'Osiris dans les Indes; car, soit que d'Espagnet, Raymond Lulle, Philalethe, &c. aient fait allusion à ce voyage d'Osiris, ou à celui de Bacchus, soit pour d'autres raisons, ils nous disent qu'on ne peut réussir dans l'œuvre, si l'on ne parcourt les Indes. Il faut donc passer d'abord en Ethiopie, c'est-à-dire, voir la couleur noire, parce qu'elle est l'entrée & la clef de l'art Hermétique. « Ces choses sont créées dans notre
» terre d'Ethiopie, disent Flamel (a) & Rasis (b),
» blanchissez votre corbeau ; si vous voulez le
» faire avec le Nil d'Egypte, il prendra, après
» avoir passé par l'Ethiopie, une couleur blanchâtre ; puis le conduisant par les secrets de
» la Perse *avec cela & avec cela*, la couleur
» rouge se manifestera telle qu'est celle du pavot
» dans le désert. »

Osiris étant en Ethiopie, fit élever des digues pour préserver le pays, non pas du débordement du Nil, mais d'une inondation capable de ravager le pays : car l'eau de ce fleuve est absolument nécessaire pour rendre le pays fertile. D'Espagnet dit à ce sujet (c) : « Le mouvement de
» ce second cercle (de la circulation des élémens,
» qui se fait pendant la solution & la noirceur)
» doit être lent particulierement au commence-

(a) Desir desiré. (b) Liv. des lumieres.
(c) Can. 88.

» ment de sa révolution, de peur que les petits
» corbeaux ne se trouvent inondés & submergés
» dans leur nid, & que le monde naissant ne
» soit détruit par le déluge. » Ce cercle doit
distribuer l'eau sur le terrein par poids, par mesure, & en proportion géométrique (a). Il faut
donc élever des digues, soit pour faire rentrer le
fleuve dans son lit, comme fit Hercule dans le
territoire de Prométhée, soit pour l'empêcher
d'inonder, comme fit Osiris en Ethiopie.

L'Auteur de l'histoire feinte d'Osiris n'a rien
oublié de ce qui étoit nécessaire pour donner
hiéroglyphiquement une idée tant de ce qui compose l'œuvre, que des opérations requises & des
signes démonstratifs. Il fait d'abord remarquer
que pendant le séjour d'Osiris en Ethiopie, le
Nil déborda, & que ce Prince fit élever des digues pour garantir le pays des dégâts que son
inondation auroit occasionnés. Cet Auteur a voulu
désigner par là la résolution de la matiere en
eau, de même que par le débordement du Nil
en Egypte, dans le territoire duquel Prométhée
étoit Roi ou Gouverneur. L'Artiste du grand
œuvre doit faire attention que l'Ethiopie ne fut
point inondée, & que le Gouvernement de Prométhée le fut. C'est que la partie de la matiere
terrestre qui se putréfie & noircit, surnage la dissolution; au lieu que la fixe qui renferme le feu
inné, que Prométhée vola au ciel pour en faire

_____

(a) *Hic circulus est aquæ ponderator & mensurarum explorator; aquam enim ex geometricarum rationum præceptis distribuit.* D'Espagnet, *ibid.*

part aux hommes, demeure dans le fond du vase, & se trouve submergée. Les attentions que doit avoir dans cette occasion l'Artiste signifié par Hercule, est très-bien exprimée dans la note ci-dessous (a). Nous expliquerons dans le chapitre de Bacchus, liv. 3. ce qu'on doit entendre par les satyres; & l'on trouvera dans celui d'Oreste ce qui concerne la chevelure d'Osiris. Les neuf Nymphes ou Muses, & les Musiciens qui sont à la suite d'Osiris, sont les parties volatiles, ou les neuf Aigles que Senior dit être requises avec une partie fixe désignée par Apollon. Nous en parlerons plus au long dans le chapitre de Persée, où nous expliquerons leur généalogie, & leurs actions.

Triptolême préside à la semence des grains; il est chargé par Osiris d'instruire les peuples de tout ce qui concerne l'Agriculture. Il n'est point d'allégories plus communes dans les ouvrages qui traitent de l'art Hermétique, que celle de l'Agriculture. Ils parlent sans cesse du grain, du choix qu'il faut en faire, de la terre où il faut

(a) Leges motus hujus circuli sunt ut lentè & paulatim decurrat, ac parcè effundat, ne festinando à mensurâ cadat, & aquis obrutus ignis insitus, operis architectus hebescat, aut etiam extinguatur: ut alternis vicibus cibus & potus administrentur, quo melior fiat digestio, ac optimum sicci & humidi temperamentum; indissolubilis enim utriusque colligatio finis ac scopus est operis; propterea vide ut tantùm irrigando adjicias, quantùm assando defecerit, quo restauratio corroborando deperditarum virium tantùm restituat, quantùm evacuatio debilitando abstulerit. *D'Espagnet, Can.* 89.

le semer, & de la maniere de s'y prendre. On en verra des exemples lorsque nous parlerons de l'éducation de Triptolême par Cérès dans le quatrieme livre. Raymond Lulle (a), Riplée & beaucoup d'autres Philosophes appellent leur eau mercurielle; *vin blanc & vin rouge.*

Quoique Osiris connût parfaitement la prudence & la capacité d'Isis pour gouverner ses Etats pendant son expédition, il laissa cependant Mercure auprès d'elle pour son conseil. Il sentoit la nécessité d'un tel Conseiller, puisque Mercure est le mercure des Philosophes, sans lequel on ne peut rien faire au commencement, au milieu & à la fin de l'œuvre; c'est lui qui, de concert avec Hercule ou l'Artiste constitué Gouverneur général de tout l'empire, doit tout diriger, tout conduire & tout faire. Le mercure est le principal agent intérieur de l'œuvre; il est chaud & humide; il dissout, il putréfie, il dispose à la génération; & l'Artiste est l'agent extérieur. On trouvera ceci expliqué en détail dans tout le cours de cet ouvrage, particulierement dans le chapitre de Mercure, livre troisieme, & dans le cinquieme où nous traiterons des travaux d'Hercule.

Si l'on examine avec soin toutes les particularités de l'expédition d'Osiris, on verra clairement qu'il n'en est pas une seule qui n'ait été placée à propos & à dessein, jusqu'aux cérémonies mêmes du culte rendu à Osiris, instituées, dit-on, par Isis, aidée des conseils d'Hermès. On auroit dit plus vrai, si l'on n'avoit attribué cette

---

(a) Testam. Codic. liv. de la quintess. & ailleurs.

institution qu'à Hermès seul, puisqu'il y a toute apparence qu'il fut l'inventeur & de l'histoire d'Isis & d'Osiris, & du culte mystérieux qu'on leur rendoit en Egypte. Mais à quoi bon ce mystere, s'il ne s'agissoit que de raconter une histoire réelle, & d'instituer des cérémonies pour en rappeler le souvenir ? Le simple récit des faits, les fêtes, les triomphes auroient plus que suffi pour immortaliser l'un & l'autre. Il eût été bien plus naturel d'en rappeler la mémoire par des représentations prises du fond de la chose même. Puisqu'on vouloit que tout le peuple en fût instruit, il falloit mettre tout à sa portée, & ne pas inventer des hiéroglyphes, dont les seuls Prêtres auroient la clef. Ce mystere devoit donc faire soupçonner quelque secret caché sous ces hiéroglyphes, qu'on ne dévoiloit qu'aux initiés, ou à ceux que l'on vouloit initier dans l'Art sacerdotal.

Les deux œuvres qui font l'objet de cet Art font compris; le premier dans l'expédition d'Osiris; le second dans sa mort & son apothéose. Par le premier, on fait la pierre; par le second, on forme l'élixir. Osiris dans son voyage parcourut l'Ethiopie, puis les Indes, l'Europe, & retourna en Egypte par la mer Rouge, pour jouir de la gloire qu'il s'étoit acquise; mais il y trouva la mort. C'est comme si l'on disoit: dans le premier œuvre, la matiere passe d'abord par la couleur noire, ensuite par des couleurs variées, la grise, la blanche, & enfin survient la rouge, qui est la perfection du premier œuvre, & celle de la pierre ou du soufre Philosophique. Ces couleurs variées ont été déclarées plus ouvertement, & désignées plus clairement par les Léopards & les Tigres que la Fable suppose avoir accompagné Bacchus dans un voyage semblable à celui d'Osiris ; car tout le monde convient qu'Osiris & Bacchus ne sont qu'une même personne, ou, pour mieux dire, deux symboles d'une même chose.

Le second œuvre est très-bien représenté par le genre de mort d'Osiris & les honneurs qu'on lui rendit. Ecoutons Diodore à ce sujet. On a, dit-il, découvert dans les anciens écrits secrets des Prêtres qui vivoient du temps d'Osiris, que ce Prince régnoit avec justice & équité sur l'Egypte ; que son frere impie & scélerat, nommé Typhon, l'ayant assassiné, l'avoit coupé en 26 parties, qu'il avoit distribuées à ses complices, afin de les rendre plus coupables, se les attacher davantage, & les avoir pour défenseurs & pour soutiens dans son usurpation. Qu'Isis, sœur & femme d'Osiris, pour venger la mort de son mari, appela à son secours son fils Horus ; tua dans un combat Typhon & ses complices, & se mit avec son fils en possession de la couronne. La bataille se donna le long d'un fleuve, dans la partie de l'Arabie, où est située la ville qui prit le nom d'Anthée, après qu'Hercule du temps d'Osiris y eût tué un Prince tyran qui portoit le nom de cette ville. Isis ayant trouvé les membres épars du corps de son époux, les ramassa avec soin ; mais ayant cherché inutilement certaines parties, elle en consacra les représentations ; de-là l'usage du Phallus devenu si célebre dans les cérémonies religieuses des Egyptiens. De chaque membre Isis forma une figure humaine, en y ajoutant des aromates & de la cire. Elle assembla les Prêtres d'Egypte, & leur confia à chacun en particulier un de ces dépôts, en les assurant que chacun avoit le corps entier d'Osiris; leur recommandant expressément de ne jamais découvrir à personne qu'ils possédoient ce trésor, & de lui rendre & faire rendre le culte & les honneurs qu'on leur prescrivoit. Afin de les y engager plus sûrement, elle leur accorda la troisieme partie des champs cultivés de l'Egypte.

Soit que les Prêtres, convaincus des mérites d'Osiris, (c'est toujours Diodore qui parle) soit que ces bienfaits d'Isis les y eussent engagés, ils firent tout ce qu'elle leur avoit recommandé; & chacun d'eux se flatte encore aujourd'hui d'être le possesseur du tombeau d'Osiris. Ils honorent les animaux qu'on avoit consacrés à ce Prince dès le commencement; & lorsque ces animaux meurent, les Prêtres renouvellent les pleurs & le deuil que l'on fit à la mort d'Osiris. Ils lui sacrifient les Taureaux sacrés, dont l'un porte le nom d'Apis, l'autre celui de Mnevis; le premier étoit entretenu à Memphis, le second à Héliopolis: tout le peuple révere ces animaux comme des Dieux.

Isis, suivant la tradition des Prêtres, jura, après la mort de son mari, qu'elle ne se remarieroit pas. Elle tint parole, & régna si glorieusement, qu'aucun de ceux qui porterent la couronne après elle ne l'a surpassé. Après sa mort on lui décerna les honneurs des Dieux, & fut enterrée à Memphis dans la forêt de Vulcain, où l'on montre encore son tombeau. Bien des gens, ajoute Diodore, pensent que les corps de ces Dieux ne sont pas dans les lieux où l'on débite au peuple qu'ils sont; mais qu'ils ont été déposés sur les montagnes d'Egypte & d'Ethiopie, auprès de l'Isle qu'on appelle les *portes du Nil*, à cause du champ consacré à ces Dieux. Quelques monumens favorisent cette opinion; on voit dans cette Isle un Mausolée élevé en l'honneur d'Osiris, & tous les jours les Prêtres de ce lieu remplissent de lait trois cents soixante urnes, & rappellent le deuil de la mort de ce Roi & de cette Reine, en leur donnant les titres de Dieu & de Déesse. C'est pour cela qu'il n'est permis à aucun étranger d'aborder dans cette Isle. Les habitans de Thebes, qui passe pour la plus ancienne ville d'Egypte, regardent comme le plus grand serment celui qu'ils font par Osiris qui habite dans les nues; prétendant avoir en possession tous les membres du corps de ce Roi qu'Isis avoit ramassés. Ils comptent plus de dix mille ans, quelques-uns disent près de vingt-trois mille, depuis le regne d'Osiris & d'Isis, jusqu'à celui d'Alexandre de Macédoine, qui bâtit en Egypte une ville de son nom.

Plutarque (a) nous apprend de quelle maniere Typhon fit perdre la vie à Osiris. Typhon, dit-il, l'ayant invité à un superbe festin, proposa après le repas aux conviés, de se mesurer dans un coffre d'un travail exquis, promettant de le donner à celui qui seroit de même grandeur. Osiris

(a) De Isid. & Osir.

s'y étant mis à son tour, les conjurés se leverent de table, fermerent le coffre, & le jeterent dans le Nil.

Isis, informée de la fin tragique de son époux, se mit en devoir de chercher son corps; & ayant appris qu'il étoit dans la Phénicie, caché sous un tamarin où les flots l'avoient jeté, elle alla à la Cour de Byblos, où elle se mit au service d'Astarté, pour avoir plus de commodité de le découvrir. Elle le trouva enfin, & fit de si grandes lamentations, que le fils du Roi de Byblos en mourut de regret; ce qui toucha si fort le Roi son pere, qu'il permit à Isis d'enlever ce corps, & de se retirer en Egypte. Typhon, informé du deuil de sa belle-sœur, se saisit du coffre, l'ouvrit, mit en pieces le corps d'Osiris, & en fit porter les membres en différens endroits de l'Egypte. Isis ramassa avec soin ces membres épars, les enferma dans des cercueils, & consacra la représentation des parties qu'elle n'avoit pu trouver. Enfin, après avoir répandu bien des larmes, elle le fit enterrer à Abyde, ville située à l'occident du Nil. Que si les Anciens placent le tombeau d'Osiris en d'autres endroits, c'est qu'Isis en fit élever un pour chaque partie du corps de son mari, dans le lieu même où elle l'avoit trouvé.

Je n'ay rapporté ceci d'après Plutarque, que pour faire voir que les Auteurs sont d'accord sur le fond, quoiqu'ils varient sur les circonstances. Cette servitude d'Isis chez le Roi de Byblos pourroit bien avoir donné lieu à celle de Cérès chez le pere de Triptolême à Eleusis; puisqu'on convient qu'Isis & Cérès ne sont qu'une même personne.

Avouons-le de bonne foi : quand même l'Ecriture Sainte & les Historiens ne nous convaincroient pas de la fausseté du calcul chronologique des Egyptiens, le reste de cette histoire a-t-il un air de vraisemblance ? y a-t-il apparence qu'une Reine aussi illustre & aussi connue qu'Isis, eût été se mettre en service chez un Roi son voisin ? que le fils de ce Roi meure de regret de la voir se lamenter sur le corps de son mari perdu ? qu'enfin elle le trouve sous un tamarin, & le reporte en Egypte, &c. ? De semblables histoires ne méritent pas d'être réfutées ; leur absurdité est si palpable, qu'il est surprenant que Plutarque ait daigné nous la conserver, & encore plus étonnant que de savans Auteurs la soutiennent. Mais loin que ces circonstances de la mort d'Osiris, & ce qui la suivit, présentent rien d'absurde, si on les prend dans le sens allégorique de l'Art sacerdotal, elles renferment au contraire de très-grandes vérités. En voici la preuve, par la simple exposition de ce qui se passe dans l'opération de l'élixir.

Cette seconde opération étant semblable à la première, sa clef est la solution de la matiere, ou la division des membres d'Osiris en beaucoup de parties. Le coffre où ce Prince est enfermé est le vase Philosophique scellé hermétiquement. Typhon & ses complices sont les agens de la dissolution ; nous verrons pourquoi ci-après dans l'histoire de Typhon. La dispersion des membres du corps d'Osiris, est la volatilisation de l'or Philosophique; la réunion de ces membres indique la fixation. Elle se fait par les soins d'Isis, ou la Terre, qui, comme un aimant, disent les Philosophes, attire à elles les parties volatilisées; alors Isis, avec le secours de son fils Horus, combat Typhon, le tue, regne glorieusement, & se réunit enfin à son cher époux dans le même tombeau; c'est-à-dire, que la matiere dissout, se coagule, & se fixe dans le même vase, parce qu'un axiome des Philosophes est, *solutio corporis est coagulatio spiritûs*.

Horus, fils d'Osiris & d'Isis, est reconnu de tous les Auteurs pour être le même qu'Apollon; on sait aussi qu'Apollon tua le serpent Python à coup de fleches; Python n'est que l'anagramme de Typhon. Mais cette Apollon doit s'entendre du Soleil ou or Philosophique, qui est la cause de la coagulation & de la fixation. On trouvera ceci expliqué plus en détail dans le troisieme livre de cet Ouvrage, chapitre d'Apollon.

Osiris fut enfin mis au rang des Dieux par Isis son épouse, & par Mercure, qui institua les cérémonies de son culte. Il faut remarquer deux choses à cet égard : 1º. que les Dieux, au rang desquels Osiris fut mis, ne peuvent être que des Dieux fabriqués par la main des hommes; c'est-à-dire, les Dieux Chymiques ou Hermétiques. Mercure Trismégiste le dit positivement (*a*); nous avons déja rapporté ses paroles à ce sujet. 2º. Que *Mercure* est également le nom du Mercure des Philosophes, & d'Hermès Trismégiste.

(*a*) In Asclepio.

L'un & l'autre ont travaillé avec Isis à la déification d'Osiris ; le Philosophique en agissant dans le vase de concert avec Isis ; & le Philosophe en conduisant extérieurement les opérations : c'est ce qui a fait donner à l'un & à l'autre le titre de Conseiller d'Isis qui n'entreprenoit rien sans eux. Ce fut donc Trismégiste qui détermina son culte, & qui institua les cérémonies mystérieuses, pour être des symboles & des allégories permanentes tant de la matiere que des opérations de l'Art Hermétique ou sacerdotal, comme nous le verrons dans la suitte.

CHAPITRE IV.

Histoire d'Isis.

QUAND on sait la généalogie d'Osiris, on est au fait de celle d'Isis son épouse, puisqu'elle étoit sa sœur. On pense communément qu'elle étoit le symbole de la Lune, comme Osiris étoit celui du Soleil ; mais on la prenoit aussi pour la Nature en général, & pour la Terre, suivant Macrobe. Delà vient, dit cet Auteur, qu'on représentoit cette Déesse ayant le corps tout couvert de mamelles. Apulée est du même sentiment que Macrobe, & en fait la peinture suivante (a). « Une chevelure longue » & bien fournie tomboit par ondes sur son cou

—————
(a) Métam. l. 11.

» divin

» divin : elle avoit en tête une couronne variée
» par sa forme & par les fleurs dont elle étoit
» ornée. Au milieu sur le devant paroissoit une
» espece de globe, en forme presque de miroir,
» qui jetoit une lumiere brillante & argentine,
» comme celle de la Lune. A droite & à gauche
» de ce globe s'élevoient deux ondoyantes vi-
» peres, comme pour l'enchâsser & le soute-
» nir ; & de la base de la couronne sortoient
» des épis de blé. Une robe de fin lin la cou-
» vroit toute entiere. Cette robe étoit si éclatante,
» tantôt par sa grande blancheur, tantôt par son
» jaune safrané, enfin par une couleur de feu si
» vive, que mes yeux en étoient éblouis. Une
» simarre remarquable par sa grande noirceur,
» passoit de l'épaule gauche au dessous du bras
» droit, & flottoit à plusieurs plis en descen-
» dant jusqu'aux pieds ; elle étoit bordée de
» nœuds & de fleurs variées, & parsemée d'é-
» toiles dans toute son étendue. Au milieu de
» ces étoiles se montroit la Lune avec des rayons
» ressemblans à des flammes. Cette Déesse avoit
» un cistre à la main droite, qui, par le mouve-
» ment qu'elle lui donnoit, rendoit un son aigu,
» mais très-agréable ; de la gauche elle portoit
» un vase d'or dont l'anse étoit formée par un
» aspic, qui élevoit la tête d'un air menaçant ;
» la chaussure qui couvroit ses pieds exhalans
» l'ambroisie, étoit faite d'un tissu de feuilles
» de palme victorieuse. Cette grande Déesse
» dont la douceur de l'haleine surpasse tous les
» parfums de l'Arabie heureuse, daigna me par-
» ler en ces termes : Je suis la Nature, mere des

I. Partie.   T

» choses, maîtresse des élémens ; le commence-
» ment des siecles, la Souveraine des Dieux, la
» Reine des mânes, la premiere des natures
» célestes, la face uniforme des Dieux & des
» Déesses; c'est moi qui gouverne la sublimité
» lumineuse des cieux, les vents salutaires des
» mers, le silence lugubre des enfers. Ma divi-
» nité unique est honorée par tout l'Univers,
» mais sous différentes formes, sous divers noms,
» & par différentes cérémonies. Les Phrygiens,
» les premiers nés des hommes, m'appellent la
» Pessinontienne mere des Dieux : les Athéniens,
» Minerve Cécropienne ; ceux de Cypre, Vénus
» Paphienne ; ceux de Crete, Diane Dictynne ;
» les Siciliens qui parlent trois langues, Pro-
» serpine Stygienne ; les Eléusiniens, l'ancienne
» Déesse Cérès ; d'autres, Junon ; d'autres, Bel-
» lone ; quelques-uns, Hécaté ; quelques autres,
» Rhamnusie. Mais les Egyptiens qui sont ins-
» truits de l'ancienne doctrine, m'honorent
» avec des cérémonies qui me sont propres &
» convenables, & m'appellent de mon vérita-
» ble nom, la Reine Isis. »

Isis étoit plus connue sous son propre nom dans les pays hors de l'Egypte, que ne l'étoit Osiris, parce qu'on la regardoit comme la mere & la nature des choses. Ce sentiment universel auroit dû faire ouvrir les yeux à ceux qui la regardent comme une véritable Reine d'Egypte, & qui prétendent en conséquence adapter son histoire feinte à l'histoire réelle des Rois de ce pays-là. Les Prêtres d'Egypte comptoient, suivant le témoignage de Diodore, vingt mille ans depuis le regne du Soleil jusqu'au temps où Alexandre le Grand passa en Asie. Ils disoient aussi que leurs anciens Dieux régnerent chacun plus de douze cents ans, & que leurs successeurs n'en régnerent pas moins de trois cents; ce que quelques-uns entendent du cours de la Lune, & non de celui du Soleil, en comptant même les mois pour des années. Eusebe, qui fait mention de la chronologie des Rois d'Égypte, place Océan, le premier de tous, vers l'an du monde 1802, temps auquel Nemrod commença le premier à s'arroger la supériorité sur les autres hommes. Eusebe donne à Océan pour successeurs, Osiris & Isis. Les Pasteurs régnerent ensuite pendant 103 ans; puis la Dynastie des Polytans pendant 348 ans, dont le dernier fut Miris ou Pharaon, dit Menophis, environ l'an du monde 2550. A cette Dynastie succéda celle des Larthes, qui dura 194 ans; puis celle des Diapolytans qui fut de 177 ans.

Mais si nous ôtons mille & vingt ans des années du monde jusqu'au regne d'Alexandre, le regne du Soleil ou d'Horus qui succéda à Isis, tombera à l'an du monde environ 2608, temps auquel, selon Eusebe, regnoit Zetus, successeur immédiat de Miris. Ainsi, par ce calcul, on ne trouve aucune place pour mettre les regnes d'Osiris, d'Isis, du Soleil, de Mercure, de Vulcain, de Saturne, de Jupiter, du Nil & d'Océan. Je sais cependant, dit Diodore, que quelques Ecrivains placent les tombeaux de ces Rois Dieux dans la ville de Nysa en Arabie, d'où ils ont donné à Denys le surnom de Niséc. Comme la chronologie des Rois d'Egypte n'entre point dans le dessein de cet Ouvrage, je laisse à d'autres le soin de lever toutes ces difficultés de chronologie; & je retourne à Isis, comme principe général de la Nature, & principe matériel de l'art Hermétique.

Le portrait d'Isis, que nous avons donné d'après Apulée, est une allégorie de l'œuvre, palpable à ceux qui ont lu attentivement les ouvrages qui en traitent. Sa couronne & les couleurs de ses habits indiquent tout en général & en particulier. Isis passoit pour la Lune, pour la Terre & pour la Nature. Sa couronne, formée par un globe brillant comme la Lune, l'annonce à tout le monde. Les deux serpens qui soutiennent ce globe sont les mêmes que ceux dont nous avons parlé dans le chapitre premier de ce livre, en expliquant le monument d'A. Herennuleius Hermès. Le globe est aussi la même chose que l'œuf du même monument. Les deux épis qui en sortent marquent que la matiere de l'art Hermétique est la même que celle que la Nature emploie pour faire tout végéter dans l'Univers. Les couleurs qui surviennent à cette matiere pendant les opérations, ne sont-elles pas expressément nommées dans l'énumération de celles des vêtemens d'Isis? Une simarre ou longue robe frappante par sa grande noirceur, *palla nigerrima splendescens atro nitore*, couvre tellement le corps d'Isis, qu'elle laisse seulement appercevoir par le haut une autre robe de fin lin, d'abord blanche, puis safranée, enfin de couleur de feu. *Multicolor byſſo tenui prætexta, nunc albo can-*

dore lucida, nunc croceo flore lutea, nunc roseo rubore flammea. Apulée avoit sans doute copié cette description d'après quelque Philosophe ; car ils s'expriment tous de la même maniere à ce sujet. Ils appellent la couleur noire, le noir plus noir que le noir même, *nigrum nigro nigrius.* Homere en donne un semblable à Thétis, lorsqu'elle se dispose à aller solliciter les faveurs & la protection de Jupiter pour son fils Achille (*a*). Il n'y avoit point dans le monde, dit ce Poëte, d'habillement plus noir que le sien. La couleur blanche succede à la noire, la safranée à la blanche, & la rouge à la safranée, précisément comme le rapporte Apulée. On peut consulter là-dessus le traité de l'œuvre que j'ai donné ci-devant. D'Espagnet en particulier est parfaitement conforme à cette description d'Apulée, & nomme ces quatre couleurs les moyens démonstratifs de l'œuvre (*b*). Il semble qu'Apulée ait voulu nous

---

(*a*) *Sic fata velum accepit augustissima Dearum*
Atrum, eòque nullum nigrius erat vestimentum :
Perrexit autem ire.

Iliad. l. 24. v. 93.

(*b*) Media sive signa demonstrativa sunt colores successivè & ex ordine materiam afficientes, ejusque affectiones & passiones demonstrantes..... Primus est niger.... nox autem illa nigerrima perfectionem liquefactionis, & confusionis elementorum indicat.... nigro colori succedit alous.... Tertius color & citrinus... est que veluti croceis aurorâ capillis solis prænuncia. Quartus color rubeus sive sanguineus ab albo solo igne extrahitur. *Arcanum Hermeticæ Philosop. opus, Can. 64.*

dire que toutes ces couleurs naiſſent les unes des autres ; que le blanc eſt contenu dans le noir, le jaune dans le blanc, & le rouge dans le jaune ; c'eſt pour cela que le noir couvre les autres. On pourroit peut-être m'objecter que cette robe noire eſt le ſymbole de la nuit ; & que la choſe eſt aſſez indiquée par le croiſſant de la Lune placé au milieu avec les étoiles dont elle eſt toute parſemée ; mais les autres accompagnemens n'y conviennent point du tout. Il n'eſt pas étonnant qu'on ait mis ſur la robe d'Iſis un croiſſant, puiſqu'on la prenoit pour la Lune ; mais comme la nuit empêche de diſtinguer la couleur des objets, Apulée auroit dit fort mal à propos que les quatre couleurs du vêtement d'Iſis ſe diſtinguoient & jetoient chacune en particulier un ſi grand éclat, qu'il en étoit ébloui. D'ailleurs cet Auteur ne fait aucune mention de la nuit ni de la Lune ; mais ſeulement d'Iſis comme principe de tout ce que la Nature produit ; ce qui ne ſauroit convenir à la Lune céleſte ; mais ſeulement à la Lune Philoſophique ; puiſqu'on ne remarque dans la céleſte que la couleur blanche, & non la ſafranée & la rouge.

Les épis de blé prouvent qu'Iſis & Cérès n'étoient qu'un même ſymbole ; le ciſtre & le vaſe ou petit ſeau, ſont les deux choſes requiſes pour l'œuvre, c'eſt-à-dire, le *laiton* Philoſophique & l'eau mercurielle ; car le ciſtre étoit communément un inſtrument de cuivre, & les verges qui le traverſoient étoient auſſi de cuivre, quelquefois de fer. Les Grecs inventerent enſuite la fable d'Hercule qui chaſſe les oiſeaux du lac Stymphale, en faisant du bruit avec un instrument de cuivre. L'un & l'autre doivent s'expliquer de la même maniere. Nous en parlerons dans les travaux d'Hercule, au cinquieme livre.

On représentoit ordinairement Isis non seulement tenant un sistre, mais avec un seau ou autre vase à la main, ou auprès d'elle, pour marquer qu'elle ne pouvoit rien faire sans l'eau mercurielle, ou le mercure qu'on lui avoit donné pour conseil. Elle est la terre ou le *laiton* des Philosophes; mais le laiton ne peut rien par lui-même, disent-ils, s'il n'est purifié & blanchi par l'azot ou l'eau mercurielle. Par la même raison Isis étoit très-souvent représentée avec une cruche sur la tête; souvent aussi avec une corne d'abondance à la main, pour signifier en général la Nature qui fournit tout abondamment, & en particulier la source du bonheur, de la santé & des richesses, que l'on trouve dans l'œuvre Hermétique. Dans les monumens Grecs (a) on la voit quelquefois environnée d'un serpent, ou accompagnée de ce reptile, parce que le serpent étoit le symbole d'Esculape, Dieu de la Médecine, dont les Egyptiens attribuoient l'invention à Isis. Mais nous avons plus de raisons de la regarder comme la matiere même de la Médecine Philosophique ou universelle, qu'employoient les Prêtres d'Egypte, pour guérir toutes sortes de maladies, sans que le peuple sût comment (b)

(a) Ce que je dis ici des attributs d'Isis se prouve par les monumens antiques rapportés dans l'Antiquité expliquée de D. Bernard de Montfaucon.

(b) Qui quidem libri (Medici) nonnisi ab Iis qui

ni avec quoi; parce que la maniere de faire ce remede étoit contenue dans les livres d'Hermès, que les seuls Prêtres avoient droit de lire, & pouvoient seuls entendre, à cause que tout y étoit voilé sous les ténebres des hiéroglyphes. Trismégiste nous apprend lui-même (a), qu'Isis ne fut pas l'inventrice de la Médecine, mais que ce fut l'ayeul d'Asclépius ou Hermès dont il portoit le nom.

Il ne faut donc pas en croire Diodore, ni la tradition populaire d'Egypte, d'après laquelle il dit qu'Isis inventa non seulement beaucoup de remedes pour la cure des maladies; mais qu'elle contribua infiniment à la perfection de la Médecine, & qu'elle trouva même un remede capable de procurer l'immortalité, dont elle usa pour son fils Horus, lorsqu'il fut mis à mort par les Titans, & le rendit en effet immortel. On conviendra avec moi que tout cela doit s'expliquer allégoriquement; & que, suivant l'explication que nous fournit l'art Hermétique, Isis contribua beaucoup à la perfection de la Médecine, puisqu'elle étoit la matiere dont on faisoit le plus excellent remede qui fût jamais dans la Nature. Mais il ne seroit point tel si Isis étoit seule; il faut nécessairement qu'elle soit mariée avec Osiris, parce que les deux principes doivent

sacerdotalis ordinis erant legebantur; unde & hieroglyphicis variis obvelati, morbo quidem oppressis applicati ad salutem ita conferebant; ut ratio tamen eorum ipsam plebem lateret, ut in sequentibus probaturi sumus. *Kircher, Œdyp. Ægypt. T. II. 2. part. cl. ix. p.* 347.

(a) In Asclepio.

être réunis dans un seul tout, comme dès le commencement de l'œuvre ils né formoient qu'un même sujet, dans lequel étoient contenues deux substances, l'une mâle, l'autre femelle.

Le voyage d'Isis en Phénicie pour y aller chercher le corps de son mari; les pleurs qu'elle verse avant de le trouver; l'arbre sous lequel il étoit caché, tout est marqué au coin de l'Art sacerdotal. En effet, Osiris étant mort, est jeté dans la mer, c'est-à-dire, submergé dans l'eau mercurielle, ou la mer des Philosophes; Isis verse, dit-on, des larmes, parce que la matiere qui est encore volatile, représentée par Isis, monte en forme de vapeurs, se condense & retombe en gouttes. Cette tendre épouse cherche son mari avec inquiétude, avec des pleurs & des gémissemens, & ne peut le trouver que sous un tamarin; c'est que la partie volatile ne se réunit avec la fixe, que lorsque la blancheur survient; alors la rougeur où Osiris est caché sous le tamarin, parce que les fleurs de cet arbre sont blanches & les racines rouges. Cette derniere couleur est même indiquée plus précisément par le nom même de Phénicie, qui vient de φοῖνιξ, rouge, couleur de pourpre.

Isis survécut à son mari, & après avoir régné glorieusement, elle fut mise au nombre des Dieux. Mercure détermina son culte, comme il avoit fait celui d'Osiris; parce que dans la seconde opération appelée le second œuvre, ou la seconde disposition par Morien (*a*), la Lune des Philosophes, ou leur Diane, ou la matiere au

(*a*) Entret. du Roi Calid.

blanc, signifiée aussi par Isis, paroît encore après la solution ou la mort d'Osiris; elle se trouve par-là mise au rang des Dieux, mais des Dieux Philosophiques, puisqu'elle est leur Diane ou la Lune, une des principales Déesses de l'Égypte : on voit bien pourquoi on attribue cette déification à Mercure.

Mais si toute cette histoire n'est pas une fiction, comme le prétend M. l'Abbé Banier (a), puisqu'il dit qu'il croit qu'Osiris est le même que Mesraïm, fils de Cham, qui peupla l'Égypte quelque temps après le Déluge. Il ajoute même que, malgré l'obscurité qui regne dans l'histoire d'Osiris, les Savans sont obligés de convenir qu'il a été un des premiers descendans de Noé par Cham, & qu'il gouverna l'Égypte où son pere s'étoit retiré... que Diodore de Sicile nous assure que ce Prince est le même que Menès, le premier Roi d'Égypte, & que c'est-là qu'il faut s'en tenir; je prierois tous ces Savans de me dire pourquoi tous les Auteurs anciens qui ont parlé de Mesraïm & de Menès, n'ont fait aucune mention, en parlant d'eux, du fameux voyage ou célèbre expédition que le prétendu Osiris fit en Afrique, en Asie & par tout le monde, suivant cette inscription trouvée sur d'anciens monumens, rapportée par Diodore & tous les Auteurs qui depuis lui ont parlé d'Osiris, & par M. l'Abbé Banier lui-même, mais qui ne l'a pas rapportée exactement.

(a) Mytol. T. I. p. 483. 484. & ailleurs.

ÉGYPTIENNES ET GRECQUES. 299

SATURNE, LE PLUS JEUNE DE TOUS LES DIEUX, ÉTOIT MON PERE. JE SUIS OSIRIS, ROI; J'AI PARCOURU TOUT L'UNIVERS, JUSQU'AUX EXTRÉMITÉS DES DESERTS DE L'INDE, DE-LA VERS LE SEPTENTRION JUSQU'AUX SOURCES DE L'ISTER; ENSUITE D'AUTRES PARTIES DU MONDE JUSQU'A L'OCÉAN:

JE SUIS LE FILS AINÉ DE SATURNE, SORTI D'UNE TIGE ILLUSTRE, ET D'UN SANG GÉNÉ-REUX, QUI N'AVOIT POINT DE SEMENCE. IL N'EST POINT DE LIEU OU JE N'AYE ÉTÉ. J'AI VISITÉ TOUTES LES NATIONS POUR LEUR APPRENDRE TOUT CE DONT J'AI ÉTÉ L'INVEN-TEUR.

Je ne crois pas qu'on puisse attribuer à aucun Roi d'Egypte tout ce que porte cette Inscription, particuliérement *la génération sans semence*, au lieu que ce dernier article même se trouve dans l'œuvre Hermétique, où l'on entend par Saturne la couleur noire, de laquelle naissent la blanche ou Isis, & la rouge ou Osiris: la première appelée *Lune*, la seconde Soleil ou Apollon.

Il n'est pas moins difficile, ou plutôt il est impossible de pouvoir appliquer à une Reine, l'inscription suivante tirée d'une colonne d'Isis, & rapportée par les mêmes Auteurs.

Moi, Isis, suis la Reine de ce pays d'Égypte, et j'ai eû Mercure pour premier ministre. Personne ne pourra révoquer les loix que j'ai faites, et empêcher l'exécution de ce que j'ai ordonné.

Je suis la fille ainée de Saturne, le plus jeune des Dieux.

Je suis la sœur et la femme d'Osiris.

Je suis la mere du Roi Orus.

Je suis la première inventrice de l'agriculture.

Je suis le chien brillant parmi les astres.

La ville de Bubaste a été bastie en mon honneur.

Réjouis-toi, ô Egypte! qui m'as nourrie.

Mais si on explique cela de la matiere de l'Art sacerdotal ; si l'on compare ces expressions avec celles des Philosophes Hermétiques, on les trouvera tellement conformes, qu'on sera, pour ainsi dire, obligé de convenir que l'Auteur de ces Inscriptions a eu en vue le même objet que les Phi-

Josophes. Diodore dit qu'on ne pouvoit lire de son temps que ce que nous avons rapporté, parce que le reste étoit effacé de vétusté. Il n'est même pas possible, ajoute-t-il, d'avoir aucun éclaircissement là-dessus; car les Prêtres gardent inviolablement le secret sur ce qui leur a été confié; aimant mieux que la vérité soit ignorée du peuple, que de courir les risques de subir les peines imposées à ceux qui divulgueroient ces secrets. Mais encore une fois, quels étoient donc ces secrets si fort recommandés ? Ceux qui, avec Cicéron, disent qu'il consistoit à ne pas dire qu'Osiris avoit été un homme, pensent-ils bien à ce qu'ils disent ? La conduite prétendue d'Isis à l'égard des Prêtres étoit seule capable de trahir ces secrets; celle des Prêtres envers le peuple le découvroit encore davantage. Quoi ! on voudra me faire croire qu'Osiris ne fut jamais un homme, & l'on me montre son tombeau ? crainte même que je ne doute de sa mort, & comme si l'on vouloit ne pas me la faire perdre de vue, on multiplie ce tombeau ? chaque Prêtre me dit qu'il en est le possesseur ? avouons que ce secret seroit bien mal concerté. Et à quoi bon, après tout, ce secret inviolable au sujet du tombeau d'un Roi ardemment aimé de ses sujets ? quel intérêt de cacher le tombeau d'Osiris ? Si l'on disoit qu'Hermès eût conseillé à Isis de cacher le tombeau de son mari, afin d'ôter au peuple une occasion d'idolatrie, parce qu'il sentoit bien que le grand amour qu'avoit conçu le peuple pour Osiris, à cause des bienfaits qu'il en avoit reçus, pourroit le conduire à l'adorer par reconnoissance; ce sentiment seroit très-conforme aux idées que nous devons avoir de la vraie piété d'Hermès. Mais loin de cacher ce tombeau, Isis en en faisant un pour chaque membre, & voulant persuader que tout le corps d'Osiris étoit dans chacun de ces tombeaux, c'eût été au contraire multiplier la pierre de scandale & d'achoppement. L'Ecriture Sainte nous apprend que Josué tint une toute autre conduite à l'égard des Israélites, lorsque Moyse mourut (a), pour empêcher sans doute que les Hébreux n'imitassent encore les Egyptiens en ce genre d'idolatrie.

Ce n'étoit donc pas pour cacher au peuple l'humanité prétendue d'Osiris que l'on faisoit un secret de son tombeau; si l'on défendoit sous des peines rigoureuses de dire qu'Isis & son mari avoient été des hommes, c'est qu'ils ne le furent jamais en effet. Cette défense qui ne s'accordoit nullement avec la démonstration publique de leur tombeau, auroit dû faire soupçonner quelque mystere caché sous cette contradiction; le grand secret qu'observoient les Prêtres auroit encore dû irriter la curiosité. Mais le peuple ne s'avise pas de sonder si scrupuleusement les choses; il les prend telles qu'on les lui donne sans beaucoup d'examen. Et de quel secret d'ailleurs qui puisse avoir rapport à un tombeau & à ce qu'il renferme? Prenons la chose allégoriquement; lisons les Philosophes, & nous y verrons des tombeaux aussi mystérieux. Basile Valentin (b) emploie cette allégorie deux ou trois fois: Norton (c) dit

(a) Deuter. 34. (b) 12 Clefs.
(c) Ordinale.

qu'il faut faire mourir le Roi & l'ensevelir. Raymond Lulle, Flamel, le Trévisan, Aristée dans la Tourbe, & tant d'autres s'expriment à peu près dans ce sens-là; mais tous cachent avec beaucoup de soin le tombeau & ce qu'il renferme; c'est-à-dire, le vase & la matiere qui y est contenue. Trévisan dit (a), que le Roi vient se baigner dans l'eau d'une fontaine; qu'il aime beaucoup cette eau, & qu'il en est aimé, parce qu'il en est sorti, qu'il y meurt, & qu'elle lui sert de tombeau. Il seroit trop long de rapporter toutes les allégories des Auteurs qui prouvent à ceux qui ne se laissent pas aveugler par le préjugé, que ce secret étoit celui de l'Art sacerdotal, si fort recommandé à tous les Adeptes.

Les Prêtres instruits par Hermès avoient donc un autre but en vue que celui de l'histoire, avec laquelle ne pouvoient pas s'accorder toutes les qualités différentes de mere & de fils, d'époux & d'épouse, de frere & sœur, de pere & fille, que l'on trouve dans les diverses histoires d'Osiris & d'Isis; mais qui conviennent très-bien à l'œuvre Hermétique, quand on prend son unique matiere sous différens points de vue. Qu'on réfléchisse un peu sur certains traits de cette histoire. Pourquoi Isis ramasse-t-elle tous les membres du corps d'Osiris, excepté les parties naturelles? pourquoi, après la mort de son mari, jure-t-elle de ne pas en épouser d'autre? pourquoi se fait-elle enterrer dans la forêt de Vulcain? quelles sont ces parties naturelles, sinon les terrestres

---

(a) Philosoph. des Métaux.

noires & féculentes de la matiere Philosophique dans lesquelles elle s'est formée, où elle a pris naissance, qu'il faut rejeter comme inutiles, & avec lesquelles elle ne peut se réunir, parce qu'elles lui sont hétérogenes? Si Isis tient le ferment, c'est qu'après la solution parfaite, désignée par la mort, elle ne peut plus par aucun artifice être séparée d'Osiris. Nous verrons dans la suite pourquoi l'on dit qu'elle fut inhumée dans la forêt de Vulcain. On saura, en attendant, que (a) l'inhumation Philosophique n'est autre chose que la fixation, ou le retour des parties volatilisées, & leur réunion avec les parties fixes & ignées desquelles elles avoient été séparées; c'est pour cela qu'Isis & Osiris sont dits petits-fils de Vulcain.

Est-il surprenant, après ce que nous avons dit jusqu'ici, qu'on ait supposé qu'Osiris & Isis avoient Vulcain & Mercure en grande vénération? On regarde Mercure comme inventeur des arts & des caracteres hiéroglyphiques, parce qu'Hermès les a inventés au sujet du mercure Philosophique. Il a enseigné la Rhétorique, l'Astronomie, la Géométrie, l'Arithmétique & la Musique, parce qu'il a montré la maniere de parler de l'œuvre, les astres qui y sont contenus, les proportions, les poids & les mesures qu'il faut y observer pour imiter ceux de la Nature. Ce qui a fait dire à Raymond Lulle (b) : « La

―――――

(a) Voyez là-dessus Philalethe, *Enarratio methodica*, & d'Espagnet cité si souvent.
(b) Théor. Métam. c. 50.

» Nature renferme en elle-même la Philoso-
» phie & la science des sept arts libéraux; elle
» contient toutes les formes géométriques &
» leurs proportions; elle termine toutes choses
» par le calcul arithmétique, par l'égalité d'un
» nombre certain; & par une connoissance rai-
» sonnée & rhétoricale, elle conduit l'intellect
» de puissance en acte. »

Voilà comment Mercure fut l'interprete de tout, & servoit de conseil à Isis. Elle ne pouvoit rien faire sans Mercure, parce qu'il est la base de l'œuvre, & que sans lui on ne peut rien faire. On ne peut pas raisonnablement attribuer à Mercure ou Hermès l'invention de tout dans un autre sens, puisqu'on sait que les arts étoient connus avant le Déluge; & après le Déluge la Tour de Babel en est une nouvelle preuve.

Isis, suivant Diodore, bâtit des Temples tout d'or, *delubra aurea*, en l'honneur de Jupiter & des autres Dieux. En quel lieu du monde, & en quel siecle l'histoire nous apprend-elle qu'on en ait élevé un seul de semblable? Jamais l'or de mine ne fut si commun qu'il l'est aujourd'hui; & malgré cette abondance, quel est le peuple qui pût y suffire? n'a-t-on pas voulu dire que ces Temples étoient de même nature que les Dieux qu'ils renfermoient? & n'est-il pas à croire qu'ils n'étoient autres que des Temples & des Dieux Hermétiques; c'est-à-dire, la matiere aurifique & les couleurs de l'œuvre qu'Isis bâtit en effet, puisqu'elle en est la matiere même? Par cette même raison on dit qu'Isis considéroit infiniment les Artistes en or & en autres métaux. Elle

I. Partie. V

étoit une Déesse d'or, la Vénus dorée de toute l'Asie.

Quant à la Chronologie des Egyptiens, elle est également mystérieuse. Ils ne paroissent pas d'accord entr'eux, non qu'ils ne le soient pas en effet, mais parce qu'ils l'ont voulu cacher & embarrasser à dessein; & non pas comme plusieurs ignorans le prétendent, parce qu'ils vouloient établir l'éternité du monde. Il en est d'eux comme il en a été des Adeptes dans tous les temps, parce que ceux-ci ont toujours suivi les erremens des premiers. L'un dit qu'il ne faut que quatre jours pour faire l'œuvre; l'autre assure qu'il faut un an; celui-là un an & demi, celui-ci fixe ce temps à trois ans, un autre pousse jusqu'à sept, un autre jusqu'à dix ans; à les entendre parler si différemment, ne croiroit-on pas qu'ils sont tous contraires? mais celui qui est au fait saura bien les accorder, dit Majer. Qu'on fasse seulement attention que l'un parle d'une opération, l'autre traite d'une autre; que dans certaines circonstances les années des Philosophes se réduisent en mois, suivant Philalethè (a), les mois en semaines, les semaines en jours, &c.; que les Philosophes comptent les jours tantôt à la manière vulgaire, tantôt à la leur: qu'il y a quatre saisons dans l'année commune, & quatre dans l'année Philosophique: qu'il y a trois opérations pour pousser l'œuvre à sa fin; savoir, l'opération de la pierre ou du soufre, celle de l'élixir, & la multiplication; que ces trois ont

_____
(a) Enarrat. method. 3. Medecin. Gebri.

chacune leurs saisons; qu'elles composent chacune une année; & que les trois réunies ne font aussi qu'un an, qui finit par l'automne, parce que c'est le temps de cueillir les fruits & de jouir de ses travaux.

CHAPITRE V.

Histoire d'Horus.

PLUSIEURS Auteurs ont confondu Horus ou Orus avec Harpocrate; mais je ne discuterai pas ici les raisons qui ont pu les y déterminer. Le sentiment le plus reçu est qu'Horus étoit fils d'Osiris & d'Isis, & le dernier des Dieux d'Egypte, non qu'il le fût en mérite, mais pour la détermination de son culte, & parce qu'il est en effet le dernier des Dieux chymiques, étant l'or Hermétique, ou le résultat de l'œuvre. C'est cet Orus ou Apollon, pour lequel Osiris entreprit un si grand voyage, & essuya tant de travaux & de fatigues. C'est le trésor des Philosophes, des Prêtres & des Rois d'Egypte; l'enfant Philosophique né d'Isis & d'Osiris, ou si mieux aimé; Apollon né de Jupiter & de Latone. Mais des Auteurs, dira-t-on, ont regardé Apollon, Osiris & Isis comme enfans de Jupiter & de Junon; Apollon ne peut donc pas être fils d'Isis & d'Osiris. Quelques Auteurs disent même que le Soleil fut le premier Roi d'Egypte; ensuite Vulcain, puis Saturne; enfin Osiris & Horus. Tout cela;

je l'avoüe, pourroit causer de l'embarras, & présenter des difficultés insurmontables dans un système historique; mais quant à l'œuvre Hermétique, il ne s'en trouve aucune; nouvelle preuve qu'elle étoit l'objet de toutes ces fictions. L'agent & le patient dans l'œuvre étant homogenes, se réunissent pour produire un troisieme semblable à eux, procédant des deux; le Soleil & la Lune sont ses pere & mere, dit Hermès, & les autres Philosophes après lui. Ces noms de Soleil & de Lune donnés à plusieurs choses, causent une équivoque qui occasionne toutes ces difficultés; c'est de cette source que sont sorties toutes les qualités de pere, de mere, fils, fille, ayeul, frere, sœur, oncle, époux & épouse; & tant d'autres noms semblables, qui servent à expliquer les prétendus incestes, & les adulteres si souvent répétés dans les Fables anciennes. Il faudroit être Philosophe Hermétique ou Prêtre d'Egypte pour développer tout cela; mais Harpocrate recommande le secret, & l'on ne doit pas espérer qu'il soit violé au moins clairement. Ce qu'on peut conclure de la bonne foi & de l'ingénuité plutôt que de l'indiscrétion de quelques Adeptes, est, que la matiere de l'œuvre est le principe radical de tout; mais qu'elle est en particulier le principe actif & formel de l'or; c'est pourquoi elle devient or Philosophique par les opérations de l'œuvre imitées de celles de la Nature. Cette matiere se forme dans les entrailles de la terre, & y est portée par l'eau des pluies animées de l'esprit universel, répandu dans l'air, & cet esprit tire sa fécondité des influences du

Soleil & de la Lune, qui par ce moyen deviennent le pere & la mere de cette matiere. La terre est la matrice où cette semence est déposée, & se trouve par-là sa nourrice. L'or qui s'en forme est le Soleil terrestre. Cette matiere ou le sujet de l'œuvre est composée de deux substances, l'une fixe, l'autre volatile: la premiere ignée & active; la seconde humide & passive, auxquelles on a donné les noms de Ciel & Terre; Saturne & Rhée; Osiris & Isis; Jupiter & Junon; & le principe igné ou feu de nature qui y est renfermé, a été nommé Vulcain, Prométhée, Vesta, &c. De cette maniere Vulcain & Vesta qui est le feu de la partie humide & volatile, sont proprement les pere & mere de Saturne, de même que le ciel & la terre, parce que les noms de ces Dieux ne se donnent pas seulement à la matiere encore crue & indigeste prise avant la préparation que lui donne l'Artiste de concert avec la Nature; mais encore pendant la préparation & les opérations qui la suivent. Toutes les fois que cette matiere devient noire, elle est le Saturne Philosophique; fils de Vulcain & de Vesta, qui sont eux-mêmes enfans du Soleil, par les raisons que nous avons dites. Quand la matiere devient grise après le noir, c'est Jupiter: devient-elle blanche, c'est la Lune, Isis, Diane; & lorsqu'elle est parvenue au rouge, c'est Apollon, Phébus, le Soleil, Osiris. Jupiter est donc fils de Saturne, Isis & Osiris fils de Jupiter. Mais comme la couleur grise n'est pas une des principales de l'œuvre, la plupart des Philosophes n'en font pas mention; & passant tout d'un coup de la noire à la blanche, Isis & Osiris sont rapprochés de Saturne, & deviennent naturellement ses enfans premiers nés, conformément aux Inscriptions que nous avons rapportées. Isis & Osiris sont donc frere & sœur, soit qu'on les regarde comme principes de l'œuvre, soit qu'on les considere comme enfans de Saturne ou de Jupiter. Isis se trouve même mere d'Osiris, puisque la couleur rouge naît de la blanche. Mais, dira-t-on, comment sont-ils époux & épouse? Si on fait attention à tout ce que nous avons dit, on verra qu'ils le sont sous tous les points de vue où l'on peut les considérer; mais ils le sont plus ouvertement dans la production du Soleil Philosophique appelé Horus, Apollon, ou soufre des Sages; puisqu'il est formé de ces deux substances fixe & volatile, réunies en un tout fixe, nommé Orus.

Lorsqu'on fait abstraction de la préparation, ou premiere opération de l'œuvre, (ce qui est assez d'usage parmi les Philosophes, qui ne commencent leurs traités de l'Art sacerdotal, ou Hermétique, qu'à la seconde opération) comme l'or Philosophique est déja fait, & qu'il faut l'employer pour base du second œuvre; alors le Soleil se trouve premier Roi d'Egypte; il contient le feu de nature dans son sein : & ce feu agissant sur les matieres, produit la putréfaction, & la noirceur; voilà de nouveau Vulcain fils du Soleil, & Saturne fils de Vulcain. Osiris & Isis viendront ensuite; enfin Orus, pour la réunion de son pere & de sa mere.

C'est à cette seconde opération qu'il faut appliquer ces expressions des Philosophes: *il faut marier la mere avec le fils*; c'est-à-dire, qu'après sa premiere coction on doit le mêler avec la matiere crue dont il est sorti, & le cuire de nouveau jusqu'à ce qu'ils soient réunis, & ne fassent qu'un. Pendant cette opération, la matiere crue dissout & putréfie la matiere digérée : c'est la mere qui tue son enfant, & le met dans son ventre pour renaître & ressusciter. Pendant cette dissolution, les Titans tuent Orus, & sa mere le ramene ensuite de la mort à la vie. Le fils alors moins affectionné envers sa mere, qu'elle ne l'étoit envers lui, disent les Philosophes (a), fait mourir sa mere, & regne en sa place. C'est-à-dire, que le fixe ou Orus fixe le volatil ou Isis, qui l'avoit volatilisé; car tuer, lier, fermer, inhumer, congeler, coaguler ou fixer, sont des termes synonymes dans le langage des Philosophes; de même que donner la vie, ressusciter, ouvrir, délier, voyager, signifient la même chose que volatiliser.

Isis & Osiris sont donc à juste titre réputés les principaux Dieux de l'Egypte avec Horus qui regne en effet le dernier, puisqu'il est le résultat de tout l'Art sacerdotal. C'est peut-être ce qui l'a fait confondre par quelques-uns avec Harpocrate, Dieu du secret, parce que l'objet de ce secret n'étoit autre qu'Orus, qu'on avoit aussi raison d'appeler le Soleil ou Apollon, puisqu'il est le Soleil ou l'Apollon des Philosophes. Si les Antiquaires avoient étudié la Philosophie Her-

(a) La Tourbe.

métique, ils n'auroient pas été embarrassés pour trouver la raison qui engageoit les Egyptiens à représenter Horus sous la figure d'un enfant, souvent même emmailloté. Ils y auroient appris qu'Orus est l'enfant Philosophique né d'Isis & d'Osiris, ou de la femme blanche & de l'homme rouge (a); c'est pour cela qu'on le voit souvent dans les monumens entre les bras d'Isis qui l'allaite.

Ces explications serviront de flambeaux aux Mythologues, pour pénétrer dans l'obscurité des Fables qui font mention d'adulteres, d'incestes du pere avec sa fille, tel que celui de Cynire avec Myrrha; du fils avec sa mere, tel qu'on le rapporte d'Œdipe; du frere avec la sœur, comme celui de Jupiter & Junon, &c. Les patricides, matricides, &c. ne seront plus que des allégories intelligibles & dévoilées, & non des actions qui font horreur à l'humanité, & qui n'auroient point dû trouver place dans l'histoire. Les amateurs de la Philosophie Hermétique y trouveront comment il faut entendre les textes suivans des Adeptes. « Faites les noces, dit Geber, mettez
» l'époux avec l'épouse au lit nuptial; répandez
» sur eux une rosée céleste : l'épouse concevra
» un fils qu'elle allaitera; quand il sera devenu
» grand, il vaincra ses ennemis, & sera cou-
» ronné d'un diadême rouge. « Venez, fils de
» la sagesse, dit Hermès (b), & réjouissons-nous
» dès ce moment, la mort est vaincue, notre fils

(a) Le Code de vérité.
(b) Sept. chap.

» est devenu Roi, il a un habit rouge, & il a
» pris sa teinture du feu. « Un monstre disperse
» mes membres (a) après les avoir séparés, mais
» ma mere les réunit. Je suis le flambeau des
» miens; je manifeste en chemin la lumiere de
» mon pere Saturne. « J'avoue la vérité, dit
» l'Auteur du grand secret, je suis un grand pé-
» cheur; j'ai coutume de courtiser, & de m'a-
» muser avec ma mere qui m'a porté dans son
» sein; je l'embrasse avec amour ; elle conçoit
» & multiplie le nombre de mes enfans; elle
» augmente mes semblables, suivant ce que dit
» Hermès ; mon pere est le Soleil, & ma mere
» est la Lune. « Il faut, dit Raymond Lulle (b),
» que la mere qui avoit engendré un fils, soit
» ensevelie dans le ventre de ce fils, & qu'elle
» en soit engendrée à son tour. »

Si Osiris se flatte d'une excellence bien supérieure à celle des autres hommes, parce qu'il a
été engendré d'un pere sans semence; l'enfant
Philosophique a la même prérogative, & sa mere,
malgré sa conception & son enfantement, demeure toujours vierge, suivant ce témoignage de
d'Espagnet (c) : « Prenez, dit - il, une vierge
» ailée, engrossée de la semence spirituelle du
» premier mâle, conservant néanmoins la gloire
» de sa virginité intacte, malgré sa grossesse. »
Je ne finirois pas, si je voulois donner tous les
textes des Philosophes qui ont un rapport pal-

(a) Belin dans la Tourbe.
(b) Codic. 4.
(c) Can. 58.

pable avec les particularités de l'histoire d'Osiris, d'Isis & d'Horus. Ceux-ci suffiront à ceux qui voudront se donner la peine de les comparer & d'en faire l'application.

CHAPITRE VI.

Histoire de Typhon.

DIODORE (*a*) fait naître Typhon des Titans. Plutarque (*b*) le dit frere d'Osiris & d'Isis ; quelques autres avancent qu'il naquit de la Terre, lorsque Junon irritée la frappa du pied ; que la crainte qu'il eut de Jupiter, le fit sauver en Egypte, où ne pouvant supporter la chaleur du climat, il se précipita dans un lac où il périt. Hésiode nous en fait une peinture des plus affreuses (*c*), qu'Appollodore semble avoir copiée. La Terre, disent-ils, outrée de fureur de ce que Jupiter avoit foudroyé les Titans, se joignit avec le Tartare, & faisant un dernier effort, elle enfanta Typhon. Ce monstre épouvantable avoit une grandeur & une force supérieure à tous les autres ensemble. Sa hauteur étoit si énorme, qu'il surpassoit de beaucoup les plus hautes montagnes, & sa tête pénétroit jusqu'aux astres. Ses bras étendus touchoient de l'orient à l'occident, & de ses mains sortoient cent dragons furieux ;

(*a*) L. 1. c. 2.
(*b*) De Iside & Osiride.
(*c*) Theog.

qui dardoient sans cesse leur langue à trois pointes. Des viperes sans nombre sortoient de ses jambes & de ses cuisses, & se repliant par différentes circonvolutions, s'étendoient sur toute la longueur de son corps, avec des sifflemens si horribles, qu'ils étonnoient les plus intrépides. Sa bouche n'exhaloit que des flammes; ses yeux étoient des charbons ardens, avec une voix plus terrible que le tonnerre; tantôt il meugloit comme un taureau, tantôt il mugissoit comme un lion; & quelquefois il aboyoit comme un chien. Tout le haut de son corps étoit hérissé de plumes, & la partie inférieure étoit couverte d'écailles. Tel étoit ce Typhon redoutable aux Dieux mêmes, qui osa lancer contre le Ciel des rochers & des montagnes, en faisant des hurlemens affreux; les Dieux en furent tellement épouvantés, que ne se croyant pas en sûreté dans le Ciel, ils se sauverent en Egypte, & se mirent à l'abri des poursuites de ce monstre, en s'y cachant sous la forme de divers animaux.

On a cherché à expliquer moralement, historiquement & physiquement ce que les anciens Auteurs ont dit de Typhon. Les applications qu'on en a faites ont été quelquefois assez heureuses; mais il n'a jamais été possible aux Mythologues d'expliquer sa fable en entier dans le même système. Son mariage avec Echidna, le rendit pere de divers monstres, dignes de leur origine, tels que la Gorgone, le Cerbere, l'Hydre de Lerne, le Sphinx, l'Aigle qui dévoroit le malheureux Prométhée, les Dragons gardiens de la Toison d'or & du Jardin des Hespérides, &c.

Les Mythologues, pour se tirer de l'embarras où les jetoit cette fable qui devenoit pour eux un des mysteres des plus obscurs de la Mythologie (a), se sont avisés de dire que les Grecs & les Latins ignorans l'origine de cette fable, n'ont fait que l'obscurcir davantage, en voulant la transporter, selon leur coutume, de l'histoire d'Egypte dans la leur. Fondés sur les traditions, qu'ils avoient apprises par leur commerce avec les Egyptiens, ils firent de Typhon un monstre également horrible & bizarre, que la jalouse Junon avoit fait sortir de terre pour se venger de Latone sa rivale.

Ce que nous en rapportent Diodore (b) & Plutarque (c) n'est pas du goût de M. l'Abbé Banier; sans doute parce qu'ils ne sont point en cela favorables à son système. Ces deux Auteurs, dit-il (d), « n'ont pas laissé, selon le génie de » leur nation, de mêler dans ce qu'ils rappor- » tent plusieurs fictions ridicules ; & d'ailleurs » peu exacts dans la chronologie, & ne sa- » chant que fort confusément les premieres his- » toires du monde renouvelé après le Déluge, » au nombre desquelles est sans doute celle que » j'explique (de Typhon), ce sont des guides » qu'il ne faut suivre qu'avec de grands ména- » gemens. » Quoique M. l'Abbé Banier ait raison de penser que ces Auteurs n'étoient pas au fait du fond de l'histoire de Typhon, il n'en est pas moins vrai qu'ils avoient recueilli ce qu'ils

---

(a) M. l'Abbé Banier, Mythol. T. I. p. 468.
(b) Liv. I.
(c) In Iside.
(d) T. I. p. 468.

en difent, de la tradition confervée chez les Egyptiens. S'ils y ont mêlé quelques circonſtances pour l'adapter aux fables de leur pays, ils en ont confervé le fond, qui fe trouve également fabuleux. En vain Gerard Voffius (a) prétend-il qu'Og, Roi de Bafan, eſt le même que Typhon, fur la reſſemblance des deux noms; car, dit-il, celui de Typhon vient de τύφω, *uro*, *accendo*, & celui de Og, fignifie *uſſit*, *uſtulavit*. En vain M. Huet (b) en fait-il le légiſlateur des Hébreux, devenu odieux aux Egyptiens, par la perte de leurs fils aînés : M. l'Abbé Sevin n'a pas plus raifon de le mettre à la place de Chus; ni M. l'Abbé Banier à celle de Sebon, en fuivant dans cette occafion le fentiment de Plutarque, qui s'appuie de l'autorité de Manethon. Il ne feroit pas poffible de concilier Plutarque avec lui-même. Bochart a mieux réuffi (c) que tous les Auteurs ci-deſſus, en penfant que Typhon eſt le même qu'Encelade; mais il a deviné fans favoir pourquoi, puifqu'il ignoroit la raifon qui engageoit les Poëtes à les nommer indifféremment l'un pour l'autre, & à les faire périr tous deux de la même maniere. Les Poëtes, bien mieux que les Hiſtoriens, nous ont confervé le vrai fond des fables, & les ont, à proprement parler, moins défigurées que les Hiſtoriens, parce qu'ils fe contentoient de les rapporter, en les embelliſſant à la vérité quelquefois, mais fans s'embarraſſer de difcuter pourquoi, comment &

(a) De Idol. l. 1. 26.
(b) Demonſt. Ev. prop. 4.
(c) Chan.

dans quel temps ces choses avoient pu se faire; au lieu que les Historiens, cherchant à les accommoder à l'histoire, en ont supprimé des traits, y ont mêlé leurs conjectures, ont quelquefois substitué d'autres noms, &c.

Mais enfin que conclure de tant de sentimens différens ? qu'il faut chercher ce que nous devons penser de Typhon dans les traits dont les Historiens, les Poëtes & les Mythologues sont d'accord, où dans lesquels ils different peu. Les Poëtes & les Mithologues disent tous de concert que Typhon fut précipité sous le mont Etna, & les Anciens qui n'ont pas placé là son tombeau, ont choisi pour cela des lieux sulfureux, & connus par les feux souterrains, comme dans la Campanie, ou près du mont Vésuve, ainsi que le prétend Diodore (a), ou dans les champs Phlégéens, comme le raconte Strabon (b), ou dans un lieu de l'Asie, d'où il sort de terre quelquefois de l'eau, d'autrefois du feu, au rapport de Pausanias (c). En un mot, dans toutes les montagnes, & tous les autres lieux où il y avoit des exhalaisons sulfureuses. Les Egyptiens racontoient enfin qu'il avoit été foudroyé, & qu'il étoit péri dans un tourbillon de feu.

Rapprochons tout cela avec quelques circonstances de la vie de Typhon ; & à moins que de vouloir fermer opiniâtrément les yeux à la lumiere, on sera obligé de convenir que toute l'histoire de ce prétendu Monstre n'est qu'une allégorie, qui fait partie de celle que les Prêtres

_____
(a) L. 4.   (b) L. 5.   (c) In Arcad.

Egyptiens, ou Hermès lui-même avoit inventées, pour voiler l'Art sacerdotal; puisque, suivant M. l'Abbé Banier même (a), les Poëtes & les Historiens Grecs & Latins nous ont conservé parmi leurs fables les plus absurdes, les traditions de l'Egypte, c'est à ces traditions primitives qu'il faut nous en tenir. Elles nous apprennent que Typhon étoit frere d'Osiris; qu'il le persécuta jusqu'à le faire mourir de la façon dont nous l'avons dit; qu'il fut ensuite vaincu par Isis, secourue par Horus; & qu'il périt enfin par le feu. Les Historiens rapportent aussi que les Egyptiens avoient la Mer en abomination, parce qu'ils croyoient qu'elle étoit elle-même Typhon, & l'appeloient *écume* ou *salive de Typhon* (b). noms qu'ils donnoient aussi au sel marin. Pythagore, instruit par les Egyptiens, disoit que la Mer étoit une larme de Saturne. La raison qu'ils en avoient, étoit que la Mer, selon eux, étoit un principe de corruption, puisque le Nil qui leur procuroit tant de biens, se vicioit par son mélange avec elle. Ces traditions nous apprennent encore que Typhon fit périr Orus dans la Mer où il le précipita, & qu'Isis sa mere le ressuscita après l'en avoir retiré.

Nous avons dit qu'Osiris étoit le principe igné, doux & génératif que la Nature emploie dans la formation des mixtes; & qu'Isis en étoit l'humide radical; car il ne faut pas confondre l'un avec l'autre, puisqu'ils different entr'eux comme

---

(a) Mythol. T. I. p. 478.
(b) Kirch. Obelisc. Pamph. p. 155.

la fumée & la flamme, la lumiere & l'air, le soufre & le mercure. L'humeur radicale est dans les mixtes le siége & la nourriture du chaud inné, ou feu naturel & céleste, & devient comme le lien qui l'unit avec le corps élémentaire; cette vertu ignée est comme la forme & l'ame du mixte. C'est pourquoi elle fait l'office de mâle, & l'humeur radicale fait, en tant qu'humide, la fonction de femelle; ils sont donc comme frere & sœur, & leur réunion constitue la base du mixte. Mais ces mixtes ne sont pas composés de la seule humeur radicale; dans leur formation, des parties homogenes, impures & terrestres se joignent à lui pour completter le corps du mixtes; & ces impuretés grossieres & terrestres sont le principe de sa corruption, à cause de leur soufre combustible, âcre & corrosif, qui agit sans cesse sur le soufre pur & incombustible. Ces deux soufres ou feux sont donc deux freres, mais des freres ennemis; & par la destruction journaliere des individus, on a lieu de se convaincre que l'impur l'emporte sur le pur. Ce sont les deux principes bons & mauvais dont nous avons parlé dans les chapitres premier & second de ce livre.

Cela posé, il n'est pas difficile de concevoir pourquoi on faisoit de Typhon un monstre effroyable, toujours disposé à faire du mal, & qui avoit l'audace même de faire la guerre aux Dieux. Les métaux abondent en ce soufre impur & combustible, qui les ronge en les faisant tourner en rouille chacun dans son espece. Les Dieux avoient donné leurs noms aux métaux; & c'est pourquoi

Hérodote

Hérodote (a) dit que les Egyptiens ne comptoient d'abord que huit grands Dieux, c'est-à-dire, les sept métaux, & le principe dont ils étoient composés. Typhon étoit né de la terre, mais de la terre grossiere, étant le principe de la corruption. Il fut la cause de la mort d'Osiris, parce que la corruption ne se fait que par la solution que nous avons expliquée en parlant de la mort de ce Prince. Les plumes qui couvroient la partie supérieure du corps de Typhon, & sa hauteur qui portoit sa tête jusqu'aux nues, indiquent sa volatilité & sa sublimation en vapeur. Ses cuisses, ses jambes couvertes d'écailles & les serpens qui en sortent de tous côtés, sont le symbole de son aquosité corrompante & putréfactive. Le feu qu'il jette par la bouche, marque son adustibilité corrosive, & désigne sa fraternité prétendue avec Osiris, parce que celui-ci est un feu caché naturel & vivifiant, l'autre est un feu tyrannique & destructif. C'est pourquoi d'Espagnet l'appelle le *tyran de la Nature*, & le *fratricide du feu naturel*, ce qui convient parfaitement à Typhon. Les serpens sont chez les Philosophes l'hiéroglyphe ordinaire de la dissolution & de la putréfaction; aussi convient-on que Typhon ne differe point du serpent Python, tué par Apollon. On sait aussi qu'Apollon & Horus étoient pris pour le même Dieu.

Ce Monstre ne se contenta pas d'avoir fait mourir son frere Osiris, il précipita aussi son neveu Horus dans la mer, après s'en être saisi

(a) *In Euterpe.*

I. Partie.   X

par le secours d'une Reine d'Ethiopie. On ne pouvoit désigner plus clairement la résolution en eau de l'Horus ou l'Apollon Philosophique, qu'en le disant précipité dans la mer; la noirceur qui est la marque de la solution parfaite, & de la putréfaction appelée *mort* par les Adeptes, se voit dans cette Reine d'Ethiopie. Cette matiere corrompue & putréfiée est précisément cette écume ou salive de Typhon, dans laquelle Orus fut précipité & submergé. Elle est véritablement une larme de Saturne, puisque la couleur noire est le Saturne Philosophique. Isis ressuscita enfin Horus; c'est-à-dire, que l'Apollon Philosophique, après avoir été dissous, putréfié & devenu noir, passa de la noirceur à la blancheur appelée résurrection & vie, dans le style Hermétique. Le pere & la mere se réunirent alors ensemble pour combattre Typhon, ou la corruption, & après l'avoir vaincu ils regnerent glorieusement, d'abord la mere ou Isis, c'est-à-dire, la blancheur, & après elle Orus son fils, ou la rougeur. Sans recourir à tant d'explications, les seuls tombeaux supposés de Typhon nous font entendre ce qu'on pensoit de ce Monstre, pere de tant d'autres, que nous expliquerons dans les chapitres qui les concernent. Les uns disent que Typhon se jeta dans un marais où il périt; d'autres qu'il fut foudroyé par Jupiter, & qu'il périt par le feu. Ces deux genres de mort sont bien différens; & il n'y a que la Chymie Hermétique qui puisse accorder cette contradiction; Typhon y périt en effet, & par l'eau & par le feu en même temps: car l'eau Philosophique, ou le menstrue fétide, ou la mer des Philosophes, qui n'est qu'une même eau formée par la dissolution de la matiere, est aussi un marais, puisqu'étant enfermée dans le vase elle n'a point de cours. Cette eau est un vrai feu, disent presque tous les Philosophes, puisqu'elle brûle avec bien plus de force & d'activité que ne fait le feu élémentaire. *Les Chymistes brûlent avec le feu, & nous brûlons avec l'eau*, disent Raymond Lulle & Riplée. *Notre eau est un feu*, ajoute ce dernier (a), *qui brûle & tourmente les corps bien plus que le feu d'enfer.* Quand on dit que Jupiter le foudroya, c'est que la couleur grise ou le Jupiter des Philosophes est le premier Dieu Chymique qui triomphe des Titans ; ou qui sort victorieux de la noirceur & de la corruption. Alors le feu naturel de la pierre commence à dominer. Horus vient au secours de sa mere, & Typhon demeure vaincu. Il suffit de comparer l'histoire ; ou plutôt la fable de Python avec celle de Typhon, pour voir clairement que les explications que je viens de donner expriment la véritable intention de celui qui a inventé ces allégories. En effet, le serpent Python naît dans la boue & le limon, & Typhon naquit de la terre ; le premier périt dans la fange même qui le vit naître, après avoir combattu contre Apollon ; le second meurt, dit-on, dans un marais, après avoir fait la guerre aux Dieux, & particulierement à Horus qui est le même qu'Apollon, & par lequel il fut vaincu. Ces faits ne demandent point d'explications.

(a) 12 Post.

CHAPITRE VII.

Harpocrate.

IL n'y a qu'un sentiment dans tous les Auteurs au sujet d'Harpocrate, pris pour le Dieu du silence; il est vrai que dans tous les monumens où il est représenté, son attitude est de porter le doigt sur la bouche, pour marquer, dit Plutarque (a), que les hommes qui connoissoient les Dieux, dans les temples desquels Harpocrate étoit placé, ne devoient pas en parler témérairement. Cette attitude le distingue de tous les autres Dieux de l'Egypte, avec lesquels il a souvent quelque rapport par les symboles dont il est accompagné. De là vient que beaucoup d'Auteurs l'ont confondu avec Horus, & l'ont dit fils d'Isis & d'Osiris. Dans tous les temples d'Isis & de Sérapis on voyoit une autre idole portant le doigt sur la bouche; & cette idole est sans doute celle dont parle St Augustin (b) d'après Varron, qui disoit qu'il y avoit une loi en Egypte pour défendre, sous peine de la vie, de dire que ces Dieux avoient été des hommes. Cette idole ne pouvoit être qu'Harpocrate, qu'Ausone appelle *Sigaleon*, ἀπὸ τῦ σιγᾶν καὶ λέγειν.

En confondant Horus avec Harpocrate on s'est trouvé dans la nécessité de dire qu'ils étoient l'un

---

(a) De Isid. & Osir.
(b) De Civ. Dei, l. 18. c. 5.

& l'autre des symboles du Soleil ; & à dire le vrai quelques figures d'Harpocrate ornées de rayons, ou assises sur le lotus, ou qui portent un arc & une trousse, ou carquois, ont donné lieu à cette erreur. Dans ce cas-là il faudroit dire que les Egyptiens avoient de la discrétion du Soleil une toute autre idée que n'en avoient les Grecs. Si Harpocrate étoit le Dieu du silence, & étoit en même temps le symbole du Soleil chez les premiers, il ne pouvoit être l'un & l'autre chez les seconds ; puisqu'Apollon ou le Soleil, selon les Grecs, ne put garder le secret sur l'adultere de Mars & de Vénus. Ils avoient cependant les uns & les autres la même idée d'Harpocrate, & le regardoient comme le Dieu du secret qui se conserve dans le silence, & s'évanouit par la révélation. Harpocrate par conséquent n'étoit pas le symbole du Soleil, mais les hiéroglyphes, dont on accompagnoit sa figure, avoient un rapport symbolique avec le Soleil ; c'est-à-dire, le Soleil Philosophique dont Horus étoit aussi un hiéroglyphe.

Les Auteurs qui nous apprennent qu'Harpocrate étoit fils d'Isis & d'Osiris, disent vrai, parce qu'ils le tenoient des Prêtres d'Egypte ; mais ces Auteurs prenoient cette génération dans le sens naturel, au lieu que les Prêtres Philosophes le disoient dans un sens allégorique. Puisque tous les Grecs & les Latins étoient convaincus que ces Prêtres mêloient toujours du mystérieux dans leurs paroles, leurs gestes, leurs actions, leurs histoires & leurs figures, qu'on regardoit toutes comme des symboles, il est surprenant que ces

Auteurs aient pris à la lettre tant de choses qu'ils nous rapportent des Egyptiens. Leurs témoignages propres les condamnent à cet égard. Nos Mythologues & nos Antiquaires auroient dû faire cette attention. Le secret dont Harpocrate étoit le Dieu, étoit à la vérité le secret en général que l'on doit garder sur tout ce qui nous est confié. Mais les attributs d'Harpocrate nous indiquent l'objet du secret particulier dont il étoit question chez les Prêtres d'Egypte : Isis, Osiris, Horus, ou plutôt ce qu'ils représentoient symboliquement, étoient l'objet de ce secret. Ils en furent la matiere; ils en fournirent le sujet; ils le firent naître; il tiroit donc son existence d'eux; & l'on pouvoit dire par conséquent qu'Harpocrate étoit fils d'Isis & d'Osiris.

Si, comme l'a prétendu prouver l'illustre M. Cuper dans son Traité sur Harpocrate, on ne doit regarder ce Dieu que comme une même personne avec Orus, pourquoi tous les Anciens les distinguoient-ils? pourquoi Orus n'a-t-il jamais passé pour Dieu du silence? & pourquoi ne le voit-on dans aucun monument représenté de la même maniere & avec les mêmes symboles? Je n'y vois qu'une seule ressemblance; c'est que l'un & l'autre se trouvent sous la figure d'un enfant; mais encore different-ils, en ce qu'Orus est presque toujours emmailloté, ou sur les genoux d'Isis qui l'allaite; au lieu qu'Harpocrate est très-souvent un jeune homme, & même un homme fait.

Le chat-huant, le chien, le serpent ne furent jamais des symboles donnés à Orus; & tout ce qu'ils pourroient avoir de commun sont les rayons qu'on a mis autour de la tête d'Harpocrate, & la corne d'abondance, tels qu'on en voit plusieurs dans l'Antiquité expliquée de Dom Bernard de Montfaucon. Mais il est bon de remarquer que jamais Harpocrate ne se trouve représenté la tête rayonnante, sans qu'on y ait joint quelqu'autre symbole. Quoi qu'il en soit, le serpent, le chat-huant & le chien sont tous des symboles qui conviennent parfaitement au Dieu du secret, & nullement à Orus pris pour le Soleil. Le chat-huant étoit l'oiseau de Minerve, Déesse de la sagesse : le serpent fut toujours un symbole de prudence, & le chien un symbole de fidélité. Je laisse au Lecteur à en faire l'application.

Les autres symboles donnés à Harpocrate, signifioient l'objet même du secret qu'il recommandoit en mettant le doigt sur la bouche ; c'est-à-dire, l'or ou le soleil Hermétique, par la fleur de lotus sur lequel on le trouve quelquefois assis, ou qu'il porte sur la tête, par les rayons dont sa tête est environnée, & enfin par la corne d'abondance qu'il tient ; puisque le résultat du grand œuvre ou l'élixir Philosophique est la vraie corne d'Amalthée, étant la source des richesses & de la santé.

Plutarque a raison de dire qu'Harpocrate étoit placé à l'entrée des temples, pour avertir ceux qui connoissoient quels étoient ces Dieux, de n'en pas parler témérairement ; cela ne regardoit donc pas le peuple, qui prenoit à la lettre ce que l'on racontoit de ces Dieux, & qui ignoroit par conséquent de quoi il s'agissoit. Les Prêtres avoient toujours le Dieu du silence devant les yeux, pour leur rappeler qu'il falloit se donner de garde de divulguer le secret qui leur étoit confié. On les y obligeoit d'ailleurs sous peine de la vie, & il y avoit de la prudence à faire cette loi. L'Egypte auroit couru de grands dangers si les autres Nations avoient été informées avec certitude que les Prêtres Egyptiens possédoient le secret de faire de l'or, & de guérir toutes les maladies qui affligent le corps humain. Ils auroient eu des guerres sanglantes à soutenir. Jamais la paix n'y auroit fait sentir ses douceurs. Les Prêtres même auroient été exposés à perdre la vie de la part des Rois en divulguant le secret, & de la part de ceux du peuple à qui ils auroient refusé de le dire, quand on les auroit pressés de le faire. On sentoit d'ailleurs les conséquences d'une semblable révélation qui seroient devenues extrêmement fâcheuses pour l'Etat même. Il n'y auroit plus eu de subordination, plus de société; tout l'ordre auroit été bouleversé. Ces raisons bien réfléchies ont dans tous les tems fait une si grande impression sur les Philosophes Hermétiques, que tous les Anciens n'ont pas même voulu déclarer quel étoit l'objet de leurs allégories & des fables qu'ils inventoient. Nous avons encore une grande quantité d'ouvrages où le grand œuvre est décrit énigmatiquement, ou allégoriquement; ces ouvrages sont entre les mains de tout le monde, & les seuls Philosophes Hermétiques y lisent dans le sens de l'Auteur, pendant que les autres ne s'avisent même pas de le soupçonner. De-là tant de Saumaises ont epuisé leur érudition pour y faire des commentaires qui ne satisfont point les gens sensés, parce qu'ils sentent bien que tous les sens qu'on leur présente sont forcés. Il faut juger de même de presque tous les anciens Auteurs qui nous parlent du culte des Dieux de l'Egypte. Ils ne nous parlent que d'après le peuple qui n'étoit pas au fait. Ceux même, comme Hérodote & Diodore de Sicile, qui avoient interrogé les Prêtres, & qui parlent d'après leurs réponses, ne nous donnent pas plus d'éclaircissemens. Les Prêtres leur donnoient le change, comme ils le donnoient au peuple ; on rapporte même qu'un Prêtre Egyptien, nommé Leon, en usa de cette maniere envers Alexandre, qui vouloit se faire expliquer la Religion d'Egypte. Il répondit que les Dieux que le peuple adoroit n'étoient que des anciens Rois d'Egypte, hommes mortels comme les autres hommes. Alexandre le crut comme on le lui disoit, & le manda, dit-on, à sa mere Olympias, en lui recommandant de jeter sa lettre au feu, afin que le peuple de la Grece, qui adoroit les mêmes Dieux, n'en fût pas instruit, & que la crainte qu'on lui avoit inculquée de ces Dieux, le retînt dans l'ordre & la subordination.

Ceux qui avoient fait les loix pour la succession au trône, avoient eu par toutes les raisons que nous avons déduites, la sage précaution d'obvier à tous ces désordres en ordonnant que les Rois seroient pris du nombre des Prêtres, qui ne communiquoient ce secret qu'à ceux de leurs enfans, & aux autres seulement, Prêtres comme eux, ou qui en seroient jugés dignes après une longue épreuve. C'est encore ce qui les engageoit à défendre l'entrée de l'Egypte aux étrangers pendant si long-temps, ou à les obliger par affronts & par les dangers qu'ils couroient pour leur vie, d'en sortir, lorsqu'ils y avoient pénétré. Psammetichus fut le premier Roi qui permit le commerce de ses sujets avec les étrangers; & dès ce temps-là quelques Grecs, desireux de s'instruire, se transportèrent en Egypte, où après les épreuves requises ils furent initiés dans les mysteres d'Isis, & les porterent dans leur patrie sous l'ombre des fables & des allégories imitées de celles des Egyptiens. C'est ce que firent aussi quelques Prêtres d'Egypte, qui à la tête de plusieurs colonies furent s'établir hors de leur pays; mais tous garderent scrupuleusement le secret qui leur étoit confié, & sans en changer l'objet, ils varierent les histoires sous lesquelles ils le voiloient. De-là sont venues toutes les fables de la Grece & d'ailleurs, comme nous le ferons voir dans les livres suivans.

Le secret fut toujours l'apanage du sage, & Salomon nous apprend qu'on ne doit pas révéler la sagesse à ceux qui en peuvent faire un mauvais usage, ou qui ne sont pas propres à la garder avec prudence & discrétion (a). C'est pourquoi

---

(a) Sapientes abscondunt scientiam. *Prov.* 10. v. 14.
Homo versutus celat scientiam. *Ib. c.* 12. v. 23.
Secretum extraneo ne reveles. *Ib. c.* 25. v. 2.
Qui revelat mysteria ambulat fraudulenter. *Ib.* 20. v. 19.
Gloria Dei est celare verbum, & gloria Regum investigare sermonem. *Ib.* 25. v. 2.

tous les Anciens ne parloient que par énigmes, par paraboles, par symboles, par hiéroglyphes, &c. afin que les sages seuls puffent y comprendre quelque chose.

CHAPITRE VIII.

Anubis.

Diodore de Sicile (*a*) dit qu'Anubis fut un de ceux qui accompagnerent Osiris dans son expédition des Indes; qu'il étoit fils de ce même Osiris; qu'il portoit pour habillement de guerre une peau de chien, & qu'il étoit, suivant l'interprétation de M. l'Abbé Banier (*b*), Capitaine des Gardes de ce Prince. Le premier de ces Auteurs rapporte ce qu'il avoit appris en Égypte, & dit vrai; mais le second a tort d'accuser la Mythologie Grecque d'avoir confondu *Anubis avec Mercure Trismégiste, si célebre en Égypte par ces belles découvertes, par l'invention des caracteres, & par le nombre prodigieux de livres qu'il composa sur toutes sortes de sciences.* Ceux qui transportent la Mythologie des Egyptiens chez les Grecs, tels que Musée, Orphée, Mélampe, Eumolpe, Homere, &c. ne s'écarterent point des idées des Egyptiens, & ne confondirent jamais Anubis avec Trismégiste, mais

(*a*) Lib. 1.
(*b*) Mythol. T. I. p. 496.

avec un autre Mercure inconnu à M. l'Abbé Banier, au moins dans le sens que ces promulgateurs de la Mythologie en avoient. Le peu de connoissance qu'on avoit de ce Mercure, qui accompagna en effet Osiris dans son voyage, a occasionné les faux raisonnemens que la plupart des Auteurs ont faits sur Anubis; ce n'est donc pas sur leur témoignage qu'il faut établir ses conjectures, & fonder ses jugemens. Le P. Kircher (a), est un de ceux qui a mal-à-propos confondu avec le ton décisif qui lui est ordinaire, Mercure Trismégiste avec Anubis, & qui s'est persuadé faussement que les Egyptiens le représentoient sous la figure d'Anubis. *Unde posteri virum tam admirandâ scientiâ præditum inter Deos relatum divinis honoribus coluerunt, eum Anubin vocantes, hoc est, canem, ob admirabilem hujus in rebus, quâ inveniendis, quâ investigandis sagacitatem;* il a été sans doute trompé par les explications des hiéroglyphes Egyptiens, données par Horapollo (b), qui dit que le chien étoit le symbole d'un Ministre, d'un Conseiller, d'un Secrétaire d'Etat, d'un Prophète, d'un Savant, &c. Plutarque peut aussi avoir contribué à tromper nos Mythologues, en donnant à ce Dieu le nom d'*Herm-Anubis*, qui signifie Mercure Anubis. Apulée auroit cependant pu les tirer d'erreur, s'ils avoient fait réflexion sur la description qu'il en fait en ces termes: « Anubis est l'interprète
» des Dieux du Ciel, & de ceux de l'enfer. Il

(a) Obelisc. Pamph. p. 292.
(b) Liv. I. Explicat. 39.

» a la face tantôt noire, tantôt de couleur d'or.
» Il tient élevée sa grande tête de chien, por-
» tant de la main gauche un caducée, & de la
» droite une palme verte, qu'il semble agiter. »
Un Antique, que Boissard nous a conservé, que
l'on trouve aussi dans le P. Kircher (a), dans
l'Antiquité expliquée de Dom de Montfaucon,
T. II. P. II. p. 314. & ailleurs, & suivant l'inscription, dédiée par un grand Prêtre, nommé
Isias, montre clairement ce que les Egyptiens entendoient par Anubis. Cet Isias dédie cet hiéroglyphe *aux Dieux freres*, θεοὶ ἀδελφοί, & dit que
ces Dieux, c'est-à-dire, Sérapis ou Osiris, Apis
& Anubis sont les *Dieux synthrônes de l'Egypte*,
ou participans au même trône en Egypte. Isias
montre par cette inscription qu'il étoit plus au
fait de la nature de ces Dieux & de leur généalogie, que ne l'étoient beaucoup d'anciens Auteurs Grecs & Latins, & que ne le sont encore
aujourd'hui nos Mythologues. La fraternité de
ces trois Dieux sappe les fondemens de toutes
leurs explications; elle contredit Plutarque, qui
croit qu'Anubis étoit fils de Nephté, qui en accoucha, selon lui, avant terme, par la terreur
qu'elle eut de Typhon son mari, & que ce fut
lui qui, quoiqu'encore fort jeune, apprit à Isis
sa tante la premiere nouvelle de la mort d'O-
siris. Elle ne s'accorde pas avec Diodore, qui
fait Anubis fils d'Osiris. Mais si nos Mythologues pénétroient dans les idées d'Isias, ils verroient bientôt que ces contradictions ne sont

(a) Loc. cit. p. 294.

qu'apparentes, & que ces trois Auteurs parlent réellement d'un seul & unique sujet, quoiqu'ils s'expriment diversement. Diodore & Plutarque rapportent les traditions Egyptiennes, telles qu'ils les avoient apprises sans savoir ce qu'elles signifioient, au lieu qu'Isias étoit instruit des mysteres qu'elles renfermoient. On en jugera par l'explication suivante.

Il y avoit deux Mercures en Egypte, l'un surnommé Trismégiste, inventeur des hiéroglyphes des Dieux de l'Egypte, c'est à-dire, des Dieux fabriqués par les hommes, & qui faisoient l'objet de l'Art sacerdotal ; l'autre Mercure appelé Anubis, qui étoit un de ces Dieux, en vue desquels ces hiéroglyphes furent inventés. L'un & l'autre de ces Mercures furent donnés pour conseil à Isis ; Trismégiste pour gouverner extérieurement, & Anubis pour le gouvernement intérieur. Mais comment cela put-il se faire, dira-t-on, puisque Diodore rapporte qu'Anubis accompagna Osiris dans son expédition ? Voici le moyen d'accorder ces contradictions ; & l'on verra qu'Anubis est fils, de même que frere d'Osiris.

Nous avons dit qu'Osiris & Isis étoient le symbole de la matiere de l'Art Hermétique ; que l'un représentoit le feu de la Nature, le principe igné & génératif, le mâle & l'agent ; que l'autre ou Isis signifioit l'humeur radicale, la terre, ou la matrice & le siége de ce feu, le principe passif ou la femelle ; & que tous deux ne formoient qu'un même sujet composé de ces deux substances. Osiris étoit le même que Sérapis ou Amun, que quelques-uns disent Amon & Ammon représenté par une tête de Bélier, ou avec des cornes de Bélier; parce que cet animal, suivant les Auteurs (a) cités par le P. Kircher, est d'une nature chaude & humide. On voyoit Isis avec une tête de Taureau, parce qu'elle étoit prise pour la Lune, dont le croissant est représenté par les cornes de cet animal; & que d'ailleurs il est pesant & terrestre. Anubis dans l'Antique de Boissart, se trouve placé entre Sérapis & Apis, pour faire entendre qu'il est composé des deux, ou qu'il en vient; il est donc fils d'Osiris & d'Isis, & voici comment. Cette matiere de l'Art sacerdotal, mise dans le vase, se dissout en eau mercurielle; cette eau forme le Mercure Philosophique ou Anubis. Plutarque dit que, quoique fort jeune, il fut le premier qui annonça à Isis la mort d'Osiris, parce que ce Mercure ne paroît qu'après la dissolution & la putréfaction désignées par la mort de ce Prince. Et comme Typhon & Nephté sont les principes de destruction & les causes de cette dissolution, on dit qu'Anubis est fils de ce monstre & de sa femme. Voilà donc Anubis fils d'Osiris & d'Isis en réalité, & né d'eux générativement. Typhon & Nephté sont aussi ses pere & mere, mais seulement comme causes occasionnelles. Raymond Lulle s'exprime dans ce sens-là (b), lorsqu'il dit: *Mon fils, notre enfant a deux peres & deux meres. Cette eau est appelée eau de la sagesse, parce qu'elle est toute or & argent, & elle en réside l'esprit*

(a) Kirch. Obel. Pamph. p. 295.
(b) Vade mecum.

de la quinteſſence qui fait tout, & ſans elle on ne peut rien faire. Ce feu, cette terre, & cette eau qui ſe trouvent dans cette même matiere de l'œuvre, ſont fretés comme les élémens le ſont entr'eux, ce qui fait qu'Iſias les appelle de ce nom ὁμοιοειδεῖς. Il dit auſſi qu'ils ſont Dieux ſynthrônes de l'Egypte, ou des Dieux également révérés par les Egyptiens, participans au même trône & au même honneur, pour nous faire entendre que les trois ne ſont qu'un, & qu'ils ne ſignifient que la même choſe, quoiqu'ils aient différens noms. Cette unité où ces trois principes qui ſe réuniſſent pour ne faire qu'un tout, eſt déclaré palpablement par le triangle qui ſe voit dans ce monument.

Ayant dit ce que c'eſt qu'Anubis, on devine aiſément comment il put accompagner Oſiris dans ſon voyage, puiſque le Mercure Philoſophique eſt toujours dans le vaſe; qu'il paſſe par le noir ou l'Ethiopie, le blanc, &c.; on a vu le reſte dans le chapitre d'Oſiris. Quant à la tête de chien qu'on donne à Anubis, nous avons vu que les Egyptiens prenoient le chien pour ſymbole d'un Miniſtre d'Etat; ce qui convient très-bien au Mercure des Philoſophes, puiſque c'eſt lui qui conduit tout l'intérieure de l'œuvre. Le caducée ſeul le fait connoître pour Mercure; la face tantôt noire, tantôt de couleur d'or que lui donne Apulée, n'indique-t-elle pas clairement les couleurs de l'œuvre? Le texte de Raymond Lulle que nous avons cité, fait voir que Oſiris, Iſis & Anubis, ou Sérapis, Apis & Anubis ſont renfermés dans un même ſujet, puiſque Oſitis, ſymbole

bole du Soleil, & Isis, symbole de la Lune, se trouvent dans l'eau mercurielle; car les Philosophes appellent indifféremment Soleil ou or leur soufre parfait au rouge, & Lune ou argent, leur matiere fixée à blancheur. Le crocodile, animal amphibie, sur lequel Isias a fait représenter Anubis debout, désigne que Mercure ou le Dieu Anubis est composé ou naît de la terre & de l'eau; & afin qu'on ne s'y méprît pas, il a fait mettre auprès un préféricule & une patere, qui sont des vases où l'on met de l'eau ou d'autres liqueurs. Le ballot que le P. Kircher n'a pas expliqué, & que D. de Montfaucon prend pour un *coussin bandé*, en avouant qu'il n'en sait pas l'usage, signifie le commerce qui se fait par le moyen de l'or, dont le globe qu'Anubis porte à la main droite est le symbole. On voit assez souvent le globe dans les hiéroglyphes Egyptiens, parce qu'ils avoient l'Art sacerdotal pour objet. Lorsque ce globe est joint à une croix, c'est pour faire voir que l'or est composé des quatre élémens si bien combinés qu'ils ne se détruisent point l'un & l'autre. Quand le globe est ailé, c'est l'or qu'il faut volatiliser pour parvenir à lui donner la vertu transmutative. Un globe environné d'un serpent, ou un serpent appuyé sur un globe, est un signe de la putréfaction par laquelle il doit passer avant d'être volatilisé. On le trouve même quelquefois ailé, avec un serpent attaché au dessous (*a*), & alors il désigne la putréfaction, & la volatilisation qui en est une suite. Mais il faut

---

(*a*) Kirch. Obel. Pamph. p. 399.

I. Partie. Y

faire attention que je parle de l'or Philosophique, ou Soleil Hermétique; je crois devoir faire cette observation, crainte que quelque Souffleur n'en prenne occasion de chercher par les eaux fortes ou quelques dissolvans semblables, le moyen de distiller l'or commun, & ne s'imagine avoir touché au but quand il sera parvenu à les faire passer ensemble dans le récipient.

CHAPITRE IX.

Canope.

Les Mythologues ont hasardé bien des conjectures physiques, astronomiques & morales sur les Canopes; il s'en trouve même d'assez ingénieuses; mais on n'est pas plus éclairci après cela; & chacun a tourné l'allégorie du côté qui frappoit le plus son imagination, sans néanmoins qu'aucun ait touché le but que s'étoient proposé les Egyptiens dans l'invention & les représentations du Dieu Canope. S'ils avoient suivi mon système, ils n'auroient pas eu besoin de se mettre l'esprit si fort à la torture, pour deviner ce que pouvoit signifier ce Dieu cruche. Il ne leur auroit fallu que des yeux, & ils n'auroient pas perdu leur temps à subtiliser en vain. Qu'on montre à un Philosophe Hermétique un Canope, il n'hésitera pas à dire ce que c'est, n'eût-il jamais entendu parler du Canope d'Egypte, ni des hiéroglyphes dont ils sont couverts; parce

qu'il y reconnoîtra une représentation symbolique de tout ce qui est nécessaire à l'œuvre des Sages. En effet, ce Dieu n'est-il pas toujours représenté dans les monumens Egyptiens sous la forme d'un vase surmonté d'une tête d'homme ou de femme, toujours coëffée, & la coëffure serrée d'un bandeau, à peu près comme on coëffe une bouteille, pour empêcher la liqueur de s'éventer, ou de s'évaporer ? Faut-il donc être un Œdipe pour deviner une chose qui se manifeste par elle-même ? Un Canope n'est autre chose que la représentation du vase dans lequel on met la matiere de l'Art sacerdotal; le col du vase est désigné par celui de la figure humaine; la tête & la coëffure montre la maniere dont il doit être scellé, & les hiéroglyphes dont sa superficie est remplie, annoncent aux spectateurs les choses que ce vase contient, & les différens changemens de formes, de couleurs & de manieres d'être de la matiere. « Le vase de l'Art, dit d'Es-
» pagnet (a), doit être de forme ronde ou
» ovale; ayant un col de la hauteur d'une pal-
» me ou davantage, l'entrée sera étroite. Les
» Philosophes en ont fait un mystere, & lui
» ont donné divers noms. Ils l'ont appelé cu-
» curbite, ou vase aveugle, parce qu'on lui ferme
» l'œil avec le sceau Hermétique, pour empê-
» cher que rien d'étranger ne s'y introduise, &
» que les esprits ne s'en évaporent.

Les Mythologues se sont persuadé mal à propos que le Dieu Canope étoit uniquement l'hié-

(a) Can. 113.

roglyphe de l'élément de l'eau. Ceux qui font percés de petits trous, ou qui ont des mamelles par lesquels l'eau s'écoule, ont été faits à l'imitation des Canopes, non pour représenter simplement l'élément de l'eau; mais pour indiquer que l'eau mercurielle des Philosophes contenue dans les Canopes, est le principe humide & fécondant de la Nature. C'est de cette eau que l'on parloit, quand on dit à Plutarque que Canope avoit été le pilote du vaisseau d'Osiris; parce que l'eau mercurielle conduit & gouverne tout ce qui se passe dans l'intérieur du vase. La morsure d'un serpent, dont Canope fut atteint, marque la putréfaction du mercure, & la mort qui s'ensuivit indique la fixation de cette substance volatile. Tout cela est très-bien signifié par les hiéroglyphes des Canopes. Comme je les ai déja expliqués pour la plupart dans les chapitres précédens, le Lecteur pourra y avoir recours. Quant aux animaux, nous en parlerons dans la suite.

A une des embouchures du Nil étoit une ville du nom Canope, où ce Dieu avoit un temple superbe. S. Clément d'Alexandrie (a) dit qu'il y avoit dans cette ville une Académie des Sciences la plus célebre de toute l'Egypte; qu'on y apprenoit toute la Théologie Egyptienne, les Lettres hiéroglyphiques; qu'on y initioit les Prêtres dans les Mysteres sacrés; & qu'il n'y avoit pas un autre lieu où on les expliquât avec plus d'attention & d'exactitude; c'est pour cette raison

_____
(a) Strom. l. 6.

que les Grecs y faifoient de fi fréquens voyages. Sans doute qu'en donnant des inftructions fur le Dieu Canope, on fe trouvoit dans la néceffité d'expliquer en même temps tous les myfteres voilés fous l'ombre des hiéroglyphes, dont la fuperficie de ce Dieu étoit remplie ; au lieu que dans les autres villes où l'on adoroit Ofiris & Ifis, &c. on ne fe trouvoit que dans le cas de faire l'hiftoire que du Dieu ou de la Déeffe qui y étoient révérés en particulier.

Voilà les principaux Dieux de l'Egypte, dans lefquels on comprend tous les autres. Hérodote (a) nomme aufli Pan comme le plus ancien de tous les Dieux de ce pays, & dit qu'en langue Egyptienne on le nommoit *Mendès*. Diodore (b) nous affure qu'il étoit en fi grande vénération dans ce pays-là, qu'on voyoit fa ftatue dans tous les temples, & qu'il fût un de ceux qui accompagnerent Ofiris dans fon expédition des Indes. Mais comme ce Dieu n'indique autre chofe que le principe génératif de tout, & qu'on le confond en conféquence avec Ofiris, je n'en dirai rien de plus. Nous dirons ces deux mots de Sérapis dans la troifieme fection. On décerna aufli les honneurs du culte à Saturne, Vulcain, Jupiter, Mercure, Hercule, &c. Nous en traiterons dans les livres fuivans, lorfque nous expliquerons la Mythologie des Grecs.

(a) L. 2.   (b) L. 1. p. 16.

SECTION SECONDE.
ROIS D'ÉGYPTE,
ET
Monumens élevés dans ce pays-là.

L'HISTOIRE ne nous apprend sur les premiers Rois d'Egypte, rien de plus certain que sur ceux de la Grèce & des autres Nations. La Royauté n'étoit pas héréditaire chez les Egyptiens, suivant Diodore. Ils élisoient pour Rois ceux qui s'étoient rendus recommandables, soit par l'invention de quelques arts utiles, soit par leurs bienfaits envers le peuple. Le premier dans ce genre, si nous en voulons croire les Arabes, fut *Hanuch*; le même qu'*Henoc* fils de Jared, qui fut aussi nommé *Idris* ou *Idaris*, & que le P. Kircher dit (*a*) être le même qu'*Osiris*, sur le témoignage d'Abénéphi & de quelques autres Arabes. Mais sans nous amuser à discuter si ces Arabes & Manethon I. ou le Sybennite disent la vérité pour ce qui a précédé le Déluge, c'est de cette époque remarquable que nous devons dater. Plusieurs Auteurs sont même persuadés que Manethon, qui étoit Prêtre d'Egypte, n'a formé ses Dynasties, & n'a écrit beaucoup d'autres choses que conformément aux fables qui avoient

_____
(*a*) Œdip. Ægypt. T. I. p. 66. & suiv.

été inventées & divulguées long-temps avant lui. Ce sentiment est d'autant mieux fondé, que ces fables contenoient l'histoire de la succession prétendue des Rois du pays, pour cacher leur véritable objet, dont les Prêtres faisoient un mystère, & un secret qu'il leur étoit défendu de révéler sous peine de la vie. Manethon, comme Prêtre, fut donc obligé d'écrire conformément à ce que l'on débitoit au peuple. Mais le secret auquel il étoit tenu, ne l'obligeant pas à défigurer ce qu'il y avoit de vrai dans l'histoire, il a bien pu nous le conserver au moins en partie.

La discussion de la succession des Rois d'Egypte m'entraîneroit dans une dissertation qui n'entre point dans le plan que je me suis proposé. Je laisse ce soin à ceux qui veulent entreprendre l'histoire de ce pays-là. Il suffit, pour remplir mon objet, de rapporter les Rois que les Auteurs citent comme ayant laissé des monumens qui prouvent que l'Art sacerdotal ou Hermétique étoit connu & en vigueur dans l'Egypte.

Le premier qui s'y établit après le Déluge fut Cham, fils de Noé, qui, suivant Abénéphi (a), fut nommé Zoroastre & Osiris, c'est-à-dire, *feu répandu dans toute la Nature*. A Cham succéda Mesraïm. La chronique d'Alexandrie (b) donne le surnom de Zoroastre à celui-ci, & Opmecrus le nomme Osiris. Le portrait que les Auteurs font de Cham & de Mesraïm ou Misraïm, est

---

(a) Kirch. loc. cit. p. 85.
(b) L. 1.

celui d'un Prince idolâtre, sacrilége, adonné à toutes sortes de vices & de débauches, & ne peut convenir à Osiris, qui n'étoit occupé qu'à remettre le vrai culte de Dieu en vigueur, à faire fleurir la Religion & les Arts, & à rendre ses peuples heureux sous la conduite prudente, sage & religieuse de l'incomparable Hermès Trismégiste. Ce seul contraste devroit faire abandonner l'opinion de ceux qui soutiennent que Cham ou Misraïm son fils étoient les mêmes qu'Osiris. Il est bien plus naturel de penser que le prétendu Zoroastre ou Osiris, qui signifient feu caché ou feu répandu dans tout l'Univers, n'eut jamais d'autre Royauté que l'empire de la Nature, que de regarder ce nom comme surnom d'un homme, fût-il Roi, puisqu'il ne sauroit même convenir à toute l'humanité réunie.

La chronique d'Alexandrie fait Mercure successeur de Misraïm, & dit qu'il regna 35 ans : elle ajoute qu'il quitta l'Italie pour se rendre en Egypte, où il philosophoit sous un habit tressé d'or ; qu'il y enseigna une infinité de choses (a),

(a) Convasato ingenti auri pondere Italiâ excessit, atque in Ægyptum se contulit ad stirpem à Chamo Noëmi filio patrono suo oriundam, à quâ perhonorificè exceptus est, qui dum tibi ageret, præ se contemplit omnes, aureumque amiculum indutus philosophabatur apud Ægyptios, multa mirabilia docens eos, & multa eis prædicebat eventura, naturâ enim erat ingeniosus. Ægyptii ergo eum Mercurium Deum proclamârunt, ut qui futura prænunciaret, illisque à Deo oracula & responsa de futuris, veluti internuncius referret, aurumque subministraret, quem opum largitorem appellabant, aureumque Deum vocabant.

que les Egyptiens le proclamerent Dieu, & l'appeloient le *Dieu d'or*, à cause des grandes richesses qu'il leur procuroit. Plutarque (a) donne à Mercure 38 ans de regne. C'est sans doute ce même Mercure qui, suivant Diodore, fut donné pour conseil à Isis.

Mais si les choses sont ainsi, où placera-t-on le regne des Dieux ? Si Vulcain, le Soleil, Jupiter, Saturne, &c. ont été Rois d'Egypte, & que chacun n'ait pas regné moins de douze cents ans, comme nous l'avons dit ci-devant ; il n'est pas possible de concilier tout cela, quand même on diroit que ces noms des Dieux n'étoient que des surnoms donnés à de véritables Rois. La chose deviendra encore moins vraisemblable, si l'on veut s'en rapporter à la chronique d'Alexandrie, qui donne Vulcain pour successeur à Mercure, & le Soleil pour successeur à Vulcain. Après le Soleil elle met Sosin, ou Sothin, ou Sochin. Après Sosin, Osiris, puis Horus, ensuite Thulen, qui pourroit être le même qu'Eusebe nomme Thuois, & Hérodote Thonis. Diodore bouleverse tout l'ordre de cette prétendue succession ; & la confusion qui naît de-là, forme un labyrinthe de difficultés dont il n'est pas possible de se tirer. Mais enfin il faut s'en tenir à quelque chose ; c'est pourquoi nous dirons avec Hérodote & Diodore (b), que le premier Roi qui regna en Egypte après les Dieux, fut un homme appelé Ménas ou Ménès, qui apprit aux peuples le culte des Dieux & les cérémonies qu'on devoit y observer.

(a) De Iside & Osiride.
(b) Diod. l. 1. p. 2. c. 1.

Ainsi commença donc le regne des hommes en Egypte, qui dura, suivant quelques-uns, jusqu'à la cent quatre-vingtieme Olympiade, temps auquel Diodore fut en Egypte, & auquel regnoit Ptolémée IX, surnommé Denis.

Ménas donna aux Egyptiens des loix par écrit, qu'il disoit avoir promulguées par ordre de Mercure, comme le principe & la cause de leur bonheur. On voit que Mercure se trouve par-tout, soit pendant le regne des Dieux que les Auteurs font durer un peu moins de huit mille ans, & dont le dernier fut Horus, soit pendant le regne des hommes, qui commença à Ménas; d'où l'on doit conclure, contre le sentiment du P. Kircher (a), que ce Ménas ne peut être le même que Mythras & Osiris, puisque ce dernier fut le pere d'Horus. Mais suivons Diodore. La race de Ménas donna 52 Rois en 1040. ans. Busiris fut ensuite élu, & huit de ses descendans lui succéderent. Le dernier des huit, qui se nommoit aussi Busiris, fit bâtir la ville de Thebes, ou la ville du Soleil. Elle avoit cent quarante stades d'enceinte; Strabon lui en donne quatre-vingt de longueur: elle avoit cent portes, deux cents hommes passoient par chacune avec leurs chariots & leurs chevaux (b). Tous les édifices en

(a) Œdip. T. I. p. 93.
(b) Nec quot Orchomenon adveniunt, necquot Thebas
Ægyptias ubi plurimæ in domibus opes condicæ jacent,
Quæ centum habent portas, ducenti autem per unamquemque
Viri egrediuntur cum equis & curribus,
Neque mihi si tot daret.
   Homér. Iliad. 9. v. 381.

étoient superbes & d'une magnificence au-delà de ce qu'on peut imaginer. Les successeurs de ce Busiris se firent une gloire de contribuer à l'ornement de cette ville. Ils la décorerent de temples, de statues d'or, d'argent, d'ivoire de grandeur colossale. Ils y firent élever des Obélisques d'une seule pierre, & la rendirent enfin supérieure à toutes les villes du monde. Ce sont les propres termes de Diodore de Sicile, qui est en cela d'accord avec Strabon.

Cette ville devenue célebre dans tout le monde, & dont les Grecs ne sachant rien pendant long-temps que par oui dire, n'ont pu en parler que d'une maniere fort suspecte, fut bâtie en l'honneur d'Orus ou Apollon, le même que le Soleil, dernier des Dieux qui furent Rois en Égypte; & non pas en l'honneur de l'astre qui porte ce nom, comme les monumens qu'on y voyoit le témoignent. Une ville si opulente, si remplie d'or & d'argent, apportés en Égypte par Mercure, qui, comme nous l'avons dit d'après les Auteurs, apprit aux Egyptiens la maniere de le faire, n'est-elle pas une preuve convaincante de la science des Egyptiens, quant à la Philosophie ou l'Art Hermétique? Il y avoit dans cette même ville, continue Diodore, quarante-sept mausolées de Rois, dont dix-sept subsistoient encore du temps de Ptolémée Lagus. Après les incendies arrivés du temps de Cambyse, qui en transporta l'or & l'argent dans la Perse, on y trouva encore 300 talens pesant d'or, & 2300 d'argent.

Busiris, fondateur de cette ville, étoit fils de

Roi, par conséquent Philosophe instruit de l'Art sacerdotal ; il étoit même Prêtre de Vulcain. L'entrée en étoit défendue aux étrangers. Ce fut sans doute une des raisons qui engagerent les Grecs à décrier si hautement ce Busiris, le même dont il est fait mention dans les travaux d'Hercule. Mais de quoi n'est pas capable l'envie, la jalousie ? Les Grecs ne pouvoient qu'aboyer après ces richesses qu'ils ne voyoient qu'en perspective.

Les Obélisques seuls suffiroient pour prouver que ceux qui les faisoient élever, étoient parfaitement au fait de l'Art Hermétique. Les hiéroglyphes dont ils étoient revêtus, les dépenses excessives qu'il falloit faire, & jusqu'à la matiere, ou plutôt le choix affecté de la pierre, décelent cette science. Je n'apporterai même pas en preuves ce que dit le P. Kircher (a), que l'on doit la premiere invention des Obélisques à un fils d'Osiris, qu'il nomme *Mesramuthisis*, qui faisoit sa résidence à Héliopolis, & qui en éleva le premier, parce qu'il étoit instruit des sciences d'Hermès, & qu'il fréquentoit habituellement les Prêtres. Je dirai seulement avec le même Auteur (b), qu'afin que tout fût mystérieux dans ces Obélisques, les inventeurs des caracteres hiéroglyphiques firent même choix d'une matiere convenable à ces mysteres.

(a) Obelisc. Pamph. p. 48.
(b) Ne quicquam mysteriorum tam arcanæ Obeliscorum machinationi deesset ; materiam lapidis, primi illi hieroglyphicæ literaturæ inventores elegerunt, mysteriis quæ continebant congruam. *Ibid.* p. 49.

« La pierre de ces Obélisques, dit le même Auteur (a), étoit une espèce de marbre dont les couleurs différentes sembloient avoir été jetées goutte à goutte ; sa dureté ne le cédoit point à celle du porphyre, que les Grecs appellent πυροποίκιλος; les Latins *Pierres de Thebes*, & les Italiens *Granito rosso*. La carriere d'où l'on tiroit ce marbre étoit près de cette fameuse ville de Thebes, où résidoient autrefois les Rois d'Egypte, auprès des montagnes qui regardoient l'Ethiopie, & les sources du Nil, en tirant vers le midi. Il n'est point de sortes de marbres que l'Egypte ne fournisse ; je ne vois pas par quelle raison les *Hiéromystes* choisissoient pour les Obélisques celle-là plutôt qu'une autre. Il y avoit certainement quelque mystere caché là-dessous, & c'étoit sans doute en vue de quelque secret de la Nature. » On dira peut-être que la dureté, la tenacité faisoit préférer ce marbre à tout autre, parce qu'il étoit propre à résister aux injures du temps. Mais le porphyre, si commun dans ce pays-là, étoit bien aussi solide, & par conséquent aussi durable. Pourquoi d'ailleurs n'y regardoit-on pas de si près quand il s'agissoit d'élever d'autres monumens plus grands ou plus petits que les Obélisques, & l'on employoit alors d'autres especes de marbres? Je dis donc, ajoute le même Auteur, que ces Obélisques étant élevés en l'honneur de la Divinité solaire, on choisissoit, pour les faire une matiere dans laquelle on connoissoit quel-

(a) Loc. cit.

ques propriétés de cette Divinité, ou qui avoit quelque analogie de ressemblance avec elle.

Le P. Kircher avoit raison de soupçonner du mystere dans la préférence que l'on donnoit à ce marbre, dont les couleurs étoient constamment au nombre de quatre. Il n'a même pas mal rencontré, lorsqu'il dit que c'étoit à cause d'une espece d'analogie avec le Soleil ; il auroit pu assurer la chose, s'il avoit suivi notre systême, pour le guider dans ses explications. Car il auroit vu clairement que les couleurs de ce marbre sont précisément celles qui surviennent à la matiere que l'on emploie dans les opérations du grand œuvre, pour faire le Soleil philosophique, en l'honneur & en mémoire duquel on élevoit ces Obélisques. On en jugera par la description suivante qu'en fait le même Auteur (a) : « La » Nature a mélangé quatre substances pour la » composition de ce Pyrite Egyptien ; la prin- » cipale, qui en fait comme la base & le fond, » est d'un rouge éclatant, dans laquelle sont » comme incrustés des morceaux de crystal, d'au- » tres d'améthystes, les uns de couleur cendrée, » les autres bleus, d'autres enfin noirs ; qui sont » semés çà & là dans toute la substance de cette » pierre. Les Egyptiens ayant donc observé ce » mélange, jugerent cette matiere comme la » plus propre à représenter leurs mysteres. » Un Philosophe Hermétique ne s'exprimeroit pas autrement que le P. Kircher ; mais il auroit des idées bien différentes. On sait, & nous l'avons

(a) Ibid. p. 50.

répété assez souvent, que les trois couleurs principales de l'œuvre sont la noire, la blanche & la rouge. Ne sont-ce pas celles de ce marbre ? La couleur cendrée n'est-elle pas celle que les Philosophes appellent Jupiter, qui se trouve intermédiaire entre la noire nommée Saturne, & la blanche appelée Lune ou Diane ? La rouge qui domine dans ce marbre ne désigne-t-elle pas clairement celle qui, dans les livres des Philosophes Hermétiques, est comparée à la couleur des pavots des champs, & constitue la perfection du Soleil ou Apollon des Sages ? La bleue n'est-elle pas celle qui précede la noirceur dans l'œuvre, que Flamel (a) & Philalethe (b) disent être un signe que la putréfaction n'est pas encore parfaite ? Nous en parlerons plus au long dans le chapitre de Cérès au IVe. Livre, lorsque nous expliquerons ce que c'étoit que le lac Cyanée, par lequel se sauva Pluton en enlevant Proserpine.

Voilà tout le mystere dévoilé. Voilà le motif de la préférence que les Egyptiens donnoient à ce marbre pour en former les Obélisques ; & c'étoit, comme l'on voit, avec raison, puisqu'il s'agissoit de les élever en l'honneur d'Horus ou du Soleil Philosophique, & de représenter sur leurs surfaces des hiéroglyphes, sous les ténebres desquels étoient ensevelies & la matiere dont Horus se faisoit, & les opérations requises pour y parvenir. Je ne prétends cependant pas que ce fût l'objet unique de l'érection de ces Obélisques & des

_____
(a) Explic. des fig. hiéroglyp.
(b) Enarrat. Method. 3. Gebri Medic.

Pyramides. Je sais que toute la Philosophie de la Nature y étoit hiéroglyphiquement renfermée en général, & que Pythagore, Socrate, Platon, & la plupart des autres Philosophes Grecs puiserent leur science dans cette source ténébreuse, où l'on ne pouvoit pénétrer, à moins que les Prêtres d'Egypte n'y portassent le flambeau de leurs instructions ; mais je sais aussi que les Philosophes disent (a) que la connoissance du grand œuvre donne celle de toute la Nature, & qu'on y voit toutes ses opérations & ses procédés comme dans un miroir.

Pline n'est pas d'accord avec Diodore sur le Roi d'Egypte qui le premier fit élever des Obélisques. Pline (b) en attribue l'invention à Mitrès ou Mitras : *Trabes ex eo fecere Reges, quodam certamine Obeliscos vocantes Soli Numini sacratos ; radiorum ejus argumentum in effigie est, & ita significat in nomine Ægyptio. Primus omnium id instituit Mitres, qui id urbe Solis (Heliopoli seu Thebis intellige) primus regnabat, somnio jussus, & hoc ipsum scriptum in eo.* Mais sans doute que cette différence ne vient que de ce que Mitrès ou Mithras signifioit le Soleil, & Menas la Lune. Il y a même grande apparence que ce Mithras & ce Menas étoient les mêmes qu'Osiris & Isis ; non qu'ils aient en effet fait élever des Obélisques, puisqu'ils n'ont jamais existé sous forme humaine ; mais parce que c'est en leur honneur qu'on les éleva. On ne prouve pas

(a) Cosmop. novum lumen Chemic. D'Espagnet, Raymond Lulle, &c.
(b) L. 36. c. 8.

mieux

mieux leur existence réelle en disant qu'ils bâtirent Memphis (a) ou quelque autre ville d'Egypte; puisque Vulcain, Neptune & Apollon ne sont pas moins des personnages fabuleux pour avoir bâti la ville de Troyes, comme nous le prouverons dans le cours de cet Ouvrage, & particulierement dans le VIe. Livre.

Sans m'attacher scrupuleusement à la succession chronologique des Rois d'Egypte, puisque leur histoire entiere n'entre point dans mon plan, je passe à quelques-uns de ceux qui ont laissé des monumens particuliers de l'œuvre Hermétique, & je m'en tiens à Diodore de Sicile pour éviter les discussions.

Simandius, au rapport d'Hécatée & de Diodore, fit des choses surprenantes à Thebes, & surpassa ses prédécesseurs en ce genre. Il fit ériger un monument admirable par sa grandeur, & par l'art avec lequel il étoit travaillé. Il avoit dix stades; la porte par où l'on y entroit, avoit deux arpens de longueur, & quarante-cinq coudées de hauteur. Sur ce monument étoit une inscription en ces termes:

JE SUIS SIMANDIUS ROI DES ROIS.
SI QUELQU'UN DESIRE SAVOIR CE QUE J'AI
   ÉTÉ ET OU JE SUIS, QU'IL CONSIDERE MES
   OUVRAGES.

J'omets la description de ce superbe monument; on peut la voir dans les Auteurs cités;

_____
(a) Hérodote in Euterp.

je dirai seulement avec eux, qu'entre les peintures & les sculptures placées sur un des côtés de ce fameux péristyle, on voyoit Simandius offrant aux Dieux l'or & l'argent qu'il faisoit tous les ans; la somme en étoit marquée, & montoit à 132000000 mines, suivant le même Diodore.

Auprès de ce monument on voyoit la Bibliotheque sacrée, sur la porte de laquelle étoit écrit REMEDE DE L'ESPRIT. Sur le derriére étoit une belle maison, où l'on voyoit 20 coussins ou petits lits dressés pour Jupiter & Junon, la statue du Roi & son tombeau. Autour étoient distribués divers appartemens ornés de peintures, qui représentoient tous les animaux révérés en Egypte, & tous semblant diriger leurs pas vers le tombeau. Ce monument étoit environné d'un cercle d'or massif, épais d'une coudée, & sa circonférence étoit de 365. Chaque coudée étoit un cube d'or, & marquée par des divisions. Sur chacune étoient gravés les jours, les années, le lever & le coucher des Astres, & tout ce que cela signifioit suivant les observations astrologiques des Egyptiens. Ce cercle fut enlevé, dit-on, du temps que Cambyse & les Perses régnerent en Egypte.

Ce que nous venons de rapporter de la magnificence de Simandius, montre assez, tant par la matiere dont ces choses étoient faites, que par la forme qu'on leur donnoit, pour quelle raison & à quel dessein on les avoit ainsi faites. Quelque interprétation que les Historiens puissent y donner, comment pourront-ils supposer que Simandius ait pu tirer, soit des mines, soit des impôts une si prodigieuse quantité d'or ? Et quand on pourroit le supposer, Simandius auroit-il eu droit de s'en faire une gloire particuliere, & d'en parler comme de son ouvrage ? Si les autres Rois avoient le même revenu, ils pouvoient s'en glorifier comme lui. Il y eût eu de la folie à faire graver sur son tombeau qu'il ne tenoit ces richesses que de ses exactions, & de la puérilité à faire marquer la somme des richesses qu'il tiroit annuellement de la terre. Une si grande somme paroît à la vérité incroyable; mais elle ne l'est pas à ceux qui savent ce que peut transmuer un gros de poudre de projection multipliée en qualité autant qu'elle peut l'être.

L'inscription mise au dessus de la porte de la Bibliotheque, annonce combien la lecture est utile; mais elle ne paroît y avoir été placée que pour marquer le trésor qui y étoit renfermé; c'est-à-dire, les livres que les Egyptiens appeloient *sacrés*, ou ceux qui contenoient en termes allégoriques, & en caracteres hiéroglyphiques toute la Philosophie Hermétique ou l'art de faire l'or, & le reméde pour guérir toutes les maladies; puisque la possession de cet art fait évanouir la source de toutes les maladies de l'esprit, l'ambition, l'avarice, & les autres passions qui le tyrannisent. Cette science étant celle de la sagesse, on peut dire avec Salomon (*a*), l'or n'est que du sable vil en comparaison de la sagesse, & l'argent n'est que de la boue. Son acquisition vaut mieux que tout le commerce de l'or, & de

(*a*) Sap. 7.

l'argent; son fruit plus précieux que toutes les richesses du monde : tout ce qu'on y désire ne peut lui être comparé. La santé & la longueur de la vie est à sa droite (a); la gloire & des richesses infinies sont à sa gauche. Ses voies sont des opérations belles, louables & nullement à mépriser ; elles ne se font point avec précipitation ni à la hâte, mais avec patience & attention pendant un long travail : c'est l'arbre de vie à ceux qui la possedent ; heureux sont ceux qui l'ont en leur pouvoir !

On explique communément ces paroles, de la sagesse & de la piété ; mais quoiqu'on possede tout quand on possede Jésus-Christ, & que l'on est fidele à observer sa loi, l'expérience de tous les temps nous démontre que la santé, la longueur de la vie, la gloire & les richesses ne sont pas l'apanage de tous les Saints. Pourquoi Salomon ne l'auroit-il pas dit de la sagesse Hermétique, puisque tout y convient parfaitement, & en est proprement la définition ?

Le huitieme Roi d'Egypte après Simandius, ou Simendes, appelé aussi Osymandrias, fut Uchoreus, suivant Diodore (b), que je me suis proposé de suivre. Il fit bâtir Memphis, lui donna cent cinquante stades de circuit, & la rendit la plus belle ville de l'Egypte ; les Rois ses successeurs la choisirent pour leur séjour. Mitis, le douzieme de sa race, regna dans la suite, & fit construire à Memphis le vestibule septentrional du temple, dont la magnificence n'étoit

---

(a) Prov. c. 3.   (b) Lib. 1. p. 2. c. 1.

point inférieure à ce qu'avoient fait ses prédécesseurs. Il fit aussi creuser le lac Mœris de trois mille six cents stades de tour, & de cinquante brasses de profondeur, afin de recevoir les eaux du Nil, lorsqu'elles débordoient avec trop d'abondance, & de pouvoir les distribuer dans les champs des environs, quand les eaux manquoient d'inonder le pays. Chaque fois qu'on donnoit issue ou entrée à ces eaux, il en coûtoit cinquante talens. Au milieu de cette espece de lac, Miris fit élever un mausolée à deux pyramides de la hauteur d'une stade chacune, l'une pour lui, l'autre pour son épouse, à laquelle il accorda pour sa toilette, tout le produit de l'impôt mis sur le poisson qui se pêchoit dans ce lac. Sur chaque pyramide étoit une statue de pierre, assise sur un trône, le tout d'un ouvrage exquis.

Sésostris prit ensuite la couronne, & surpassa tous ses prédécesseurs en gloire & en magnificence. Après qu'il fut né, Vulcain apparut en songe à son pere, & lui dit que Sésostris son fils commanderoit à tout l'Univers. Il le fit en conséquence élever avec nombre d'autres enfans du même âge ; l'obligea aux mêmes exercices fatigans, & ne voulut pas qu'il eût d'autre éducation qu'eux, tant afin que la fréquentation les rendît plus liés, que pour l'endurcir au travail. Pour se concilier l'attachement de tout le monde, il employa les bienfaits, les présens, la douceur, l'impunité même à l'égard de ceux qui l'avoient offensé. Assuré de la bienveillance des chefs & des soldats, il entreprit cette grande expédition, dont les Historiens nous ont conservé la mémoire. De retour en Egypte il fit une infinité de belles choses à grands frais, afin d'immortaliser son nom. Il commença par construire dans chaque ville de ses Etats un temple magnifique en l'honneur du Dieu qui y étoit adoré; & fit mettre une inscription dans tous les temples, qui annonçoit à la postérité qu'il les avoit fait tous élever à ses frais, sans avoir levé aucune contribution sur ses peuples. Il fit amonceler des terres en forme de montagnes, bâtit des villes sur ces élévations, & les peupla des habitans qu'il tira des villes basses, trop exposées à être submergées dans les débordemens du Nil. On creusa par ses ordres un grand nombre de canaux de communication, tant pour faciliter le commerce, que pour défendre l'entrée de l'Egypte à ses ennemis. Il fit construire un navire de bois de cédre, long de 280 coudées, tout doré en dehors, & argenté en dedans, qu'il offrit au Dieu qu'on révéroit particulierement à Thebes. Il plaça dans le temple de Vulcain à Memphis sa statue & celle de son épouse, faites d'une seule pierre, haute de trente coudées; & celles de ses enfans hautes de vingt. Il s'acquit enfin tant de gloire, & sa mémoire fut en telle vénération, que plusieurs siecles après, Darius, père de Xerxès, ayant voulu faire placer sa statue avant celle de Sésostris dans le temple de Memphis, le Prince des Prêtres s'y opposa, en lui représentant qu'il n'avoit pas encore fait tant & de si grandes choses que Sésostris. Darius, loin de se fâcher de la liberté du Grand Prêtre, lui répondit qu'il donneroit tous ses soins pour y parvenir, & que si le ciel lui conservoit la vie, il feroit en sorte de ne lui céder en rien.

Séfostris ayant régné trente-trois ans mourut, & son fils qui lui succéda, ne fit rien de remarquable en fait de magnificence, sinon deux obélisques chacun d'une même pierre, haute de cent coudées & large de huit, qu'il fit dresser en l'honneur du Dieu d'Héliopolis, c'est-à-dire, du Soleil ou d'Horus. Hérodote (a) nomme *Pheron* ce fils de Séfostris, & lui donne Prothée pour successeur, au lieu que Diodore en met plusieurs entr'eux, & n'en nomme aucun jusqu'à Amasis, qui eut pour successeur Actisanes Ethiopien, ensuite Ménides, que quelques-uns appellent Marus. C'est lui qui fit faire ce célèbre labyrinthe, dont Dédale fut si enchanté, qu'il en construisit un semblable à Crete pendant le règne de Minos. Ce dernier n'existoit plus du temps de Diodore, & celui d'Egypte subsistoit dans tout son entier.

Cétès, que les Grecs nomment *Prothée*, régna après Ménide; Cétès étoit expert dans tous les arts. C'est le Prothée des Grecs, qui se changeoit en toutes sortes de figures, & qui prenoit les formes tantôt de lion, puis de taureau, de dragon, d'arbre, de feu. Nous expliquerons pourquoi dans les livres suivans.

Le neuvieme qui porta la couronne en Egypte après Prothée, fut Chemibis, qui régna 50 ans, & fit élever la plus grande des trois pyramides, que l'on met au nombre des merveilles du monde. La plus grande couvre de sa base sept arpens de

(a) L. 2. c. 3.

terrein, sa hauteur en a six, & sa largeur de chacun des quatre côtés, qui diminue à mesure que la pyramide s'éleve, a soixante-cinq coudées. Tout l'ouvrage est d'une pierre extrêmement dure, très-difficile à travailler. On ne peut revenir de l'étonnement qui saisit à la vue d'un édifice si admirable. Quelques-uns assurent, continue Diodore, qu'il y a plus de trois mille ans que cette masse énorme de bâtisse a été élevée, elle subsiste néanmoins encore dans tout son entier. Ces Pyramides sont d'autant plus surprenantes, qu'elles sont dans un terein sablonneux, fort éloigné de toutes sortes de carrieres, & que chaque pierre de la plus grande de ces Pyramides n'avoit pas moins de trente pieds de face, selon le rapport d'Hérodote (a). La tradition du pays étoit qu'on avoit fait transporter ces pierres des montagnes de l'Arabie. Une inscription gravée sur cette Pyramide apprenoit que la dépense faite en oignons, ails & raves donnés pour vivre aux ouvriers qui avoient travaillé à sa construction, montoit à seize cents talens d'or ; que trois cents soixante mille hommes y furent employés pendant vingt ans, & qu'il en coûta douze millions d'or pour transporter les pierres, les tailler & les poser. Suivant Ammien Marcellin on ne fit pas moins de dépenses pour le Labyrinthe. Combien en dût-il coûter, dit Hérodote, pour le fer, les vêtemens des ouvriers, & les autres choses requises ?

Chabrée & Mycerin qui régnerent après Chem-

(a) Lib. 2.

bis, firent aussi élever des Pyramides superbes, avec des frais proportionnés, mais immenses. Bocchorus vint ensuite; Sabachus, qui abdiqua la couronne, & se retira en Ethiopie. L'Egypte après cela fut gouvernée par douze Pairs pendant quinze ans, au bout desquels un des douze nommé Psammeticus se fit Roi. Il attira le premier les étrangers en Egypte (a), & leur procura toute la sûreté dont ils n'avoient point joui sous ses prédécesseurs, qui les faisoient mourir, ou les réduisoient en servitude. La cruauté que les Egyptiens exercerent envers les étrangers sous le regne de Busiris, donna occasion aux Grecs, dit Diodore, d'invectiver contre ce Roi, de la maniere qu'ils l'ont fait dans leurs fables, quoique tout ce qu'ils en rapportent soit contraire à la vérité.

Après la mort de Psammeticus commença la quatrieme race des Rois d'Egypte; c'est-à-dire, d'Apries, qui ayant été attaqué par Amasis, chef des Egyptiens révoltés, fut pris & étranglé. Amasis fut élu à sa place environ l'an du monde 3390, qui fut celui du retour de Pythagore dans la Grece sa patrie. Pendant le regne du successeur d'Amasis, Cambyses, Roi de Perse, subjugua l'Egypte vers la troisieme année de la soixante-troisieme Olympiade. Des Ethiopiens, des Perses, des Macédoniens porterent aussi la couronne d'Egypte; & parmi ceux qui y ont régné, on compte six femmes.

Quelques réflexions sur ce que nous avons

(a) Herodot. l. 2. c. 154.

rapporté d'après Diodore, ne feront pas hors de propos. Les fuperbes monumens que le temps avoit détruits, ou qui fubfiftoient encore lorfque cet Auteur fut en Egypte; les frais immenfes avec lefquels on les avoit élevés; l'ufage de choifir les Rois dans le nombre des Prêtres, & tant d'autres chofes qui fe préfentent à l'efprit, font des preuves bien convaincantes de la fcience Chymico-Hermétique des Egyptiens. Diodore parle en Hiftorien, & ne peut être fufpect quant à cet Art facerdotal, à cette Chymie qu'il ignoroit, felon les apparences, avoir été en vigueur dans ce pays-là. Il ne foupçonnoit même pas qu'on pût avoir de l'or d'ailleurs que des mines. Ce qu'il dit (a) de la maniere de le tirer des terres frontieres de l'Arabie & de l'Ethiopie; le travail immenfe qui étoit requis pour cela; le grand nombre de perfonnes qui y étoient occupées, donne affez à entendre qu'il ne croyoit pas qu'on en tirât d'ailleurs. Auffi n'avoit-il pas été initié dans les myfteres de ce pays. Il ne paroît même pas qu'il ait eu une liaifon particuliere avec les Prêtres. Il ne rapporte que ce qu'il avoit vu ou appris de ceux qui, comme lui, n'y foupçonnoient fans doute rien de myftérieux: il avoue cependant quelquefois, que ce qu'il rapporte a tout l'air de fable; mais il ne s'avife pas de vouloir pénétrer dans leur obfcurité. Il dit que les Prêtres confervoient inviolablement un fecret qu'ils fe confioient fucceffivement. Mais il étoit du nombre de ceux qui penfoient voir clair où ils ne voyoient

---

(a) Rer. Antiq. l. 3. c. 2.

goutte; & qui s'imaginoient que ce secret n'avoit d'autre objet que le tombeau d'Osiris, & peut-être ce qu'on entendoit par les cérémonies du culte de ce Dieu, de Vulcain & des autres. S'il avoit fait attention au culte particulier que l'on rendoit à Osiris, Isis, Horus, qui ne passoient que pour des hommes; celui de Vulcain, dont tous les Rois se firent un devoir d'embellir le temple à Memphis, les cérémonies particulieres que l'on observoit dans ce culte; que les Rois étoient appelés *Prêtres de Vulcain*, pendant que chez les autres Nations, Vulcain étoit regardé comme un misérable Dieu, chassé du ciel à cause de sa laide figure, & condamné à travailler pour eux. Si Diodore avoit réfléchi sur l'attention qu'avoient les Rois d'Egypte avant Psammeticus, d'empêcher l'entrée de leur pays aux autres Nations, il auroit vu sans peine qu'ils ne le faisoient pas sans raisons. Le commerce des étrangers, pouvant apporter dans l'Egypte les richesses abondantes qu'il porte dans les autres pays, il y eût eu de la folie aux Egyptiens de l'interdire. Diodore convient cependant avec tous les Auteurs, que les Egyptiens étoient les plus sages de tous les Peuples; & cette idée ne peut convenir à ces puérilités introduites dans leur culte, à moins qu'on ne suppose qu'elles renfermoient des mysteres sublimes, & conformes à l'idée que l'on avoit de leur haute sagesse. Puisque le commerce ne portoit en Egypte ni l'or, ni l'argent, ils avoient sans doute une autre ressource pour trouver ces métaux chez eux : mais en supposant avec Diodore qu'on tiroit au moins l'or d'une terre noire, & d'un marbre blanc; peut-on penser qu'ils en fournissoient assez pour ces dépenses excessives que les Rois firent pour la construction de ces merveilles du monde? ces métaux pouvoient ils devenir assez communs pour que le peuple en eût cette abondance, dont l'écriture fait mention, au sujet de la fuite des Hébreux de l'Egypte? Si ces mines avoient été si riches, eût-il fallu tant de travail pour les exploiter? Je serois tenté de croire que Diodore ne parle de ces mines que par ouï dire. Cette terre noire, ce marbre blanc d'où l'on tiroit de l'or, m'ont bien l'air de n'être autres que la terre noire & le marbre blanc des Philosophes Hermétiques; c'est à-dire, la couleur noire, de laquelle Hermès & ceux qu'il avoit instruits, savoient tirer l'or Philosophique. C'étoit-là le secret de l'Art sacerdotal, de l'Art des Prêtres d'où l'on tiroit les Rois; aussi Diodore dit-il que l'invention des métaux étoit fort ancienne chez les Egyptiens, & qu'ils l'avoient apprise des premiers Rois du pays. Que les Métallurgistes de nos jours suivent dans le travail des mines la méthode que Diodore détaille si bien, & qu'ils nous disent ensuite quelle réussite aura eu leur travail. Le P. Kircher sentoit bien son insuffisance, & l'impossibilité de la chose, lorsque, pour prouver que la Philosophie Hermétique ou l'art de faire de l'or n'étoit pas connu des Egyptiens, il apporte le témoignage de Diodore en preuve que ces peuples le tiroient des mines, & se voit enfin obligé de recourir à un secret qu'ils avoient de tirer ce métal de toutes sortes de matieres. Ce secret suppose donc que l'or se trouve dans tous les mixtes. Les Philosophes Hermétiques disent, il est vrai, qu'il y est en puissance; c'est pourquoi leur matiere, selon eux, se trouve par-tout, & dans tout; mais le P. Kircher ne l'entendoit pas dans ce sens là: & le secret d'extraire en réalité l'or de tous les mixtes est une supposition sans fondement. La science Hermétique, l'Art sacerdotal, étoit la source de toutes ces richesses des Rois d'Egypte, & l'objet de ces mysteres si cachés sous le voile de leur prétendue Religion.

Quel autre motif auroit pu les engager à ne s'expliquer que par des hiéroglyphes? une chose aussi essentielle que la Religion demande-t-elle à être enseignée par des figures inintelligibles à d'autres qu'aux Prêtres? Que le fond de la Religion ou plutôt l'objet soient des mysteres, il n'y a rien d'étonnant: tout le monde sait que l'esprit humain est trop borné pour concevoir clairement tout ce qui regarde Dieu & ses attributs; mais loin de vouloir les rendre encore plus incompréhensibles en les présentant sous les ténebres presqu' impénétrables des hiéroglyphes. Hermès & les Prêtres qui se proposoient de donner au peuple la connoissance de Dieu, auroient pris des moyens plus à sa portée; ce qui ne s'accordoit en aucune façon, & qui eût été même contradictoire avec ce secret qui leur avoit été recommandé, & qu'ils gardoient si inviolablement. C'eût été prendre précisément les moyens de ne pas réussir dans leur dessein.

Je sais que de quelques-unes des fables Egyptiennes on pouvoit former un modele de morale; mais les autres n'y convenoient nullement. Il y a donc grande apparence qu'elles avoient un autre objet que celui de la Religion. On a inventé une infinité de systêmes pour expliquer & les hiéroglyphes & les fables; M. Peluche (a), en suivant les idées de quelques autres, a prétendu qu'ils n'avoient d'autres rapports qu'avec les saisons, & qu'ils n'étoient que des instructions que l'on donnoit au peuple pour la culture des terres: mais quelle connexion peut avoir cela avec tous ces superbes monumens, ces richesses immenses dont nous avons parlé, ces Pyramides où les Auteurs nous assurent que les anciens Philosophes Grecs puiserent leur Philosophie? Ces sages y voyoient donc ce que les inventeurs de ces hiéroglyphes n'avoient pas eu dessein d'y mettre; disons plutôt que les fabricateurs du systême de M. Péluche n'y voyoient eux-mêmes goutte. Un peuple qui n'eût été occupé que de la culture des terres, & qui n'exerçoit aucun commerce avec les autres Nations, auroit-il trouvé, en labourant, ces trésors qui fournissoient à tant de dépenses? Comment M. Peluche adaptera-t-il ce secret si recommandé à son systême? y auroit il eu du mystere à représenter hiéroglyphiquement, ce que l'on auroit ensuite expliqué ouvertement à tout le monde? Peut-on en même temps cacher & découvrir une même chose? C'eût été le secret de la comédie. Il n'est pas vraisemblable que l'on eût non seulement fait un mystere de ce que tout le monde savoit, mais

(a) Hist. du Ciel.

qu'on eût défendu sous peine de la vie de le divulguer. Voyons quelques-uns de ces hiéroglyphes, & par les explications que nous en donnerons, tirées de la Philosophie Hermétique, on aura lieu de se convaincre de l'illusion de M. Peluche, & de tant d'autres.

SECTION TROISIEME.

DES ANIMAUX RÉVÉRÉS EN ÉGYPTE;

ET DES

PLANTES HIÉROGLYPHIQUES.

CHAPITRE PREMIER.

Du Bœuf Apis.

Tous les Historiens qui parlent de l'Egypte, font mention du Bœuf sacré. « Nous ajoûterons
» à ce que nous avons rapporté du culte rendu
» aux animaux, les attentions & le soin que
» les Egyptiens ont pour le Taureau sacré,
» qu'ils appellent *Apis*. Lorsque ce Bœuf est
» mort (a), & qu'il a été magnifiquement in-
» humé, des Prêtres commis pour cela en cher-
» chent un semblable, & le deuil du peuple

(a) Diodor. l. 1. c. 4.

» cesse lorsque ce Taureau est trouvé. Les Prê-
» tres à qui l'on confie ce soin, conduisent le
» jeune animal à la ville du Nil, où ils le nour-
» rissent pendant quarante jours. Ils l'introdui-
» sent ensuite dans un vaisseau couvert, dans
» lequel on lui a préparé un logement d'or, &
» l'ayant conduit à Memphis avec tous les hon-
» neurs dûs à un Dieu, ils le logent dans le
» temple de Vulcain. Pendant tout ce temps-là
» les femmes seules ont permission de voir le
» Bœuf ; elles se tiennent debout devant lui
» d'une maniere très-indécente. C'est le seul
» temps où elles puissent le voir. » Strabon (a)
dit que ce Bœuf doit être noir, avec une seule
marque blanche formée en croissant de lune, au
front ou sur l'un des côtés. Pline est du même
sentiment (b). Hérodote (c), en parlant d'Apis,
que les Grecs nomment *Epaphus*, dit qu'il doit
avoir été conçu par le tonnerre ; qu'il doit être
tout noir, ayant une marque quarrée au front,
la figure d'une aigle sur le dos, celle d'un es-
carbot au palais, & le poil double à la queue (d).

(a) Geogr. liv. dernier.
(b) Bos ab Ægyptiis nu-
minis vice cultus Apis vo-
catur, ac candicanti macula
in dextro latere, ac cornibus lunæ crescentis insigni-
bus, nodum sub lingua ha-
bet quem cantharum appel-
lant. Hunc Bovem certis vitæ annis transactis, mersum
in sacerdotum fonte ene-
cant ; interim luctu alium
quem substituant quæsituri
donec inveniant derasis ca-
pitibus lugent, inventus de-
ducitur à sacerdotibus
Memphim. *L. 8. c. 46.*

(c) L. III. c. 28.
(d) Est autem hic Apis,
idemque Epaphus, è vacca
genitus quæ nullum dum
alium potest concipere fœ-
tum : quam Ægyptii aiunt
fulgure ictam concipere ex
Pomponius

ÉGYPTIENNES ET GRECQUES. 369

Pomponius Mela est d'accord avec Hérodote, quant à la conception d'Apis, de même qu'Elien. « Les Grecs, dit ce dernier, le nomment *Epa-* » *phus*, & prétendent qu'il tire son origine d'Io » l'Argienne, fille d'Inaque; mais les Égyptiens » le nient, & en prouvent le faux, en assurant » que l'Epaphus des Grecs est venu bien des » siecles après Apis. Les Égyptiens le regardent » comme un grand Dieu, conçu d'une Vache » par l'impression de la foudre. » On nourris-soit ce Taureau pendant quatre ans, au bout desquels on le conduisoit en grande solemnité à la fontaine des Prêtres, dans laquelle on le faisoit noyer, pour l'enterrer ensuite dans un magnifique tombeau.

Plusieurs Auteurs font mention des Palais superbes, & des appartemens magnifiques que les Égyptiens bâtissoient à Memphis pour loger le Taureau sacré. On sait les soins que les Prêtres se donnoient pour son entretien, & la vénération que le peuple avoit pour lui. Diodore nous apprend que de son temps le culte de ce Bœuf étoit encore en vigueur, & ajoute qu'il étoit fort ancien. Nous en avons une preuve dans le Veau d'or que les Israélites fabriquerent dans le désert. Ce peuple sortoit de l'Egypte, & avoit emporté avec lui son penchant pour l'idolatrie Égyptienne. Il s'étoit écoulé bien des siecles depuis Moyse

eò Apim. Habet autem hic vitulus, qui appellatur Apis hæc signa. Toto corpore est niger, in fronte habens candorem figuræ quadratæ, in tergo effigiem Aquilæ, cantharum in palato, duplices in cauda pilos. *Herod. l. 3. c. 28.*

I. Partie. A a

jusqu'à Diodore, qui vivoit, suivant son propre témoignage, du temps de Jules César, & fut en Egypte sous le regne de Ptolomée Aulete, environ 55 avant la naissance de J. C.

Les Egyptiens, du temps du voyage de cet Auteur, ignoroient probablement la véritable origine du culte qu'ils rendoient à Apis, puisque leurs sentimens varioient sur cet article. Les uns, dit-il, pensent qu'ils adorent ce Bœuf, parce que l'ame d'Osiris, après sa mort, passa dans le corps de cet animal, & de celui-ci dans ses successeurs. D'autres racontent qu'un certain Apis ramassa les membres épars d'Osiris tué par Typhon, les mit dans un Bœuf de bois, couvert de la peau blanche d'un Bœuf, & que pour cette raison on donne à la ville le nom de Busiris. Cet Historien rapporte les sentimens du peuple ; mais il avoue lui-même (a) que les Prêtres avoient une autre tradition secrète, conservée même par écrit. Les raisons que Diodore déduit, d'après les Egyptiens, du culte qu'ils rendoient aux animaux, lui ont paru fabuleuses à lui-même, & sont en effet si peu vraisemblables, que j'ai cru devoir les passer sous silence. Il n'est pas surprenant que le Peuple & Diodore n'en

---

(a) Multa alia de Api fabulantur, quæ longum esset singulatim referre. Omnia vero miranda & fide majora de hujusmodi animalium honore differentes Ægyptii dubitationem haud parvam quærentibus causas injecerunt. Sacerdotes secretiora quædam scripta, ut jam diximus habent. Multi Ægyptiorum a tres causas reddunt, quarum prima præsertim, omninò fabulosa est, & antiquorum simplicitate digna, L. I. rerum Antiq. c. 4.

ÉGYPTIENNES ET GRECQUES. 371

aient pas sû le vrai, puisque les Prêtres, obligés à un secret inviolable sur cet article, s'étoient bien donné de garde de les leur déclarer. Ce sont ces mauvaises raisons qui ont jeté un si grand ridicule sur le culte que les Egyptiens rendoient aux animaux. Regardés dans tous les temps comme les plus sages, les plus avisés, les plus industrieux des hommes, la source même où les Grecs & les autres Nations puiserent toute leur Philosophie & leur sagesse, comment les Egyptiens auroient-ils donné dans de si grandes absurdités? Pythagore, Démocrite, Platon, Socrate, &c. savoient bien sans doute qu'elles renfermoient quelques mystères que le peuple ignoroit, mais dont les Prêtres étoient parfaitement instruits. Ce culte étoit par lui-même si puérile, qu'il ne pouvoit être tombé dans l'esprit d'un aussi grand homme que l'étoit Hermès Trismégiste son inventeur, s'il n'avoit eû des vûes ultérieures, qu'il ne jugea pas à propos de manifester à d'autres qu'aux Prêtres, pensant que les instructions qu'on donnoit d'ailleurs au peuple pour lui faire connoître le vrai Dieu, & en conserver le culte, suffiroient pour l'empêcher de tomber dans l'idolâtrie. Hé, malgré les instructions journalieres que l'on donne de la vraie Religion, & du culte religieux qui doit l'accompagner, combien les peuples n'y introduisent-ils pas de superstitions? Je ne crois pas, dit M. l'Abbé Banier (a), qu'il y eût de Religion dans le monde qui fût exempte de ce reproche; si

(a) Myth. T. I. p. 512.

A a ij

l'on n'avoit égard qu'aux pratiques populaires, qui ne sont souvent qu'une superstition peu éclairée.

Le secret confié aux Prêtres d'Egypte n'avoit donc pas pour objet le culte du vrai Dieu ; & le culte des animaux étoit relatif à ce secret. Intimidés par la peine de mort, & connoissant d'ailleurs les conséquences funestes de la divulgation de ce secret, ils le gardoient inviolablement. Le peuple ignorant les vraies causes de ce prétendu culte des animaux, ne pouvoient en donner que des raisons frivoles, conjecturales & fabuleuses. Il eût fallu les apprendre de ceux qui avoient été initiés, & ils ne les disoient pas. Les Historiens qui n'étoient pas de ce nombre se sont trouvés dans le même cas que Diodore. L'on entrevoit seulement à travers les nuages de ces traditions fabuleuses, quelques rayons de lumiere que les Prêtres & les Philosophes avoient laissé échapper. Horus Apollo n'a suivi lui-même que les idées populaires dans l'interprétation qu'il a donnée des hiéroglyphes Egyptiens. Ce n'est donc pas aux explications qu'en donnent ces Auteurs, qu'il faut s'en tenir, puisqu'on sait très-bien qu'ils n'étoient pas du nombre des initiés, & que les Prêtres ne leur avoient pas dévoilé leur secret. Il faut examiner seulement le simple récit qu'ils font des choses, & voir s'il y a moyen de trouver une base sur laquelle tout cela puisse rouler, un objet auquel & les animaux pris en eux-mêmes, & les cérémonies de leur culte prétendu, puissent tendre & se rapporter en tout, au moins dans leur institution primitive. Tous ceux qui, comme le P. Kircher, ont voulu donner dans leurs propres idées, ou fonder leurs interprétations sur celle des Historiens qui n'étoient pas au fait, ont prouvé clairement par leurs explications forcées, qu'il ne faut pas s'en rapporter à eux. La base dont j'ai parlé est la Philosophie Hermétique; & l'objet de ce culte n'est autre que la matiere requise de l'Art sacerdotal, & les couleurs qui lui surviennent pendant les opérations, lesquelles, pour la plupart, sont indiquées par la nature des animaux, & par les cérémonies qu'on observoit dans leur culte. Afin d'en convaincre ceux qui voudroient encore en douter, examinons chaque chose en particulier.

Il falloit un Taureau noir, ayant une marque blanche au front ou à l'un des côtés du corps; cette marque devoit avoir la forme d'un croissant, selon quelques Auteurs; ce Taureau devoit même avoir été conçu par les impressions de la foudre. On ne pouvoit mieux désigner la matiere de l'Art Hermétique que par tous ces caracteres. Quant à sa conception, Haymon (a) dit en termes exprès qu'elle s'engendre parmi la foudre & le tonnerre. Le noir est le caractere indubitable de la vraie matiere, comme le disent unanimement tous les Philosophes Hermétiques, parce que la couleur noire est le commencement

---

(a) Jam ostendam vobis fideliter locum ubi lapidem nostrum tolletis. Ite secretè & morosè cùm magno silentio, & accedite posteriora mundi, & audietis to- nitrum sonantem, sensietis ventum stantem, & videbitis grandinem & pluviam cadentem, & hæc est res quam desideratis. *Epist.*

& la clef de l'œuvre. La marque blanche en forme de croissant, étoit l'hiéroglyphe de la couleur blanche qui succede à la noire, & que les Philosophes ont nommé *Lune*. Le Taureau par ces deux couleurs avoit un rapport avec le Soleil & la Lune, qu'Hermès (*a*) dit être le pere & la mere de la matiere. Porphyre (*b*) confirme cette idée, en disant que les Egyptiens avoient consacré le Taureau Apis au Soleil & à la Lune, parce qu'il en portoit les caracteres dans ses couleurs noires & blanches, & le scarabé qu'il devoit avoir sur la langue. Apis étoit plus en particulier le symbole de la Lune, tant à cause de ses cornes qui représentent le croissant, que parce que la Lune n'étant pas dans son plein, a toujours une partie ténébreuse indiquée par le noir, & l'autre partie blanche, claire & resplendissante, caractérisée par la marque blanche, ou en forme de croissant.

Ces raisons étoient suffisantes pour faire choisir un Taureau de cette espece pour caractere hiéroglyphique, préférablement à tout autre animal; mais les Prêtres en avoient d'autres encore, dont le motif n'étoit pas moins raisonnable. Le Soleil produit cette matiere, la Lune l'engendre; la terre est la matrice où elle se nourrit; c'est

---

(*a*) Table d'Emeraude.
(*b*) Lunæ præterea taurum dedicarunt Ægyptii, quem Apim nuncupant, nigrum præ cæteris & signa Solis & Lunæ habentem; mutuatur autem ex Sole Lunæ lumen, solis symbolum est nigredo; nam & solis ardor nigriora reddit corpora humana; & qui sub lingua est scarabæus Lunæ verò coloris divisio. *Porph. lib. de abstinentia.*

elle qui nous la fournit, comme les autres choses nécessaires à la vie, & le Bœuf est le plus utile à l'homme, par sa force, sa docilité, son travail dans l'agriculture, dont les Philosophes employent sans cesse l'allégorie pour exprimer les opérations de l'Art Hermétique. C'est pour cette raison que les Egyptiens disoient allégoriquement qu'Isis & Osiris avoient inventé l'agriculture, & qu'ils en faisoient les symboles du Soleil & de la Lune. Osiris & Isis n'étoient pas mal désignés par le Bœuf, même suivant les idées que quelques Auteurs attribuent aux Egyptiens à cet égard. Osiris signifie feu caché, le feu qui anime tout dans la Nature, & qui est le principe de la génération & de la vie des mixtes. Les Egyptiens pensoient, suivant le témoignage d'Abenephi (a), que le génie & l'ame du monde habitoient dans le Bœuf, que tous les signes ou marques distinctives d'Apis étoient autant de caracteres symboliques de la Nature; les Egyptiens, au rapport d'Eusebe, disoient aussi qu'ils remarquoient dans le Bœuf beaucoup de propriétés solaires, & qu'ils ne pouvoient mieux représenter Osiris ou le Soleil, que par cet animal.

Mais s'il est vrai, dira-t-on, que les Prêtres d'Egypte ne prétendoient pas donner au peuple Apis pour un Dieu, pourquoi lui décerner un culte & des cérémonies ? Je réponds à cela, que

(a) Dicebant autem Ægyptii, quod sub Bove habitaret genius, ipse est anima mundi, & omne signum, quod observabant in corpore ejus, illud putabant signum quoddam & caracterem Naturæ. Abenephius, de cultu Ægypt.

le culte n'étoit pas un culte de latrie ou une véritable adoration, mais seulement relatif, & des cérémonies telles que celles qui sont en usage dans les fêtes publiques, ou à peu près comme l'on donne de l'encens aux personnes vivantes, ou aux figures qui sont représentées sur leurs tombeaux. C'est une pure marque de vénération pour leur rang, ou pour leur mémoire, & l'on ne prétend pas leur rendre les mêmes honneurs qu'à la Divinité. Les Prêtres avoient d'ailleurs deux raisons plausibles d'en agir ainsi. Pénétrés de reconnoissance envers le Créateur, pour une grace si spéciale que celle de la connoissance de l'Art sacerdotal, ils vouloient non seulement lui en rendre des actions de graces en particulier; mais ils vouloient aussi engager le peuple à y joindre les siennes, puisqu'il profitoit de cette grace, quoique sans le savoir, par les avantages qu'il retiroit des productions de l'Art Hermétique. On présentoit en conséquence à ce peuple, qui ne se conduit guères que par les sens, l'animal le plus utile & le plus nécessaire, pour l'engager à penser au Créateur & à recourir à lui, en lui donnant occasion de réfléchir sur ses bienfaits. Il ne pouvoit voir Dieu. Tout occupé des choses terrestres, il lui falloit un objet sensible qui le lui rappelât sans cesse, & en particulier dans certains temps, c'est-à-dire, les jours de fêtes & de pompes instituées pour cela. C'est l'idée que l'on doit avoir des Prêtres d'Egypte à cet égard; & je crois que l'on doit penser avec le P. Kircher (a), & bien d'autres savans, que

(a) Quicquid igitur portentorum coluit Ægyptus:

ces Prêtres qui furent les maîtres de ces Philosophes, à qui la postérité a consacré le nom de sages par excellence, étoient trop sensés pour croire à la lettre les fables d'Osiris, Isis, Horus, Typhon, &c. & pour rendre un culte aussi extravagant à des animaux ou autres symboles de la Divinité. Les témoignages d'Hermès Trismégiste même, d'Iamblique sur les mysteres des Egyptiens, ce que disent Plotinus dans son troisieme livre des Hypostases, Hérodote, Diodore de Sicile, Plutarque, &c. sont plus que suffisans pour fixer ce que nous devons en penser. Défions-nous des Auteurs Grecs & Latins, qui n'étoient pas toujours assez bien instruits des mysteres des Egyptiens, que les Prêtres leur cachoient comme à des profanes.

La seconde raison est que le secret de l'Art sacerdotal étant d'une nature à ne pas être communiqué sans avoir éprouvé la discrétion & la prudence de ceux que l'on se proposoit d'initier, les jeunes Prêtres que l'on y disposoit par des instructions, ayant toujours ces hiéroglyphes devant les yeux, sentoient réveiller leur curiosité,

quicquid fabularum de Diis suis, Osiride, Iside, Typhone, Horo aliisque tradidit, iis sacerdotes sapientissimos, nequaquam existimandum est, vel fidem habuisse; aut stolidâ quâdam, ac insipiente persuasione (uti plebs faciebat) inductos, simulachra veluti numina quædam adorasse; hoc enim quàm ab animo sapienti alienum esse nemo non novit. Sed magna iis mysteria significasse, neque hâc ratione carere, sed certas causas habere, vel historiâ, vel naturâ introductas, symbolis istis tam multiformibus luculenter confessi sunt, Kirch. Mystag. Ægypt. l. 3. c. 3.

& se trouvoient animés, par leur préfence, à la recherche de ce qu'ils pouvoient signifier. Ils paſſoient leur noviciat de sept ans à recevoir ces inſtructions, & à s'exercer sur ce que ces animaux repréſentoient, afin de ſavoir parfaitement la théorie avant que de s'adonner à la pratique.

Il falloit auſſi avoir égard au peuple qu'on ne vouloit pas inſtruire du fond du myſtére, & employer des explications feintes, mais avec un air de vraiſemblance, qui peut du moins l'empêcher de ſoupçonner le vrai fond de la choſe. Sans cette adreſſe, les Prêtres n'auroient pu garder tranquillement un ſecret dont le peuple auroit ſenti tout l'avantage. Les idées de Religion que ce peuple y accommoda dans la ſuite, devinrent auſſi un frein qu'il poſa lui-même à ſa curioſité. Le feu entretenu perpétuellement dans le temple de Vulcain auroit bien pu l'irriter; mais les explications ſimulées, les fables allégoriques que l'on débitoit à ce ſujet, empêchoient de faire attention à ſon véritable objet.

La matiere de l'Art philoſophique étoit donc déſignée par Oſiris & Iſis, dont le ſymbole hiéroglyphique étoit le Taureau, dans lequel les Egyptiens diſoient que les âmes de ces Dieux avoient paſſé après leur mort; ce qui lui faiſoit donner le nom de Sérapis, & les engageoit à lui rendre les mêmes honneurs qu'à Oſiris & Iſis. Nous en dirons deux mots ci-après.

Les Grecs, inſtruits par les Egyptiens, repréſentoient auſſi la matiere Philoſophique par un ou pluſieurs Taureaux, comme on le voit dans la fable du Minotaure, renfermé dans le Labyrinthe de Crete, vaincu par Thésée, avec le secours du filet d'Ariadne; par les Bœufs qu'Hercule enleva à Gérion; ceux d'Augias; par les Bœufs du Soleil, qui paissoient en Trinacrie, ceux que Mercure vola; par les Taureaux que Jason fut obligé de mettre sous le joug, pour parvenir à enlever la Toison d'or, & bien d'autres qu'on peut voir dans les Fables. Tous ces Bœufs n'étoient pas noirs & blancs comme devoit l'être Apis, puisque ceux de Gérion étoient rouges; mais il faut observer que la couleur noire & la blanche qui lui succede dans les opérations de l'œuvre, ne sont pas les deux seules qui surviennent à la matiere; la couleur rouge vient aussi après la blanche, & ceux qui ont inventé ces fables ont eu en vue ces différentes circonstances. Les voiles du vaisseau de Thésée étoient noires, même après qu'il eût vaincu le Minotaure, & celles du vaisseau d'Ulysse l'étoient aussi, lorsqu'il partit pour reconduire Chryseis à son pere; mais il en prit de blanches pour son retour, parce que les deux circonstances étoient bien différentes, comme nous le verrons dans leurs histoires.

Apis devoit être un Taureau jeune, sain, hardi; c'est pourquoi les Philosophes disent qu'il faut choisir la matiere fraîche, nouvelle & dans toute sa vigueur; ne la prenez point si elle n'est fraîche & crue dit Haimon (a). On n'entretenoit Apis que pendant quatre ans, & son logement étoit dans le temple de Vulcain. Après ce temps

(a) Epître.

là on le faisoit noyer dans la fontaine des Prêtres, & l'on en cherchoit un nouveau tout semblable pour lui succéder ; c'est que la premiere œuvre étant finie dans le fourneau Philosophique, il faut commencer la seconde semblable à la premiere, suivant le témoignage de Morien (a). Le fourneau secret des Philosophes est le temple de Vulcain, où l'on entretenoit un feu perpétuel, pour indiquer que le feu Philosophique doit être aussi conservé sans interruption ; c'est pourquoi ils ont donné à leur fourneau secret le nom d'*Athanor*. On sait que Vulcain ne signifie que le feu. Si ce feu s'éteignoit un instant, & que la matiere sentît le moindre froid, Philalethe, Raymond Lulle, Arnaud de Villeneuve, & tous les Philosophes assurent que l'œuvre seroit perdue. Ils apportent à ce sujet l'exemple de la poule qui couve : si les œufs se refroidissent un instant seulement, le poussin périra. Les quatre saisons des Philosophes, & les quatre couleurs principales qui doivent paroître dans chaque œuvre, sont indiquées par les quatre années d'entretien d'Apis ; ces quatre ans, pris même dans le sens naturel, signifioient aussi quelque chose ; mais lorsque les Philosophes parlent du temps que dure chaque *disposition*, pour me servir du terme de Morien, ils en parlent aussi mystérieusement que du reste, & ne veulent pas déclarer pourquoi on noye le Taureau dans la cinquieme année. Nous donnerons quelques éclaircissemens là-dessus, lorsque nous traiterons

(a) Entretien du Roi Calid.

des fêtes & des jeux des Anciens, dans le quatrième livre de cet Ouvrage.

De même que le Taureau étoit le symbole du chaos Philosophique, de même aussi les autres animaux signifioient ou les différentes qualités de la matiere, comme sa fixité, sa volatilité, sa ponticité, sa vertu résolutive, dévorante, ses couleurs variées, suivant les différens progrès de l'œuvre, ses propriétés relatives aux élémens & à la nature de ces animaux. Le peuple les ayant vu sculptés ou peints auprès d'Osiris, d'Apis, d'Isis, de Typhon, d'Horus, &c. commencerent d'abord à n'avoir qu'un certain respect pour eux, relatif aux prétendus Dieux, auprès desquels il les voyoient. Ce respect se fortifia peu à peu; la superstition se mit de la partie, & l'on crut qu'ils méritoient un culte particulier comme Apis avoit le sien. On ne vit pas plus de difficultés, & l'on ne trouva pas plus d'extravagance à adorer un Bélier, qu'à rendre un culte à un Bœuf; le Lion valoit bien le Bélier, on lui décerna le sien, & ainsi des autres, selon que le peuple étoit affecté. Les superstitions se couvent à la sourdine; elles s'enracinent au point qu'il n'est presque pas possible de les détruire. Les Prêtres n'en sont souvent instruits que lorsque le remède deviendroit capable d'aigrir le mal. Le progrès va toujours son train, il se fortifie de plus en plus. Les successeurs d'Hermès pouvoient bien désabuser le peuple d'Egypte de ces erreurs; ils le faisoient sans doute: nous en avons une preuve dans la réponse que le Grand Prêtre fit à Alexandre, dans les instructions qu'ils donnerent aux Grecs & aux autres Nations, qui furent prendre des leçons en Egypte: mais il falloit à ces Prêtres de la circonspection & de la prudence; en détrompant le peuple, ils couroient risque de dévoiler leur secret. Si, par exemple, en expliquant l'expédition d'Osiris, ils avoient dit qu'on ne devoit pas l'entendre d'une expédition réelle, & que les prétendus enseignemens qu'il donnoit aux différentes Nations sur la maniere de cultiver les terres, de les ensemencer, & d'en cueillir les fruits, devoient s'entendre de la culture d'un champ bien différent que celui des terres communes; on leur auroit demandé quel étoit ce champ? auroient-ils dit, sans violer leur serment, que ce champ étoit la terre feuillée des Philosophes (a), où tous les Adeptes disent qu'il faut semer leur or? Basile Valentin en a fait l'emblême de sa huitieme clef. Ils auroient été ensuite dans la nécessité de dire ce qu'ils entendoient par cette terre feuillée. C'est dans le même sens que les Grecs parloient de Cérès, de Triptolême, de Denis, &c.

Cette erreur du peuple, à l'égard des animaux, le conduisit insensiblement dans ces cultes ridicules qu'on reproche aux Eypriens. L'ignorance fit prendre le symbole pour la réalité; ainsi de superstitions en superstitions, d'erreurs en erreurs, le mal s'accrut toujours, & infecta presque tout le monde; chaque ville prit occasion de se choisir un Dieu à sa fantaisie, & en prit le nom, comme si quelque Dieu sous la forme de cet animal, en

(a) Maj. Atalenta fugiens, Embl. VI.

ÉGYPTIENNES ET GRECQUES. 383

dvoit été le fondateur. On vit alors Bubaste, ainsi nommée de Bœuf; Léontopolis de Lion, Lycopolis de Loup, &c. Strabon (a), parlant du culte que les Egyptiens rendoient aux animaux, dit que les Saïtes & les Thébains adoroient particulierement le Bœuf; les Latopolitains, le Latus, poisson du Nil; les Lycopolitains, le Loup; les Hermopolitains, le Cynocéphale; les Babyloniens, la Baleine. Ceux de Thebes adoroient aussi l'Aigle; les Mendesiens, le Bouc & la Chevre; les Atribites, le Rat, l'Araignée. Nous ne parlerons que de quelques-uns, tels que le Chien, le Loup, le Chat, le Bouc, l'Ichneumon, le Cynocéphale, le Crocodile, l'Aigle, l'Epervier, & l'Ibis: on pourra juger des autres par ceux-ci.

CHAPITRE II.

Du Chien & du Loup.

Cet animal étoit consacré à Mercure, à cause de sa fidélité, de sa vigilance & de son industrie. Il étoit même le caractere hiéroglyphique de ce Dieu; c'est pourquoi on le représentoit avec une tête de chien, & on l'appeloit *Anubis*; ce qui a fait dire à Virgile:

Omnigenumque Deum monstra & latrator Anubis.

(*) Horus-Apollo donne une raison pour laquelle

(a) Georg. l. 17.

les Egyptiens prenoient le Chien pour symbole de Mercure; c'est, dit-il (a), que cet animal regarde fixement les simulacres des Dieux; ce que ne font pas les autres animaux; & que le Chien est chez eux l'hiéroglyphe d'un Secrétaire ou Ministre. Quoique cette première raison ne paroisse pas avoir un rapport visible & palpable avec l'Art sacerdotal, les Philosophes Hermétiques ne s'exprimeroient guères autrement dans leur style énigmatique. Ils disent tous que leur Mercure est le seul qui puisse avoir action sur leurs métaux, auxquels ils donnent les noms des Dieux ou des Planetes; que leur Mercure est un Aigle qui regarde le Soleil fixement sans cligner les yeux, & sans en être ébloui; ils donnent à leur Mercure les noms de *Chien de Corascene*, & *Chienne d'Arménie*. Nous en avons apporté d'autres raisons dans le chap. d'Anubis.

Le Loup ayant beaucoup de ressemblance avec le Chien, & n'étant, pour ainsi dire, qu'un Chien sauvage, il n'est pas surprenant qu'il ait participé aux mêmes honneurs que le Chien. Il avoit aussi quelque rapport avec Osiris, puisque les Egyptiens pensoient qu'Osiris avoit pris la forme de Loup, pour venir au secours d'Isis & d'Horus contre Typhon. Cette fable paroît ridicule à un homme qui n'y cherche que l'histoire; mais elle ne l'est nullement dans le sens Philosophique, puisque les Philosophes Hermétiques cachent, sous le nom de *Loup*, leur matiere perfectionnée à un certain degré. Basile Valentin (b)

(a) L. 1. c. 40.
(b) 12 Clefs, Clef 1.

dit

dit qu'il faut prendre un Loup raviffant & affamé qui court dans le défert, en cherchant toujours de quoi dévorer. Celui qui fera attention à ce que nous avons dit dans le chapitre d'Ofiris, & du combat d'Ifis contre Typhon, verra aifément l'analogie qui fe trouve entre Ofiris & le Loup dans certaines circonftances de l'œuvre; & pourquoi les Egyptiens débitoient cette fiction. Il fuffit, pour remettre fur les voies, de faire obferver que le Loup étoit confacré à Apollon; ce qui le fit nommer *Apollo Lycius*. La Fable difoit auffi, felon le rapport de quelques Auteurs, que Latone, pour éviter les pourfuites & les effets de la jaloufie de Junon, s'étoit cachée fous la forme d'une Louve, & avoit, fous cette forme, mis Apollon au monde. On fait qu'Ofiris & Horus étoient des hiéroglyphes d'Apollon; ce qui doit s'entendre du Soleil ou or Philofophique. « Notre » Loup, dit Rhafis (a), fe trouve en Orient, » & notre Chien en Occident. Ils fe mordent » l'un & l'autre, deviennent enragés, & fe » tuent. De leur corruption fe forme un poifon, » qui dans la fuite fe change en thériaque. » L'Auteur anonyme des Rimes Allemandes dit auffi : « Le Philofophe Alexandre nous apprend » qu'un Loup & un Chien ont été élevés dans » cette argile, & qu'ils ont tous deux la même » origine. » Cette origine eft marquée dans la fiction de l'expédition d'Ofiris, où l'on dit que ce Prince s'y fit accompagner de fes deux fils, Anubis fous la forme de Chien, & Macedon

(a) Epître.

sous celle de Loup. Ces deux animaux ne représentent donc hiéroglyphiquement que deux choses prises d'un même sujet, ou d'une même substance, dont l'une est plus traitable, l'autre plus féroce. Isis, suivant l'inscription de sa colonne, dit elle-même, qu'elle est ce Chien brillant parmi les Astres que nous appelons la Canicule.

CHAPITRE III.

Du Chat ou Ælurus.

Le Chat étoit en grande vénération chez les Egyptiens, parce qu'il étoit consacré à Isis. On représentoit communément cet animal sur le haut du cistre, instrument que l'on voit souvent à la main de cette Déesse. Lorsqu'un Chat mouroit, les Egyptiens l'embaumoient, & le portoient en grand deuil dans la ville de Bubaste, où Isis étoit particulierement révérée. Il seroit surprenant que le Chat n'eût pas eu les mêmes honneurs que bien d'autres animaux chez un peuple qui avoit fait une étude si particuliere de la nature des choses, & des rapports qu'elles ont, ou paroissent avoir entr'elles. Isis étant le symbole de la Lune, pouvoient-ils choisir un animal qui eût plus de rapport avec cet Astre, puisque tout le monde sait que la figure de la prunelle des yeux du Chat semble suivre les différens changemens qui arrivent à la Lune, dans son accroissement ou son déclin. Les yeux de cet animal brillent la nuit comme les Astres du firmament. Quelques Auteurs ont voulu même nous persuader que la femelle du Chat faisoit dans l'année autant de petits qu'il y avoit de jours dans un mois lunaire. Ces traits de ressemblance donnerent sans doute occasion de dire que la Lune ou Diane se cacha sous la forme du Chat, lorsqu'elle se sauva en Égypte avec les autres Dieux, pour se mettre à couvert des poursuites de Typhon, *Fele soror Phœbi* (a).

Tous ces traits de ressemblance étoient plus que suffisans pour déterminer les Égyptiens à prendre le Chat pour symbole de la Lune céleste; mais les Prêtres qui avoient une intention ultérieure, spécifioient ce symbole par des attributs, dont le sens mystérieux n'étoit connu que d'eux seuls. Ce Dieu Chat est représenté dans des différens monumens, tantôt tenant un cistre d'une main, & portant, comme Isis, un vase à anses de l'autre, tantôt assis, & tenant une croix attachée à un cercle. On sait que la croix chez les Égyptiens étoit le symbole des quatre élémens; quant aux autres attributs nous les avons expliqués dans le chapitre d'Isis.

(a) Ovid. Metam. l. 5.

CHAPITRE IV.

Du Lion.

Cet animal tenoit un des premiers rangs dans le culte que les Egyptiens rendoient aux animaux. Il passe pour leur Roi par sa force, son courage, & ses autres qualités fort supérieures à celles des autres. Le trône d'Horus avoit des Lions pour supports. Elien dit que les Egyptiens consacroient les Lions à Vulcain, parce cet animal est d'une nature ardente & pleine de feu. L'idée qu'il donne de Vulcain, confirme celle que nous en avons donnée. *Eos ideo Vulcano consecrant, (est autem Vulcanus nihil aliud, nisi ignea quædam solis subterranei virtus, & fulgure elucescens) quod sint natura vehementer ignita, atque ideo exteriorem ignem, ob interioris vehementiam agerrimè intuentur.* Cette interprétation d'Elien montre assez quelle étoit l'idée des Prêtres d'Egypte, en consacrant le Lion à Vulcain. Toutes les explications que je pourrois donner s'y rapportent entierement, puisque nous avons dit que Vulcain étoit le feu Philosophique. Le Lion a été pris presque par tout les Philosophes pour un symbole de l'Art Hermétique. Il n'est gueres d'animal dont il soit fait mention si souvent dans les ouvrages qui en traitent, & toujours dans le sens d'Elien. Nous aurons si souvent occasion d'en parler dans la suite, qu'il est inutile de nous étendre ici plus au long sur cet article.

CHAPITRE V.

Du Bouc.

Toutes les Nations se sont accordées à regarder le Bouc comme le symbole de la fécondité. Il étoit celui de Pan, ou le principe fécondant de la Nature ; c'est-à-dire, le feu inné, principe de vie & de génération. Les Egyptiens avoient, pour cette raison, consacré le Bouc à Osiris. Eusebe (a), en nous rapportant un hiéroglyphe Egyptien, nous donne à entendre les idées que ce peuple en avoit, selon l'interprétation qu'il en donne ; mais en faisant un peu d'attention à la description qu'il fait de cet hiéroglyphe, on doit voir dans notre système le sens caché que les Prêtres y attachoient. « Lorsqu'ils veulent, dit-il, » représenter la fécondité du Printemps, & l'a- » bondance dont il est la source, ils peignent un » enfant assis sur un Bouc, & tourné vers Mer- » cure. » J'y verrois plutôt avec les Prêtres l'analogie du Soleil avec Mercure, & la fécondité dont la matiere des Philosophes est le principe dans tout les êtres ; c'est cette matiere esprit universel corporifié, principe de végétation, qui devient huile dans l'olive, vin dans le raisin, gomme, résine dans les arbres, &c. Si le Soleil par sa chaleur est un principe de végétation, ce n'est qu'en exci-

(a) De præp. Ev. l. 2. c. 1.

tant le feu assoupi dans les semences, où il reste comme engourdi jusqu'à ce qu'il soit réveillé & animé par un agent extérieur. C'est ce qui arrive aussi dans les opérations de l'Art Hermétique, où le mercure Philosophique travaille par son action sur la matiere fixe, où est comme en prison ce feu inné; il le développe en rompant ses liens, & le met en état d'agir, pour conduire l'œuvre à sa perfection. C'est-là cet enfant assis sur le Bouc, & en même temps la raison pourquoi il se tourne vers Mercure. Osiris étant ce feu inné ne differe pas de Pan; aussi le Bouc étoit-il consacré à l'un & à l'autre. C'étoit aussi un des attributs de Bacchus, par la même raison.

CHAPITRE VI.

De l'Ichneumon & du Crocodile.

On regardoit cet animal comme l'ennemi juré du Crocodile, & ne pouvant le vaincre par la force, n'étant qu'une espece de Rat, il employoit l'adresse. Lorsque le Crocodile dort, l'Ichneumon s'insinue, dit-on, dans sa gueule béante, descend dans ses intestins, & les ronge. Il arrive quelque chose à peu près semblable dans les opérations de l'œuvre. Le fixe, qui ne paroît d'abord que peu de chose, ou plutôt le feu qu'il renferme semble n'avoir aucune force; il paroît pendant long-temps dominé par le volatil; mais à mesure qu'il se développe, il s'y insinue de maniere qu'il prend enfin le dessus, & le tue, c'est-à-dire, le fixe comme lui. Nous avons parlé du Crocodile dans le chapitre d'Anubis; mais nous en dirons encore deux mots.

Le Crocodile étoit un hiéroglyphe naturel de la matiere Philosophique, composée d'eau & de terre, puisque cet animal est amphibie: aussi le voit-on souvent pour accompagnement des figures d'Osiris & d'Isis. Eusebe (a) dit que les Egyptiens représentoient le Soleil dans un navire comme Pilote, & ce navire porté par un Crocodile, pour signifier, ajoute-t-il, le mouvement du Soleil dans l'humide; mais bien plutôt pour marquer que la matiere de l'Art Hermétique est le principe ou la base de l'or ou Soleil Philosophique; l'eau où nage le Crocodile est ce mercure ou cette matiere réduite en eau; le navire représente le vase de la Nature, dans lequel le Soleil ou le principe igné & sulfureux est comme Pilote, parce que c'est lui qui conduit l'œuvre par son action sur l'humide ou le mercure. Le Crocodile étoit aussi l'hiéroglyphe de l'Egypte même, & particuliérement de la basse, parce que ce pays-là est marécageux.

(a) Præpar. Evang. l. 3. c. 3.

CHAPITRE VII.

Du Cynocéphale.

Rien, parmi les hiéroglyphes des Egyptiens, n'est plus fréquent que le Cynocéphale, parce que c'étoit proprement la figure d'Anubis ou de Mercure ; car cet animal a le corps presque semblable à celui d'un homme, & la tête à celle d'un chien. S. Augustin (*a*) en fait mention, & Thomas de Valois dit, liv. 3. ch. 12. & 16, que Saint Augustin entendoit parler de Mercure ou Hermès Egyptien, par le Cynocéphale. Isidore (*b*) dit qu'Hermès avoit une tête de chien. Virgile, Ovide, Properce, Prudence, Amian, lui donnent tous l'épithete d'*aboyer*. Les Egyptiens avoient remarqué tant de rapport du Cynocéphale avec le Soleil & la Lune, qu'ils l'employoient souvent pour symbole de ces deux Astres, si nous en croyons Horapollo. Cet animal urinoit une fois à chaque heure du jour & de la nuit dans le temps des équinoxes (*c*). Il devenoit triste, & mélancolique pendant les deux ou trois premiers jours de la Lune, parce qu'alors ne paroissant pas à nos yeux, il la pleuroit comme si elle nous avoit été ravie. Les Egyptiens supposant aussi que le Cynocéphale avoit indiqué à Isis le corps d'Osiris qu'elle cherchoit,

---

(*a*) L. 2. de la Cité de Dieu, ch. 14.
(*b*) L. 8. c. dern.
(*c*) L. 1. c. 16.

mettoient souvent cet animal auprès de ce Dieu & de cette Déesse. Tous ces raisonnemens ne sont proprement qu'allégoriques ; le vrai de tout cela, est que le Cynocéphale étoit l'hiéroglyphe de Mercure & du mercure Philosophique, qui doit toujours accompagner Isis, comme son Ministre ; parce que, comme nous l'avons dit dans les chapitres de ces Dieux, sans le mercure, Isis & Osiris ne peuvent rien faire dans l'œuvre. Hermès ou Mercure Philosophe ayant donné occasion, par son nom, de le confondre avec le mercure Philosophique, dont on le suppose l'inventeur, il n'est pas étonnant que les Egyptiens, & les Auteurs qui n'étoient pas au fait, aient confondu la chose inventée avec son inventeur, puisqu'ils portoient le même nom ; & qu'ils aient en conséquence pris l'hiéroglyphe de l'un pour l'hiéroglyphe de l'autre. Lorsque le Cynocéphale est représenté avec le caducée, quelques vases, ou avec un croissant, ou avec la fleur de lotus, ou quelque chose d'aquatique, ou volatile, il est alors un hiéroglyphe du mercure des Philosophes ; mais quand on le voit avec un roseau, ou un rouleau de papier, il représente Hermès, qu'on dit être l'inventeur de l'écriture & des sciences, & de plus Secrétaire & Conseiller d'Isis. L'idée de prendre cet animal pour symbole d'Hermès, est venue de ce que les Egyptiens pensoient que le Cynocéphale savoit naturellement écrire les lettres qui étoient en usage dans leur pays ; c'est pourquoi quand on apportoit aux Prêtres un Cynocéphale pour être nourri avec les autres dans le Temple, on lui présentoit un morceau de canne où de jonc propre à former les caracteres de l'écriture, avec de l'encre & du papier, afin de connoître s'il étoit de la race de ceux qui connoissoient l'écriture, & qui savoient écrire. Horapollo fait mention de cet usage dans le 14e. chapitre du premier livre de son interprétation des Hiéroglyphes Egyptiens, & dit que c'est pour cette raison que le Cynocéphale étoit consacré à Hermès.

CHAPITRE VIII.

Du Bélier.

La nature du Bélier qu'on regardoit comme chaude & humide, répondant parfaitement à celle du mercure Philosophique, les Egyptiens n'oublierent pas de mettre cet animal au nombre de leurs principaux hiéroglyphes. Ils débiterent dans la suite la fable de la fuite des Dieux en Egypte, où ils dirent que Jupiter se cacha sous la forme de Bélier, & l'ayant représenté en conséquence avec une tête de cet animal, ils lui donnerent le nom d'*Amun* ou Ammon.

Duxque gregis dixit, fit Jupiter, unde recurvis
Nunc quoque formatus Lybis est, cum cornibus Ammon.
     Ovid. Métamorph. l. 5.

Toutes les autres fables que les Anciens ont

débitées à ce sujet, ne méritent pas d'être rapportées. Une d'entre toutes suffira pour faire voir qu'elles ne furent inventées en effet que pour indiquer le mercure des Philosophes. Bacchus, dit-on, étant dans la Libye avec son armée, se trouva extrêmement pressé de la soif, & invoqua Jupiter pour en avoir du secours contre un mal si pressant. Jupiter lui apparut sous la forme d'un Bélier, & le conduisit à travers les déserts à une fontaine où il se désaltéra, & où, en mémoire de cet événement, on éleva un Temple en l'honneur de Jupiter, sous le nom de *Jupiter Ammion*; & on représenta ce Dieu avec une tête de Bélier. Ce qui confirme mon sentiment, est que cet animal étoit un des symboles de Mercure. (a). Le Bélier apparoît à Bacchus dans la Libye; parce que la Libye signifie une pierre d'où découle de l'eau; de λιψ, venant de λειβω, je distille; le mercure dont la nature est chaude & humide ne se forme que par la résolution de la matiere Philosophique en eau. « Cherchez, dit le Cosmo-
» polite (b), une matiere de laquelle vous puis-
» siez tirer une eau qui puisse dissoudre l'or sans
» violence, & sans corrosion, mais naturelle-
» ment. Cette eau est notre mercure, que nous
» tirons au moyen de notre aimant, qui se
» trouve dans le ventre du Bélier. Hérodote (c)

(a) Pausan. in Corint.
(b) Nov. lum. Chem.
(c) Itaque Thebani, & quicumque propter illos ovibus parcunt, aiunt ideo sibi conditam hanc legem, quod Jupiter, quam ab Hercule cernere eum volente, cerni nollet, tandem exoratus, hoc commentus sit, ut amputato arietis capite, pelleque villosâ, quam illi de-

dit que Jupiter apparut à Hercule sous la même forme; & que c'est pour cela qu'on consacra le Bélier à ce père des Dieux & des hommes, & qu'on le représente ayant la tête de cet animal. Cette faveur que Jupiter accorda aux instantes prieres d'Hercule, caractérise précisément le violent desir qu'ont tous les Artistes Hermétiques de voir le Jupiter Philosophique, qui ne peut se montrer que dans la Libye, c'est-à-dire, lorsque la matiere a passé par la dissolution; parce qu'ils ont alors le mercure après lequel ils ont tant soupiré. Nous prouverons dans le cinquieme Livre, que tant en Egypte que dans la Grece, Hercule fut toujours le symbole de l'Artiste ou Philosophe Hermétique. L'allégorie de la fontaine a été employée par plusieurs Adeptes, & en particulier par le Trévisan (a), & par Abraham Juif, dans ses figures hiéroglyphiques rapportées par Nicolas Flamel. Nous parlerons encore du Bélier dans le livre 2, lorsque nous expliquerons la fable de la Toison d'or. Le Bélier étoit une victime que l'on sacrifioit presque à tous les Dieux, parce que le Mercure, dont il étoit le symbole, les accompagne tous dans les opérations de l'Art sacerdotal; mais l'on disoit que Mercure, quoique Messager des Dieux, l'étoit plus spécialement de Jupiter, & en particulier pour les messages gracieux, au lieu qu'Isis n'étoit gueres envoyée que pour des affaires tristes, pour des guerres, des combats, &c. La raison en est toute natu-

traxerat, induta sibi, ita sese Herculi ostenderet; & ob id Ægyptios instituisse Jovis simulacrum facere arietino capite. L. 2. c. 42.

(a) Philos. des Métaux.

relle pour un Philosophe, qui sait qu'on ne doit entendre par Isis que les couleurs variées de l'arc-en-ciel, qui ne se manifestent sur la matiere que pendant la dissolution de la matiere, temps auquel se donne le combat du fixe & du volatil.

CHAPITRE IX.

De l'Aigle & de l'Epervier.

Ces deux oiseaux ont assez de rapport par leur nature; l'un & l'autre sont forts, hardis, entreprenans, d'un tempérament chaud, igné, bouillant; & les raisons qui, selon Horus, avoient déterminé les Egyptiens à inférer l'Epervier dans leurs hiéroglyphes, conviennent très-bien avec celles qui ont engagé les Philosophes à emprunter le nom de cet oiseau, pour le donner à leur matiere parvenue à un certain degré de perfection, où elle acquiert une ignéité qui la caractérise particulierement; je veux dire, lorsqu'elle est devenue soufre Philosophique; c'est dans cet état que Raymond Lulle (a) l'appelle *notre Epervier*, ou la premiere matiere fixe des deux grands luminaires.

L'Aigle est le Roi des oiseaux, & consacré à Jupiter, parce qu'elle fut d'un heureux présage pour ce Dieu, lorsqu'il fut combattre son pere Saturne, & qu'elle fournit des armes au même

(a) Lib. Experim. 13.

Jupiter, lorsqu'il vainquit les Titans, &c. Son char est attelé de deux Aigles, & l'on ne représente presque jamais ce Dieu sans mettre cet oiseau auprès de lui. Si peu qu'on ait lu les ouvrages des Philosophes Hermétiques, on est au fait de l'idée de ceux qui ont inventé ces fictions. Tous appellent *Aigle* leur mercure, ou la partie volatile de leur matiere. C'est le nom le plus commun qu'ils lui aient donné dans tous les temps. Les Adeptes de toutes les Nations sont d'accord là-dessus. Chez eux le Lion est la partie fixe, & l'Aigle la partie volatile. Ils ne parlent que des combats de ces deux animaux. Il est donc inutile d'en rapporter les textes : je suppose parler à des personnes qui les ont au moins feuilletés.

On a feint avec raison que l'Aigle fut d'un bon augure à Jupiter, puisque la matiere se volatilise dans le temps que Jupiter remporte la victoire sur Saturne, c'est-à-dire, lorsque la couleur grise prend la place de la noire. Elle fournit par la même raison des armes à ce Dieu contre les Titans, comme nous le prouverons dans le troisieme livre au chapitre de Jupiter, où nous renvoyons l'explication de ce fait. Le même motif a fait dire que le char de ce Dieu étoit attelé de deux Aigles.

Mais pourquoi représentoit-on Osiris avec une tête d'Epervier ? Ceux qui ont fait attention à ce que nous avons dit de ce Dieu, le devineront aisément. L'Epervier est un oiseau qui attaque tous les autres, qui les dévore, & les transforme en sa nature en les changeant en sa propre substance, puisqu'ils lui servent d'alimens. Osiris est un principe igné & fixe, qui fixe les parties volatiles de la matiere désignées par les oiseaux. Le texte que j'ai cité de Raymond Lulle prouve la vérité de mon interprétation. J'ai dit aussi qu'Osiris étoit l'or, le soleil, le soufre des Philosophes, & l'Epervier est un symbole du Soleil. Homere (a) l'appelle le Messager d'Apollon, lorsqu'il raconte que Télémaque étant prêt de retourner à Ithaque, en apperçut un qui dévoroit une colombe ; d'où il conjectura qu'il auroit le dessus sur ses rivaux. Les Egyptiens donnoient pour raison du culte rendu à cet oiseau, qu'il étoit venu des pays inconnus à Thebes, où il avoit apporté aux Prêtres un livre écrit en lettres rouges, dans lequel étoient toutes les cérémonies de leur culte religieux.

Il n'est personne qui ne voie combien un tel fait est fabuleux ; mais on doit bien sentir qu'on ne l'a pas inventé sans raisons. On dira sans doute que les Prêtres débitoient une telle fable, pour donner plus de respect au peuple, en lui faisant croire que quelque Dieu avoit envoyé cet oiseau chargé de cette commission. Mais ils n'auroient pas été d'accord avec eux-mêmes, puisqu'ils publioient en même temps qu'Hermès avec Isis étoient les inventeurs & les instituteurs de ce culte, & des cérémonies qu'on y observoit. Il y auroit eu une contradiction, au moins apparente ; car dans le fond tout s'accordoit parfaitement. Le livre prétendu étoit écrit en lettres rouges, parce que le magistere Philosophique,

[(a) Odyss.

l'élixir parfait de l'Art sacerdotal, Osiris, dont l'Epervier étoit le symbole, ou l'Apollon des Philosophes, est rouge, & d'un rouge de pavot des champs. Les cérémonies de leur culte y étoient écrites, puisqu'elles étoient une allégorie des opérations, & de tout ce qui se passe depuis le commencement de l'œuvre jusqu'à sa perfection; temps auquel se montre l'Epervier; c'est pourquoi l'on disoit que cet oiseau avoit apporté ce livre: voilà la fiction. Hermès d'un autre côté avoit institué ces cérémonies, & avoit établi des Prêtres, auxquels il avoit confié son secret, pour les observer; voilà le vrai. Isis étoit mêlée dans cette institution, parce qu'elle y avoit eu en effet bonne part, en étant l'objet, & comme matiere elle y avoit donné lieu. Ceux qui chez les Egyptiens étoient chargés d'écrire ce qui regardoit ce culte, portoient, au rapport de Diodore (a), un chapeau rouge avec une aile d'Epervier, pour les raisons ci-dessus.

Il semble qu'il y a une autre contradiction dans ce que je viens de dire, de conforme cependant à ce que disoient les Egyptiens. Osiris & Horus n'étoient pas le même, puisque l'un étoit le pere, l'autre le fils. On convient cependant que l'un & l'autre étoient le symbole du Soleil, ou d'Apollon. Je demande aux Mythologues comment, suivant leurs différens systêmes, ils pourront résoudre cette difficulté. Deux personnes différentes, deux Rois qui ont régné successivement, de maniere qu'il y a même eu le regne d'Isis intermédiaire, peuvent-ils être censés une

(a) L. 1. c. 4.

même

même personne? L'histoire même fabuleuse du règne des Dieux en Egypte, ne nous apprend pas que le soleil ait régné deux fois. Elle nous dit qu'Osiris mourut par la perfidie & la manœuvre de Typhon; mais elle ne dit pas qu'il ressuscita. Osiris étoit cependant le même que le Soleil, Horus le même qu'Apollon, & le Soleil ne diffère pas d'Apollon. Je ne vois donc pas comment nos Mythologues pourroient se tirer de ce labyrinthe. Mais ce qui prouve bien clairement la vérité de mon système, c'est qu'en le suivant, les Egyptiens ne pouvoient pas combiner cette histoire d'une autre manière, sans s'écarter de la vérité, je veux dire, sans changer l'ordre de ce qui se passe successivement dans le progrès de l'œuvre. En effet, il y a deux opérations, ou, si l'on veut, deux œuvres qui se succèdent immédiatement. Dans le premier, dit d'Espagnet (a), on crée le soufre, & dans le second on fait l'élixir; le soufre & l'or vif des Philosophes, leur Soleil ou Osiris. Dans le second œuvre, il faut faire mourir cet Osiris, par la dissolution & la putréfaction, après laquelle règne Isis ou la Lune, c'est-à-dire, la couleur blanche, appelée *Lune* par les Philosophes. Cette couleur disparoît pour faire place à la jaune safranée; c'est Isis qui meurt & Horus qui règne, ou l'Apollon de l'Art Hermétique. Il est inutile de s'étendre davantage là-dessus, nous l'avons expliqué assez au long, tant dans le traité de cet Art, que dans les chapitres de ce livre qui concernent ces Dieux.

(a) Can. 121.

I. Partie.

CHAPITRE XI.

De l'Ibis.

Hérodote (a) rapporte qu'il y a en Égypte deux especes d'Ibis, l'une toute noire qui combat contre les serpens ailés, & les empêche de pénétrer dans le pays, lorsqu'au printems ils viennent en troupes de l'Arabie; l'autre est blan-

(a) Est autem Arabiæ locus, ad Butum urbem ferè positus: ad quem ego me contuli, quod audirem volucres esse serpentes. Eo quùm perveni ossa serpentum aspexi, & spinas multitudine supra fidem ad enarrandum, quarum acervi erant magni, & his alii atque alii minores ingenti numero. Est autem hic locus ubi spinæ projectæ jacebant, hujuscemodi. Ex arctis montibus exporrigitur in vastam planitiem Ægyptiæ contiguam. Fertur ex Arabia serpentes alatos ineunte statim vere in Ægyptum volare, sed eis ad ingressum planitiei occurrentes aves Ibides, non permittere, sed ipsos interimere: & ob id opus Ibin in magno honore ab Ægyptiis haberi Arabes aiunt, confitentibus & ipsis Ægyptiis. Ejus avis species talis est: nigra tota vehementer est, cruribus gruinis, rostro maxima ex parte adunco, eadem qua crex magnitudine. Et hæc quidem species est nigrarum quæ cum serpentibus pugnant. At earum quæ pedes humanis similes habent, gracile caput ac totum collum pennæ candidæ, præter caput cervicemque, & externa alarum & natium, quæ omnia quæ dixi sunt vehementer nigra, crura & rostrum alteri consentanea: serpentis porro figura qualis hydrarum, alas pennatas non gerit, sed glabras & alis vispertilionum valde similes. Lib. 2, c. 75. & 76.

che & noire. C'est cette seconde espece que l'on emploie pour représenter Isis. Hérodote ne dit pas avoir vu ces serpens ailés; mais seulement des tas de squelettes de serpens. Il ne rapporte donc que ces reptiles sont ailés que sur un oui dire. Il pourroit bien se faire que la chose ne fût pas réelle quant à cette circonstance: mais quand elle le seroit, l'allégorie n'en seroit que plus juste. Elien, Plutarque, Horapollo, Abénéphi, Platon, Cicéron, Pomponius Mela, Diodore de Sicile, & tant d'autres Auteurs parlent de l'Ibis, & disent les rapports qu'elle a avec la Lune & Mercure, qu'il est inutile de se mettre en devoir de les prouver.

Les grands services que cet oiseau rendoit à toute l'Egypte, soit en tuant les serpens dont nous avons parlé, soit en cassant les œufs des crocodiles, étoient bien propres à déterminer les Egyptiens à lui rendre les mêmes honneurs qu'aux autres animaux. Mais ils avoient d'autres raisons de l'inférer parmi leurs hiéroglyphes. Mercure, en fuyant devant Typhon, prit la forme d'Ibis: d'ailleurs Hermès sous cette forme veilloit, suivant Abénéphi (a), à la conservation des Egyptiens, & les instruisoit de toutes les sciences. Ils remarquoient aussi dans sa couleur, son tempérament & ses actions, beaucoup de rapport avec la Lune, dont Isis étoit le symbole. Voilà pourquoi ils donnoient à cette Déesse une tête d'Ibis; & pourquoi elle étoit en même temps consacrée à Mercure. Car on voit entre Isis & Mercure une

___

(a) De cultu Ægypt.

si grande analogie & un rapport si intime, qu'on ne les séparoit presque jamais; aussi supposoit-on qu'Hermès étoit le Conseiller de cette Princesse, & qu'ils agissoient toujours de concert : c'étoit avec raison, puisque la Lune & le Mercure Philosophique ne sont dans certains cas qu'une même chose, & les Philosophes les nomment indifféremment l'un pour l'autre. « Celui qui
» diroit que la Lune des Philosophes, ou, ce qui
» est la même chose, leur Mercure est le Mer-
» cure vulgaire, voudroit tromper avec connois-
» sance de cause, dit d'Espagnet (a), ou se
» tromperoit lui-même. Ceux qui établissent
» pour matiere de la pierre le soufre & le mer-
» cure, entendent l'or & l'argent commun par
» le soufre, & par le mercure la Lune des Philo-
» sophes. »

Par les couleurs noires & blanches de l'Ibis, elle voit avec la Lune le même rapport que le Taureau Apis, & devenoit par-là le symbole de la matiere de l'Art sacerdotal. L'Ibis toute noire qui combattoit & tuoit les serpens ailés, indiquoit le combat qui se fait entre les parties de la matiere pendant la dissolution; la mort de ces serpens signifioit la putréfaction qui est une suite de cette dissolution, où la matiere devient noire. Flamel a supposé dans ce cas le combat de deux Dragons, l'un ailé, l'autre sans aile, d'où résulte le mercure. Plusieurs autres ont employé des allégories semblables. Après cette putréfaction la matiere devient en partie noire, en partie

---

(a) Can. 44. & 24.

blanche, temps auquel le mercure se fait; c'est la seconde espece d'Ibis, dont Mercure emprunta la forme.

Telles sont les raisons simples & naturelles que les Prêtres Egyptiens avoient d'introduire les animaux dans leur culte apparent de Religion, & dans leurs hiéroglyphes. Ils inventerent une quantité d'autres figures, telles qu'on les voit sur les pyramides, & les autres monumens Égyptiens. Mais toutes avoient quelque rapport prochain ou éloigné avec les mysteres de l'Art Hermétique. En vain fera-t-on de grands commentaires pour expliquer ces hiéroglyphes dans un autre sens que le chymique. Si Vulcain & Mercure ne sont pas la base de toutes ces explications, on trouvera à chaque pas des difficultés insurmontables; & quand à force de s'être donné la torture pour en trouver de vraisemblables, à l'imitation de Plutarque, de Diodore, & d'autres Grecs anciens & modernes, on sentira toujours qu'elles sont tirées de loin, qu'elles sont forcées, enfin qu'elles ne satisfont pas. On aura toujours devant les yeux cet Harpocrate avec le doigt sur la bouche, qui nous annoncera sans cesse que tout ce culte, ces cérémonies, ces hiéroglyphes renfermoient des mysteres, qu'il n'étoit pas permis à tout le monde de pénétrer, qu'il falloit les méditer en silence, que le peuple n'en étoit pas instruit, & qu'on ne les dévoiloit pas à ces gens que les Prêtres étoient persuadés n'être venus en Egypte que pour satisfaire leur curiosité. Les Historiens sont de ce nombre, & ils ne sont pas plus croyables, dans les interprétations qu'ils donnent, que l'étoit le peuple d'Egypte, qui rendoit les honneurs du culte aux animaux, parce qu'on lui avoit dit que les Dieux en avoient pris la figure.

Huc quoque terrigenam venisse Typhona narrat,
Et se mentitis superos celasse figuris.
Duxque gregis dixit, fit Jupiter, unde recurvis
Nunc quoque formatur Libyci cum cornibus Ammon,
Delius in corvo est, proles Semeleia capro,
Fele soror Phœbi, nivei Saturnia vacca,
Pisce Venus latuit, Cyllenius Ibidis alis.

Ovid. Metam. l. 5.

CHAPITRE XI.

Du Lotus & de la Feve d'Egypte.

LE Lotus est une espece de lys qui croît en abondance après l'inondation du Nil (a). Les Egyptiens, après l'avoir coupé, le faisoient sécher au Soleil, & d'une partie de cette plante, qui ressemble au pavot, ils faisoient du pain. Sa

(a) Cæterum ad victus facilitatem alia sunt eis excogitata. Siquidem quum fluvius plenus campos inundavit, in ipsa aqua exoritur ingens copia liliorum, quæ loton Ægyptii vocant. Est autem hujus loti radix quoque esculenta, etiam suavitate præstanti orbiculata, mali magnitudine. Sunt & alia lilia rosis similia, & ipsa in flumine nascentia. Herod. l. 2. c. 92.

racine est ronde, de la grosseur d'une pomme, & fort bonne à manger.

Le même Auteur dit (liv. 4. c. 177.) que le fruit du Lotus ressemble à celui du lentisque, aussi agréable au goût que celui du palmier. Les Lotophages, ainsi nommés de ce qu'ils usoient de ce fruit pour toute nourriture, en faisoient du vin. Les Egyptiens, au rapport de Plutarque (a), peignoient le Soleil naissant de la fleur de Lotus, non pas, dit-il, qu'ils croient qu'il soit né ainsi, mais parce qu'ils représentent allégoriquement la plupart des choses.

M. Mahudel lut à l'Académie des Inscriptions & Belles-Lettres, en 1716, un Mémoire fort judicieux & très-circonstancié sur les différentes plantes d'Egypte que l'on trouve dans les monumens de ce pays-là, & qui servent d'ornemens ou d'attributs à Osiris, Isis, &c. Suivant lui, le Lotus est une espece de *Nymphæa*, qui ne differe de la Feve d'Egypte que par la couleur de sa fleur, qui est blanche, pendant que l'autre est d'un rouge incarnat ; ce qui convient à l'idée que nous en donne Hérodote dans l'endroit que nous avons cité. Il est inutile d'en chercher la description dans Théophraste, Pline & Dioscoride, qui n'avoient pas vu ces plantes dans leur lieu natal. Si M. Mahudel avoit soupçonné que la couleur du fruit & de la racine du Lotus & de la Feve d'Egypte, eussent mérité qu'il en fit mention, il n'auroit pas oublié d'en faire le détail ; mais il ne voyoit que le fruit & la fleur dans les mo-

(a) De Isid. & Osir.

Cc iv

numens; il ne s'est attaché particulierement qu'à cela. La feuille entroit aussi pour quelque chose dans les idées hiéroglyphiques des Egyptiens, puisqu'elle représente en quelque façon le Soleil par la rondeur, & par ses fibres, qui d'un petit cercle, placé au centre de cette feuille, se répandent de tous côtés comme des rayons jusqu'à la circonférence. La fleur épanouie représente à peu près la même chose. Mais cette fleur est de toutes les parties de la plante, celle qui se remarque le plus communément sur la tête d'Isis, d'Osiris & des Prêtres mêmes qui étoient à leur service. Le rapport que les Egyptiens croyoient que la fleur du Lotus avoit avec le Soleil, parce qu'au lever de cet Astre elle se montroit à la surface de l'eau, & s'y replongeoit dès qu'il étoit couché, n'étoit pas précisément le seul qui la lui avoit fait consacrer. Si les Antiquaires avoient pu distinguer, ou du moins s'ils avoient eu l'attention d'examiner quelle étoit la couleur des fleurs qu'on mettoit sur la tête d'Osiris, & de celles qu'on mettoit sur celle d'Isis, ils auroient vu sans doute que la fleur incarnate de la Feve d'Egypte ne se trouvoit jamais sur la tête d'Isis, mais seulement la fleur blanche du Lotus, & qu'on affectoit la première à Osiris. La ressemblance entiere de ces deux plantes a empêché de soupçonner du mystére dans le choix, & de remarquer cette différence. On pourra trouver dans la suite, ou l'on a peut-être déja quelques monumens Egyptiens colorés sur lesquels on verra cette distinction.

Les inventeurs des hiéroglyphes n'en admirent aucun qui n'eût un rapport avec la chose signifiée. Plutarque (a) l'a entrevu dans la couleur du fruit des plantes dont nous parlons, qui a la forme d'une coupe de ciboire, & qui en portoit le nom chez les Grecs. Voyant un enfant représenté assis sur ce fruit, il a dit que cét enfant étoit le crépuscule, par rapport à la ressemblance de la couleur de ce beau moment du jour avec celle de ce fruit. Il étoit donc à propos de faire attention à la couleur même de ces attributs, pour pouvoir en donner des interprétations justes, & conformes aux idées de leurs instituteurs. On a dû remarquer jusqu'ici que la couleur jaune & la rouge étoient particulierement celles d'Horus & d'Osiris, & la blanche celle d'Isis; parce que les deux premieres étoient les couleurs du Soleil, & la blanche celle de la Lune, dans le systême Hermétique même. Il est donc vraisemblable que les Egyptiens employérent le Lotus & la Féve d'Egypte dans leurs hiéroglyphes, à cause de leur couleur différente, puisqu'étant semblables pour tout le reste, une de ces deux plantes auroit suffi. La plupart des vases, sur la coupe desquels on voit un enfant assis, sont le fruit du Lotus.

CHAPITRE XII.
Du Colocasia.

LE Colocasia est une espéce d'Arum ou de pied-de-veau, qui croît dans les lieux aquati-

(a). Loc. cit.

ques. Ses feuilles sont grandes, nerveuses en dessous, attachées à des queues longues & grosses: sa
fleur est du genre des fleurs de pied-de-veau, faite
en forme d'oreilles d'âne ou de cornet, dans lequel
est placé le fruit, composé de différentes baies
rouges, entassées comme en grappe tout le long
d'une espèce de pilon qui s'élève du fond de la
fleur. Les Arabes font un grand commerce de sa
racine, qui est bonne à manger.

On reconnoît cette fleur sur la tête de plusieurs
Divinités, & plus souvent sur celle de quelques
Harpocrates; non qu'elle fût un symbole de
fécondité, comme le disent quelques-uns; mais
parce que la couleur rouge de ses fruits représentoit Horus Hermétique, avec lequel on a
souvent confondu Harpocrate, & que ce Dieu
du Silence ne fut inventé, que pour marquer le
silence que l'on devoit garder au sujet de ce même
Horus.

CHAPITRE XIII.

Du Persea.

C'EST un arbre qui croît aux environs du
grand Caire. Ses feuilles sont très-semblables à
celles du laurier, excepté qu'elles sont plus grandes.
Son fruit a la figure d'une poire, & renferme un
noyau, qui a le goût d'une châtaigne.

La beauté de cet arbre qui est toujours verd,
la ressemblance de ses feuilles à une langue, &

celle de son noyau à un cœur, l'avoient fait consacrer au Dieu du Silence, sur la tête duquel on le voit plus ordinairement que sur celle d'aucune autre Divinité. Il y est quelquefois entier, d'autres fois ouvert pour faire paroître l'amande ; mais toujours pour annoncer qu'il faut savoir conduire sa langue, & conserver dans le cœur le secret des mysteres d'Isis, d'Osiris, & des autres Divinités dorées de l'Egypte. C'est pour cette raison qu'on le voit quelquefois sur la tête d'Harpocrate rayonnante, ou posé sur un croissant (a).

CHAPITRE XIV.

Du Musa ou Amusa.

QUELQUES Botanistes & plusieurs Historiens l'ont qualifié d'arbre, quoiqu'il soit sans branches. Son tronc est ordinairement gros comme la cuisse d'un homme, spongieux, couvert de plusieurs écorces ou feuilles écailleuses, couchées les unes sur les autres ; ses feuilles sont larges, obtuses, & leur longueur surpasse quelquefois sept coudées (b). Elles sont affermies par une côte grosse & large, qui regne au milieu tout du long ; du sommet de la tige naissent des fleurs rouges ou jaunâtres. Les fruits qui leur succe-

(a) Antiq. Explicat. de D. de Montfaucon, T. II. p. 2. pl. 124. fig. 8. & 10.
(b) Mém. de l'Acad. des Inscript. & Bell.-Lett. T. III.

dent font d'un goût agréable, & reſſemblent aſſez à un concombre doré. Sa racine eſt longue, groſſe, noire en dehors, charnue & blanche en dedans. Quand on fait des inciſions à cette racine, elle rend un ſuc blanc, mais qui devient enſuite rouge.

M. Mahudel, avec pluſieurs Antiquaires, ne voient dans cette plante que ſa ſeule beauté, capable d'avoir déterminé les Égyptiens à la conſacrer aux Divinités locales de la contrée, où elle croiſſoit avec plus d'abondance ; mais puiſque tout étoit myſtere chez ce peuple, puiſqu'il l'employoit dans ſes hiéroglyphes, ſans doute qu'il y attachoit quelque idée particuliere, & qu'il avoit remarqué dans cette plante quelque rapport avec ces Divinités. Les panaches d'Oſiris & de ſes Prêtres, ceux d'Iſis, où ces feuilles ſe trouvent quelquefois ; le fruit coupé qui ſe fait voir entre les deux feuilles qui forment le panache ; Iſis enfin qui préſente la tige fleurie de cette plante à ſon époux, ſont des choſes que la Table Iſiaque nous met plus d'une fois devant les yeux ; croira-t-on que la ſeule beauté de cette plante en ſoit le motif ? n'eſt-il pas plus naturel de penſer qu'un peuple auſſi myſtérieux ne le faiſoit pas ſans avoir quelqu'autre objet en vue ? Il pouvoit donc y avoir du myſtere là-deſſous, & il s'y en trouvoit en effet ; mais un myſtere très-aiſé à dévoiler pour celui qui, après avoir fait quelques réflexions ſur ce que nous avons dit, verra dans la deſcription de cette plante les quatre couleurs principales du grand œuvre. Le noir ſe trouve dans la racine, comme la couleur noire est la racine, la bafe, ou la clef de l'œuvre; si l'on enlève cette écorce noire, on découvre le blanc; la pulpe du fruit est aussi de cette derniere couleur; les fleurs qu'Isis présente à Osiris sont jaunes & rouges, & la pelure du fruit est dorée. La Lune des Philosophes est la matiere parvenue au blanc; la couleur jaune safranée & la rouge qui succedent à la blanche, sont le Soleil ou l'Osiris de l'art; on avoit donc raison de représenter Isis dans la posture d'une personne qui offre une fleur rouge à Osiris. On peut enfin observer que les attributs d'Osiris participent tous en tout ou en partie de la couleur rouge ou de la jaune, ou de la safranée; & ceux d'Isis, du noir & du blanc pris séparément, ou mélangés, parce que les monumens Egyptiens nous représentent ces Divinités, suivant les différens états où se trouve la matiere de l'œuvre pendant le cours des opérations. On peut donc rencontrer des Osiris de toutes les couleurs; mais il faut alors faire attention aux attributs qui l'accompagnent. Si l'Auteur du monument étoit au fait des mysteres d'Egypte, & qu'il ait voulu représenter Osiris dans sa gloire, les attributs seront rouges ou du moins safranés : dans son expédition des Indes, ils seront variés de différentes couleurs; ce qui étoit indiqué par les tigres & les léopards qui accompagnoient Bacchus; en Ethiopie, ou mort, les couleurs seront ou noires ou violettes, mais jamais on y trouvera du blanc sans mélange, comme on ne verra jamais aucun attribut d'Isis purement rouge. Il seroit à souhaiter, quand on trouve quelque ancien monument coloré, que l'on recommandât au Graveur de blasonner tout ce ce qui y est représenté ; ou que celui qui en donne la description au Public, eût l'attention d'en désigner exactement les couleurs. Il ne seroit pas moins à propos d'obliger les Graveurs à représenter les monumens tels qu'ils sont, ne pas leur laisser la liberté de changer les proportions & les attitudes des figures, sous prétexte de suppléer à l'ignorance des anciens Artistes, & de donner une forme plus gracieuse à ces figures. L'exactitude est d'une très-grande conséquence, particulierement pour les attributs. Un ouvrage sur les Antiques, mis au jour depuis peu d'années, m'oblige à faire cette observation.

Les Grecs & les Romains qui regardoient comme barbare tout ce qui n'étoit pas né à Rome ou à Athenes, exceptèrent les Egyptiens d'une imputation si injuste ; & leurs meilleurs Auteurs, loin d'imiter Juvenal, Virgile, Martial, & surtout Lucien, qui déploient les railleries les plus fines contre les superstitions des Egyptiens, sont remplis des éloges qu'ils donnent à leur politesse & à leur savoir. Ils avouoient que leurs grands hommes y avoient puisé toutes ces belles connoissances, dont ils ornerent dans la suite leurs ouvrages. Si l'on ne peut absolument justifier le peuple d'Egypte sur l'absurdité & le ridicule du culte qu'il rendoit aux animaux, n'attribuons pas aux Prêtres & aux Savans de ce pays-là des excès dont leur sagesse & leurs connoissances les rendoient incapables. Les traditions s'obscurcissent quelquefois à mesure qu'elles s'éloignent de leur source. Les hiéroglyphes si multipliés peuvent dans la suite des temps avoir été interprétés par des gens peu ou point instruits de leur véritable signification. Les Auteurs qui ont puisé dans cette source impure n'ont pu le transmettre que de la maniere qu'ils l'ont reçue, ou peut-être encore plus défigurée. Il semble même qu'Hérodote, Diodore de Sicile, Plutarque, & quelques autres cherchent à excuser les Egyptiens, en apportant des raisons vraisemblables du culte qu'ils rendoient aux animaux. Ils disent qu'ils adoroient dans ces animaux la Divinité dont les attributs se manifestoient dans chaque animal, comme le Soleil dans une goutte d'eau qui est frappée de ses rayons (a). Il est certain d'ailleurs que tout culte n'est pas un culte religieux, & encore moins une vraie adoration; & tout ce qui est placé dans les temples, même pour être l'objet de la vénération publique, n'est pas au rang des Dieux. Les Historiens ont donc pu se tromper dans le récit qu'ils ont fait des Dieux de l'Egypte, même quant à ce qui regardoit le culte du peuple, & à plus forte raison pour ce qui regardoit les Prêtres & les Philosophes, dont ils ignoroient les mysteres.

L'écriture symbolique, connue sous le nom d'hiéroglyphes, n'étoit pas contraire au dessein que les Egyptiens avoient de travailler pour la postérité. M. le Comte de Caylus (b) n'est pas entré dans leurs idées à cet égard. Ces hiéroglyphes furent un mystere dans le temps même de

(a) Plutarq. de Isid. & Osir.
(b) Recueil d'Antiq. pag. 2.

leur institution, comme ils le sont encore, & le seront toujours pour ceux qui cherchent à les expliquer par d'autres moyens que ceux que je propose. Le dessein de leurs instituteurs n'étoit pas d'en rendre la connoissance publique, & en les gravant sur leurs monumens pour les conserver à la postérité, ils ont agi comme les Philosophes Hermétiques, qui n'écrivent en quelque façon que pour être entendus de ceux qui sont au fait de leur science, ou pour donner quelques traits de lumieres absorbés, pour ainsi dire, dans une obscurité si grande, que les yeux les plus clair-voyans n'en sont frappés qu'après de longues recherches & de profondes méditations.

La plupart des antiquités Egyptiennes sont donc de nature à ne pouvoir nous flatter de les éclaircir parfaitement. Toutes les explications qu'on voudra tenter de donner pour les ramener à l'histoire, se réduiront à des conjectures, parce que tout se ressent du mystere qui regnoit dans ce pays; & que, pour fonder ses raisonnemens sur l'enchaînement des faits, on trouve que le premier anneau de la chaîne qui les lie, aboutit à des fables. C'est donc à ces fables qu'il faut avoir recours; & en les regardant comme telles, faire ses efforts pour en pénétrer la véritable signification. Quand on trouve un système qui les développe naturellement, il faut le prendre pour guide. Tous ceux que l'on a suivis jusqu'ici sont reconnus insuffisans par tous les Auteurs qui ont écrit sur les Antiquités. On y trouve à chaque pas des obstacles qu'on ne peut surmonter. Ils ne sont donc pas les vrais filets d'Ariadne qui nous

nous serviront à nous tirer de ce labyrinthe ; il faut par conséquent les abandonner. En se conduisant sur les principes de la Philosophie Hermétique, & en les étudiant assez pour se mettre en état d'en faire de justes applications, il est peu d'hiéroglyphes qu'on ne puisse expliquer. On ne seroit pas dans le cas d'admettre comme faits historiques ceux qui sont purement fabuleux, & de rejeter de ces faits des circonstances qui les caractérisent particulierement, sous prétexte qu'elles y ont été cousues pour embellir la narration, & en augmenter le merveilleux. Cette derniere méthode a été suivie par M. l'Abbé Banier dans sa Mythologie ; & quelque facilité qu'elle lui ait procuré, il se trouve souvent dans la fâcheuse nécessité d'avouer qu'il lui est impossible de débrouiller ce chaos.

SECTION QUATRIEME.

Des Colonies Egyptiennes.

LA Philosophie Hermétique ne fut pas toujours renfermée dans les bornes de l'Egypte, où il semble qu'Hermès l'avoit fait fleurir. Les habitans de ce pays-là s'étant trop multipliés, quelques-uns prirent le parti d'en sortir pour aller s'établir d'abord dans le voisinage, & puis dans les pays plus éloignés. Plusieurs chefs de famille y conduisirent des colonies, & emmenerent des Prêtres instruits avec eux. Bélus qui fixa son séjour près de l'Euphrate, en établit à Babylone, qui furent surnommés Chaldéens. Ils devinrent célebres par les connoissances qu'ils acquirent en observant les Astres à la maniere d'Egypte. Des Savans croient que le Sabisme, ou cette sorte d'idolatrie, qui a pour objet de son culte les Astres & les Planetes, commença dans la Chaldée, où ces Philosophes Egyptiens s'étoient fixés; mais il est bien plus vraisemblable qu'ils l'y porterent de l'Egypte d'où ils sortoient, & où le Soleil & la Lune étoient adorés sous le nom d'Osiris & d'Isis; puisqu'Hérodote dit que l'Astrologie prit naissance en Egypte, où l'on convient qu'elle y étoit cultivée dès les temps les plus reculés. Le nom de science Chaldaïque qu'elle a porté depuis long-temps, prouve tout au plus que les Astrologues de la Chaldée devinrent plus célebres que ceux des autres Nations. Babylone, capitale du pays, quoique la plus idolâtre de toutes les villes du monde, suivant l'idée que nous en donne le Prophete Jérémie (a), en l'appelant une terre d'Idoles, *terra sculptilium*, paroît avoir tiré ses Dieux de l'Egypte, dont elle avoit conservé jusqu'aux monstres; *& in portentis gloriantur*. Les Prêtres, instruits dans les mêmes sciences que ceux dont ils venoient de se séparer, savoient aussi sans doute à quoi s'en tenir au sujet du culte de ces Idoles; mais obligés au même secret que ceux d'Egypte, ils se firent successivement un devoir de ne pas le divulguer. Les noms de Saturne & de Jupiter

(a) Ch. 50.

donnés à Bélus, prouvent assez clairement qu'on connoissoit dans la Chaldée la généalogie des Dieux Hermétiques des Egyptiens.

Danaüs tenta aussi un établissement hors de son pays. Il quitta l'Egypte sa patrie, & partit avec cinquante filles qu'il avoit eues de plusieurs femmes, avec tous ses domestiques, & quelques Egyptiens qui voulurent bien le suivre. Il relâcha, dit-on, d'abord à Rhodes, où, après avoir consacré une statue à Minerve, une des grandes Divinités de l'Egypte, il s'embarqua & arriva dans la Grece, où, si nous en croyons Diodore, il fit bâtir la ville d'Argos, & en Lydie celle de Cypre, dans laquelle il fit élever un Temple à Minerve, & y établit sans doute des Prêtres pour le service du même culte qu'on rendoit en Egypte à cette Déesse. Le nom de Béléides donné aux filles de Danaüs, prouve qu'il avoit quelqu'affinité avec Bélus; & quelques Auteurs ont en effet regardé ce Bélus comme le pere de Danaüs. Les allégories que les Poëtes ont faites sur le supplice des Danaïdes, & sur le massacre de leurs époux, est une nouvelle preuve qu'elles furent imitées d'Egypte, où Diodore raconte (a) que 360 Prêtres d'Achante avoient coutume de puiser de l'eau dans un vaisseau percé. Nous expliquerons ces allégories dans les Livres suivans.

Cécrops venu d'Egypte s'établit dans l'Attique. Il y porta avec les loix de son pays le culte des Dieux qu'on y adoroit, & sur-tout celui de Minerve, honorée à Saïs sa patrie, celui de

(a) L. 2. c. 6.

Jupiter & des autres Dieux d'Egypte : ce fait est attesté par toute l'Antiquité. Eusebe (a) dit que ce fut lui qui le premier donna le nom de Dieu à Jupiter, lui éleva un autel, & érigea une statue en l'honneur de Minerve. S. Epiphane répete la même chose, & Pausanias l'avoit dit avant eux ; mais ce dernier (b) remarque qu'il n'offroit dans ses sacrifices que des choses inanimées. Athenes, le triomphe des arts & des sciences, le siege de la politesse & de l'érudition, doit donc ses commencemens à l'Egypte.

Quoi qu'il en soit de cette histoire, les Athéniens en convenoient, & se glorifioient d'être descendus des Saïtes ; quelques-uns disoient que Dipetes, pere de Mnestée, Roi d'Athenes, étoit Egyptien, de même qu'Ericthée, qui le premier leur apporta les grains d'Egypte, & la maniere de les cultiver, ce qui le fit établir Roi. Il leur enseigna aussi les cérémonies de Cérès Eléusine, suivant celles qu'observoient les Egyptiens ; c'est pourquoi les Athéniens pensoient que ce Roi étoit contemporain de Cérès. Diodore, en rapportant ceci, ignoroit sans doute que Cérès & Isis n'étoient qu'une même Divinité. Il auroit dû se souvenir qu'il avoit raconté la même chose de Triptolême. Nous parlerons de la nature de ces grains & de toute cette histoire dans le quatrième Livre.

Les habitans de la Colchide étoient aussi une colonie d'Egypte, suivant Diodore & Héro-

---

(a) Prep. Evang. l. 10. c. 9.
(b) In Attic. l. 8.

dote (a), qui apporte en preuve beaucoup de raisons, entr'autres qu'ils font circoncir leurs enfans, comme ayant apporté cet usage d'Egypte. Il ignoroit sans doute l'Ecriture sainte qui nous marque si positivement l'origine de la circoncision. Diodore concluoit, par la même raison, que les Juifs, habitans entre l'Arabie & la Syrie étoient venus d'Egypte; mais il ne parle de ces Juifs qu'après leur servitude dans ce pays, & c'est l'occasion de son erreur. Cette fuite des Juifs est remarquable par tous les événemens qui la précéderent & la suivirent; celui qui a le plus de rapport à notre sujet, est la quantité prodigieuse d'or & d'argent qui se trouvoit alors parmi les Egyptiens. Moyse signifia aux Juifs d'emprunter de leurs Hôtes tous les vases d'or & d'argent qu'ils pourroient en obtenir. Et quels étoient ces Hôtes ? des gens du commun. A qui prêtoient-ils ces vases ? à des Juifs esclaves, méprisés, haïs, sans ressource; gens qu'on ne pouvoit gueres ignorer avoir le dessein de quitter le pays, & de s'enfuir pour se soustraire à la servitude ; & si le peuple en étoit si bien fourni, combien devoient en avoir le Roi & les Prêtres qui, comme nous l'apprend Hérodote, faisoient construire des bâtimens pour le conserver ?

Cadmus étoit originaire de Thebes d'Egypte. Ayant été envoyé à la recherche de sa sœur par Agenor son pere, Roi de Phénicie, il se trouva exposé à une furieuse tempête, qui l'obligea de relâcher à Rhodes, où il érigea un Temple en

___

(a) L. 2. c. 104. & suiv.

l'honneur de Neptune, & on confia le service à des Phéniciens qu'il laissa dans cette Isle. Il offrit à Minerve un vase de cuivre très-beau, & de forme antique, sur lequel étoit une inscription, qui portoit que l'Isle de Rhodes seroit ravagée par les serpens. Cette inscription seule indique que toute cette histoire est une allégorie de l'Art sacerdotal. Car pourquoi offrir à Minerve un vase antique, & de cuivre ? Cadmus doit être supposé avoir vécu dans des temps bien reculés : quelle pouvoit donc être l'antiquité de ce vase ? Il y a apparence qu'il faut avoir égard à la matiere, & non à la forme.

Cette matiere est la terre de Rhodes, ou la terre rouge Philosophique, qui doit être ravagée par des serpens, c'est-à-dire dissoute par l'eau des Philosophes, qui est souvent appelée serpent. Cadmus au fait de ces mysteres n'eut pas beaucoup de peine à prédire cette dévastation. Le présent d'un vase de cuivre, même antique, étoit-il d'une si grande conséquence qu'il eût le mérite d'être présenté à la Déesse de la sagesse ? L'or, les pierreries auroient été plus dignes d'elle. Mais sans doute il y avoit du mystere là-dessous ; il falloit un vase de cuivre, non du vulgaire, mais de l'airain Philosophique, que les favoris de Minerve, les sages Philosophes appellent communément *laton* pour leton. Blanchissez le laton, dit Morien (*a*), & déchirez vos livres. L'azot & le laton vous suffisent.

Toute l'histoire de Cadmus sera toujours con-

___
(*a*) Entret. du Roi Calid.

ÉGYPTIENNES ET GRECQUES. 423

sidérée comme une fable pure, qui paroîtra ridicule à tout homme de bon sens, dès qu'il ne l'expliquera pas conformément à la Chimie Hermétique. Quelle idée en effet de suivre un Bœuf de différentes couleurs, de bâtir une ville où ce Bœuf s'arrête, d'envoyer ses compagnons à une fontaine, qui y sont dévorés par un horrible dragon, fils de Typhon & d'Echidna; lequel dragon est ensuite tué par Cadmus, qui lui arrache les dents, les seme dans un champ comme on seme du grain, d'où naissent des hommes qui attaquent Cadmus; & qui enfin, à l'occasion d'une pierre jetée entr'eux, se détruisent les uns & les autres sans qu'il en reste un seul? Nous prouverons dans la suite de cet ouvrage, que cette histoire est une allégorie suivie de tout ce qui se passe dans le cours des opérations de l'œuvre Philosophique.

M. l'Abbé Banier (*a*) dit que Cadmus porta en Grece les mysteres de Bacchus & d'Osiris. La Fable nous apprend cependant que Bacchus étoit petit-fils de Cadmus. Il est vrai que ce Mythologue introduit un autre Bacchus, fils de Sémélé, afin d'ajuster son histoire; mais sur quel fondement? Est-il permis d'introduire ainsi de son propre chef des personnages nouveaux pour se tirer d'embarras? Orphée, en transportant dans la Grece les Fables Égyptiennes, les habilla à la Grecque, & supposa un Denis, qui ne differe point de l'Osiris des Égyptiens, & du Bacchus des Latins : mais ce Denis ou Osiris étoit célebre

(*a*) Mythol. T. I. p. 67. & T. II. p. 262.

en Égypte long-temps avant qu'il fût question de Cadmus. C'est pourquoi les Egyptiens se moquoient des Grecs, lorsqu'ils entendoient ceux-ci dire que Denis étoit né parmi eux.

D'autres attribuent à Mélampe l'institution des cérémonies du culte de Denis dans la Grece, l'histoire de Saturne, & la guerre des Titans. Dédale fut, dit-on, l'Architecte du fameux vestibule du Temple élevé à Memphis en l'honneur de Vulcain. Mais les Grecs, dit Diodore, ayant appris les histoires & les allégories des Égyptiens, en prirent occasion d'en inventer d'autres sur ces modeles. En effet, les Poëtes & les Théologiens du Paganisme semblent n'avoir copié que ces fables d'Egypte, transportées dans la Grece par Orphée, Musée, Mélampe, & Homère. Les Législateurs ont formé leurs loix sur celles de Lycurgue; les Princes des sectes philosophiques ont puisé leur systême dans Pythagore, Platon, Eudoxe, & Démocrite. Et s'ils ont été si différens entr'eux, c'est qu'ils n'étoient pas tous au fait des mysteres Egyptiens, & qu'ils en ont en conséquence mal expliqué les allégories.

Les colonnes de Mercure, desquelles ces premiers Philosophes tirerent leur science, par les explications que les Prêtres d'Egypte leur en donnerent, pourroient bien être celles d'Osiris & d'Isis, dont nous avons parlé; peut-être les obélisques qu'on voit encore à Rome, qu'on sait y avoir été transportés d'Egypte, & dont la surface est remplie de triangles, de cercles, de quarrés, & de figures hiéroglyphiques. Plus d'un Auteur s'est donné la torture pour les expliquer: le P. Kircher a fait un traité exprès; mais, malgré son ton décisif, soutenu d'une science fort étendue, on ne l'a pas cru sur sa parole. C'est dans les Auteurs anciens qui puiserent leur science en Egypte, qu'il faudroit en chercher l'interprétation ; mais pour entendre la plupart d'entr'eux, on auroit aussi besoin du secours d'un Œdipe, parce qu'ils ont écrit allégoriquement comme leurs maîtres.

N'ayant donc point de guides assurés, les plus célebres Auteurs sont tous différens entre eux. Selon Bochard, Mercure est le même que Chanaan, & selon M. Huet, le même que Moyse. L'un dit qu'Hercule est Samson, & l'autre que c'est Josué. L'un que Noé est Saturne, l'autre que c'est Abraham. L'un soutient que Cérès fut une Reine de Sicile; l'autre qu'elle ne differe point d'Isis qui ne fut jamais dans ce pays-là. Les plus anciens Auteurs ne sont pas même d'accord entre eux; & outre les contradictions qu'on y trouve, combien y voit-on de choses gratuites, pour ne rien dire de plus. Quant aux paralleles dont les livres de quelques Savans modernes sont remplis, je demanderois si l'on est reçu à dire que Thamas-Kouli-Cham est le même que Tamerlan, parce qu'on trouve beaucoup de ressemblance dans l'humeur & dans les actions de ces deux Princes ?

Je crois qu'on peut tirer beaucoup de lumieres des anciens Auteurs Grecs, pour pénétrer dans l'obscurité des fables; non pas qu'on doive précisément s'en rapporter à eux sur la véritable origine des anciens peuples, puisque ce qu'ils en disent est presque tout fabuleux;

mais parce qu'ils ont copié les Egyptiens, qui furent les premiers inventeurs des Fables, & qu'en faisant le parallele des Fables anciennes de la Grece avec celles de l'Egypte, on y remarque aisément qu'elles sont toutes sorties de la même source, & qu'elles ressemblent à un voyageur, qui s'habille dans chaque pays qu'il parcourt, suivant la mode qui y est en usage. Les ouvrages Egyptiens, qui auroient pu nous donner quelques idées de leur façon de penser, ceux d'Hermès & des autres Philosophes nous ont échappé avec le temps, & nous pleurerons toujours sur les tristes cendres de la Bibliotheque d'Alexandrie. Nous n'avons plus d'autre ressource que celle des Grecs, disciples des savans Prêtres d'Egypte; c'est donc à eux qu'il faut avoir recours, persuadés qu'ils sont entrés dans les idées des maîtres dont ils avoient reçu des leçons.

Je suis surpris que M. l'Abbé Banier soit à cet égard si peu d'accord avec lui-même; qu'après avoir dit (a) & avoir même employé toutes les raisons possibles pour prouver que ce n'est pas chez les Ecrivains Grecs qu'il faut chercher l'origine des anciens Peuples, ni des autres monumens de l'Antiquité, ce Savant les apporte en preuves de ce qu'il établit dans tout le cours de son ouvrage. Il est vrai qu'il a une attention toute particuliere à choisir tout ce que les Auteurs ont avancé de favorable à son système, & à rejeter comme fable tout ce qui peut y être contraire. Il décide même sur cela avec le ton d'un Juge en dernier ressort; mais comme il n'est pas tou-

(a) Ibid. p. 55. & suiv.

ÉGYPTIENNES ET GRECQUES. 427

jours conforme à lui-même, & qu'il déclare en plus d'un endroit qu'il faut tenir ses garans pour suspects, il nous rétablit dans nos droits, & nous laisse la liberté d'en penser ce que nous voudrons.

Je serois assez du sentiment de Diodore, quant aux noms de quelques anciennes villes, des montagnes, des fleuves, &c. Cet Auteur dit que les anciens Philosophes tirerent de leur doctrine la plupart de ces noms, & dénommerent les lieux suivant les rapports qu'ils y voyoient avec quelques traits de cette science. Il s'agit donc de savoir quelle étoit cette doctrine. Or personne ne doute que ce ne soit celle qu'ils apprirent en Égypte ; Jamblique (a) nous assure que cette science étoit gravée sur les colonnes d'Hermès. Josephe (b) parle de deux colonnes, l'une de pierre, l'autre de brique, élevées avant le Déluge, sur lesquelles les principes des Arts étoient gravés. Bernard, Comte de la Marche Trévisane (c), instruit par la lecture des livres anciens, dit qu'Hermès trouva sept tables dans la vallée d'Hébron, sur lesquelles étoient gravés les principes des Arts libéraux. Mais qu'Hermès les ait trouvées ou qu'il les ait inventées, il y a grande apparence que ces principes n'y étoient qu'en hiéroglyphes ; que cette maniere d'enseigner marquoit que le fond de cette science étoit un mystere qu'on ne vouloit pas dévoiler à tout le monde : par conséquent que les termes & les noms

(a) Des mysteres des Egyptiens.
(b) Des Antiq. des Juifs.
(c) Philos. des Métaux.

employés faifoient auffi partie de ce myftere; d'où nous devons conclure que les noms donnés aux lieux par les anciens Philofophes, tenoient par quelqu'endroit aux myfteres des Egyptiens.

Tout efprit qui ne voudra pas demeurer opiniâtrément attaché à fon préjugé, doit voir dans ce que nous avons dit, quel étoit l'objet de ces myfteres. La magnificence des Rois d'Egypte, qui, fi nous en croyons Pline (a), ne faifoient élever ces merveilles du monde, qu'afin d'employer leurs richeffes immenfes, eft une preuve bien palpable de l'Art Hermétique. Sémiramis fit élever à Babylone un Temple en l'honneur de Jupiter, au haut duquel elle plaça trois ftatues d'or, l'une de ce Dieu, la feconde de Junon, & la troifieme de la Déeffe Ops. Celle de Jupiter, au rapport de Diodore, fubfiftoit encore de fon temps, avoit 40 pieds de hauteur, & pefoit mille talens Babyloniens. La ftatue d'Ops, du même poids, fe voit encore dans la falle dorée. Deux lions, ajoute cet Auteur, & des ferpens d'argent d'une groffeur énorme font placés auprès. Chaque figure eft du poids de trente talens. La Déeffe tient à la main droite une tête de ferpent, & de la gauche un fceptre de pierre. Dans la même falle fe trouve auffi une table d'or de 40 pieds de longueur, large de 12, & pefant 50 talens. La ftatue de Junon eft du poids de 800.

Diodore & les autres Hiftoriens rapportent beaucoup de chofes qui prouvent les richeffes immenfes des Egyptiens & des Babyloniens, qui par Belus en tiroient leur origine. Mais ce qui

(a) L. 26. ch. 12.

auroit dû frapper ces Historiens, & tous ceux qui voyoient la statue d'Ops, c'est son attitude & ses attributs. Je voudrois que nos Savans m'expliquassent pourquoi on avoit mis un sceptre de pierre à l'une des mains de cette Déesse, & un serpent à l'autre? Fait-on des sceptres de pierre à une statue d'or? une telle idée ne passeroit-elle pas pour ridicule aux yeux de ceux qui n'y verroient rien d'allégorique? Mais la Déesse Ops étant prise hermétiquement, il étoit naturel de la représenter ainsi, parce que l'or des Philosophes est appelé pierre, & leur mercure serpent. Ops ou la Terre qui en étoit la matiere, tenoit ces deux symboles à la main pour indiquer qu'elle contenoit ces deux principes de l'Art. Et comme cet Art étoit la source des richesses, Ops en fut regardée comme la Déesse. On avoit même désigné la chose plus particulierement en mettant auprès d'Ops deux lions & deux serpens, parce que les Philosophes employoient pour l'ordinaire l'allégorie de ces animaux, pour signifier les principes matériels de l'œuvre, pendant le cours des opérations.

Jupiter & Junon frere & sœur, époux & épouse, se trouvoient dans cette salle avec leur grand-mere, & devant eux une table d'or commune aux trois, parce qu'ils sortent du même principe aurifique, duquel l'on extrait deux choses, une humidité aérienne & mercurielle, & une terre fixe, ignée, qui réunies ne font qu'une & même chose, appelée or Hermétique, commun aux trois, puisqu'il en est composé; & le vrai remede de l'esprit, dont nous avons parlé, auquel

Diodore donne le nom de Nepentes, parce qu'il est fait de l'herbe prétendue de ce nom, dont Homere (a) dit qu'on compose en Egypte le remede qui fait oublier tous les maux, & fait mener à l'homme une vie exempte de douleur & de chagrin; propriétés tant vantées de l'or Hermétique. Le même Poëte ajoute que ce remede étoit celui d'Hélene, fille de Jupiter, celle qui occasionna la guerre de Troye. Nous en verrons les raisons dans le sixieme Livre. L'origine Egyptienne & du remede, & de la maniere de le faire, est une preuve qu'Homere nous donne en passant, qu'il étoit instruit de la nature de ce remede, de ses propriétés, & du lieu où il étoit en vogue. Il a donc pu le prendre pour sujet de son allégorie de la prise de la ville de Troye, ou tout au moins avoir pris occasion d'une guerre & d'un siége réel, pour en former une allégorie du grand œuvre, comme nous le prouverons en discutant toutes les circonstances de ce siége; je ne vois gueres sur quoi est fondé M. l'Abbé Banier, pour dire (b) qu'il y avoit eu avant Homere des Poëtes qui avoient traité le sujet de la guerre de Troye, & qui avoient fait des Iliades; la seule raison que ce Savant en apporte, c'est que la Poësie grecque n'auroit pas commencé par des chef-d'œuvres. Je laisse au Lecteur à juger de la bonté de ce raisonnement. L'ouvrage de cet Abbé, quoique très-savant & très-bien concerté, fourmille de preuves de cette trempe. Si

---

(a) Odiss. l. 4. v. 221. & suiv.
(b) Ibid. T. I. p. 67.

Homere, pour donner un air de vraisemblance à sa fiction, a introduit des noms de villes & de peuples existans, on est obligé d'avouer qu'on ne connoît Ithaque, les Cimmériens, l'Isle de Calypso, & beaucoup d'autres choses, que dans ses ouvrages. Où vit-on jamais les Arimaspes, les Issedons, les Hyperboréens, les Acéphales, &c.? Mais on convient que les fables tirent leur origine d'Egypte & de la Phénicie; c'est donc par celles qui se débitoient dans ces pays-là, qu'il faut juger des autres, au moins des plus anciennes.

Je ne pense pas trouver des contradicteurs sur cet article; mais conviendra-t-on avec moi que tous les monumens dont j'ai parlé soient une preuve convaincante que l'Art Hermétique étoit connu & pratiqué chez les Egyptiens? Les Savans, quelque peu d'accord qu'ils soient entr'eux, ont fortifié par leurs ouvrages le préjugé qui a pris naissance dans le récit des anciens Historiens. On a cru qu'étant plus près que nous ne le sommes de ces temps obscurs, on ne pouvoit mieux faire que de suivre le chemin qu'ils nous ont tracé, persuadé qu'ils étoient au fait de tout cela. On savoit cependant, & ces Anciens le disent eux-mêmes, que les Prêtres d'Egypte gardoient un secret inviolable sur la véritable signification de leurs Hiéroglyphes; mais on n'a pas fait assez de réflexions là-dessus. Il s'agiroit donc de dépouiller tout préjugé à cet égard; d'examiner les choses sans prévention, & de comparer les explications que les Antiquaires ou les Mythologues ont donné des Hiéroglyphes & des

Fables Egyptiennes, avec celle que j'en donne, & juger ensuite de la verité des unes & des autres. Par cette méthode on se trouvera en état de décider si la Morale, la Religion, la Physique & l'Histoire ont fourni matiere à ces Fables & à ces Hiéroglyphes; ou s'il n'est pas plus simple de leur donner un seul & unique objet, tel qu'un secret aussi précieux, & d'une aussi grande conséquence que peut l'être celui qui conserve l'humanité dans tout l'état parfait dont elle est susceptible, en lui procurant la source des richesses & de la santé.

LIVRE

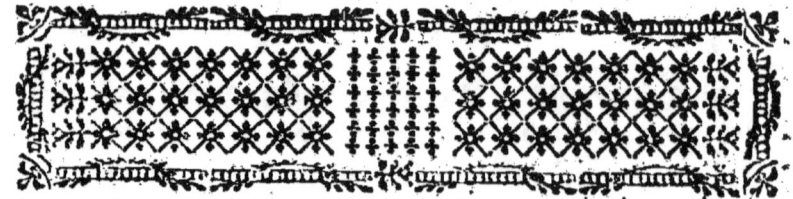

LIVRE II.

Des allégories qui ont un rapport plus palpable avec l'Art Hermétique.

JAMAIS pays ne fut plus fertile en fables que la Grèce: Celles qu'elle avoit reçues d'Egypte ne lui suffisoient pas ; elle en inventa un nombre infini. Les Egyptiens ne reconnoissoient proprement pour Dieux qu'Osiris, Isis & Orus ; mais ils en multiplièrent les noms, & se trouverent engagés par-là à en multiplier les fictions historiques. De-là vinrent douze Dieux principaux, Jupiter, Neptune, Mars, Mercure, Vulcain, Apollon, Junon, Vesta, Cérès, Vénus, Diane & Minerve, six mâles & six femelles. Ces douze seuls, regardés comme grands Dieux, étoient représentés en statues d'or. Dans la suite on en imagina d'autres, auxquels on donna le nom de demi-Dieux, qui n'étoient pas connus du temps d'Hérodote, ou du moins dont il ne fait pas mention sous ce titre. Leurs figures étoient sculptées en bois, ou en pierre, ou en terre. Le même Hérodote dit (*a*) que les Egyptiens imposerent les premiers ces douze noms, & que les Grecs les reçurent d'eux.

Les premiers des Grecs qui passerent en Egypte,

(*a*) In Euterp. c. 50.

sont, suivant Diodore de Sicile, Orphée, Musée, Mélampe, & les autres dont nous avons parlé dans le Livre précédent. Ils y puiserent les principes de la Philosophie & des autres sciences, & les transporterent dans leur pays, où ils les enseignerent de la maniere dont ils les avoient apprises ; c'est-à-dire, sous le voile des allégories & des fables. Orphée y trouva le sujet de ses Hymnes sur les Dieux, & ses Orgies (a). Que ces solemnités tirent leur origine de l'Egypte, c'est un fait dont conviennent également les Mythologues & les Antiquaires, & qu'on n'a pas besoin de prouver. Ce Poëte introduisit dans le culte de Denys les mêmes cérémonies qu'on observoit dans le culte d'Osiris. Celles de Cérès se rapportoient à celles d'Isis. Il fit mention le premier des peines des impies, des Champs-Elysées, & fit naître l'usage des statues. Il feignit que Mercure étoit destiné à conduire les ames des défunts ; & devint l'imitateur des Egyptiens dans une infinité d'autres fictions.

Lorsque les Grecs virent que Psammeticus protégeoit les étrangers, & qu'ils pourroient voyager en Egypte sans risque de leur vie ou de leur liberté, ils y aborderent en assez grand nombre, les uns pour satisfaire leur curiosité sur les merveilles qu'ils avoient apprises de ce pays-là, les autres pour s'instruire. Orphée, Musée, Linus, Mélampe & Homere y passerent successivement. Ces cinq, avec Hésiode, furent les propagateurs des Fables dans la Grece, par les Poëmes pleins

---

(a) M. l'Abbé Banier, Myth. T. II. p. 273.

des fictions qu'ils y répandirent. Sans doute que ces grands hommes n'auroient pas adopté & répandu de sang froid tant d'absurdités apparentes, s'ils n'avoient au moins soupçonné un sens caché, raisonnable, & un objet réel enveloppé dans ces ténebres. Auroient-ils, par dérision & malicieusement, voulu tromper les Peuples ? & s'ils pensoient sérieusement que ces personnages étoient des Dieux, qu'ils devoient représenter comme des modeles de perfection & de conduite, leur auroient-ils attribué des adulteres, des incestes, des parricides, & tant d'autres crimes de toute espece ? Le ton sur lequel Homere en parle suffit pour donner à entendre quelles étoient ses idées à cet égard. Il est donc bien plus probable qu'ils ne présentoient ces fictions que comme des symboles & des allégories, qu'ils voulurent rendre plus sensibles en personnifiant & déifiant les effets de la Nature. Ils assignerent en conséquence un office particulier à chacun de ces personnages déifié, réservant seulement l'Empire universel de l'Univers à un seul & unique vrai Dieu. Orphée s'explique assez clairement là-dessus, en disant que tous ne sont qu'une même chose comprise sous divers noms. Car tels sont ses termes : « Le Messager interprete Cylle-
» nien est à tous. Les Nymphes sont l'eau ; Cérès
» les grains ; Vulcain est le feu ; Neptune la
» mer ; Mars la guerre ; Vénus la paix ; Thémis
» la justice ; Apollon, dardant ses fleches, est le
» même que le Soleil rayonnans, soit que cet
» Apollon soit regardé comme agissant de loin,
» ou de près, soit comme Devin, Augure, ou

» comme le Dieu d'Epidaure, qui guérit les ma-
» ladies. Toutes ces choses ne font qu'une,
» quoiqu'elles aient plusieurs noms. » Hermé-
sianax dit que Pluton, Persephone, Cérès, Vénus & les Amours, les Tritons, Nérée, Thétis,
Neptune, Mercure, Junon, Vulcain, Jupiter,
Pan, Diane & Phébus ne sont que le même
Dieu.

Tous les offices de la Nature devinrent donc
des Dieux entre leurs mains; mais des Dieux
soumis à un seul Dieu suprême, suivant ce qu'ils
en avoient appris en Egypte. Ces différens attributs de la Nature regardoient cependant des effets
particuliers, ignorés du Peuple, & connus seulement des Philosophes.

Si quelques-unes de ces fictions eurent l'U-
nivers en général pour objet, on ne sauroit nier
que le plus grand nombre n'ait eu une application particulière; & plusieurs d'entr'elles sont
si spécialement déterminées, qu'on ne sauroit s'y
méprendre. Il suffit de passer les principales en
revue, pour mettre en état de porter son jugement sur les autres. Je parlerai donc en premier
lieu de l'expédition de la Toison d'or, des pommes d'or du jardin des Hespérides, & quelques
autres qui manifestent plus clairement que l'intention des Auteurs de ces fictions étoit d'y envelop-
per les mysteres de l'Art Hermétique.

Orphée est le premier qui ait fait mention de
l'expédition de la Toison d'or, si l'on veut admettre les ouvrages d'Orphée comme appartenant à ce premier des Poëtes Grecs; mais je
n'entre pas dans cette discussion des Savans: que

cés ouvrages soient vrais ou supposés, peu m'importe ; il me suffit qu'ils soient partis d'une plume très-ancienne, savante, & au fait des mysteres des Egyptiens & des Grecs. S. Justin en son *Parenet*; Lactance, & S. Clément d'Alexandrie, dans son Discours aux Gentils, parlent d'Orphée sur ce ton-là.

Ce Poëte a donné à cette fiction un air d'histoire qui l'a fait regarder comme telle par nos Mythologues modernes mêmes, malgré l'impossibilité où ils se trouvent d'en ajuster les circonstances. Ils ont mieux aimé y échouer, que d'y voir le sens caché & mystérieux qu'elle présente, & que l'Auteur même a manifesté assez visiblement en citant, dans le cours de cette fiction, quelques autres de ses ouvrages ; savoir, un Traité des petites pierres, & un autre de *l'antre de Mercure comme source de tous les biens.* Il est aisé de voir de quel Mercure il entend parler, puisqu'il le présente comme faisant partie de l'objet que se proposoit Jason dans la conquête de la Toison d'or.

CHAPITRE PREMIER.

Histoire de la conquête de la Toison d'or.

IL y a peu d'Auteurs anciens qui ne parlent de cette fameuse conquête. Elle a exercé l'esprit de nos Savans, qui ont fait beaucoup de dissertations sur ce sujet ; & M. l'Abbé Banier, qui en a inséré plusieurs dans les Mémoires de l'Académie des Belles-Lettres, regarde ce fait comme si constant, qu'on ne peut, dit-il (a), le détacher de l'histoire ancienne de la Grece, sans renverser presque toutes les généalogies de ce temps-là. Nous avons un Poëme là-dessus sous le nom d'Orphée ; mais Vossius prétend que ce Poëte n'en est pas l'Auteur, & que ce Poëme n'est pas plus ancien que Pisistrate (b). On l'attribue à Onomacrite, & l'on dit qu'il fut composé vers la 55e. Olympiade. Il pourroit bien se faire que cet Onomacrite n'en fût pas l'Auteur, mais seulement le restaurateur, ou qu'il en eût recueilli tous les fragmens dispersés ; comme Aristarque ceux d'Homere. Apollonius de Rhodes en composa un sur la même matiere vers le temps des premiers Ptolomées. Pindare en fait un assez long détail dans la quatrieme Olympique, & dans la troisieme Isthmique ; beaucoup d'autres Poëtes font de fréquentes allusions à cette conquête. Mais ce qui prouve l'antiquité de cette fable, c'est qu'Homere en dit deux mots dans le douzieme Livre de l'Odyssée. M. l'Abbé Banier trouve une erreur dans cet endroit de ce dernier Poëte, & dit qu'il fait parler Circé de certaines roches errantes comme situées sur le détroit qui sépare la Sicile de l'Italie, & qu'elles sont en effet à l'entrée du Pont-Euxin. Pour ajuster cette expédition aux idées de M. l'Abbé Banier, ces

_____

(a) Mytholog. T. III. p. 198.
(b) Quæ verò nunc Orphei nomen ferunt, non sunt antiquiora Pisistrati temporibus. Vossius, de Poëtis Græcis & Latinis, cap. 2.

roches ne sauroient à la vérité se trouver au lieu marqué dans Homere ; mais j'aurois cru qu'il étoit plus à propos de chercher les moyens d'accorder M. l'abbé Banier avec Homere, que d'accuser ce Poëte d'erreur, pour éluder les difficultés que cet endroit faisoit naître. Il est aisé de se tirer d'embarras quand on a recours à de semblables ressources. Homere avoit sans doute ses raisons pour placer là ces roches errantes ; car la plupart des erreurs que l'on trouve dans ce Poëte, & dans les autres inventeurs des fables, semblent y être mises avec affectation, comme pour indiquer à la postérité que ce sont des fictions pures qu'ils débitent, & non de véritables histoires. Les lieux que l'on fait parcourir aux Argonautes, les endroits où on les fait aborder sont si éloignés de la route qu'ils auroient dû & pu tenir ; il y a même une impossibilité si manifeste qu'ils aient tenu celle dont Orphée parle ; qu'on voit clairement que l'intention de ce Poëte n'étoit que de raconter une fable.

Les difficultés qui se présentent en foule à un Mythologue qui veut trouver une véritable histoire dans cette fiction, n'ont pas rebuté la plupart des Savans. Eustathe (a) parmi les Anciens, l'a regardé comme une expédition militaire, laquelle, outre l'objet de la Toison d'or, c'est-à-dire, selon lui, le recouvrement des biens que Phryxus avoit emportés dans la Colchide, avoit encore d'autres motifs, comme celui de trafiquer sur les côtes du Pont-Euxin, & d'y établir quel-

---

(a) Sur le vers 686 de Denys Perigete.

ques colonies pour en assurer le commerce. Ceux qui ont voulu ramener la plupart des Fables anciennes à l'Histoire sainte, comme le P. Thomassin & M. Huet, se sont imaginés y voir l'histoire d'Abraham, d'Agar & de Sara, de Moyse & de Josué. En suivant de pareilles idées, il n'est point de fables, si palpablement fables qu'elles soient, qu'on ne puisse y faire venir.

Eustathe, pour accréditer son sentiment, dit qu'il y avoit un nombre de vaisseaux réunis en une flotte, dont la Navire Argo en étoit comme l'Amiral; mais que les Poëtes n'ont parlé que d'un seul vaisseau, & n'ont nommé que les seuls chefs de cette expédition. Je ne pense pas qu'on en croie cet Auteur sur sa parole, puisqu'il n'en a d'autre garant que la raison de convenance, qui exigeoit que les choses fussent ainsi pour que son sentiment pût se soutenir. M. l'Abbé Banier, qui suit assez bien Eutasthe dans ce genre de preuves, décide hardiment que cette expédition n'est point le mystere du grand œuvre. A-t-il prononcé avec connoissance de cause ? avoit-il lu les Philosophes ? avoit-il même du grand œuvre l'idée qu'il faut en avoir ? Je répondrois bien qu'il n'en connoissoit que le nom, mais nullement les principes.

Pour donner une idée juste de cette fiction, il faudroit prendre la chose dès son origine, expliquer comment cette prétendue Toison d'or fut portée dans la Colchide, & faire toute l'histoire d'Athamas, d'Ino, de Nephelé, d'Hellé & de Phryxus, de Léarque & de Mélicerte ; mais comme nous aurons occasion d'en parler dans le quatrième Livre, en expliquant les Jeux Isthmiques, nous entrerons seulement dans le détail de cette expédition, en suivant ce qu'Orphée & Apollonius en ont rapporté.

Jason eut pour pere Eson, Créthéus pour ayeul, Eole pour bisayeul, & Jupiter pour trisayeul. Sa mere fut Polimede, fille d'Autolycus, d'autres disent Alcimede ; ce qui convient également pour le fond de l'histoire, suivant mon système. Tyro, fille de Salmonée, élevée par Créthéus, frere de celui-ci, plut à Neptune, & en eut Nélée & Pélias ; elle ne laissa pas ensuite d'épouser Créthéus son oncle, dont elle eut trois fils, Eson, Pherès & Amithaon. Créthéus bâtit la ville d'Iolcos, dont il fit la capitale de ses Etats, & laissa en mourant la couronne à Eson. Pélias, à qui Créthéus n'avoit point donné d'établissement, comme ne lui appartenant pas, se rendit puissant par ses intrigues, & détrôna Eson. Jason qui vint au monde sur ces entrefaites, donna de la jalousie & de l'inquiétude à Pélias, qui chercha en conséquence tous les moyens de le faire périr. Mais Eson, avec son épouse, ayant pénétré les mauvais desseins de l'usurpateur, portèrent le jeune Jason, qui s'appeloit alors Diomede, dans l'antre de Chiron, fils de Saturne & de la Nymphe Philyre, qui habitoit sur le Mont-Pélion, & lui confièrent son éducation. Le Centaure passoit pour l'homme le plus sage & le plus habile de son temps. Jason y apprit la Médecine & les Arts utiles à la vie.

Ce jeune Prince, devenu grand, s'introduisit dans la Cour d'Iolcos, après avoir exécuté de point en point tout ce que l'Oracle lui avoit prescrit. Pélias ne douta pas que Jason ne s'acquît bientôt la faveur du Peuple & des Grands. Il en devint jaloux, & ne cherchant qu'un honnête prétexte pour s'en défaire, il lui proposa la conquête de la Toison d'or, persuadé que Jason ne refuseroit pas une occasion si favorable d'acquérir de la gloire. Pélias, qui en connoissoit tous les risques, pensoit qu'il y périroit. Jason prévoyoit lui-même tous les dangers qu'il avoit à courir. La proposition fut néanmoins de son goût, & son grand courage ne lui permit pas de ne point l'accepter.

Il disposa donc tout pour cet effet, & suivant les conseils de Pallas, il fit construire un vaisseau, auquel il mit un mât fait d'un chêne parlant de la forêt de Dodone. Ce vaisseau fut nommé la Navire Argo ; & les Auteurs ne sont pas d'accord sur le motif qui le fit nommer ainsi. Apollonius, Diodore de Sicile, Servius & quelques autres prétendent que ce nom lui fut donné, parce qu'Argus en proposa le dessein ; & l'on varie encore beaucoup sur cet Argus, les uns le prenant pour le même que Junon employa à la garde d'Io, fils d'Arestor ; mais Méziriac (a) veut qu'on lise dans Apollonius de Rhodes, *fils d'Alector*, au lieu de *fils d'Arestor*. Sans entrer dans le détail des différens sentimens au sujet de la dénomination de ce vaisseau, que l'on peut voir dans plusieurs Auteurs, je dirai seulement qu'il fut construit du bois du Mont-Pélion, suivant l'opinion la plus commune des Anciens.

(a) Sur l'Ep. d'Hypsiphile à Jason.

Ptolémée Epheſtion dit, au rapport de Photius, qu'Hercule lui-même en fut le conſtructeur. La raiſon que M. l'Abbé Banier apporte pour rejetter cette opinion, n'eſt point du tout concluante à cet égard. Quant à la forme de ce vaiſſeau, les Auteurs ne ſont pas plus d'accord entre eux. Les uns diſent qu'il étoit long, les autres rond; ceux-là, qu'il avoit vingt-cinq rames de chaque côté; ceux-ci qu'il en avoit trente; mais on convient en général qu'il n'étoit pas fait comme les vaiſſeaux ordinaires. Orphée & les plus anciens Auteurs qui en ont parlé, n'ayant rien dit de cette forme, tout ce que les autres en rapportent n'eſt fondé que ſur des conjectures.

Toutes les circonſtances de cette expédition prétendue ſouffrent contradiction. On varie & ſur le Chef & ſur le nombre de ceux qui l'accompagnerent. Quelques-uns aſſurent qu'Hercule fut d'abord choiſi pour Chef, & que Jaſon ne le devint qu'après qu'Hercule eut été abandonné dans la Troade, où il étoit deſcendu à terre pour aller chercher Hylas. D'autres prétendent qu'il n'eut aucune part à cette entrepriſe; mais le ſentiment ordinaire eſt qu'il s'embarqua avec les Argonautes. Quant au nombre de ceux-ci, on ne peut rien établir de certain, puiſque des Auteurs en nomment dont les autres ne font aucune mention. On en compte communément cinquante; tous d'origine divine. Les uns fils de Neptune; les autres de Mercure, de Mars, de Bacchus, de Jupiter. On peut en voir les noms & l'hiſtoire abrégée dans le Tome troiſieme de la Mythologie de M. l'Abbé Banier, page 211 & ſuiv. où il explique le tout conformément à ses idées, & décide à son ordinaire qu'il faut rejeter ce qu'il ne peut y ajuster. Il admet, par exemple, dans le nombre de ces Argonautes, Acaste, fils de Pélias, & Nélée, frere de celui-ci. Y a-t-il apparence, si cette expédition étoit un fait véritable, qu'on eût supposé que Pélias, persécuteur & ennemi juré de Jason; ce Pélias même qui n'engageoit ce neveu dans cette expédition périlleuse, que parce qu'il regardoit sa perte comme assurée, eût permis à Acaste de l'y accompagner, lui qui ne cherchoit à faire périr Jason que pour conserver la couronne à ce fils ? On ne manqueroit pas de raison pour en rejeter d'autres que ce savant Mythologue admet sur la foi d'autres Auteurs; & il seroit aisé de prouver qu'ils ne pouvoient s'y être trouvés, suivant le système de ce Savant; mais il faudroit une discussion qui n'entre pas dans mon plan.

Lorsque tout fut prêt pour le voyage, la troupe de Héros s'embarqua, & le vent étant favorable on mit à la voile; on aborda en premier lieu à Lemnos, afin de se rendre Vulcain favorable. Les femmes de cette Isle ayant, dit-on, manqué de respect à Vénus, cette Déesse, pour les en punir, leur avoit attaché une odeur insupportable, qui les rendit méprisables aux hommes de cette Isle. Les Lemniennes piquées complotterent entr'elles de les assassiner tous pendant leur sommeil. La seule Hypsiphile conserva la vie à son pere Thoas, qui pour lors étoit Roi de l'Isle. Jason s'acquit les bonnes graces d'Hypsiphile, & en eut des enfans.

Au sortir de Lemnos, les Tyrténiens leur livrèrent un sanglant combat, où tous ces Héros furent blessés, excepté Glaucus qui disparut, & fut mis au nombre des Dieux de la mer (a). De-là ils tournerent vers l'Asie, aborderent à Marsias, à Cius, à Cyzique, en Ibérie : ils s'arrêterent ensuite dans la Bébrycie, qui étoit l'ancien nom de la Bithynie, s'il faut en croire Servius (b). Amycus qui y regnoit, avoit coutume de défier au combat du ceste ceux qui arrivoient dans ses Etats. Pollux accepta le défi, & le fit périr sous ses coups. Nos voyageurs arriverent après cela vers les Syrtes de la Lybie, par où l'on va en Egypte. Le danger qu'il y avoit à traverser ces Syrtes, fit prendre à Jason & à ses compagnons le parti de porter leur vaisseau sur leurs épaules pendant douze jours, à travers les déserts de la Lybie; au bout duquel temps ayant retrouvé la mer, ils le remirent à flots. Ils furent aussi rendre visite à Phinée, Prince aveugle, & sans cesse tourmenté par les Harpies, dont il fut délivré par Calais & Zethès, enfans de Borée, qui avoient des ailes. Phinée, devin & plus clairvoyant des yeux de l'esprit que de ceux du corps, leur indiqua la route qu'ils devoient tenir. Il faut, leur dit-il, aborder premierement aux Isles Cyanées, (que quelques-uns ont appelées *Symplegades*, ou écueils qui s'entre-heurtent). Ces Isles jettent beaucoup de feu; mais vous éviterez le danger en y envoyant une colombe. Vous passerez de-là

(a) Pausis dans Athen. l. 7. c. 12.
(b) Sur le 3e. liv. de l'Enéide. v. 373.

en Bithynie, & laisserez à côté l'Isle Thyniade. Vous verrez Mariandynos, Achéruse, la Ville des Enetes, Carambim, Halym, Iris, Thémiscyre, la Cappadoce, les Calybes, & vous ariverez enfin au fleuve Phasis, qui arrose la terre de Circée, & de-là en Colchide où est la Toison d'or. Avant d'y arriver les Argonautes perdirent leur Pilote Tiphis, & mirent Ancée à sa place.

Toute la troupe débarqua enfin sur les terres d'Ætes, fils du Soleil & Roi de Colchos, qui leur fit un accueil très-gracieux. Mais comme il étoit extrêmement jaloux du trésor qu'il possédoit, lorsque Jason parut devant lui, & qu'il eut été informé du motif qui l'amenoit, il parut consentir de bonne grace à lui accorder sa demande; mais il lui fit le détail des obstacles qui s'opposoient à ses desirs. Les conditions qu'il lui prescrivit étoient si dures, qu'elles auroient été capables de faire désister Jason de son dessein. Mais Junon qui chérissoit Jason, convint avec Minerve qu'il falloit rendre Médée amoureuse de ce jeune Prince, afin qu'au moyen de l'art, des enchantemens dont cette Princesse étoit parfaitement instruite, elle le tireroit des périls où il s'exposeroit pour réussir dans son entreprise. Médée prit en effet un tendre intérêt à Jason; elle lui releva le courage, & lui promit tous les secours qui dépendoient d'elle, pourvu qu'il s'engageât à lui donner sa foi.

La Toison d'or étoit suspendue dans la forêt de Mars, enceinte d'un bon mur, & l'on ne pouvoit y entrer que par une seule porte gardée par un horrible Dragon, fils de Typhon & d'Echidna. Jason devoit mettre sous le joug deux Taureaux, présent de Vulcain, qui avoient les pieds & les cornes d'airain, & qui jetoient des tourbillons de feu & de flammes par la bouche & les narines ; les atteler à une charrue, leur faire labourer le champ de Mars, & y semer les dents du Dragon, qu'il falloit avoir tué auparavant. Des dents de ce Dragon semées devoient naître des hommes armés, qu'il falloit exterminer jusqu'au dernier, & que la Toison d'or seroit ainsi la récompense de sa victoire.

Jason apprit de son amante quatre moyens pour réussir. Elle lui donna un onguent dont il s'oignit tout le corps, pour se préserver contre le venin du Dragon, & le feu des Taureaux. Le second fut une composition somnifere qui assoupiroit le Dragon si-tôt que Jason la lui auroit jetée dans la gueule. Le troisieme une eau limpide pour éteindre le feu des Taureaux ; le quatrieme enfin une médaille, sur laquelle le Soleil & la Lune étoient représentés.

Dès le lendemain Jason muni de tout cela se présente devant le Dragon, lui jette la composition enchantée ; il s'assoupit, s'endort, devient enflé & creve. Jason lui coupe la tête, & lui arrache les dents. A peine a-t-il fini que les Taureaux viennent à lui, en faisant jaillir une pluie de feu. Il s'en garantit en leur jetant son eau limpide. Ils s'apprivoisent à l'instant ; Jason les saisit, les met sous le joug, laboure le champ, & y seme les dents du Dragon. Tout aussi-tôt il en voit sortir des combattans ; mais suivant toujours les bons conseils de Médée, il s'en éloigne un peu, leur jette une pierre qui les met en fureur; ils tournent leurs armes les uns contre les autres, & s'entretuent tous. Jason délivré de tous ces périls, court se saisir de la Toison d'or, revient victorieux à son vaisseau, & part avec Médée, pour retourner dans sa patrie.

Telle est en abrégé la narration d'Orphée, ou, si l'on veut, d'Onomacrite. M. l'Abbé Banier dit que l'Argonaute Orphée avoit écrit une relation de ce voyage en langue Phénicienne. Je ne vois pas sur quoi ce Mythologue fonde cette supposition. Orphée n'étoit pas Phénicien; il accompagnoit des Grecs, & il écrivoit pour des Grecs. Brochart lui aura sans doute fourni cette idée, parce qu'il prétendoit trouver l'explication de ces fictions dans l'étymologie des noms Phéniciens. Mais ce système ne peut avoir lieu à l'égard de l'expédition des Argonautes, dont tous les noms sont Grecs & non Phéniciens. Si Onomacrite a fait son Poëme Grec sur le Poëme Phénicien d'Orphée, & qu'il n'entendît pas cette dernière langue, comme le prétend M. l'Abbé Banier, Onomacrite aura-t-il pu suivre Orphée? Si l'on me présentoit un Poëme Chinois que je n'entendisse pas, pourrois-je le traduire ou l'imiter?

La relation d'Apollonius de Rhodes, & celle de Valerius Flaccus ne different gueres de celle d'Orphée; mais plusieurs Anciens y ont ajouté des circonstances qu'il est inutile de rapporter. Ceux qui ont lu ces Auteurs y ont vu que Médée, en se sauvant avec Jason, massacra son frere Abyrthe, le coupa en morceaux, & répandit ses membres sur la route, pour retarder les pas de son pere,

pere, & de ceux qui la poursuivoient; qu'étant arrivée dans le pays de Jason, elle rajeunit Eson, pere de son amant, & fit beaucoup d'autres prodiges. Ils y auront lu que Phryxus traversa l'Hellespont sur un Bélier, arriva à Colchos, y sacrifia ce Bélier à Mercure, & en suspendit la Toison, dorée par ce Dieu, dans la forêt de Mars; qu'enfin de tous ceux qui entreprirent de s'en emparer, Jason fut le seul à qui Médée prêta son secours, sans lequel on ne pouvoit réussir.

Avant d'entrer dans le détail des explications Hermétiques de cette fiction, voyons en peu de mots ce qu'en ont pensé quelques Savans accrédités. Le plus grand nombre l'a regardée comme la relation d'une expédition réelle, qui contribuoit beaucoup à éclaircir l'histoire d'un siecle, dont l'étude est accompagnée de difficultés sans nombre. M. le Clerc (a) l'a prise pour le récit d'un simple voyage de Marchands Grecs, qui entreprirent de trafiquer sur les côtes Orientales du Pont-Euxin. D'autres prétendent que Jason fut à Colchos pour revendiquer les richesses réelles que Phryxus y avoit emportées; d'autres enfin que c'est une allégorie. Plusieurs ont imaginé que cette prétendue Toison d'or devoit s'entendre de l'or des mines emporté par les torrens du pays de Colchos, que l'on ramassoit avec des toisons de Bélier; ce qui se pratique encore aujourd'hui en différens endroits. Strabon est de ce dernier sentiment. Mais Pline pense avec Varron que les belles laines de ce pays-là ont donné lieu à

(a) Bibliot. Univ. c. 21.

ce voyage, & aux fables que l'on en a faites. Paléphate, qui vouloit expliquer tout à sa fantaisie, a imaginé que sous l'emblême de la Toison d'or, on avoit voulu parler d'une belle statue de ce métal, que la mère de Pélops avoit fait faire, & que Phryxus avoit emportée avec lui dans la Colchide. Suidas croit que la Toison d'or étoit un livre de parchemin qui contenoit l'Art Hermétique, ou le secret de faire de l'or. Tollius a voulu, dit M. l'Abbé Banier, faire revivre cette opinion, & a été suivi par tous les Alchymistes. Il est vrai que Jacques Tollius dans son Traité *Fortuita*, a adopté ce sentiment; mais M. l'Abbé Banier, en disant que tous les Alchymistes pensent comme lui, donne une preuve bien convaincante qu'il n'a pas lu les ouvrages des Philosophes Hermétiques, qui regardent la fable de la Toison d'or, non pas comme Suidas & Tollius, mais comme une allégorie du grand œuvre, & de ce qui se passe dans le cours des opérations de cet Art. On en sera convaincu si l'on veut prendre la peine de lire les ouvrages de Nicolas Flamel, d'Augurelle, de d'Espagnet, de Philalethe, &c. Quelques Auteurs ont tenté de donner à cette fable un sens purement moral; mais ils ont échoué: d'autres enfin forcés par l'évidence ont avoué que c'étoit une allégorie faite pour expliquer les secrets de la Nature, & les opérations de l'Art Hermétique; Noël le Comte est de ce sentiment (*a*), quant à cette fiction, sans cependant l'admettre pour les autres. Eustathius

---

(*a*) Mythol. l. 6. c. 8.

parmi les Anciens l'explique de la même sorte dans des notes sur Denis le Géographe.

Examinons légérement ces différentes opinions, le Lecteur pourra juger ensuite quelle est la mieux fondée. Quelque différentes & extravagantes que soient, au moins en apparence, les relations des Auteurs, tant de l'allée que du retour des Argonautes, on prétend tirer de l'existence réelle de ces lieux qu'on leur fait parcourir une preuve de la réalité de cette expédition. De graves Historiens les ont en conséquence adoptées en tout ou en partie, tels qu'Hétacée de Milet, Timagete, Timée, &c. Strabon même, qui n'y ajoute pas foi, fait mention des monumens trouvés dans les lieux cités par les Poëtes. Mais ne sait-on pas qu'une fiction, un roman, n'ont de grace qu'autant que ce qu'ils mettent sur la scene approche du vrai ? Le vraisemblable les fait prendre pour des histoires ; sans cette qualité, on n'y verroit qu'une fable pure, aussi puérile & aussi insipide que les Contes des Fées. L'existence réelle des lieux de ces pays-là ne sauroit d'ailleurs former une preuve, pas même une présomption pour établir la réalité de cette histoire ; puisque Diodore de Sicile (a) assure positivement que la plupart des lieux de la Grece ont tiré leurs noms de la doctrine de Musée, d'Orphée, &c. Or la doctrine de ces Poëtes étoit celle qu'ils apprirent des Prêtres d'Egypte; & l'on a vu ci-devant que celles des Prêtres d'Egypte étoit la Philosophie d'Hermès, ou l'Art sacerdotal, appelé depuis l'Art Hermétique.

(a) Liv. 2, ch. 6.

Mais ce qui prouve clairement que l'histoire des Argonautes n'est pas véritable, c'est que le temps, les personnes & leurs actions, jointes aux circonstances qu'on en rapporte, ne sont point du tout conformes à la vérité. Si l'on fait attention au temps, il sera aisé de voir combien se sont trompés ceux qui ont voulu en déterminer l'époque. Les Savans ont trouvé un si grand embarras à ce sujet, qu'ils n'ont pu s'accorder entr'eux. Presque tous ont pris pour point fixe l'événement de la guerre de Troye, parce qu'Homere dans son Iliade nomme quelques-uns de ces guerriers, ou leurs fils, ou leurs petits-fils comme ayant assistés à cette seconde expédition. Mais pour avoir un pôle fixe, avec lequel on pût faire comparaison, il eût fallu que l'époque même de la guerre de Troye fût déterminée ; ce qui n'est pas, comme nous le démontrerons dans le sixieme livre. Ces deux époques étant donc aussi incertaines l'une que l'autre, elles ne peuvent se servir de preuves réciproques ; & tous les raisonnemens que nos Savans font en conséquence, tombent d'eux-mêmes. Toute l'érudition que l'on étale à ce sujet, n'est que de la poudre que l'on nous jette devant les yeux. Que Castor & Pollux, Philoctete, Euryalus, Nestor, Ascalaphus, Jalmenus & quelques autres soient supposés s'être trouvés aux deux expéditions, on prouveroit tout au plus par-là qu'elles ne furent pas beaucoup éloignées l'une de l'autre ; mais cela n'en détermineroit pas l'époque précise. Les uns, avec Eusebe, mettent entre ces deux événemens une distance de 96 ans ; les autres, avec

Scaliger, en comptent seulement 20; & M. l'abbé Banier, pour partager le différend, ne met qu'environ 35 ans.

Apollodore fait mourir Hercule 53 ans avant la guerre de Troye (a). Hérodote ne compte qu'environ 400 ans depuis Homere jusqu'à lui, & près de 500 depuis Hercule jusqu'à Homere, quoiqu'il ne mette qu'environ 160 ans d'intervalle entre ce dernier & le siége de Troye. Hercule, suivant Hérodote, seroit mort plus de 300 ans avant ce siége ; il faut donc en conclure qu'Hercule ayant été du nombre des Argonautes, cette expédition doit avoir précédé de 300 ans la prise de Troye. Mais, suivant ce calcul, comment quelques-uns des Argonautes, ou leurs fils auroient-ils pu se trouver à cette derniere expédition ? Hélene, qu'on dit en avoir été le sujet, eût été alors une beauté bien surannée, & peu capable d'être la récompense du jugement de Pâris. Cette difficulté a paru si difficile à lever, que quelques Anciens, pour se tirer d'embarras, ont imaginé qu'Hélene, comme fille de Jupiter, étoit immortelle. Tous les Argonautes étant fils de quelque Dieu, ou descendus d'eux, ne pouvoient-ils pas avoir eu le même privilege ? Hérodote parle à la vérité de ce siége de Troye ; mais les difficultés & les objections qu'il se fait à lui-même sur sa réalité, & les réponses qu'il y donne, prouvent assez qu'il ne le croyoit pas véritable. Nous discuterons tout cela dans le sixieme livre.

(a) Clem. d'Alex. Strom. l. I.

Une autre difficulté non moins difficile à résoudre, se présente dans Théſée & ſa mere Æthra. Théſée avoit enlevé Ariadne, & l'abandonna dans l'Iſle de Naxo, où Bacchus l'ayant épouſée, en eut Thoas, qui devint Roi de Lemnos & pere d'Hypſiphile, qui reçut Jaſon dans cette Iſle; Théſée eut donc pu alors avoir été l'ayeul d'Hypſiphile, Æthra ſa biſayeule. Comment celle-ci aura-t-elle pu ſe trouver eſclave d'Hélene dans le temps de la priſe de Troye? Il n'eſt pas poſſible d'accorder tous ces faits, en n'admettant même avec M. l'Abbé Banier que 35 ans de diſtance entre ces deux événemens.

Théſée avoit au moins 30 ans, lorſqu'il entreprit le voyage de l'Iſle de Crete, pour délivrer ſa patrie du tribut qu'elle payoit à Minos; puiſqu'il avoit déja fait preſque toutes les grandes actions qu'on lui attribue; & qu'il avoit été reconnu Roi d'Athenes. Æthra devoit par conſéquent en avoir au moins 45. Depuis ce voyage de Théſée juſqu'à celui des Argonautes, il doit s'être écoulé environ 40 ans; puiſque Thoas naquit d'Ariadne, devint grand, regna même dans l'Iſle de Lemnos, & eut entr'autres enfans Hypſiphile, qui regnoit dans cette Iſle, lorſque Jaſon y aborda. Les Auteurs diſent même que Jaſon racontoit à Hypſiphile l'hiſtoire de Théſée, comme une hiſtoire du vieux temps.

Nouvelle difficulté. Toute l'Antiquité convient que Théſée, âgé au moins de cinquante ans, & déja célebre par mille belles actions, ayant appris des nouvelles de la beauté d'Hélene, réſolut de l'enlever. Il falloit bien qu'elle fût nubile, puisque d'anciens Auteurs assurent que Thésée, après l'avoir enlevée, la laissa grosse entre les mains de sa mere Æthra; d'où elle fut ensuite retirée par ses freres Castor & Pollux. Ce fait doit avoir nécessairement précédé la conquête de la Toison d'or, à laquelle ces deux freres assisterent. Que nos Mythologues levent toutes ces difficultés, & tant d'autres qu'il seroit aisé de leur faire. Et quand même ils en viendroient à bout d'une maniere à satisfaire les esprits les plus difficiles, pourroient-ils se flatter d'avoir déterminé l'époque précise du voyage des Argonautes? Loin que M. l'Abbé Banier dans ses Mémoires présentés à l'Académie des Belles-Lettres, & dans sa Mythologie, ait touché le but à cet égard, il semble n'avoir écrit que pour rendre cet événement plus douteux.

Venons à la chose même. Peut-on regarder comme une histoire véritable, un événement qui ne semble avoir été imaginé que pour amuser des enfans? Persuadera-t-on à des gens sensés que l'on ait construit un vaisseau de chênes parlans; que des Taureaux jettent des tourbillons de feu par la bouche & les narines; que des dents d'un Dragon semées dans un champ labouré, il en naisse aussi-tôt des hommes armés qui s'entretuent pour une pierre jetée au milieu d'eux; enfin tant d'autres puérilités qui font sans exception toutes les circonstances de cette célebre expédition? Y en a-t-il une seule en effet qui ne soit marquée au coin de la Fable, & d'une Fable même assez mal concertée, & très-insipide, si l'on ne l'envisage pas dans un point de vue allégorique ? C'est sans doute ce qui a frappé ceux qui ont regardé cette relation comme une allégorie prise des mines qu'on supposoit être dans la Colchide. Ils ont approché plus près du vrai, & plus encore ceux qui l'ont interprétée d'un livre de parchemin qui contenoit la maniere de faire de l'or. Mais quel est l'homme qui pour un tel objet voulût s'exposer aux périls que Jason surmonta ? De quelle utilité pouvoient leur être les conseils de Médée, ses onguens, son eau, ses pharmaques enchantés, sa médaille du Soleil & de la Lune, &c ? Quel rapport avoient des Bœufs vomissant du feu, un Dragon gardien de la porte, des hommes armés qui sortent de terre, avec un livre écrit en parchemin, ou de l'or que l'on ramasse avec des toisons de Brebis ? Etoit-il donc nécessaire que Jason (qui signifie Médecin) fût élevé pour cela sous la discipline de Chiron ? Quelle relation auroit encore avec cela le rajeunissement d'Eson par Médée après cette conquête ?

Je sais que les Mythologues se sont efforcés de donner des explications à toutes ces circonstances. On a expliqué le char de Médée traîné par deux Dragons, d'un vaisseau appelé Dragon ; & quand on n'a pu réussir à y donner un sens même forcé, on a cru avoir tranché le nœud de la difficulté en disant avec M. l'Abbé Banier (a) : *C'est encore ici une fiction dénuée de tout fondement.* Ressource heureuse ! pouvoit-on en imaginer une plus propre à faire disparoître tout ce qui se trouve d'em-

_____
(a) Mythol. T. III. p. 255.

barraſſant pour un Mythologue ? Mais eſt-elle capable de contenter un homme ſenſé, qui doit naturellement penſer que les Auteurs de ces fictions avoient ſans doute leurs raiſons pour y introduire toutes ces circonſtances ? Preſque toutes les explications données par les Mythologues, ou ne portent ſur rien, ou ſont imaginées pour éluder les difficultés.

Il eſt donc évident qu'on doit regarder la relation de la conquête de la Toiſon d'or comme une allégorie. Examinons chaque choſe en particulier. Quel fut Jaſon ? ſon nom, ſon éducation, & ſes actions l'annoncent aſſez. Son nom ſignifie Médecin, ἀπὸ τοῦ ἰᾶσθαι, & ἴασις guériſon. On le mit ſous la diſcipline de Chiron, le même qui prit ſoin auſſi de l'éducation d'Hercule & d'Achille, deux Héros, dont l'un ſe montra invincible à la guerre de Troye, & l'autre fait pour délivrer la terre des monſtres qui l'infeſtoient. Ainſi Jaſon eut deux maîtres, Chiron & Médée. Le premier lui donna les premieres inſtructions & la théorie ; le ſecond le guida dans la pratique par ſes conſeils aſſidus. Sans leur ſecours un Artiſte ne réuſſiroit jamais, & tomberoit d'erreurs en erreurs. Le détail que Bernard Trévisan, & Denis Zachaire (*a*) font des leurs, ſeroit capable de faire perdre à un Artiſte l'eſpérance de parvenir à la fin de la pratique de cet Art, s'ils ne donnoient en même temps les avertiſſemens néceſſaires pour les éviter.

Jaſon étoit de la race des Dieux. Mais com-

(*a*) Philoſ. des Métaux. Opuſcule.

ment a-t-il pu être élevé par Chiron, si Saturne, pere de celui-ci, & Phyllire sa mere n'ont jamais existé en personne? On dit que Médée, épouse de Jason, étoit petite-fille du Soleil & de l'Océan, & fille d'Ætes, frere de Pasiphaé, & de Circé l'enchanteresse. Avouons que de tels parens convenoient parfaitement à Jason, pour toutes les circonstances des événemens de sa vie. Tout chez lui tient du divin, jusqu'aux compagnons mêmes de son voyage.

Il y a de plus bien des choses à observer dans cette fiction. La Navire Argo fut construite, selon quelques-uns, sur le Mont-Pélion, des chênes parlans de la forêt de Dodone; au moins y en mit-on un, soit pour servir de mât, soit à la poupe ou à la proue. Pallas ou la Sagesse présida à sa construction. Orphée en fut désigné le Pilote, avec Typhis & Ancée, suivant quelques Auteurs. Les Argonautes porterent ce Navire sur leurs épaules pendant douze jours à travers les déserts de la Libye. Jason s'étant mis à l'abri de la Navire Argo, qui tomboit de vétusté, fut écrasé, & périt sous ses ruines. La Navire enfin fut mise au rang des Astres.

Toutes ces choses indiquent évidemment qu'Orphée en fut le constructeur & le Pilote; c'est-à-dire, que ce Poëte se déclare lui-même pour Auteur de cette fiction, & qu'il plaça la Navire au rang des Astres, afin de mieux en conserver la mémoire à la postérité. S'il la gouverna au son de sa lyre, c'étoit pour donner à entendre qu'il en composa l'histoire en vers que l'on chantoit. Il la construisit suivant les conseils de Pallas, parce que Minerve ou Pallas étoit regardée comme la Déesse des Sciences ; & qu'il ne faut point, comme on dit, se mettre en tête de vouloir rimer malgré Minerve. Le chêne qu'on employa à la construction de ce Navire, est le même que celui contre lequel Cadmus tua le serpent qui avoit dévoré ses compagnons ; c'est ce chêne creux, au pied duquel étoit planté le rosier d'Abraham Juif, dont parle Flamel (*a*) ; le même encore, qui environnoit la fontaine de Trévisan (*b*), & celui dont d'Espagnet fait mention au 114ᵉ. Canon de son Traité. Il faut donc que ce tronc de chêne soit creux ; ce qui lui a fait donner le nom de Vaisseau. On a feint aussi que Typhis fût un des Pilotes, parce que le feu est le conducteur de l'œuvre ; car τυφω, *fumum excito in flammo*. On lui donna Ancée pour adjoint, afin d'indiquer que le feu doit être le même que celui d'une poule qui couve, comme le disent les Philosophes ; car Ancée vient d'αλκαι, *ulna*.

Suivons à présent Jason dans son expédition.

―――――――――

(*a*) Au cinquieme feuillet, il y avoit un beau rosier fleuri au milieu d'un beau jardin, appuyé contre un *chêne creux* ; au pied desquels bouillonnoit une fontaine d'eau très-blanche, qui s'alloit précipiter dans des abîmes. *Explicat. des Hiérogl.*

(*b*) Une nuit advint que je devois étudier pour le lendemain disputer ; je trouvai une petite fontenelle, belle & claire, toute environnée d'une belle pierre. Et cette pierre-là étoit au dessus d'un vieux *chêne creux*. Voilà la fontaine de Cadmus, & le chêne creux contre lequel il perça le Dragon. *Philos. des Métaux*, 4. *part.*

Il aborde premierement à Lemnos, & pourquoi ? pour se rendre, dit-on, Vulcain favorable. Quel rapport & quelle relation a le Dieu du feu avec Neptune Dieu de la mer ? Si le Poëte avoit voulu nous faire entendre que la relation qu'il nous donnoit étoit en effet celle d'une expédition de mer, seroit-il tombé dans une méprise si grossiere. Il n'ignoroit pas sans doute que c'étoit au Dieu des eaux qu'il falloit adresser ses vœux. Mais c'étoit Vulcain qu'il étoit nécessaire de se rendre favorable, parce que le feu est absolument requis ; & quel feu ? un feu de corruption & de putréfaction. Les Argonautes en reconnurent les effets à Lemnos ; ils y trouverent des femmes qui exhaloient une odeur puante & insupportable. Telle est celle de la matiere Philosophique, lorsqu'elle est tombée en putréfaction. Toute putréfaction étant occasionnée par l'humidité & le feu interne qui agit sur elle, on ne pouvoit mieux la signifier que par les femmes, qui dans le style Hermétique en sont le symbole ordinaire. Morien dit (a) que l'odeur de la matiere est semblable à celle des cadavres ; & quelques Philosophes ont donné à la matiere dans cét état le nom d'*Assa fœtida*. Le massacre que ces femmes avoient fait de leurs maris, signifie la dissolution du fixe par l'action du volatil communément désigné par des femmes. La volatilisation est indiquée plus particulierement dans cette circonstance du voyage des Argonautes, par Thoas pere d'Hypsiphile, qui vient de *Θοὸς, céler*,

---

(a) Entretien du Roi Calid.

ÉGYPTIENNES ET GRECQUES. 461

θυάζω, *celeriter moveo*. Et par sa fille dont le nom signifie, qui aime les hauteurs. C'est ainsi que M. l'Abbé Banier & plusieurs autres la nomment toujours, quoiqu'Homere (*a*) & Apollonius (*b*) l'appellent Hypsiphile ὑψιπύλη. Ce qui convient aussi à la partie volatile de la matiere, qui s'éleve jusqu'à l'entrée où l'embouchure du vase scellé, & fermée comme une porte murée & bien close.

Les Argonautes se plaisoient dans cette Isle, & sembloient avoir oublié le motif de leur voyage, lorsqu'Hercule les réveilla de cet assoupissement, & les détermina à quitter ce séjour (*c*). A peine eurent-ils quitté le rivage, que les Tyrrhéniens leur livrerent un combat sanglant, où tous furent blessés, & Glaucus disparut. C'est le combat du volatil & du fixe, auquel succede la noirceur qui a été précédée de la couleur bleue. Aussi Apollonius ajoute-t-il, v. 922.

Illinc profunda nigri pelagi remis transmiserunt.
Ut hac Thracum tellurem, hac contrariam
Haberent superius imbrium.

Et comme les Philosophes donnent aussi les noms de *nuit*, *ténebres* à cette noirceur, le même Auteur continue :

. . . . *At sole commodum*
Occaso devenerunt ad procurrentem peninsulam.

(*a*) Iliad. l. 7. v. 469.
(*b*) Argonaut. l. 1. v. 637.
(*c*) Apoll. ibid. v. 864.

Les Argonautes ayant abordé en une certaine Ifle, ils dreſſerent un Autel de petites pierres (a) en l'honneur de la mere des Dieux ou Cybele Dindymene, c'eſt-à-dire, la Terre. Titye & Mercure qui ſeuls avoient ſecouru & favoriſé nos Héros, ne furent pas oubliés. Ce n'étoit pas ſans raiſon. Lorſque la matiere commence à ſe fixer, elle ſe change en terre, qui devient la mere des Dieux Hermétiques. Dans l'état de noirceur, c'eſt Saturne le premier de tous. Cybele ou Rhée ſon épouſe eſt cette premiere terre Philoſophique, qui devient mere de Jupiter ou de la couleur griſe que cette terre prend. Titye étoit ce Géant célebre, fils de Jupiter & de la Nymphe Elate, que Jupiter cacha dans la terre pour la ſouſtraire au courroux de Junon. Homere dit Titye fils de la Terre même:

Et Tityum vidi, terræ glorioſæ filium,
Proſtratum in ſolo.

Odyſſ. l. 11. v. 575.

Comme le volume de la terre Philoſophique augmente toujours à meſure que l'eau ſe coagule & ſe fixe, les Poëtes ont feint que ce Titye alloit toujours en croiſſant, de maniere qu'il devint d'une grandeur énorme. Il voulut, dit-on, attenter à l'honneur de Latone, mere d'Apollon & de Diane, qui le tuerent à coup de fleches. C'eſt-à-dire, que cette terre Philoſophique, qui n'eſt pas encore abſolument fixée, & qui eſt dé-

(a) *Ibid.* v. 1123. & ſuiv.

signée par Latone, comme nous le verrons dans le Livre suivant, devient fixe, lorsque la blancheur, appelée Diane ou la Lune des Philosophes, & la rougeur ou Apollon paroissent. Quant aux honneurs rendus à Mercure, on en sait la raison, puisqu'il est un des principaux agens de l'œuvre. Apollonius ne met que ces trois comme les seuls protecteurs & les seuls guides des Argonautes (a) : en effet, il n'y a que ces trois choses, la Terre, le fils de cette Terre, & l'eau ou Mercure dans cette circonstance de l'œuvre.

Après que nos Héros eurent parcouru les côtes de la petite Mysie & de la Troade, ils s'arrêtèrent en Bebrycie, où Pollux tua Amycus qui l'avoit défié au combat du ceste ; c'est-à-dire, que la matiere commença à se fixer après sa volatilisation désignée par le combat. Elle est encore plus particulierement indiquée par les Harpies, qui avoient des mains crochues & des ailes d'airain, chassée par Calaïs & Zetès fils de Borée ; car les Philosophes donnent le nom d'*airain* où *laton* ou *leton* à leur matiere dans cet état : *Dealbate latonem & rumpite libros, ne corda vestra disrumpantur* (b). Les Argonautes ayant quitté la Bebrycie, aborderent dans le pays où Phinée, fils d'Agénor, devin & aveugle, étoit molesté sans cesse par ces Harpies. Elles enlevoient

---

(a) *Prætereaque Tityam & Cyllenum,*
Qui soli de multis duces cohortis & assessores
Matris Idææ audierunt.

Lib. I. v. 1125.

(b) Morien & presque tous les Adeptes.

les viandes qu'on lui fervoit, & infectoient celles qu'elles laiffoient. Volátilifer, c'eft enlever, Calaïs, qui eft le nom d'une pierre, & Zetès les chafferent & les confinerent dans l'Ifle Plote, c'eft-à-dire, qui flotte ou qui nage, parce que la matiere, en fe coagulant, forme une Ifle flottante, comme celle de Délos, où Latone accoucha de Diane. Les deux fils de Borée font exprimés dans Bafile Valentin en ces termes (a) : « Deux vents doivent alors fouffler fur la matiere, l'un appelé Vulturnus, ou vent d'Orient, l'autre Notus, ou vent du Midi. Ces vents doivent donc fouffler fans relâche, jufqu'à ce que l'air foit devenu eau; alors ayez confiance, & comptez que le fpirituel deviendra corporel, c'eft-à-dire, que les parties volatiles fe fixeront. » Tous les noms donnés aux Harpies expriment quelque chofe de volatil & de ténébreux; fuivant Brochart, *Occipete*, qui vole; *Celeno*, obfcurité, nuage; *Aello*, tempête; d'où il a conclu qu'elles ne fignifioient que des fauterelles. Elles étoient filles de Neptune & de la Terre; c'eft-à-dire, de la terre & de l'eau mercurielle des Philofophes. On dit les Harpies fœurs d'Iris, & l'on a raifon ; puifqu'Iris n'eft autre que les couleurs de l'arc-en-ciel, qui paroiffent fur la matiere après fa putréfaction, & quand elle commence à fe volatilifer.

Suivant Apollonius, Phinée étoit fils d'Agenor, & faifoit fon féjour fur une côte oppofée à la Bithynie. M. l'Abbé Banier le dit fils de

---

(a) 12 Clefs, Cl. 6.

Phœnix;

Phœnix] Roi de Salmidesse, sans nous apprendre d'où descendoit ce Phœnix. Il seroit assez difficile que Phinée eût vécu jusqu'au temps des Argonautes, & même qu'il se fût trouvé en Thrace; car il devoit s'être écoulé deux siecles, selon le calcul même de M. l'Abbé Banier, depuis Agenor jusqu'à la guerre de Troye; par conséquent, selon lui, Phinée auroit eu alors au moins 165 ans. Si on le dit petit-fils d'Agenor par Phœnix, ce Mythologue ne sera pas moins embarrassé; puisqu'il dit (*a*), d'après Hygin (*b*), que Phœnix s'établit en Afrique, lorsqu'il cherchoit sa sœur Europe. Phinée étoit aveugle; ce qui a été ajouté pour marquer la noirceur appelée *nuit* & *ténébres*, puisqu'il est toujours nuit pour un aveugle. Les Harpies ne le tourmenterent qu'après que Neptune lui eut ôté la vue; c'est-à-dire, que l'eau mercurielle eut occasionné la putréfaction. Ces monstres, symboles des parties volatiles, avoient des ailes & une figure de femme, pour marquer leur légereté, puisque, suivant un Ancien,

Quid levius fumo ? flamen. Quid flamine ? ventus.
Quid vento ? mulier. Quid muliere ? nihil.

Quand on dit que Phinée étoit devin, c'est que la noirceur étant la clef de l'œuvre, elle annonce la réussite à l'Artiste, qui sachant la théorie du reste des opérations, voit tout ce qui arrivera dans la suite.

(*a*) T. III. p. 67.   (*b*) Fab. 178.
I. Partie.   Gg

Pour convaincre le Lecteur de la justesse & de la vérité des explications que je viens de donner, il suffit de lui mettre devant les yeux ce que dit Flamel à ce sujet (*a*) ; il y verra ces Harpies sous le nom de Dragons ailés ; l'infection & la puanteur qu'elles produisoient sur les mets de Phinée, & enfin leur fuite. Il pourra en faire la comparaison avec les portraits que Virgile (*b*) & Ovide (*c*) en font ; il en conclura que le nom de Dragon leur convient parfaitement.

« La cause pourquoi j'ai peint ces deux sper-
» mes en forme de Dragon, dit Flamel, c'est
» parce que leur puanteur est très-grande, comme
» est celle des Dragons, & les exhalaisons qui
» montent dans le matras sont obscures, noires,
» bleues, jaunâtres, ainsi que sont ces Dragons
» peints : la force desquels & des corps dissous
» est si venimeuse, que véritablement il n'y a
» point au monde de plus grand venin ; car il
» est capable par sa force & sa puanteur de faire
» mourir & tuer toute chose vivante. Le Philo-
» sophe ne sent jamais cette puanteur, s'il ne

(*a*) Explicat. de ses fig. ch. 4.
(*b*) Virginei volucrum vultus, fœdissima ventris
    Proluvies, uncæque manus, & pallida semper
    Ora fame.
                             Æn. l. 3.
(*c*) Grande caput, stantes oculi, rostra apta rapinis,
    Canicies pennis, unguibus humus inest.
    Nocte volant, puerosque petunt nutricis egentes,
    Et vitiant cunis corpora rapta suis.
                             Fast. l. 6.

» cassé ses vaisseaux; mais seulement il la juge
» telle par la vue & le changement des cou-
» leurs qui proviennent de la pourriture de ses
» confections.

» Au même temps la matiere se dissout, se
» corrompt, noircit & conçoit pour engendrer;
» parce que toute corruption est génération, &
» l'on doit toujours souhaiter cette noirceur. Elle
» est aussi ce voile noir, avec lequel la Navire
» de Thésée revint victorieuse de Crète, qui fut
» cause de la mort de son pere. Aussi faut-il que
» le pere meure, afin que des cendres de ce Phœ-
» nix, il en renaisse un autre, & que le fils soit
» Roi.

» Certes qui ne voit cette noirceur au com-
» mencement de ses opérations, durant les jours
» de la pierre! quelle autre couleur qu'il voie,
» il manque entierement au magistere, & ne le
» peut plus parfaire avec ce chaos. Car il ne
» travaille pas bien, ne putréfiant point, d'au-
» tant que si l'on ne pourrit, on ne corrompt ni
» n'engendre point: & véritablement je te dis
» derechief, que quand même tu travaillerois
» sur les vraies matieres; si au commencement,
» après avoir mis les confections dans l'œuf Phi-
» losophique, c'est-à-dire, quelque temps après
» que le feu les a irritées, tu ne vois cette *tête*
» *de corbeau* noire du noir très-noir, il te faut
» recommencer. Que donc ceux qui n'auront
» point ce *présage* essentiel se retirent de bonne
» heure des opérations, afin qu'ils évitent une
» perte assurée.... Quelque temps après, l'eau
» commence à s'engrossir & coaguler davantage;

» venant comme de la poix très-noire ; & enfin
» vient corps & terre, que les envieux ont ap-
» pelée *terre fétide & puante*. Car alors, à cause
» de la parfaite putréfaction qui est aussi na-
» turelle que toute autre, cette terre est puante,
» & donne une odeur semblable au relent des
» sépulcres remplis de pourritures & d'osse-
» mens encore chargés d'humeur naturelle. Cette
» terre a été appelée par Hermès *la terre des*
» *feuilles* ; néanmoins son plus propre & vrai
» nom est le *laton* ou *laiton* qu'on doit puis après
» blanchir. Les anciens sages Cabalistes l'ont
» décrite dans les métamorphoses sous différen-
» tes histoires, entr'autres sous celle du serpent
» de Mars qui avoit dévoré les compagnons de
» Cadmus, lequel le tua en le perçant de sa
» lance contre un chêne creux. » *Remarque ce*
chêne.

On ne peut donc avoir un plus heureux présage
dans les quarante premiers jours, que cette noirceur ou Phinée aveugle ; c'est-à-dire, la matiere
qui dans la premiere œuvre avoit acquis la couleur rouge, & tant de splendeur & d'éclat, qu'elle
avoit mérité les noms de Phœnix & de Soleil,
se trouve dans le commencement du second,
obscurci, éclipsé, & sans lumiere ; ce qui ne
pouvoit être guères mieux exprimé que par la
perte de la vue. Phinée avoit, dit-on, reçu le
don de prophétie d'Apollon ; parce que Phinée
étoit lui-même l'Apollon des Philosophes dans
le premier œuvre, ou la premiere préparation.
Flamel dit positivement que ce que je viens de
rapporter de lui doit s'entendre de la seconde

opération. « Je te peins donc ici deux corps,
» un de mâle & l'autre de femelle, continue-
» t-il au commencement du chapitre V, pour
» t'enseigner qu'en cette *seconde opération* tu as
» véritablement, mais non pas encore parfaite-
» ment deux natures conjointes & mariées, la
» masculine & la féminine, ou plutôt les quatre
» élémens. »

Orphée, ou l'inventeur de cette relation du voyage des Argonautes, étant au fait de l'œuvre, il ne lui fut pas difficile de leur faire dire par Phinée la route qu'ils devoient tenir, & ce qu'ils devoient faire dans la suite ; aussi le sage & prudent Pilote Orphée les conduit-il au son de sa guitare, & leur dit ce qu'il faut faire pour se garantir des dangers dont ils sont menacés par les Syrtes, les Syrenes, Scylla, Carybde, les Roches Cyanées, & tous les autres écueils. Ces deux derniers sont deux amas de rochers à l'entrée du Pont-Euxin, d'une figure irréguliere, dont une partie est du côté de l'Asie, l'autre de l'Europe ; & qui ne laissent entr'eux, selon Strabon (a), qu'un espace de vingt stades. Les Anciens disoient que ces rochers étoient mobiles, & qu'ils se rapprochoient pour engloutir les vaisseaux, ce qui leur fit donner le nom de *Symplegades*, qui signifie, qu'ils s'entrechoquoient.

Ces deux écueils avoient de quoi étonner nos Héros ; le portrait que leur en avoit fait Phinée, eût été capable de les intimider, s'il ne leur avoit en même temps appris comment ils devoient

(a) Liv. 7.

s'en tirer. C'étoit de lâcher une colombe de ce côté-là, & si elle voloit au-delà, ils n'avoient qu'à continuer leur route, sinon ils devoient prendre le parti de s'en retourner.

On ne peut que trop louer l'inventeur de cette fiction, de l'attention qu'il a eue de ne pas omettre presqu'une seule circonstance remarquable de ce qui se passe dans le progrès des opérations. Lorsque la couleur noire commence à s'éclaircir, la matiere se revêt d'une couleur bleue foncée, qui participe du noir & du bleu; ces deux couleurs, quoique distinctes entr'elles, semblent cependant à une certaine distance n'en former qu'une violette. C'est pourquoi Flamel dit (a); « J'ai fait peindre le champ où sont
» ces deux figures azuré & bleu, pour montrer
» que la matiere ne fait que commencer à sortir
» de la noirceur très-noire. Car l'azuré & bleu
» est une des premieres couleurs que nous laisse
» voir l'obscure femme, c'est-à-dire, l'humi-
» dité cédant un peu à la chaleur & à la sé-
» cheresse. Quand la sécheresse dominera, tout
» sera blanc. » Peut-on ne pas voir dans cette description les roches Cyanées, puisqu'on sait que leur nom même de Κυάνεος, ou Κυάνος, veut dire une couleur bleue noirâtre. Il falloit avant de les traverser y faire passer une colombe par dessus; c'est-à-dire, volatiliser la matiere; c'étoit l'unique moyen, parce qu'on ne peut réussir sans cela.

Au-delà des roches Cyanées nos Héros de-

(a) Loc. cit.

voient laisser à droite la Bithynie, toucher seulement à l'Isle Thyérée, & aborder chez les Mariandiniens. Les tombeaux des Paphlagoniens, sur lesquels Pélops avoit regné autrefois, & dont ils se flattent d'être descendus, ne sont pas loin de là, leur dit Phinée (*a*). Il avoit raison ; puisque la matiere ne fait alors que quitter la couleur noire, désignée là par Pélops de πελὸς, *niger*, & d'ὢψ, *oculus*. C'est aussi de cette couleur qui vient de la putréfaction, que les Philosophes ont pris occasion, dit Flamel, de faire leurs allégories des tombeaux, & de lui en donner le nom. A l'opposite vers la grande Ourse s'élevoit dans la mer une montagne nommée Carambim, au dessus de laquelle l'Aquilon excitoit des orages.

Abraham Juif a employé ce symbole pour signifier la même chose ; on le trouve dans ses figures hiéroglyphiques, rapportées par Flamel :
» (*b*) A l'autre côté du quatrieme feuillet, étoit
» une belle fleur au sommet d'une montagne
» très-haute, que l'Aquilon ébranloit fort rude-
» ment. Elle avoit la tige bleue, les fleurs blan-
» ches & rouges, les feuilles reluisantes comme
» l'or fin, à l'entour de laquelle les Dragons &
» Griffons Aquiloniens faisoient leur nid & leur
» demeure. » Non loin de là, continue Apollonius, le petit fleuve Iris roule ses eaux *argentées*, & va se jeter dans la mer. Après avoir passé l'embouchure du Termodon, les terres

---

(*a*) Apoll. Argon. l. 2. v. 356.
(*b*) Explic. des fig. Avant-propos.

des Calybes, qui sont tous ouvriers en fer, & le promontoire de Jupiter l'hospitalier, vous descendrez dans une Isle inhabitée, de laquelle vous chasserez tous les oiseaux qui y sont en grand nombre. Vous y trouverez un Temple que les Amazones Otrera & Antiope ont fait construire en l'honneur de Mars, après leur expédition. N'y manquez pas, je vous en conjure; car on vous y présentera de la mer une chose d'une valeur inexprimable. De l'autre côté habitent les Philyres, au dessus les Macrones, puis les Byzeres, & enfin vous arriverez en Colchide. Vous y passerez par le territoire Cytaïque, qui s'étend jusqu'à la montagne de l'Amarante, ensuite par les terres qu'arrose le Phasis, de l'embouchure duquel vous appercevez le palais d'Æetes, & la forêt de Mars, où la Toison d'or est suspendue.

Voilà toute la route que leur prescrit Phinée, & ce n'est pas à tort qu'il les assure n'avoir rien oublié (a). Après la couleur noire vient la grise, à laquelle succede la blanche ou l'argent, la Lune des Philosophes; Phinée l'indique par les eaux argentées du petit fleuve Iris; il en marque la qualité ignée par le fleuve Thermodon. Après la blanche vient la couleur de rouille de fer, que les Philosophes appellent Mars. Phinée la désigne par la demeure des Calybes ouvriers en fer, par l'Isle & le Temple de Mars élevé par les Amazones Otrera & Antiope, c'est-à-dire, par l'action des parties volatiles sur le fixe, que l'on

---

(a) Apollonius, l. 2. v. 392.

doit reconnoître au terme d'*expédition* qui avoit précédé. Il falloit chasser de cette Isle tous les oiseaux, c'est-à-dire, qu'il faut fixer tout ce qui est volatil ; car lorsque la matiere a acquis la couleur de rouille, elle est absolument fixe, & il ne lui manque plus que de se fortifier en couleur ; c'est pourquoi Phinée dit qu'ils passeront par le territoire Cytaïque, ou de couleur de la fleur de grenade, qui conduit au Mont-Amaranthe. On sait que l'amaranthe est une fleur de couleur de pourpre, & qui est une espece d'immortelle. C'est la couleur qui indique la perfection de la pierre ou du soufre des Philosophes. Toutes ces couleurs sont annoncées en peu de mots par d'Espagnet (a) : « On doit, dit-il, chercher & né-
» cessairement trouver trois sortes de très-belles
» fleurs dans le Jardin des Sages. Des violettes,
» des lys & des amaranthes immortelles de cou-
» leur de pourpre. Les violettes se trouvent dès
» l'entrée. Le fleuve doré qui les arrose, leur fait
» prendre une couleur de saphir ; l'industrie &
» le travail font ensuite trouver le lys, auquel
» succede insensiblement l'amaranthe. » Ne reconnoît-on pas dans ce peu de mots tout ce voyage des Argonautes ? Que leur restoit-il de plus à faire ? Il falloit entrer dans le fleuve Phasis, ou qui porte de l'or. Ils y entrerent en effet ; les fils de Phryxus accueillirent parfaitement nos Héros ; Jason fut conduit à Ætès, fils du Soleil, qui avoit épousé la fille de l'Océan, de laquelle il avoit eu Médée. Le fils du Soleil est donc le possesseur de ce trésor, & sa petite fille fournit les moyens de

(a) Can. 53.

l'acquérir; c'est-à-dire, que la préparation parfaite des principes matériels de l'œuvre est achevée; & que l'Artiste est parvenu à la génération du fils du Soleil des Philosophes. Mais il y a trois travaux pour achever l'œuvre en entier; le premier est représenté par le voyage des Argonautes en Colchide; le second par ce que Jason y fit pour s'emparer de la Toison d'or, & le troisieme par leur retour dans leur patrie.

Nous avons expliqué le premier assez au long pour donner une idée des autres; c'est pourquoi nous serons plus courts sur les deux suivans.

Une infinité d'obstacles & de périls se présentent sur les pas de Jason. Un Dragon de la grandeur d'un navire à cinquante rames est le gardien de la Toison d'or; il faut le vaincre; & qui oseroit l'entreprendre sans la protection de Pallas & l'art de Médée? C'est ce Dragon dont parlent tant de Philosophes, & desquels il suffit de rapporter seulement quelques textes. « Il faut, dit
» Raymond Lulle (a), extraire de ces trois cho-
» ses, le grand Dragon, qui est le commence-
» ment radical & principal de l'altération per-
» manente. » Et plus bas (chap. 10.) « Par cette
» raison il faut dire allégoriquement que ce grand
» Dragon est sorti des quatre élémens. (chap. 9.)
» Le grand Dragon est rectifié dans cette liqueur.
» (chap. 52.) Le Dragon habite dans toutes cho-
» ses; c'est-à-dire, le feu dans lequel est notre
» pierre aérienne. Cette propriété se trouve dans
» tous les individus du monde. (chap. 54.) Le

(a) Théor. ch. 6.

» feu contre nature est renfermé dans le mens-
» true fétide, qui transmue notre pierre en un
» certain Dragon venimeux, vigoureux & vo-
» race, qui engrosse sa propre mere.

Il est peu de Philosophes qui n'emploient l'allégorie du Dragon: on en trouvera des preuves plus que suffisantes dans tout cet ouvrage. Ce Dragon étant un feu, suivant l'expression de Raymond Lulle, il n'est pas surprenant qu'on ait feint que celui de la Toison d'or en jetoit par la bouche & les narines. On ne peut réussir à le tuer, qu'en lui jetant dans la gueule une composition narcotique & somnifere; c'est-à-dire, qu'on ne peut parvenir à la putréfaction de la matiere fixée, que par le secours & l'action de l'eau mercurielle, qui semblent l'éteindre en la dissolvant. Ce n'est que par ce moyen qu'on peut lui arracher les dents, c'est-à-dire, la semence de l'or Philosophique, qui doit être ensuite semée.

Chaque opération n'étant qu'une répétition de celle qui l'a précédée, quant à ce qui se manifeste dans le progrès, il est aisé d'expliquer l'une quand on a l'intelligence de l'autre. Celle-ci commence donc, comme la précédente, par la putréfaction ; le genre de mort de ce Dragon, & les accidens qui l'accompagnent sont exprimés dans le Testament d'Arnaud de Villeneuve (*a*). D'Espagnet

---

(*a*) Lapis Philosophorum de terra scaturiens, in igne perficitur ; exaltatur limpidissimæ aquæ potu satiatus, sopitur & ad minus horis duodecim undique visibiliter tumescit. Deinde in furno aëris mediocriter calidi decoquitur, quousque in pulverem redigi, & sit aptus contritioni. Quibus peractis lac virgineum ex-

dit (a) aussi qu'on ne peut venir à bout du Dragon Philosophique qu'en le baignant dans l'eau. C'est cette eau limpide que Médée donna à Jason.

Mais ce n'est pas assez d'avoir tué le Dragon ; des Taureaux se présentent aussi en vomissant du feu ; il faut les dompter par le même moyen, & les mettre sous le joug. J'ai assez expliqué dans le chapitre d'Apis ce qu'on doit entendre par les Taureaux c'est-à-dire, la véritable matiere primordiale de l'œuvre ; c'est avec ces animaux qu'il faut labourer le champ Philosophique, & y jeter la semence préparée qui y convient. Jason usa du même stratagême pour venir à bout du Dragon & des Taureaux; mais le principal moyen qu'il employa fut de se munir de la médaille du Soleil & de la Lune. Avec ce pantacule, on est sûr de réussir. C'est dans les opérations précédentes qu'on le trouve ; & il n'est rien dont les Philosophes fassent plus de mention que de ces deux luminaires.

A peine les dents du Dragon sont-elles en terre, qu'il en sort des hommes armés qui s'entretuent. C'est-à-dire, qu'aussi-tôt que la semence aurifique est mise sur sa terre, les natures fixes & volatiles agissent l'une sur l'autre ; il se fait une fermentation occasionnée par la matiere fixée en pierre ; le combat s'engage ; les vapeurs montent & descendent, jusqu'à ce que tout se préci-

primitur ex purissimis ejus partibus ; quod protinus in ovum Philosophorum positum tandiu ab igne variatur, dum varii colores cessent in candore fixo ; & tandem purpureo diademate infans coronetur.

(a) Can. 50.

pite, & qu'il en résulte une substance fixe & permanente, dont la possession procure celle de la Toison d'or. Virgile parle de ces Taureaux (a) en ces termes:

> *Hac loca non Tauri spirantes naribus ignem*
> *Invertere, satis immanis dentibus hydri,*
> *Nec galeis, densisque virûm, seges horruit hastis.*

Les uns disent que cette Toison étoit blanche, les autres de couleur de pourpre; mais la Fable nous apprend qu'elle avoit été dorée par Mercure, avant qu'elle fût suspendue dans la forêt de Mars. Elle avoit par conséquent passé de la couleur blanche à la jaune, puis à la couleur de rouille, & enfin à la couleur de pourpre. Mercure l'avoit dorée, puisque la couleur citrine qui se trouve intermédiaire entre la blanche & la rouillée, est un effet du mercure.

Il est à propos de faire remarquer avec Apollonius (b), que Médée & Ariadne, l'une & l'autre petites-filles du Soleil, fournissent à Thésée & à Jason les moyens de vaincre les monstres contre lesquels ils veulent combattre. La ressemblance qui se trouve entre les expéditions de ces deux Princes, prouve bien que ces deux fictions furent imaginées en vue du même objet. Ils s'embarquent tous deux avec quelques compagnons; Thésée arrivé trouve un monstre à combattre, le Minotaure; Jason a aussi des

(a) Georg. 2.
(b) Argonaut. l. 3. v. 996.

Taureaux à vaincre. Théfée, pour parvenir au Minotaure, eſt obligé de paſſer par tous les détours d'un labyrinthe toujours en danger d'y périr; Jaſon a une route à faire non moins difficile, à travers des écueils & des ennemis. Ariadne ſe prend d'amour pour Théfée, & contre les intérêts de ſon propre pere, fournit à ſon amant les moyens de ſortir victorieux des dangers auxquels il doit s'expoſer; Médée ſe trouve dans le même cas, & dans une ſemblable circonſtance; elle procure à Jaſon tout ce qu'il lui faut pour vaincre; Ariadne quitte ſon pere, ſa patrie, & s'enfuit avec Théfée, qui l'abandonne enſuite dans l'Iſle de Naxo, pour épouſer Phédre; dont il eut Hippolyte & Démophoon; après avoir eu, ſelon quelques Auteurs, Œnopion & Staphilus d'Ariadne. Médée ſe ſauve auſſi avec Jaſon, qui en ayant eu deux enfans, la laiſſa pour prendre Créuſe. Les enfans des uns & des autres périrent miſérablement comme leurs meres; Théfée mourut précipité du haut d'un rocher dans la mer; Jaſon périt ſous les ruines de la Navire Argo. Médée abandonnée de Jaſon épouſa Egée, Ariadne, Bacchus. Il eſt enfin viſible que ces deux fictions ne ſont qu'une même choſe expliquée par des allégories, dont on a voulu varier les circonſtances pour en faire deux différentes hiſtoires. Si les Mythologues vouloient ſe donner la peine de réfléchir ſur cette reſſemblance, pourroient-ils s'empêcher d'ouvrir les yeux ſur leur erreur; & ſe donneroient-ils tant de peines pour rapporter à l'hiſtoire, ce qui n'eſt palpablement qu'une fiction toute pure? Ce ne ſont pas les deux ſeules fables qui aient un rapport immédiat ; celle de Cadmus ne ressemble pas moins à celle de Jason. Même Dragon qu'il faut faire périr, mêmes dents qu'il faut semer, mêmes hommes armés qui en naissent & s'entretuent : là est un Taureau que Cadmus suit ; ici des Taureaux que Jason combat. Si l'on vouloit enfin rapprocher toutes les Fables anciennes, on verroit sans peine que j'ai raison de les réduire toutes à un même principe, parce qu'elles n'ont réellement qu'un même objet.

Retour des Argonautes.

Les Auteurs sont encore moins d'accord sur la route que les Argonautes tinrent pour retourner en Grece, qu'ils le sont sur les autres circonstances de cette expédition ; aussi n'est-ce pas à de simples Historiens, ou à des Poëtes qui ne sont pas au fait de la Philosophie Hermétique, à décrire ce qui se passe dans le progrès des opérations de cet Art.

Hérodote (a) n'en fait pas un assez long détail, pour que M. l'Abbé Banier puisse dire (b) avec raison que cet Historien fournit seul de quoi rectifier la relation des autres ; on pourroit seulement conjecturer de ce qu'il en dit, que les Argonautes suivirent en s'en retournant à peu près la même route qu'ils avoient tenue en allant. Hécatée de Millet veut que du fleuve Phasis ces Héros soient passés dans l'Océan, de là dans le Nil, ensuite dans la mer de Tyrrhéne, ou Mé-

(a) L. 4. (b) T. III. p. 242.

diterranée, & enfin dans leur pays. Arthémidore d'Ephese réfute cet Auteur, & apporte pour preuve que le Phasis ne communique point à l'Océan. Timagete, Timée & plusieurs autres soutiennent que les Argonautes ont passé par tous les endroits cités par Orphée, Apollonius de Rhodes, &c. parce qu'ils prétendent que de leur temps on trouvoit encore dans ces lieux des monumens qui attestoient ce passage. Comme si de tels monumens, imaginés sans doute sur les relations mêmes, ou cités par ces Poëtes, parce qu'ils venoient à propos aux circonstances qu'ils inséroient dans leurs fictions, pouvoient rendre possible ce qui ne l'est pas.

Orphée fait parcourir aux Argonautes les côtes Orientales de l'Asie, traverser le Bosphore Cimmérien, les Palus Méotides, puis un détroit qui n'exista jamais, par lequel ils entrerent après neuf jours dans l'Océan septentrional ; de là ils arriverent à l'Isle Peuceste, connue du Pilote Ancée ; puis à celle de Circé, ensuite aux colonnes d'Hercule, rentrerent dans la Méditerranée, côtoyerent la Sicile, éviterent Scylla & Carybde, par le secours de Thétis, qui s'intéressoit pour la vie de Pelée son époux, aborderent au pays des Phéaciens, après avoir été sauvés des Syrenes par l'éloquence d'Orphée ; au sortir de là ils furent jetés sur les Syrtes d'Afrique, desquels un Triton les garantit moyennant un trépied. Enfin ils gagnerent le cap Malée, & puis la Thessalie.

Il semble qu'Orphée ait voulu déclarer ouvertement que sa relation étoit absolument feinte, par le peu de vraisemblance qu'il y a mis ; mais
Apollonius

Apollonius de Rhodes a beaucoup encore enchéri sur Orphée. Les Argonautes, selon lui, s'étant ressouvenus que Phinée leur avoit recommandé de s'en retourner dans la Grèce par une route différente de celle qu'ils avoient tenue en allant à la Colchide, & que cette route avoit été marquée par les Prêtres de Thébes en Egypte, entrerent dans un grand fleuve qui leur manqua. Ils furent obligés de porter leur vaisseau pendant douze jours jusqu'à ce qu'ils retrouverent la mer, avec Absyrthe, frere de Médée, qui les poursuivoit, & dont ils se défirent, en le coupant en morceaux. Alors le chêne de Dodone prononça un oracle qui prédisoit à Jason qu'il ne reverroit pas sa patrie avant qu'il se fût soumis à la cérémonie de l'expiation de ce meurtre. Les Argonautes prirent en conséquence la route de Ææa, où Circé, sœur du Roi de Colchos, & tante de Médée, faisoit son séjour. Elle fit toutes les cérémonies usitées dans les expiations, & puis les renvoya.

Leur navigation fut assez heureuse pendant quelque temps; mais ils furent jetés sur les Syrtes d'Afrique, d'où ils ne se retirerent qu'avec peine, & aux conditions rapportées par Orphée.

Il est évident que ces relations sont absolument fausses. On excuse ces Auteurs sur le défaut de connoissance de la géographie & de la navigation qui n'étoit pas encore assez perfectionnée dans ces temps-là. Mais ces erreurs sont si grossieres & si palpables, que M. l'Abbé Banier, avec beaucoup d'autres Mythologues qui admettent la vérité de cette expédition, n'ont pu s'empêcher

I. Partie. H h

de dire (a) que c'étoit le comble de l'ignorance & une fiction puérile, que ces Auteurs n'ont employée que pour étaler ce qui se savoit de leur temps sur les Peuples qui habitoient ces contrées éloignées. Ce savant Mythologue avoüe aussi que la plupart de ces Peuples sont inconnus, & n'existoient même pas au temps d'Orphée, ou d'Onomacrice. Il étoit cependant nécessaire de trouver dans ces Poëtes quelques choses sur lesquelles M. l'Abbé Banier pût établir son système historique. Apollonius lui a fourni un fondement bien peu solide à la vérité. Ce sont des prétendues colonnes de la Colchide, sur lesquelles ce Poëte dit que toutes les routes connues en ce temps-là étoient gravées. Sésostris est précisément celui qui, suivant ce Mythologue, avoit fait élever ces colonnes. Malheureusement Sésostris ne vint au monde que long-temps après cette prétendue expédition, en admettant même la réalité de ce voyage au temps où ce Savant en fixe l'époque. Mais cette difficulté n'étoit pas de conséquence pour lui. Apollonius, dit-il, *possédoit sans doute l'histoire de Sésostris; & quoiqu'elle fût postérieure à l'expédition des Argonautes, il a pu par anticipation parler des monumens que ce conquérant laissa dans la Colchide.* Je laisse au Lecteur à juger de la solidité de cette preuve. Pour moi, j'aime mieux expliquer Apollonius par lui-même, & dire avec lui que la route qu'il fait tenir aux Argonautes est la même qui leur avoit été marquée par les Prêtres d'Egypte. C'est insi-

(a) T. III. p. 242.

huer assez clairement que le tout n'est qu'une pure fiction, & une relation allégorique de ce qui se passe dans les opérations de l'art sacerdotal ou Hermétique. C'étoit de ces Prêtres mêmes qu'Orphée, Apollonius, & beaucoup d'autres avoient appris la route qu'il faut tenir pour parvenir à la fin que l'on se propose dans la pratique de cet Art. Il y a donc grande apparence que ces prétendues colonnes étoient de même nature que celles d'Osiris, de Bacchus, d'Hercules; c'est-à-dire, la pierre au blanc & la pierre au rouge, qui sont les deux termes des voyages de ces Héros. Les fautes contre la Géographie qu'on reproche à ces Poëtes, ne sont des fautes que lorsqu'on les envisage dans le point de vûe qui présenteroit une histoire véritable, mais nullement dans une allégorie de ce genre, puisque tout y convient parfaitement. Les lieux qui se seroient trouvés naturellement sur la route de la Colchide en Grece, n'auroient pas été propres à exprimer les idées allégoriques de ces Poëtes, qui, sans se soucier beaucoup de se conformer à la Géographie, en ont sacrifié la vérité à celle qu'ils avoient en vue. En allant de la Grece à la Colchide, tout se trouvoit disposé comme il le falloit; Lemnos se présentoit d'abord, après cela venoient les Cyanées, & tout le reste; mais Phinée avoit eu raison de leur prescrire une autre route pour le retour, parce que l'opération figurée par ce retour, devant être semblable à celle qui étoit figurée par le voyage à Colchos, ils n'auroient pas trouvé un Lemnos au sortir du Phasis, ni des roches Cyanées. C'eût été renverser l'ordre

H h ij

de ce qui doit arriver dans cette derniere opération. La dissolution de la matiere, la couleur noire qui doit lui succéder, & la putréfaction ayant été désignées par Lemnos & la mauvaise odeur des femmes de cette Isle, se seroient trouvées alors dans la relation à la fin de l'œuvre, au lieu qu'elles doivent paroître dès le commencement, puisqu'elles en sont la clef. Il a donc fallu imaginer une autre allégorie, au risque de s'écarter du vraisemblable quant à la Géographie. Cette dissolution a été désignée dans le retour, par le meurtre d'Absyrthe, & la division de ses membres, par le présent qu'Eurypile fit à Jason; c'est-à-dire, une motte de terre qui tomba dans l'eau, où Médée l'ayant vu dissoudre prédit beaucoup de choses favorables aux Argonautes. Cette terre est celle des Philosophes, qui s'est formée de l'eau; il faut, pour réussir, la réduire en sa premiere matiere, qui est l'eau; c'est pourquoi l'on a feint qu'un fils de Neptune avoit fait le présent, & qu'il avoit été donné en garde à Euphême, fils du même Dieu, & de Mécioni, ou Oris, fille du fleuve Eurotas; d'autres lui donnent pour mere Europe, fille du fameux Titye. Apollonius de Rhodes & Hygin (*a*) vantent beaucoup Euphême pour sa légereté à la course, qui étoit telle, disoient-ils, qu'en courant sur la mer, à peine mouilloit-il ses pieds. Pausanias (*b*) lui attribue une grande habileté à conduire un char. Apollonius en faisoit un si grand cas, qu'il l'honore des mêmes épithetes qu'Homere donne à Achille

(*a*) Fab. 14. (*b*) In Elia.

dans l'Iliade; aussi étoient-ils fils, l'un de Thétis, fille de Nérée, l'autre, d'Osiris, fille du fleuve Eurotas, c'est-à-dire, de l'eau. La preuve que ces deux Poëtes avoient la même idée de ces Héros, est qu'Apollonius fait aussi venir Thétis, pour sauver les Argonautes des écueils de Scylla & de Carybde, à cause de son mari Pélée qui se trouvoit parmi eux.

La maniere dont ce Poëte raconte l'événement de la motte de terre, prouve clairement à ceux qui ont lu avec attention les explications précédentes, que c'est une allégorie toute pure de ce qui se passe dans l'œuvre depuis la dissolution de la matiere jusqu'à ce qu'elle redevient terre, & qu'elle prend la couleur blanche. Les Argonautes étant dans l'Isle d'Anaphé, l'une des Sporades, voisine de celle de Thera, Euphême se ressouvint d'un songe qu'il avoit eu la nuit d'après l'entrevue du Triton, & d'Eurypile, qui lui avoit confié la motte de terre, & le raconta à Jason & aux autres Argonautes. Il avoit vu en songe qu'il tenoit la motte de terre dans ses bras, & qu'il voyoit couler de son sein sur elle, quantité de gouttes de lait, qui, à mesure qu'elles la détrempoient, lui faisoient prendre insensiblement la forme d'une jeune fille fort aimable. Il en étoit devenu amoureux aussi-tôt qu'elle lui parut parfaite, & n'avoit eu aucune peine à la faire consentir à ce qu'il vouloit ; mais il s'étoit repenti dans le moment d'un commerce qu'il croyoit incestueux. La fille l'avoit rassuré en lui disant qu'il n'étoit pas son pere ; qu'elle étoit fille du Triton & de la Libye, & qu'elle seroit un jour la nourrice de ses enfans. Elle avoit ajouté qu'elle demeuroit aux environs de l'Isle d'Anaphé, & qu'elle paroîtroit sur la surface des eaux, lorsqu'il en seroit temps. Pour mettre le Lecteur au fait, il suffit de lui rappeler ce que nous avons dit ci-devant de l'Isle flottante, de celle de Délos où Latone accoucha de Diane. Quand on sait que la matiere commence à se volatiliser après sa dissolution, on voit pourquoi l'on dit qu'Euphême étoit si léger à la course, qu'il ne mouilloit presque pas ses pieds en courant sur les eaux.

Il est à propos de remarquer que le Trépied dont Jason fit présent au Triton, étoit de cuivre, qu'il le mit dans son Temple. Je fais cette observation pour montrer combien toutes ces circonstances s'accordent avec les opérations de l'Art Hermétique, lorsqu'elles sont parvenues au point dont nous parlons; puisque les Philosophes donnent aussi le nom de cuivre à leur matiere dans cet état, en disant *blanchissez le leton*.

Les Déesses de la mer & les Génies qu'Apollonius fait apparoître aux Argonautes, ne sont donc pas les habitans des côtes de la Libye; & le cheval ailé dételé du char de Neptune, un vaisseau d'Eurypile (a); mais les parties aqueuses & volatiles qui se subliment. La navire Argo n'étant que la matiere qui nage dans ou sur la mer des Philosophes, c'est-à-dire, leur eau mercurielle, il ne leur étoit pas difficile de porter leur vaisseau, & de se conformer en même temps aux ordres qu'ils avoient de suivre les traces de ce

---

(a) M. l'Abbé Banier, T. III, p. 245.

heval ailé qui alloit aussi vîte que l'oiseau le plus léger. Pour rapprocher ici les fables, qu'on se souvienne qu'un Héros fit aussi présent à Minerve d'un vase antique de cuivre. Diodore de Sicile, qui parle aussi du Trépied, dit qu'il portoit une inscription en caracteres fort antiques.

Les Auteurs racontent beaucoup d'autres choses du retour des Argonautes; mais je crois que les explications que j'ai données me dispensent d'entrer dans un plus long détail; il faudroit, pour ainsi dire, faire un commentaire, avec des notes sur tout ce qu'avancent ces Auteurs. Je me restreins donc à dire deux mots de ce qui se passa après le retour de Jason.

Tous conviennent que Médée étant arrivée dans la patrie de son amant, y rajeunit Eson, après l'avoir coupé en morceaux, & fait cuire. Eschyle en dit autant des nourrices de Bacchus. On raconte la même chose de Denis & d'Osiris. Les Philosophes Hermétiques sont d'accord avec ces Auteurs, & attribuent à leur médecine la propriété de rajeunir; mais on les prend à la lettre, & l'on tombe dans l'erreur.

Balgus (a) va nous apprendre quel est ce Vieillard: « Prenez, dit-il, l'arbre blanc, bâtissez-
» lui une maison ronde, ténébreuse & envi-
» ronnée de rosée; mettez dedans avec lui un
» Vieillard de cent ans, & ayant fermé exacte-
» ment la maison de maniere que la pluie ni le
» vent même n'y puissent entrer, laissez-les-y
» 80 jours. Je vous dis avec vérité que ce Vieillard

___

(a) La Tourbe.

» ne cessera de manger du fruit de l'arbre jusqu'à
» ce qu'il soit rajeuni. O que la Nature est ad-
» mirable! qui transforme l'ame de ce Vieillard
» en un corps jeune & vigoureux, & qui fait
» que le pere devient fils! Béni soit Dieu notre
» Créateur.

Ces dernieres paroles expliquent le fait de Médée à l'égard de Pélias, rapporté par Ovide & Pausanias (a); savoir, que Médée, pour tromper les filles de Pélias, après avoir rajeuni Eson, prit un vieux Bélier qu'elle coupa en morceaux, le jeta dans une chaudiere, le fit cuire, & le retira transformé en un jeune Agneau. Les filles de Pélias, persuadées qu'il en arriveroit autant à leur pere, le disséquerent, le jeterent dans une chaudiere d'eau bouillante, où il fut tellement consumé, qu'il n'en resta aucune partie capable de sépulture. Médée après ce coup monta sur son char attelé de deux Dragons ailés, & se sauva dans les airs. Voilà les Dragons ailés de Nicolas Flamel; c'est-à-dire, les parties volatiles. C'est pour cela qu'on a fait précéder cette suite par la mort de Pélias, pour marquer la dissolution & la noirceur, de κηλός, boue, ou πηλός, noir.

Une expédition aussi périlleuse, une navigation aussi pénible, la route que les Argonautes ont tenue soit en allant, soit en revenant, demandoient plus de temps que quelques Auteurs n'en comptent. Les uns assurent que tout fut achevé en une année; ce qui ne sauroit s'accorder avec les deux ans de séjour que Jason fit dans l'Isle de

(b) I Arcad.

ÉGYPTIENNES ET GRECQUES.

Lemnos. Il faudroit alors compter trois ans; temps que les vaisseaux de Salomon employoient pour aller chercher l'or dans l'Isle d'Ophir. Mais en vain les Mythologues voudroient-ils essayer de déterminer la durée de la navigation des Argonautes. Si Jason étoit jeune quand il partit pour la Colchide, il est certain qu'Æson n'étoit pas vieux, non plus que Pélias. Les Auteurs nous les représentent cependant comme des vieillards décrépits au retour des Argonautes. La preuve en est toute simple par la table généalogique qui suit.

ÉOLE eût pour fils	Créthéus eût de Tyro	Æson eût d'Alcimede	Jason.	
	Athamas de Néphélé.	Phryxus Hellé.	Argos, Phrontis, Mélas, Cylindus.	
	Salmonée eut	Tiro eût de Neptune	Nélée, Pélias,	Acaste.

On voit par-là que Pélias, Éson & Phryxus devoient être à peu près du même âge. Calciope, femme de Phryxus, étoit sœur de Médée, & fit tout ce qui étoit en son pouvoir pour favoriser la passion de Jason pour sa sœur. Phryxus étoit jeune lorsqu'il épousa Calciope, qui ne devoit pas être vieille, lorsque Jason, âgé d'une vingtaine d'années, arriva à Colchos, puisque Médée sa sœur étoit jeune aussi. Il faut donc que les Mythologues concluent ou que l'expédition des Argonautes a duré beaucoup d'années, ou que Pélias & Eson n'étoient pas si vieux que les Auteurs le disent.

Cette difficulté mise dans tout son jour ne seroit pas facile à résoudre pour les Mythologues. Mais il paroît que les Auteurs des relations du voyage de la Colchide ne se sont pas mis beaucoup en peine de celles qui pourroient en résulter. Ceux qui étoient au fait de l'Art Hermétique savoient bien que ces prétendues difficultés disparoîtroient aux yeux des Philosophes, dont la maniere de compter les mois & les années est bien différente de celle du commun des Chronologistes. On a vu dans le Traité de cet Art sacerdotal, que les Adeptes ont leurs saisons, leurs mois, leurs semaines, & que leur maniere de compter la durée du temps varie même suivant les différentes dispositions ou opérations de l'œuvre. C'est pourquoi ils ne paroissent pas d'accord entr'eux, quand ils fixent la durée de l'œuvre les uns à un an, les autres à quinze mois, d'autres à dix-huit, d'autres à trois ans. On en voit même qui la poussent jusqu'à dix & douze années. On peut dire en général que l'œuvre s'acheve en douze mois ou quatre saisons qui font l'année Philosophique ; mais cette durée, quoique composée des mêmes saisons, est infiniment abrégée dans le travail de la multiplication de la pierre ;

& chaque multiplication est plus courte que celle qui l'a précédée. Nous expliquerons ces raisons dans le Dictionnaire Mytho-Hermétique, qui forme une suite nécessaire à cet ouvrage. C'est dans ce sens-là qu'il faut expliquer la durée des voyages d'Osiris, de Bacchus; il faut aussi faire attention que chaque Fable n'est pas toujours une allégorie entiere de l'œuvre complet. La plupart des Auteurs n'en ont qu'une partie pour objet, & plus communément les deux œuvres du soufre & de l'élixir, mais particulierement ce dernier, comme étant la fin de l'œuvre avant la multiplication, qu'on peut se dispenser de faire, quand on veut s'en tenir là.

Avouons-le de bonne foi; quand on a lu les histoires d'Athamas, d'Ino, de Néphélé, de Phryxus & d'Hellé, de Léarque & de Mélicerte, qui donnerent lieu à la conquête de la Toison d'or; quand on a réfléchi sur celles de Pélias, d'Eson, de Jason & du voyage des Argonautes; trouve-t-on dans la tournure même de M. l'Abbé Banier, & dans les explications que ce Mythologue & les autres Savans en ont données, de quoi satisfaire un esprit exempt de préjugés? Il semble que les doutes se multiplient à mesure qu'ils s'efforcent de les lever. Ils se voient sans cesse forcés d'avouer que telles & telles circonstances sont de pures fictions; & si l'on ôtoit de ces histoires tout ce qu'ils déclarent fiction, il ne resteroit peut-être pas une seule circonstance qui pût raisonnablement s'expliquer historiquement. En voici la preuve. L'histoire de Néphélé est une fable, dit M. l'Abbé Banier, Tom. III. p. 203. Celle du transport de la Toison d'or dans la Colchide l'est aussi, puisqu'il dit : « Pour expliquer des circonstances si visiblement fausses, les anciens Mythologues inventèrent une nouvelle *fable*, & dirent, &c. (*ibid.*) » On ne peut douter que le voyage de Jason du Mont-Pélion à Iolcos, la perte de son soulier, son passage du fleuve Anaure ou Enipée, suivant Homere (*a*), sur les épaules de Junon, ne soient aussi marqués au même coin. On ne croira certainement pas que la navire Argo ait été construite de chênes parlans. Presque tous les traits qui composent l'histoire des compagnons de Jason, chacun en particulier, sont reconnus fabuleux, soit dans leur généalogie, puisqu'ils sont tous ou fils des Dieux, ou leurs descendans. Il seroit trop long d'entrer dans le détail à cet égard. Voilà ce qui a précédé le départ ; voyons la navigation. L'infection générale des femmes de Lemnos, occasionnée par le courroux de Vénus, n'est pas vraisemblable, en faisant même disparoître le courroux de la Déesse ; ou ce seroit avoir bien mauvaise idée de la délicatesse des Argonautes, qui valoient bien les Lemniens ; & loin de faire dans cette Isle un séjour de deux ans, comment y auroient-ils passé deux jours ? L'abandonnement d'Hercule dans la Troade, qui va chercher Hylas enlevé par les Nymphes ; les Géans de Cyzique qui avoient chacun six bras & six jambes ; la fontaine que la mere des Dieux y fit sortir de terre, pour que Jason pût expier le meurtre involontaire de Cyzicus,

(*a*) *Odyss.* l. 11. v. 237.

La visite rendue à Phinée, molesté sans cesse par les Harpies, chassées par le fils de Borée, *est une fiction qui cache sans doute quelque vérité* (*a*); l'entrechoc des rochers Cyanées, ou Symplegades, est une fable. (ibid. p. 231.) La fixation de ces rochers, la colombe qui y perd sa queue dans le trajet, ne sont pas plus vrais. Les oiseaux de l'Isle d'Arécie, qui lançoient de loin des plumes meurtrieres aux Argonautes, n'existerent jamais.

Enfin les voilà dans la Colchide; & tout ce qui s'y passa sont *des fables aussi extraordinaires que difficiles à expliquer.* (ibid. p. 233.) L'enchanteresse Médée, le Dragon & les Taureaux aux pieds d'airain, les hommes armés qui sortent de terre, les herbes enchantées, le breuvage préparé, la victoire de Jason, son départ avec Médée; *on peut dire seulement que toutes ces fables ne sont qu'un pur jeu de l'imagination des Poëtes.* (ibid. p. 235.)

Venons au retour des Argonautes. *Les Poëtes ont imaginé le meurtre d'Absyrthe.* (ibid. p. 238.) *Les relations de ce retour sont extravagantes. Celle d'Onomacrite n'est pas vraisemblable, & celle d'Apollonius l'est encore moins.* (ibid. p. 240.) C'est une fiction, p. 241. *Les peuples cités par ces Auteurs sont ou inconnus, ou n'existoient pas du temps de ces Poëtes, ou sont placés à l'aventure.* (p. 242.) Ce qui se passa au lac Tritonide *est un conte sur lequel l'on doit faire peu de fond.* (p. 244.) L'histoire de Jason & celle de Médée sont enfin mêlées de tant de fictions, qui

---

(*a*) M. l'Abbé Ban. loc. cit. p. 229.

se détruisent même les unes & les autres; qu'il est bien difficile d'établir quelque chose de certain à leur sujet. (ibid. p. 255.)

Ne doit-on pas être surpris qu'après de tels aveux, M. l'Abbé Banier ait entrepris de donner ces fables pour des histoires réelles, & qu'il ait voulu se donner la peine de faire les frais des preuves qu'il en apporte? Je ne me suis pas proposé de discuter toutes ses explications; je les abandonne au jugement de ceux qui ne se laissent point éblouir par la grande érudition.

CHAPITRE II.

Histoire de l'enlévement des Pommes d'or du Jardin des Hespérides.

Après l'histoire de la conquête de la Toison d'or, il n'en est gueres qui vienne mieux à notre sujet que celle de l'expédition d'Hercule pour se mettre en possession de ces fameux fruits connus de si peu de personnes, que les Auteurs qui en ont parlé n'ont pas même été d'accord sur leur vrai nom. Les anciens Poëtes ont donné carriere à leur imagination sur ce sujet; & les Historiens qui n'en ont parlé que d'après ces péres des fables, après avoir cherché en vain le lieu où étoit ce Jardin, le nom & la nature de ces fruits, sont presque tous contraires les uns aux autres. Et comment auroient-ils pu dire quelque chose de certain sur un fait qui n'exista jamais?

Il est inutile de faire des dissertations pour favoriser le sentiment de l'un plutôt que de l'autre, puisqu'ils sont tous également dans l'erreur à cet égard. C'est donc avec raison qu'on peut regarder comme des idées creuses & chimériques les explications de la plupart des Mythologues qui ont voulu tout rapporter à l'histoire, quelque ingénieuses & quelque brillantes qu'elles soient, & quoiqu'elles aient d'illustres garans. Je ne fais ici que rétorquer contre les Mythologues l'argument qu'un d'entr'eux (a) a fait contre Michel Majer; l'on jugera si je suis fondé à le faire, par les explications que nous donnerons ci-après.

Il ne faut pas juger des premiers Poëtes Grecs comme de ceux qui n'ont été, pour ainsi dire, que leurs imitateurs, soit pour n'avoir traité que les mêmes sujets, soit pour avoir travaillé sur d'autres, mais dans le goût des premiers. Ceux-ci, instruits par les Egyptiens, prirent chez ce Peuple les sujets de leurs Poëmes; & les travestirent à la Grecque, suivant le génie de leur langue & de leur nation. Frappés de la grandeur de l'objet qu'ils avoient en vue, mais qu'ils ne vouloient pas dévoiler aux Peuples, ils s'attachèrent à le traiter par des allégories, dont le merveilleux excitât l'admiration & la surprise; souvent sans nul égard pour le vraisemblable; afin que les gens sensés ne prissent pas pour une histoire réelle, ce qui n'étoit qu'une fiction; & qu'ils sentissent en même temps que ces allégories portoient sur quelque chose de réel.

(a) M. l'Abbé Massieu, Mémoires des Belles-Lettres, T. III, p. 49.

Les Poëtes qui parurent dans la suite, & qui ignoroient le point de vue des premiers, ne virent dans leurs ouvrages que le merveilleux. Ils traiterent les matieres suivant leur génie, & abuserent du privilege qu'ils avoient de tout oser.

. . . . .Pictoribus atque Poëtis
Quidlibet audendi semper fuit æqua potestas.
Hor. Art. Poët.

Sur ce principe, quand ils choisirent pour matiere de leurs ouvrages des sujets déja traités, ils en conserverent le fond, mais ils y ajouterent, ou en rettancherent des circonstances, ou y firent quelques changemens à leur fantaisie, & ne s'appliquerent, pour ainsi dire, qu'à exciter l'admiration & la surprise, par le merveilleux qu'ils y répandoient, sans avoir d'autre but que celui de plaire. Il n'est donc pas surprenant que l'on trouve chez eux des traits qui peuvent s'expliquer de l'objet que s'étoient proposés leurs prédécesseurs. Mais comme un sujet est susceptible de mille allégories différentes, chaque Poëte l'a traité à sa maniere. Je ne prétends donc pas que toutes les Fables puissent être expliquées par mon système, mais seulement les anciennes, qui ont pour base les fictions Egyptiennes & Phéniciennes; puisqu'on sait que les plus anciens Poëtes Grecs y ont puisé les leurs, comme il seroit aisé de le prouver en en faisant une concordance, qui prouveroit clairement qu'elles ont toute le même objet.

Les Fables ne sont donc pas toutes des mensonges

songes ingénieux, mais celles-là seulement qui n'ont d'autre objet que de plaire. Celle dont il est ici question, & presque toutes celles d'Orphée, d'Homere & des plus anciens Poëtes sont des allégories qui cachent des instructions sous le voile de la généalogie, & des actions prétendues des Dieux, des Déesses ou de leurs descendans.

Lorsqu'on veut réduire la fable des Hespérides à l'histoire, on ne sait comment s'y prendre pour déterminer quelque chose de précis. Chaque Historien prétend qu'on doit l'en croire préférablement à tout autre, & ne donne cependant aucune preuve solide de son sentiment. Ils sont partagés en tant d'opinions différentes, qu'on ne sait à laquelle se fixer. Hérodote, le plus ancien des Historiens, & très-instruit de toutes les fables, ne fait pas mention de celle des Hespérides, ni de beaucoup d'autres; sans doute parce qu'il les regardoit comme des fictions. Les traditions étant toujours plus pures à mesure qu'elles approchent de leur source, il eût été plus en état que les autres Historiens, de nous laisser quelque chose de moins douteux, quoiqu'on l'accuse d'avoir été un peu trop crédule. Sera-ce à Paléphate qu'il faudra s'en rapporter? tous les Mythologues conviennent que c'est un Auteur très-suspect, accoutumé à forger des explications, & à donner à sa fantaisie l'existence à des personnes qui n'ont jamais été (a).

Il dit (chap. 19.) qu'Hespérus étoit un riche

_____
(a) M. l'Abbé Banier, Myth. T. III. p. 283.

I. Partie.

Milésien, qui alla s'établir dans la Carie. Il eut deux filles, nommées Hespérides, qui avoient de nombreux troupeaux de brebis, qu'on appelloit *Brebis d'or*, à cause de leur beauté. Elles en confioient la garde à un Berger, nommé *Dragon*; mais Hercule passant par le pays enleva le Berger & les troupeaux. Il n'y auroit rien de plus simple que cette explication de Paléphate; toute admiration, tout le merveilleux de cette fable se réduiroit à si peu de chose, qu'elle ne mériteroit certainement pas d'être mise au nombre des célèbres travaux du fils de Jupiter & d'Alcmene.

Il n'est point de fables qu'on ne puisse expliquer aussi facilement, en imitant Paléphate; mais est-il permis de changer les noms, les lieux, les circonstances des faits, & la nature même des choses? Malgré le peu de solidité du raisonnement de cet Auteur, malgré le peu de conformité qui se trouve entre son explication & le fait rapporté par les Poëtes, Agroëtas, autre Historien cité par les anciens Scholiastes, semble avoir suivi Paléphate, & dit au troisieme livre des choses libyques, que ce n'étoit point des Pommes, mais des Brebis, qu'on appeloit *Brebis d'or*, à cause de leur beauté. Et le Berger qui en avoit la garde, n'étoit point un *Dragon*, mais un homme ainsi nommé, parce qu'il avoit la vigilance & la férocité de cet animal. Varron & Servius ont adopté ces idées. Cette opinion n'a cependant pas eu autant de partisans, que celle de ceux qui s'en sont tenus aux termes propres des Poëtes. Ceux-ci ont prétendu que les autres avoient été trompés par l'équivoque du terme μῆλα, qui signifie également *Brebis* & *Pomme*, & l'on ne voit pas d'autres raisons qui aient pu leur faire prendre le change. Ceux qui ont regardé ces fruits comme de vrais fruits, n'ont été gueres moins embarrassés quand il a fallu en déterminer l'espece. Des pommes d'or ne croissent pas sur des arbres ; mais on les a, disent-ils, appelées ainsi, parce qu'elles étoient excellentes ; ou parce que les arbres qui les portoient, étoient d'un grand rapport ; ou enfin parce que ces fruits avoient une couleur approchante de celle de l'or.

Diodore de Sicile (*a*), incertain sur le parti qu'il devoit prendre, laisse la liberté de penser ce qu'on voudra, & dit que c'étoient des fruits ou des Brebis. Il fabrique une histoire à cet égard absolument contraire à ce qu'en avoient dit les Poëtes. M. l'Abbé Massieu (*b*) regarde cette histoire comme ce qui nous reste de plus solide sur le sujet que nous examinons, quoiqu'il n'y soit fait aucune mention des ordres d'Eurysthée, ni de ce qui a précédé l'enlévement de ces fruits, ni d'aucunes des circonstances de cette expédition. Selon Diodore, le hasard conduisit Hercule sur le rivage de la mer Atlantide, au retour de quelques-unes de ses expéditions. Il y trouva les filles d'Atlas qu'un Pirate avoit enlevées par ordre de Busiris ; il tua les Corsaires, & ramena les Hespérides chez leur pere ; qui par reconnoissance fit présent à Hercule des fruits, ou des Brebis que ses filles gardoient ou cultivoient

(*a*) Bibliot. l. 5. c. 13.
(*b*) Mém. des Belles-Lettres, T. III. p. 31.

avec un soin extrême. Atlas qui étoit très-versé dans la science des Astres, voulut aussi initier le Héros dans les principes de l'Astronomie, & lui donna une sphere. Voilà en substance l'histoire que fait Diodore, qui place ce fait dans la partie la plus occidentale de l'Afrique, au lieu que Paléphate le met dans la Carie.

Pline le Naturaliste (a) ne sait où le placer; comme il suit le sentiment de ceux qui admettoient des fruits, il falloit aussi trouver le Jardin où ils croissoient. De son temps, les uns le mettoient à Bérénice, ville de Libye, les autres à Lixe, ville de Mauritanie. Un bras de mer qui serpente autour de cette ville, a donné, dit-il, aux Poëtes l'idée de leur Dragon. Les Savans tiennent pour ce dernier lieu.

Cette différence de sentimens prouve l'incertitude des Historiens à ce sujet. On ne sait quel parti prendre, même après avoir rapproché & confronté leurs témoignages. Paléphate n'admet que deux Hespérides, filles d'Hespérus Milésien; Diodore dit qu'elles étoient sept filles d'Atlas dans la Mauritanie. Selon quelques-uns Hercule se présenta à main armée pour enlever les pommes d'or; selon d'autres, il n'y parut que comme libérateur. Il y en a qui prétendent qu'un homme féroce & brutal gardoit ces Brebis: si l'on en croit les autres, c'étoit non un homme, ni un dragon, mais un bras de mer. S'il y avoit donc quelque chose d'historique à conclure de tout cela, tout se réduiroit au plus à dire qu'il y a

_____
(a) Livre.

eu des sœurs nommées Hespérides, qui cultivoient de beaux fruits, ou qui prenoient soin de belles Brebis, & qu'Hercule en emporta ou en emmena dans la Grece. Ce peu de chose ne seroit même pas sans difficulté; il s'agiroit alors de savoir si le fils d'Alcmene fut jamais en Mauritanie; s'il vivoit du temps d'Atlas, & même si Atlas vivoit du temps de Busiris. Chaque article demanderoit encore une dissertation, d'où l'on ne concluroit rien de plus certain.

En admettant pour un moment que ces pommes d'or fussent des fruits, les Savans, aussi incertains sur leur espece que sur le lieu où ils croissoient, ont élevé de grandes contestations entr'eux. Budée (a) prétend que ce sont des coins; Saumaise & Spanheim, que c'étoit des oranges, & plusieurs Savans, que c'étoit des citrons. Le premier fonde son opinion sur le terme de χρυσομῆλα, qui veut dire pommes d'or, nom qui a été souvent donné aux coins. Mais ce nom ne prouve pas plus pour les coins que pour les oranges & les citrons, qui ont aussi la couleur d'or; & ceux qui sont pour ces derniers fruits, s'appuient de la même preuve; ils y en ajoutent quelques autres aussi peu solides, c'est pourquoi je ne les rapporterai pas. Et d'ailleurs ces fruits étoient-ils donc si rares, qu'il fallût les confier à la garde d'un Dragon monstrueux? Il est surprenant que Paléphate, & ceux qui ont adopté son opinion, se soient avisés d'une explication si peu naturelle. L'équivoque du terme μῆλα ne sauroit

_____
(a) Comment. sur Théophr.

l'excuser, puisque les brebis ne naissent pas sur les arbres, comme les fruits. Quant à ceux qui prennent ces pommes pour des oranges ou des citrons, ils auroient dû faire attention que les Poëtes ne disent pas que c'étoit des pommes de couleur d'or, mais des pommes d'or, & jusqu'aux arbres mêmes qui les portoient.

Arborea frondes, dit Ovid. *auro radiante nitentes,*
Ex auro ramos, ex auro poma ferebant.
Métam. l. 4.

Voyons donc ce que les Poëtes ont dit de ce Jardin célebre; le lieu qu'habitoient les Hespérides étoit un Jardin où tout ce que la Nature a de beau se trouvoit rassemblé. L'or y brilloit de toutes parts; c'étoit le séjour des délices & des Fées. Celles qui l'habitoient chantoient admirablement bien (a). Elles aimoient à prendre toutes sortes de figures, & à surprendre les spectateurs par des métamorphoses subites. Si nous en croyons le même Poëte, les Argonautes rendirent visite aux Hespérides; ils s'adresserent à elles en les conjurant de leur montrer quelque source d'eau, parce qu'ils étoient extrêmement pressés par la soif. Mais au lieu de leur répondre, elles se changerent à l'instant en terre & en poussiere.

Τοῖα δ᾽ ἀΐξασα χύδην χύσις... Ibid. v. 1498.

Orphée qui étoit au fait du prodige n'en fut point

(a) Apoll. Argonaut. l. 4. v. 1396. & suiv.

EGYPTIENNES ET GRECQUES. 503

déconcerté; il conjura de nouveau ces filles de l'Océan, & redoubla ses prieres. Elles l'écouterent favorablement; mais avant de les exaucer, elles se métamorphoserent d'abord en herbes, qui croissoient peu à peu de cette terre. Ces plantes s'éleverent insensiblement; il s'y forma des branches & des feuilles; de maniere qu'en un moment Hespera devint Peuplier, Erytheis un Ormeau; Eglé se trouva un Saule. Les autres Argonautes, saisis d'étonnement à ce spectacle, ne savoient que penser ni que faire, lorsqu'Eglé, sous la forme d'arbre, les rassura, & leur dit, qu'heureusement pour eux un homme intrépide étoit venu la veille, qui sans respect pour elles avoit tué le Dragon gardien des pommes d'or, & s'étoit sauvé avec ces fruits des Déesses; que cet homme avoit le coup d'œil fier, la physionomie dure, qu'il étoit couvert d'une peau de Lion, armé d'une massue & d'un arc avec des fléches, dont il s'étoit servi pour tuer le monstrueux Dragon. Cet homme brûloit aussi de soif, & ne savoit où trouver de l'eau. Mais enfin soit par industrie, soit par inspiration, il frappa du pied la terre, & il en jaillit une source abondante, dont il but à longs traits. Les Argonautes s'étant apperçus qu'Eglé pendant son discours avoit fait un geste de la main, qui sembloit leur indiquer la source d'eau sortie du rocher, ils y coururent, & s'y désalterérent, en rendant graces à Hercule de ce qu'il avoit rendu un si grand service à ses compagnons, quoiqu'il ne fût pas avec eux.

Après avoir fait des enchanteresses de ces filles

I i iv

d'Atlas, il ne restoit plus aux Poëtes qu'à en faire des Divinités; les Anciens n'en avoient peut-être pas eu l'idée, mais Virgile y a suppléé (*a*). Il leur a donné un Temple & une Prêtresse, redoutable par l'empire souverain qu'elle exerce sur toute la Nature. C'est elle qui est la gardienne des rameaux sacrés, & qui nourrit le Dragon; elle commande aux noirs chagrins, elle arrête les fleuves dans leur course; elle fait rétrograder les astres, & oblige les morts à sortir de leurs tombeaux.

Tel est le portrait que les Poëtes font des Hespérides; & s'ils ne conviennent pas tous soit du nombre de ces Nymphes, soit du lieu où étoit situé ce célebre Jardin, au moins s'accordent-ils tous à dire que c'étoit des pommes d'or & non des Brebis; que le Jardin étoit gardé par un Dragon, qu'Hercule le tua & enleva ces fruits. Junon, dit-on, apporta pour dot de son mariage avec Jupiter des arbres qui portoient ces pommes d'or. Ce Dieu en fut enchanté; & comme il les avoit infiniment à cœur, il chercha les moyens de les mettre à l'abri des atteintes de

(*a*) Hinc mihi Massylæ gentis monstrata sacerdos,
Hesperidum templi custos, epulasque Draconi
Quæ dabat, & sacros servabat in arbore ramos,
Spargens humidas mella, soporiferumque papaver.
Hæc se carminibus promittit solvere mentes
Quas velit, ast aliis duras immittere curas,
Sistere aquam fluviis, & sidera vertere retrò,
Nocturnosque ciet manes.

Æneid. l. 4.

ceux à qui ces fruits feroient envie. Il les confia pour cet effet aux soins des Nymphes Hespérides, qui firent enclore de murs le lieu où ces arbres étoient plantés, & placerent un Dragon pour en garder l'entrée.

On n'admet communément que trois Nymphes Hespérides, filles d'Hespérus, frere d'Atlas, & leurs noms étoient Eglé, Aréthuse & Hespéréthuse. Quelques Poëtes en ajoutent une quatrieme qui est Hespéra; d'autres une cinquieme qui est Erytheis, & d'autres enfin une sixieme sous le nom de Vesta. Diodore de Sicile les fait monter jusqu'à sept. Hésiode (a) leur donne la nuit pour mere; M. l'Abbé Massieu est surpris, & ne sauroit, dit-il, *deviner pourquoi ce Poëte donne une mere si laide à des filles si belles.* On en trouvera une bonne raison ci-après. Chérécrate les fait filles de Phorcys & de Céto, deux Divinités de la mer. Pour ce qui est du Dragon, Phérécyde le dit fils de Typhon & d'Echidna, & Pisandre de la terre, ce qui est la même chose dans mon systême. Le peu d'accord qu'il y a entre les Auteurs sur la situation du Jardin des Hespérides, prouve en quelque maniere qu'il n'a jamais existé. La plupart des Poëtes le placent vers le Mont-Atlas, sur les côtes Occidentales de l'Afrique.

Oceani finem juxtà, solemque cadentem
Ultimus Æthyopum locus est, ubi maximus Atlas
Axem humero torquet stellis ardentibus aptum.
                                          Æneid. l. 4.

(a) Théogon. v, 315.

Les Historiens les mettent près de Lixe, ville de Mauritanie sur les confins de l'Ethiopie; quelques-uns à Tingi, avec Pline (*a*). Mais Hésiode le transporte au-delà de l'Océan; & d'autres, à son exemple, le placent dans les Canaries ou Isles fortunées; sans doute par la raison qui a fait conjecturer à Bochart (*b*) que ces Pommes ou Brebis ne signifioient que les richesses d'Atlas; parce que le mot Phénicien *Melon*, dont les Grecs on fait *Malon*, signifie également des richesses & des pommes. Ce dernier sentiment approche un peu plus de la vérité que les autres, parce qu'il a un rapport plus immédiat avec le vrai sens de l'allégorie. Mais enfin, puisque les Historiens ne peuvent rien conclure de certain de cette variété d'opinions, ils devroient donc convenir que c'est une fiction. Ils en ont une bonne raison, puisque les Historiens n'en parlent que d'après les Poëtes; & que quand même il se trouveroit quelque chose d'historique dans ceux-ci, il est tellement absorbé par ce qui n'est que pure fiction, qu'il est impossible de l'en débrouiller. L'affectation que l'on remarque chez eux à rendre les faits peu vraisemblables, doit naturellement faire penser qu'ils n'ont jamais eu dessein de nous conserver la mémoire de faits réellement historiques.

Parmi ceux qui ont regardé cette fable comme une allégorie, Noël le Comte y a vu la plus belle moralité du monde. Il prétend (*c*) que le Dragon

(*a*) L. 5. c. 5.
(*b*) Myth. l. 7. c. 7.
(*c*) Chan. l. 1. c. 1.

surveillant qui gardoit les Pommes d'or est l'image naturelle des avares, hommes durs & impitoyables, qui ne ferment l'œil ni jour ni nuit; & qui, rongés par leur folle passion, ne veulent pas que les autres touchent à un or dont ils ne font aucun usage.

Tzetzez, & après lui Vossius (a), trouvent dans cette fable le Soleil, les Astres & tous les corps lumineux du firmament. Les Hespérides sont les dernieres heures de la journée. Leur Jardin est le firmament. Les Pommes d'or sont les étoiles. Le Dragon est ou l'horizon, qui excepté sous la ligne, coupe l'équateur à angles obliques; ou le zodiaque, qui s'étend obliquement d'un tropique à l'autre. Hercule est le Soleil, parce que son nom venant de Ἥρας κλέος, signifie la gloire de l'air. Le Soleil en paroissant sur l'horizon en fait disparoître les étoiles; c'est Hercule qui enleve les Pommes d'or.

Quand on fait tant que d'expliquer une chose, il faut faire en sorte que l'explication convienne à toutes les circonstances. Quelque ingénieuse & quelque brillante qu'elle soit, elle manque de fondement & de solidité, si quelques-unes de ces circonstances ne peuvent y convenir. Voilà précisément le cas où se trouvent les Mythologues & les Historiens par rapport à la fable dont il est ici question, comme on le verra ci-après. On auroit tort de blâmer ceux qui se donnent la peine de chercher les moyens d'expliquer les fables: leur motif est très-louable; les Moralistes travaillent à former

(a) De orig. & progr. Idol. l. 1. p. 384.

les mœurs ; les Historiens à éclaircir quelques points de l'Histoire ancienne. Les uns & les autres concourent à l'utilité publique, on doit donc leur en savoir gré. Quoiqu'on n'apperçoive pas de rapport entre des Pommes d'or qui croissent sur des arbres, & des étoiles placées au firmament; entre Hercule qui tue un Dragon, & le Soleil qui parcourt le Zodiaque ; entre ces Pommes portées à Eurysthée, & les Astres qui restent au Ciel, Tzetzez n'est pas plus blâmable que ceux qui coupent & tranchent cette fable en morceaux pour n'en prendre que ceux qui peuvent convenir à leur systême. Si c'est un préjugé défavorable contre la vérité de leurs explications, l'attention que j'aurai de ne pas laisser une seule circonstance de cette fable sans être expliquée, doit faire pencher la balance du côté de mon systême. Entrons en matière.

Thémis avoit prédit à Atlas qu'un fils de Jupiter enleveroit un jour ces pommes (a) : cette entreprise fut tentée par plusieurs ; mais il étoit réservé à Hercule d'y réussir. Ne sachant où étoit situé ce Jardin, il prit le parti d'aller consulter quatre Nymphes de Jupiter & de Thémis, qui faisoient leur séjour dans un antre. Elles l'adressèrent à Nérée ; celui-ci le renvoya à Prométhée, qui, selon quelques Auteurs, lui dit d'envoyer

(a) *Memor ille vetustæ*
Sortis erat. Themis hanc dederat Parnassia sortem.
Tempus, Atla, veniet, tua quo spoliabitur auro
Arbor, & hunc prædæ titulum Jove natus habebit.
Ovid. Metam. l. 4.

ÉGYPTIENNES ET GRECQUES.

Atlas chercher ces fruits, & de se charger de soutenir le Ciel sur ses épaules jusqu'à son retour; mais suivant d'autres, Hercule ayant pris conseil de Prométhée, fut droit au Jardin, tua le Dragon, s'empara des pommes, & les porta à Eurysthée, suivant l'ordre qu'il en avoit reçu. Il s'agit donc de découvrir le noyau caché sous cette enveloppe, de ne pas prendre les termes à la lettre, & de ne pas confondre ces Pommes du Jardin des Hespérides avec celles dont parle Virgile dans ses Eglogues :

Aurea mala decem misi, cras altera mittam.

Les Pommes dont il est ici question croissent sur les arbres que Junon apporta pour sa dot, lorsqu'elle se maria avec Jupiter. Ce sont des fruits d'or, & qui produisent des semences d'or, des arbres dont les feuilles & les branches sont de ce même métal ; les mêmes rameaux dont Virgile fait mention dans le sixieme livre de son Enéide, en ces termes :

Accipe quæ peragenda prius latet arbore opacâ,
Aureus & foliis, & lento vimine ramus,
Junoni inferne dictus sacer.

. . . . . . primo avulso, non deficit alter,
Aureus, & simili frondescit virga metallo.

Nous avons vu ci-devant qu'Ovide en dit autant des Pommiers du Jardin des Hespérides. Il est donc inutile de recourir à des citrons, à des oranges, à des coins, à des brebis, pour avoir une explication simple & naturelle de cette fable, qui, comme beaucoup d'autres, fut imitée des Fables Egyptiennes. Pour montrer le faux de l'histoire que Diodore a fabriquée, il suffit sur cela de dire que Busiris étant contemporain d'Osiris, il n'est pas possible qu'il le fût aussi de l'Hercule Grec, auquel on attribue cette expédition, puisque celui-ci ne vint au monde que bien des siecles après Busiris. On répondra sans doute que ce Tyran, tué par Hercule, étoit différent de celui qui voulut faire enlever les filles d'Atlas; mais il y a grande apparence que Diodore, & nos modernes après lui, ayant transporté Atlas (a) de la Phénicie ou des pays voisins sur les côtes occidentales de l'Afrique, il ne leur étoit pas plus difficile d'en faire venir Busiris, & de l'établir Roi d'Espagne. Diodore est le premier des Anciens qui en fasse mention. Mais enfin le Mont-Atlas, célebre dans ce temps-là, comme il l'est encore, produit bien des especes de minéraux, & abonde en cette matiere, de laquelle se forme l'or. Il n'est donc pas surprenant qu'on y ait placé le Jardin des Hespérides. La même raison a fait dire que Mercure étoit fils de Maïa, l'une des filles d'Atlas: car le mercure des Philosophes se compose de cette matiere primitive de l'or. Il fut pour cela surnommé *Atlantiade*.

Le sommet du Mont-Atlas est presque toujours couvert de nuages, de maniere que ne pouvant être apperçu, il semble que sa cime s'éleve jus-

___
(1) M. l'Abbé Banier, Myth. t. II. p. 111.

qu'au Ciel ; en falloit-il davantage pour le personnifier, & feindre qu'il portoit le Ciel sur ses épaules ? Ajoutez à cela que l'Egypte & l'Afrique jouissent d'un Ciel serein, & qu'il n'est point dans le monde de lieu plus propre à l'observation des Astres, particulierement le Mont-Atlas, à cause de sa grande élévation. Il n'est donc pas nécessaire d'en faire un Astronome, inventeur de la Sphere ; & l'on feint avec encore moins de vraisemblance qu'il fut Roi de Mauritanie, métamorphosé en cette montagne à l'aspect de la tête de Méduse que Persée lui présenta. Je donnerai la raison de cette fiction quand je parlerai de Persée.

Plusieurs Auteurs ont confondu les Pléiades avec les Hespérides, & les ont toutes regardées comme filles d'Atlas ; mais les premieres au nombres de sept, dont les noms étoient Maïa, mere de Mercure, Electere, mere de Dardanus, Taygete, Astérope, Mérope, Alcyone & Céléno, sont proprement filles d'Atlas ; & les Hespérides filles d'Hespérus. Je trouve dans cette généalogie une nouvelle preuve qui montre bien clairement que cette histoire prétendue des Hespérides n'est qu'une fiction. Tous les Mythologues conviennent qu'Electre fut mere de Dardanus, fondateur de Dardanie, & premier Roi des Troyens. Atlas étoit donc ayeul de Dardanus. Ce qui s'accorderoit presque avec le calcul de Théophile d'Antioche (a), au rapport de Tallus, qui dit positivement que Chronos ou Saturne, frere d'Atlas,

___
(a) Liv. 3. adv. Ant.

vivoit 321 ans avant la prise de Troye. Si l'on ne veut pas accorder que cette Electre fut la même qu'Electre, fille d'Atlas, parce que la mere de Dardanus est dite Nymphe, fille d'Océan & de Thétis, on conviendra du moins que la fille d'Atlas étoit niece de Saturne (*a*). M. l'Abbé Banier assure (*b*) qu'il croit devoir s'en tenir au témoignage de Diodore à cet égard. Ce savant Mythologue reconnoît néanmoins qu'Electre, mere de Dardanus, étoit fille d'Atlas; & dit (*c*) que le Jupiter qui eut affaire avec elle, devoit vivre environ 150 ans avant la guerre de Troye. Ainsi quand nous abandonnerions Théophile d'Antioche pour suivre le calcul de Diodore, ou même celui de M. l'Abbé Banier, il ne seroit pas possible qu'Hercule, fils d'Alcmene, eût été l'Auteur de l'enlèvement des Pommes d'or du Jardin des Hespérides, puisque, suivant ce Mythologue, le Jupiter, pere d'Alcide, *quel qu'il soit, vivoit 60 ou 80 ans seulement avant la prise de Troye* (*d*). Il est vrai que cet Auteur est sujet à tomber en contradiction avec lui-même, & que l'on ne doit pas beaucoup compter sur ce qu'il assure même positivement; car si on veut l'en croire sur l'article d'Hercule, ce Héros n'est mort qu'environ 30 ans avant la prise de cette ville, & n'ayant vécu que 52 ans, pourroit-il avoir vu Atlas & les Hespérides? Mais passons une discussion qui nous meneroit trop loin: nous ne finirions pas si nous voulions comparer toutes les époques qu'il détermine.

(*a*) Diod. de Sicile.
(*b*) T. II. p. 111.
(*c*) Ibid. p. 15.
(*d*) Ibid.

Le Mont-Atlas comprend presque toutes les montagnes qui régnent le long de la côte occidentale de l'Afrique, comme on nomme en général le Mont-Taurus, les Alpes, le Mont-d'Or, les Pyrénées, &c. une chaîne de montagnes, & non une montagne seule; les petits monts qui se trouvent adjacens aux Mont-Atlas & Hespérus, semblent naître de ceux-ci; ce qui peut avoir donné lieu de les regarder comme leurs enfans; c'est pourquoi on les appelle *Atlantides*. Mais Majer s'est trompé, lorsqu'il a dit (a), en expliquant cette fable, qu'on appelloit ces montagnes Hespérides, & qu'on les disoit gardiennes des Pommes d'or, parce que la matiere propre à former ce métal se trouve sur ces petites montagnes. Il ne seroit pas tombé dans cette erreur, s'il eût fait attention que le Mercure des Philosophes, fils de Maïa, l'une d'entr'elles, ne naît point sur ces montagnes, mais dans le vase de l'Art sacerdotal ou Hermétique. Les trois noms des Hespérides ne leur ont été donnés, que parce qu'ils signifient les trois principales choses qui affectent la matiere de l'œuvre avant qu'elle soit proprement l'or Philosophique. Hespéra est fille d'Hespérus, ou de la fin du jour, par conséquent la nuit ou la noirceur. Hespérethuse ou Hesperthuse, a pris ce nom de la matiere qui se volatilise pendant & après cette noirceur, d' ἑσπέρος *diei finis*, & de θύω, *impetu feror*. Eglé signifie la blancheur qui succede à la noirceur, d' αιγλη, *splendor, fulgor*, parce que la matiere étant par-

(a) Arcana arcaniss. l. 2.

I. Partie.

venue au blanc, est brillante, & a beaucoup d'éclat. On voit par-là pourquoi Hésiode dit que la nuit fut mere des Hespérides ; mais M. l'Abbé Massieu n'avoit garde d'en deviner la raison, puisqu'il ne savoit sans doute que le nom de l'Art Hermétique, & nullement ce qui se passe dans ses opérations. En accusant Majer de chimere, il annonce à tout le monde son ignorance dans cet Art, & prouve, en jugeant ainsi sans connoissance de cause, qu'il se laissoit conduire par le préjugé.

Apollonius de Rhodes n'a considéré dans les noms qu'il donne aux Hespérides, que les trois couleurs principales de l'œuvre, la noire sous le nom d'Hespéra ; la blanche sous celui d'Eglé, & la rouge sous celui d'Erytheis, qui vient d'ἐρυθὸς, *rubor*. Il semble même avoir voulu l'indiquer plus particulierement par les métamorphoses qu'il rapporte d'elles. De Nymphes qu'elles étoient, elles se changerent en terre & en poussiere à l'abord des Argonautes. Hermès (*a*) dit que la force ou puissance de la matiere de l'œuvre est entiere, si elle est convertie en terre. Tous les Philosophes Hermétiques assurent qu'on ne réussira jamais si l'on ne change l'eau en terre. Apollonius fait mention d'une seconde métamorphose. De cette terre pullulerent, dit-il, trois plantes, & chaque Hespéride se trouva insensiblement changée en un arbre qui convenoit à sa nature. Ces arbres croissent plus volontiers dans les lieux humides, le peuplier, le saule & l'ormeau. Le premier ou

---

(*a*) Table d'Emeraude.

peuplier noir est celui dont Hespéra prit la figure, parce qu'elle indique la couleur noire. L'Auteur de la Fable de la descente d'Hercule aux enfers, a feint aussi que ce Héros y trouva un peuplier, dont les feuilles étoient noires d'un côté, & blanches de l'autre, afin de faire entendre que la couleur blanche succede à la noire. Apollonius a désigné cette blancheur par Eglé changée en saule, parce que les feuilles de cet arbre sont lanugineuses & blanchâtres. Erytheis ou la couleur rouge de la pierre des Philosophes ne pouvoit être gueres mieux indiquée que par l'orme, dont le bois est jaune quand il est vert, & prend insensiblement une couleur rougeâtre à mesure qu'il seche. C'est ce qui arrive dans les opérations de l'œuvre, où le citrin succede au blanc, & le rouge au citrin, suivant le témoignage d'Hermès. Ceux enfin qui ont mis une Vesta au nombre des Hespérides, ont eu égard à la propriété ignée de l'eau mercurielle des Philosophes, qui leur a fait dire, *nous lavons avec le feu, & nous brûlons avec l'eau.* « Notre feu humide, dit Riplée (*a*),
» où le feu permanent de notre eau, brûle avec
» plus d'activité & de force que le feu ordinaire,
» puisqu'il dissout, & calcine l'or; ce que le feu
» commun ne sauroit faire. »

Les Pléiades, filles d'Atlas, annoncent le temps pluvieux dans le cours ordinaire des saisons, & les Pléiades Philosophiques sont en effet les vapeurs qui s'élevent de la matiere, se condensent au haut du vase, & retombent en pluie, que les

(*a*) 12 Port.

Philosophes appellent rosée de Mai ou du Printemps, parce qu'elle se manifeste après la putréfaction & la dissolution de la matiere, qu'ils appellent leur Hiver. Une de ces Pléiades, Electre, femme de Dardanus, se cacha au temps de la prise de Troye, & ne parut plus, dit la Fable; non qu'en effet une de ces Pléiades célestes ait disparu un peu avant le siege de Troye, qui n'eut jamais lieu; mais parce qu'une partie de cette pluie ou rosée Philosophique se change en terre, c'est disparoître que de ne plus se montrer sous une forme connue. Cette terre est l'origine de la ville de Troye. Lorsqu'elle étoit encore sous la forme d'eau, elle étoit mere de Dardanus, fondateur de l'empire Troyen. Le temps même où l'eau se change en terre, est le temps du siege; nous expliquerons tout cela plus au long dans le sixieme Livre. Mais l'on observera que cette terre est désignée par le nom même d'Electre, puisque les Philosophes l'appellent leur *Soleil*, lorsqu'elle est devenue fixe, & qu'on fait venir Ἠλέκτρ d'Ἥλιος, Soleil. Plusieurs Auteurs Hermétiques, entr'autres Albert le Grand & Paracelse, donnent le nom d'*Electre* à la matiere de l'Art.

L'entrée du Jardin des Philosophes est gardée par le Dragon des Hespérides, dit d'Espagnet (a). Ce qu'il y a de remarquable, c'est que ce Dragon étoit fils de Typhon & d'Echidna; par conséquent frere de celui qui gardoit la Toison d'or; frere de celui qui dévora les compagnons de

---
(a) Can. 52.

Cadmus ; de celui qui étoit auprès des bœufs de Geryon, du Cerbere, du Sphinx, de la Chimere, & de tant d'autres monstres dont nous parlerons dans leurs lieux. Tous ces événemens se sont cependant passés en des pays bien différens, & en des temps bien éloignés les uns des autres. Comment les inventeurs de ces fictions se seroient-ils si bien accordés, & auroient-ils feint précisément la même chose dans des circonstances semblables, s'il n'avoit eu le même objet en vue ? Cette raison seule auroit dû faire faire quelques réflexions aux Mythologues, & les déterminer à s'accorder aussi dans leurs explications. Mais quand ils auroient voulu le faire, auroient-ils pu réussir ? Les sentimens différens entre lesquels ils se sont partagés ne le leur permettoient pas. Ils sont trop divisés entr'eux pour pouvoir s'accorder ; ils se combattent les uns & les autres ; aussi leurs opinions ne sauroient-elles se soutenir ; tout Etat divisé tend à sa ruine. Pour savoir la nature de ces monstres, il eût fallu connoître celle de leur pere commun. En considérant Typhon comme un Prince d'Egypte, il n'étoit pas possible qu'on pût le regarder comme pere de ces monstres, quelqu'explication que l'on pût imaginer. Ils ont donc été contraints d'avouer que tout cela n'étoit que fictions. Il suffisoit de lire la Théogonie d'Hésiode pour en être convaincu. La généalogie qu'il fait de Typhon, d'Echidna & de leurs enfans, n'est susceptible d'aucune explication historique, même un peu vraisemblable.

Il n'en est pas ainsi d'une explication Philosopho-Hermétique. On y voit dans Typhon un esprit actif, violent, sulfureux, igné, dissolvant, sous la forme d'un vent impétueux & empoisonné qui détruit tout. On reconnoît dans Echidna une eau corrompue, mêlée avec une terre noire, puante, sous le portrait d'une Nymphe aux yeux noirs. De tels péres pouvoient-ils engendrer autre chose que des monstres, & des monstres de même nature qu'eux; c'est-à-dire, une Hydre de Lerne, engendrée dans un marais; des Dragons vomissans du feu, parce qu'ils sont d'une nature ignée comme Typhon: enfin la peste & la destruction des lieux qu'ils habitent, pour marquer leur vertu dissolvante, résolutive, & la putréfaction qui en est une suite.

C'est de là que les Philosophes Hermétiques, d'accord avec les Poëtes qu'ils entendoient bien, ont tiré leurs allégories. C'est le Dragon Babylonien de Flamel (a), les deux Dragons du même Auteur, l'un ailé, comme ceux de Médée & de Cérès, l'autre sans ailes, tel que celui de Cadmus, de la Toison d'or, des Hespérides, &c. C'est encore le Dragon de Basile Valentin (b), & de tant d'autres qu'il seroit trop long de rapporter.

Quelques Chymistes ont cru voir ces Dragons dans les parties arsénicales des minéraux, & les ont en conséquence regardés comme la matiere de la pierre des Philosophes. Philalethe en a confirmé plusieurs dans cette idée, parce qu'il dit à ce sujet dans son *Introitus apertus ad occlusum Regis palatium*, cap. *de investigatione Magisterii*;

_____
(a) Desir désiré.   (b) 12 Clefs.

ÉGYPTIENNES ET GRECQUES. 519

dans lequel il paroît désigner clairement l'antimoine ; mais Artéphius, Synéfius, & beaucoup d'autres Philosophes se contentent de dire que cette matiere est un antimoine, parce qu'elle en a les propriétés. » Ils ont soin d'avertir que l'ar- » senic, les vitriols, les attamens, les borax, » les aluns, le nitre, les sels, les grands, les » moyens & les bas minéraux, & les métaux » seulets, dit le Trévisan (a), ne sont point la » matiere requise pour le Magistere. » En vain les Souffleurs tourmentent-ils donc ces matieres par le feu & l'eau pour en faire l'œuvre d'Hermès ; ils n'en retireront que de la cendre, de la fumée, du travail & de la misere : *car les Philosophes qui en parlent*, ajoute le même Auteur, *ou ont voulu tromper, ou n'étoient pas encore du fait quand ils y ont travaillé, & n'y ont guères dépendu de biens quand ils l'ont sû.*

On ne peut guères voir de description, ou plutôt de tableau peint avec des couleurs plus vives que celui qu'Apollonius fait du Dragon des Hespérides expirant (b). « Ladus, dit-il, ce ser- » pent qui gardoit encore hier les Pommes d'or, » dont les Nymphes Hespérides prenoient un si » grand soin, ce monstre, percé des traits d'Her- » cule, est étendu au pied de l'arbre ; l'extrémité » de sa queue remue encore ; mais le reste de » son corps est sans mouvement & sans vie. Les » mouches s'assemblent par troupes sur son noir » cadavre, pour sucer le sang corrompu de ses

(a) Philos. des Métaux.
(b) Argonaut. l. 4. v. 1400. & suiv.

» plaies, & le fiel amer de l'Hydre de Lerne,
» dont les fleches étoient teintes. Les Hespéri-
» des désolées à ce triste spectacle, appuient
» sur leurs mains leur visage couvert d'un voile
» blanc tirant sur le jaune, & pleurent en pouſ-
» ſant des cris lamentables. »

Si la description d'Apollonius plaît par la beauté du tableau qu'elle présente aux yeux de ceux qui ne sont pas au fait de l'objet de cette allégorie, combien ne doit-elle pas plaire à un Philosophe Hermétique qui y voit, comme dans un miroir, ce qui se passe dans le vase de son Art pendant & après la putréfaction de la matiere ? Hier encore ce Ladus, ce serpent terrestre χθόνιος ὄφις, qui gardoit les Pommes d'or, & que les Nymphes alimentoient, est étendu mort, percé de fleches. N'est ce pas comme si l'on disoit: Cette masse terrestre & fixe, si difficile à diſſou-dre, & qui par cette raison gardoit opiniâtre-ment & avec soin la semence aurifique où le fruit d'or qu'elle renfermoit ; se trouve aujourd'hui diſſoute par l'action des parties volatiles. L'ex-trémité de sa queue remue encore, mais le reste de son corps est sans mouvement & sans vie ; les mouches s'assemblent en troupes sur son *noir* cadavre, pour sucer le sang *corrompu* de ses plaies ; c'est-à-dire, peu s'en faut que la diſſo-lution ne soit parfaite ; la putréfaction & la cou-leur noire paroissent déja ; les parties volatiles circulent en grand nombre, & volatilisent avec elles les parties fixes dissoutes. Les Nymphes désolées pleurent & se lamentent la tête couverte d'un voile blanc-jaunâtre. La dissolution en eau est faite ; ces parties aqueuses volatilisées retombent en gouttes comme des larmes, & la blancheur commence à se manifester.

Le portrait & le pouvoir que Virgile prête à la Prêtresse des Hespérides, nous annoncent précisément les propriétés du mercure des Philosophes. C'est lui qui nourrit le Dragon Philosophique ; c'est lui qui fait rétrograder les Astres, c'est-à-dire, qui dissout les métaux, & les réduit à leur premiere matiere. C'est lui qui fait sortir les morts de leurs tombeaux, ou qui, après avoir fait tomber les métaux en putréfaction, appelée *mort*, les ressuscite en les faisant passer de la couleur noire à la blanche appelée *vie* ; ou en volatilisent le fixe, puisque la fixité est un état de mort dans le langage des Philosophes, & la volatilité un état de vie : nous trouverons une infinité d'exemples de l'un & l'autre dans cet ouvrage.

Mais suivons cette fable dans toutes ces circonstances. Hercule va consulter les Nymphes de Jupiter & de Thémis, qui faisoient leur séjour dans un antre sur les bords du fleuve Eridan, connu aujourd'hui sous le nom du Pô en Italie. Ἔρις, ιδος, veut dire dispute, débat. Au commencement de l'œuvre les parties acqueuses mercurielles excitent une fermentation, par conséquent un débat ; voilà les Nymphes du fleuve Eridan. Ces Nymphes étoient au nombre de quatre, à cause des quatre élémens, dont les Philosophes disent que leur matiere est comme l'abrégé quintessencié par la nature, suivant ses poids, ses mesures & ses proportions, que l'Artiste où Hercule doit prendre pour modeles. C'est pourquoi elles sont appelées Nymphes de Jupiter & de Thémis. Or qu'un Artiste doive consulter la Nature (*a*), & imiter ses opérations pour réussir dans celles de l'Art Hermétique, tous les Philosophes en conviennent, & assurent même qu'on travailleroit en vain sans cela. Geber & les autres disent que tout homme qui ignore la Nature & ses procédés ne parviendra jamais à la fin qu'il se propose, si Dieu ou un ami ne lui révele le tout. Et quoique Basile Valentin (*b*) dise : « Notre matiere est vile & abjecte, & » l'œuvre, que l'on conduit seulement par le » régime du feu, est aisé à faire..... Tu n'as » pas besoin d'autres instructions pour savoir » gouverner ton feu, & bâtir ton fourneau, » comme celui qui a de la farine ne tarde gueres à trouver un four, & n'est pas beaucoup » embarrassé pour faire cuire du pain. » Le Cosmopolite nous dit aussi (*c*) que quand les Philosophes assurent que l'œuvre est facile, ils auroient dû ajouter, *à ceux qui le savent*. Et Pontanus (*d*) nous apprend qu'il a erré plus de deux cents fois en travaillant sur la vraie matiere, parce qu'il ignoroit le feu des Philosophes. L'embarras

---

(*a*) Denique nolite vobis res adeò subtiles imaginari, de quibus natura nihil scit ; sed manete, manete inquam in via naturæ simplici ; quia in simplicitate rem citius palpare, quam eandem in subtilitate videre poteritis. *Cosmop. Præfat. in Ænigma Philosophicum.*

(*b*) Deuxieme addit. aux 12 Clefs.
(*c*) Nov. lum. Chemic.
(*d*) Epist.

est donc, 1°. de trouver cette matiere, & c'est sur cela qu'Hercule va consulter les Nymphes, qui le renvoient à Nérée le plus ancien des Dieux, suivant Orphée, fils de la Terre & de l'Eau, ou de l'Océan & de Thétis; celui-là même qui prédit à Pâris la ruine de Troye, & qui fut pere de Thétis, mere d'Achille. Homere (a) l'appelle le *Vieillard*; & son nom signifie *humide*. Voilà donc cette matiere si commune, si vile, si méprisée. Lorsqu'Hercule se présentoit à lui, il ne pouvoit le reconnoître & avoir raison de lui, parce qu'il le trouvoit chaque fois sous une nouvelle forme; mais enfin il le reconnut, & le pressa avec tant d'instances, qu'il l'obligea à lui déclarer tout. Ces métamorphoses sont prises de la nature même de cette matiere, que Basile Valentin (b), Haimon (c) & beaucoup d'autres disent n'avoir aucune forme déterminée, mais qu'elle est susceptible de toutes; qu'elle devient huile dans la noix & l'olive, vin dans le raisin, amere dans l'absynthe, douce dans le sucre, poison dans un sujet, thériaque dans l'autre. Hercule voyoit Nérée sous toutes ces formes différentes; mais ce n'étoit pas sous celles-là qu'il vouloit le voir. Il fit donc tant qu'enfin il le découvrit sous cette forme, qui ne présente rien de gracieux ni de spécifié, telle qu'est la matiere Philosophique. Il est donc nécessaire d'avoir recours à Nérée; mais comme ce n'est pas assez d'avoir trouvé la matiere vraie & prochaine de

---

(a) Iliad. l. 18. v. 36. (c) Epist.
(b) 12 Clefs.

l'œuvre, pour parvenir à sa fin, Nérée envoie Hercule à Prométhée, qui avoit volé le feu du Ciel pour en faire part aux hommes, c'est-à-dire, au feu Philosophique, qui donne la vie à cette matiere, sans lequel on ne pourroit rien faire. Prométhée fut toujours regardé comme le Titan igné, ami de l'Océan. Il avoit un Autel commun avec Pallas & Vulcain, parce que son nom signifie *prévoyant, judicieux*; ce qui convient à Pallas, Déesse de la Sagesse & de la Prudence; & que le feu de Prométhée étoit le même que Vulcain. On a aussi voulu marquer par-là la prudence & l'adresse qu'il faut à un Artiste pour donner à ce feu le régime convenable.

Ce Titan judicieux engagea Jupiter à détrôner Saturne son pere. Jupiter suivit ses conseils, & réussit. Mais il crut néanmoins devoir le punir du vol qu'il avoit fait, & le condamna dans la suite à être attaché à un rocher du Mont-Taurus, & à avoir le foie déchiré sans cesse par un Vautour, de maniere cependant que son foie renaîtroit à mesure que le Vautour le dévoreroit. Mercure fut chargé de cette expédition; & le supplice dura jusqu'à ce que Hercule par reconnoissance tua le Vautour, ou l'Aigle, selon quelques-uns, & l'en délivra. Comme cette fable forme un épisode, & qu'elle se trouve expliquée dans un autre endroit de cet ouvrage, nous n'en dirons que deux mots. Prométhée ou le feu Philosophique est celui qui opere toutes les variations des couleurs que la matiere prend successivement dans le vase. Saturne est la premiere ou la couleur noire; Jupiter est la grise qui lui succede. C'est donc, par le conseil & le secours de Prométhée, que Jupiter détrône son pere; mais ce Titan vole le feu du Ciel, & en est puni. Ce feu volé est celui qui est inné dans la matiere. Elle en a été imprégnée comme par attraction ; il lui a été infusé par le Soleil & la Lune ses pere & mere, selon l'expression d'Hermès (a), *pater ejus est Sol, & mater ejus Luna*; c'est ce qui lui a fait donner le nom de feu céleste. Prométhée est ensuite attaché à un rocher: n'est-ce pas comme si l'on disoit que ce feu se concentre, & s'attache à la maticté qui commence à se coaguler en pierre après la couleur grise, & que cela se fait par l'opération du mercure des Philosophes ? La partie volatile qui agit sans cesse sur la partie ignée & fixée, pour ainsi dire, pouvoit-elle être mieux désignée que par une Aigle, ou un Vautour, & ce feu concentré, que par le foie ? Ces oiseaux sont carnassiers & voraces ; le foie est, pour ainsi dire, le siege du feu naturel dans les animaux. Le volatil agit donc jusqu'à ce que l'Artiste, dont Hercule est le symbole, ait tué cette Aigle, c'est-à-dire, fixé le volatil.

Ces couleurs qui se succedent sont les Dieux & les Métaux des Philosophes, qui leur ont donné les noms des sept Planetes. La premiere entre les principales est la noire, le plomb des Sages, ou Saturne. La grise qui vient après est affectée à Jupiter, & porte son nom. La couleur de la queue de Paon à Mercure, la blanche à la

(a) Tab. Smarag.

Lune; la jaune à Vénus, la rougeâtre à Mars, & la pourprée au Soleil; ils ont même appelé *règne* le temps que dure chaque couleur. Tels sont les métaux Philosophiques, & non les vulgaires, auxquels les Chymistes ont donné les mêmes noms. Faisons une réflexion à ce sujet. Un composé de deux choses, l'une aqueuse & volatile, l'autre terrestre & fixe, étant mise dans un vase, s'il y survient une fermentation & une dissolution, il apparoîtra des couleurs ou qui se succéderont, ou qui se manifesteront mêlangées comme celles de la queue de Paon ou de l'Arc-en-ciel. Je suppose qu'un homme d'esprit, de génie, d'une imagination féconde, se mette en tête de personnifier la matiere du composé & les couleurs qui y surviennent; qu'étant ensuite parfaitement au fait, par ses observations, des combats qui se donnent entre ce fixe & ce volatil, & des différens changemens, ou des variations de couleurs qu'ils produisent, il lui prenne envie d'en fabriquer une fable, une fiction allégorique, un roman, qu'il remplira des actions de personnes feintes, que son imagination lui fournira; lui sera-t-il difficile de donner à cette fiction l'air d'une histoire vraisemblable? puisque suivant le témoignage d'Horace:

. . . . . *Cui lecta potenter erit res,*
Nec facundia deseret hunc, nec lucidus ordo.

In Art. Poët.

Ne suffira-t-il pas, pour parvenir à ce but, d'y faire entrer les lieux connus, qui conviendront d'une maniere ou d'autre à ce que l'on veut exprimer allégoriquement ? qui empêchera même de supposer l'expédition dans un lieu éloigné & inconnu ? & si l'Auteur de la Fable veut qu'elle ne soit prise que pour une allégorie, il ne sera plus alors gêné par le vraisemblable ; il pourra donner dans le merveilleux tant qu'il lui plaira. Il supposera, s'il veut, des lieux & des peuples qui n'existerent jamais, & ne s'attachera qu'à plaire, en conservant cependant toujours une allusion exacte dans les événemens feints tant dans le caractere convenable aux acteurs, que dans la suite des variations d'état & de couleurs que subit sa matiere dans les opérations.

Voilà l'origine des Fables ; & comme une fiction de cette espece peut être variée à l'infini par une ou plusieurs personnes de génie, les Fables se sont extrêmement multipliées. De là tant d'ouvrages allégoriques composés sur la théorie & la pratique de l'Art Hermétique. Le Cosmopolite sentoit bien combien il est facile d'inventer sur une matiere aussi féconde, lorsqu'il dit (a) : *Vobis dico ut sitis simplices, & non nimium prudentes, donec arcanum inveneritis, quo habito necessario aderit prudentia, tunc vobis non deerit libros infinitos scribendi facilitas.* Le Lecteur excusera, s'il lui plaît, cette digression ; si elle est hors de sa place, elle n'est pas hors de propos.

Revenons à la fable des Hespérides ; elle a tous les caracteres dont je viens de parler. Hercule ayant vu & pris conseil de Nérée & de Pro-

---

(a) Præfat. in Ænigma Philosop.

méthée, n'est plus embarrassé pour réussir ; il prend le chemin du Jardin des Hespérides, & instruit de ce qu'il doit faire, il se met en devoir d'exécuter son entreprise. A peine y est-il arrivé, qu'un Dragon monstrueux se présente à l'entrée. Il l'attaque, le tue, & cet animal tombe en putréfaction de la manière que je l'ai rapporté. L'allusion n'auroit pas été exacte, si ce monstre n'avoit pas été supposé tué à l'entrée ; la noirceur, suite de la corruption, étant la clef de l'œuvre, comme le prouvent Synésius (a) : « Quand notre » matiere Hylec commence à ne plus monter & » descendre, qu'elle tient de la substance fu- » meuse, & se putréfie, elle devient ténébreuse, » ce qui s'appelle robe noire, où la tête du cor- » beau... Cela fait aussi qu'il n'y a que deux » élémens formels en notre pierre, savoir, la » terre & l'eau ; mais la terre contient en sa » substance la vertu & la siccité du feu ; & l'eau » comprend l'air avec son humidité... Remar- » quez que la noirceur est le signe de la putré- » faction (que nous appelons Saturne) ; & que » le commencement de la dissolution est le signe » de la conjonction des deux matieres... Or, » mon fils, vous avez déja, par la grace de Dieu, » un élément de notre pierre, qui est la tête » noire ; la tête de corbeau ; qui est le fondement » & la clef de tout le Magistere, sans lesquels » vous ne réussirez jamais. » Morien s'exprime dans le même sens, & dit (b) : « Sachez main- » tenant, ô magnifique Roi, qu'en ce Magistere

(a) De l'œuv. des Sages.
(b) Entret. du Roi Calid.

» tien

» rien n'est animé, rien ne naît, & rien ne croît
» qu'après la noirceur de la putréfaction; &
» après avoir souffert, par un combat mutuel, de
» l'altération & du changement. Ce qui a fait
» dire au Sage, que toute la force du Magistere
» n'est qu'après la pourriture. »

Nicolas Flamel (a), qui a employé l'allégorie du Dragon, dit aussi: « Au même temps la ma-
» tiere se dissout, se corrompt, noircit, & con-
» çoit pour engendrer; parce que toute corrup-
» tion est génération, & l'on doit toujours sou-
» haiter cette noirceur.... Certes qui ne voit
» cette noirceur durant les premiers jours de la
» pierre! quelle autre couleur qu'il voie, il man-
» que entierement au Magistere, & ne le peut
» plus parfaire avec ce chaos; car il ne travaille
» pas bien, ne putréfiant point. » Basile Valentin
en traite dans ses douze Clefs; Riplée dans ses
douze Portes, enfin tous les autres Philosophes
qu'il seroit trop long de citer. Les Anciens ayant
observé que la dissolution se faisoit par l'humidité & la putréfaction, ou le noir étant leur Saturne, ils avoient coutume de mettre un Triton
sur le Temple de ce fils du Ciel & de la Terre;
& l'on sait que Triton avoit un rapport immédiat avec Nérée. Majer (a) nous assure que les
premieres monnoies furent frappées sous les aus-
pices de Saturne, & qu'elles portoient pour em-
preinte une brebis & un vaisseau; ce qui faisoit
allusion à la Toison d'or & à la navire Argo.

(a) Explicat. des fig.
(b) Arcana arcanissima, l. 2.

I. Partie.

Les Auteurs qui ont prétendu qu'Hercule n'employa point la violence pour emporter les Pommes d'or, mais qu'il les reçut de la main d'Atlas, n'ont pas sans doute fait attention que la Fable dit positivement qu'il falloit, pour y parvenir, tuer ce Dragon effroyable qui gardoit l'entrée du Jardin. Mais & ceux qui sont de ce sentiment, & ceux qui sont d'une opinion contraire, ont également raison. Les rôles pleins de supercherie que Pérécide (*a*) fait jouer à Hercule & à Atlas dans cette occasion, sont trop indignes d'eux, & trop mal combinés pour mériter qu'on en fasse mention. Hercule usa de violence en tuant le Dragon, dans le sens & de la maniere, que nous l'avons dit; & l'on peut dire aussi qu'il reçut les Pommes de la main d'Atlas, en ce que ce prétendu Roi de Mauritanie ne signifie autre chose que le rocher, dans lequel il fut changé, c'est-à-dire, le rocher ou la pierre des Philosophes, de laquelle se forme l'or des Sages, que quelques Philosophes ont appelé fruit du Soleil ou Pommes d'or.

Mais quelle raison les Philosophes anciens & modernes ont-ils pu avoir de feindre des Pommes d'or? Cette idée doit venir assez naturellement à un homme qui sait que les filons des mines s'étendent sous terre à peu près comme les racines des arbres. Les substances sulfureuses & mercurielles se rencontrant dans les pores & les veines de la terre & des rochers, se coagulent pour former les minéraux & les métaux, de même

---

(*a*) Schol. Apollon. l. 4. Argon.

que la terre & l'eau imprégnées de différens sels fixes & volatils, concourent au développement des germes, & à l'accroissement des végétaux. Cette allégorie des arbres métalliques est donc prise de la nature même des choses.

Presque tous les Philosophes Hermétiques ont parlé de ces arbres minéraux. Les uns se sont expliqués d'une façon, les autres d'une autre ; mais de maniere que tous concourent à toucher au même but. « Le grain fixe, dit Flamel (a),
» est comme la pomme, & le mercure est l'ar-
» bre ; il ne faut donc pas séparer le fruit de
» l'arbre avant sa maturité, parce qu'il ne pour-
» roit y parvenir faute de nourriture... Il faut
» transplanter l'arbre, sans lui ôter son fruit,
» dans une terre fertile, grasse & plus noble,
» qui fournira plus de nourriture au fruit dans
» un jour, que la premiere terre ne lui en auroit
» fourni en cent ans, à cause de l'agitation con-
» tinuelle des vents. L'autre terre étant proche
» du Soleil, perpétuellement échauffée par ses
» rayons, & abreuvée sans cesse de rosée, fait
» végéter & croître abondamment l'arbre planté
» dans le Jardin Philosophique. » Quelque marqué que soit le rapport de cette allégorie de Flamel, avec celle du Jardin des Hespérides, celle
du Cosmopolite est encore plus précise. « Nep-
» tune, dit-il (b), me conduisit dans une prai-
» rie, au milieu de laquelle étoit un Jardin
» planté de divers arbres très-remarquables. Il
» m'en montra sept entre les autres qui avoient

(a) Loc. cit.   (b) Parabole.

» leurs noms particuliers, & m'en fit remarquer
» deux de ces sept, beaucoup plus beaux & plus
» élevés : l'un portoit des fruits qui brilloient
» comme le Soleil, & ses feuilles étoient comme
» de l'or; l'autre produisoit des fruits d'une
» blancheur qui surpasse celle des lys, & ses
» feuilles ressembloient à l'argent le plus fin.
» Neptune appeloit le premier *Arbre solaire*,
» & l'autre *Arbre lunaire*. » Un autre Auteur
a intitulé son traité sur cette matiere : *Arbor solaris*. On le trouve dans le sixieme Tome du Théâtre chymique.

Après un rapport si palpable, pourroit-on se persuader que ces allégories anciennes & modernes n'aient pas le même objet ? & si elles ne l'avoient pas en effet, comment seroit-il arrivé que les Philosophes Hermétiques les ayant employées pour expliquer leurs opérations & la matiere du Magistere, elles soient entr'elles si conformes ? On dira peut-être, ce ne sont pas les Poëtes qui ont puisé leurs fables chez les Philosophes ; ce sont ces derniers qui ont pris leurs allégories dans les fables des Poëtes. Mais si les choses étoient ainsi, & que les Poëtes n'aient eu en vue que l'histoire ancienne, ou la morale, comment la suite successive de toutes les circonstances des actions rapportées par les Poëtes, &, les circonstances de presque toutes les fables, se trouvent-elles précisément propres à expliquer allégoriquement tout ce qui se passe successivement dans les opérations de l'œuvre ? & comment peut-on expliquer l'un par l'autre ? S'il n'y avoit qu'une ou deux fables qui pussent s'y rapporter, on diroit peut-être qu'en leur donnant la torture à la maniere des Mythologues portés pour l'historique ou le moral, on pourroit les faire venir au grand œuvre, tant bien que mal; mais qu'il n'y en ait pas une seule des anciennes Egyptiennes & Grecques qui ne puissent s'expliquer jusqu'aux circonstances mêmes qui paroissent les moins intéressantes aux autres Mythologues, & qui se trouvent nécessaires dans mon système; c'est un argument que nos Mythologues auroient bien de la peine à résoudre.

Orphée & les anciens Poëtes ne se sont cependant pas proposé de décrire allégoriquement la suite entiere de l'œuvre dans chaque fable, & plusieurs Philosophes Hermétiques n'en ont aussi décrit que la partie qui les frappoit le plus. L'un n'a eu en vue que de faire allusion à ce qui se passe dans l'œuvre du soufre; l'autre dans les opérations de l'élixir; un troisieme n'a parlé que de la multiplication. Quelquefois, pour donner le change, ces derniers ont entremêlé des opérations de l'un & de l'autre œuvre. C'est ce qui les rend si inintelligibles à ceux qui ne savent pas faire cette distinction; c'est aussi ce qui fait qu'on trouve souvent des contradictions apparentes dans leurs ouvrages, lorsqu'on les compare les uns avec les autres. Par exemple, un Philosophe Hermétique, en parlant des matieres qui entrent dans la composition de l'élixir, dit qu'il en faut plusieurs, & celui qui parle de la composition du soufre, assure qu'il n'en faut qu'une. Ils ont raison tous deux; il suffiroit, pour les accorder, de faire attention qu'ils ne parlent pas des mêmes circonstances de l'œuvre. Ce qui contribue à confirmer l'idée de contradiction que l'on y remarque, c'est que la description des opérations est souvent la même dans l'un & dans l'autre ; mais ils ont encore raison en cela, puisque Morien, l'un d'entr'eux, nous assure avec beaucoup d'autres Philosophes, que le second œuvre, qu'il appelle disposition, est tout semblable au premier quant aux opérations.

On doit juger des fables de la même façon. Les travaux d'Hercule pris séparément, ne font pas allusion à tous les travaux de l'œuvre ; mais la conquête de la Toison d'or le renferme dans son entier. C'est pourquoi l'on voit reparoître plusieurs fois dans cette derniere fiction des faits différens en eux-mêmes quant aux lieux & aux actions, mais qui, pris dans le sens allégorique, ne signifient que la même chose. Les lieux par lesquels il étoit tout naturel que les Argonautes passassent pour retourner dans leur pays, n'étant plus propres à exprimer ce qu'Orphée avoit en vue, il en a feint d'autres qui n'ont jamais existé, ou a feint qu'ils avoient passé par des lieux connus, mais qu'il leur étoit impossible de trouver sur leur route. Cette remarque a lieu pour les autres, comme nous le verrons dans la suite. La propriété que Midas avoit reçu de Bacchus de changer en or tout ce qu'il touchoit, n'est qu'une allégorie de la projection ou transmutation des métaux en or. L'art nous fournit tous les jours dans le règne végétal des exemples de transmutation, qui prouve la possibilité de celle des métaux. Ne voyons-nous pas qu'un petit œil pris sur un arbre franc, & enté sur un sauvageon, porte des fruits de la même espece que ceux de l'arbre d'où l'œil a été tiré ? Pourquoi l'art ne réussiroit-il pas dans le regne minéral en fournissant aussi l'œil métallique au sauvageon de la Nature, & en travaillant avec elle ? La Nature emploie un an entier pour faire produire à un pommier des feuilles, des fleurs & des fruits. Mais si au commencement de Décembre, avant les gelées, on coupe d'un pommier une petite branche à fruit, & que l'ayant mise dans de l'eau dans une étuve, on la verra dans peu de jours pousser des feuilles & des fleurs. Que font les Philosophes ? ils prennent une branche de leur pommier Hermétique, ils la mettent dans leur eau, & dans un lieu modérément chaud; elle leur donne des fleurs & des fruits dans son temps. La Nature, aidée de l'art abrége donc la durée de ses opérations ordinaires. Chaque regne a ses procédés; mais ceux que la Nature met en usage pour l'un justifient ceux de l'autre, parce qu'elle agit toujours par une voie simple & droite; l'art doit l'imiter: mais il emploie divers moyens quand il s'agit de parvenir à des buts différens.

La fable des Hespérides est une preuve que le Philosophe Hermétique doit consulter la Nature avant de travailler, & imiter ses procédés dans ses opérations, s'il veut, comme Hercule, réussir à enlever les Pommes d'or. C'est dans ce même Jardin que fut cueillie la pomme, premiere semence de la guerre de Troye. Vénus y prit aussi celles dont elle fit présent à Hyppomene pour arrêter Atalante dans sa course. Nous expliquerons cette derniere fable, dans le Chapitre suivant; & nous réfervons l'autre pour le fixiéme Livre.

CHAPITRE III.

Hiſtoire d'Atalante.

LA fable d'Atalante eſt tellement liée avec celle du Jardin des Heſpérides, qu'elle en dépend abſolument, puiſque Vénus y prit les Pommes qu'elle donna à Hyppoméne. Ovide avoit ſans doute appris de quelque ancien Poëte, que Vénus avoit cueilli ces Pommes dans le champ Damaſéen de l'Iſle de Chypre (a). L'inventeur de cette circonſtance a fait alluſion à l'effet de ces pommes; puiſque le nom du champ où l'on ſuppoſe qu'elles croiſſent, ſignifie, vaincre, dompter, de δαμάω, ſubigo, domo; qualité qu'ont les Pommes d'or du Jardin Philoſophique; ce qui eſt pris de la nature même de la choſe, comme nous le verrons ci-après.

On a varié ſur les parens de cette Héroïne, les uns la diſant avec Apollodore fille de Jaſus, & les autres filles de Schœnée, Roi d'Arcadie. Quelques Auteurs ont même ſuppoſé une autre Atalante, fille de Ménalion, qu'ils diſent avoir été ſi légere à la courſe, qu'aucun homme, quelque vigoureux qu'il fût, ne pouvoit l'atteindre.

(a) Métam. l. 10. Fab. II.

EGYPTIENNES ET GRECQUES. 557

M. l'Abbé Banier semble la distinguer de celle qui assista à la chasse du Sanglier de Calydon, mais les Poëtes la font communément fille de Schænée, Roi de Schyrre. Elle étoit vierge, & d'une beauté surprenante. Elle avoit résolu de conserver sa virginité (a), parce qu'ayant consulté l'Oracle pour savoir si elle devoit se marier, il lui répondit qu'elle ne devoit pas se lier avec un époux, mais qu'elle ne pourroit cependant l'éviter. Sa beauté lui attira beaucoup d'amans ; mais elles les éloignoit tous par les conditions dures qu'elle imposoit à ceux qui prétendoient à l'épouser. Elle leur proposoit de disputer avec elle à la course, à condition qu'ils courroient sans armes ; qu'elle les suivroit avec un javelot, & que ceux qu'elle pourroit atteindre avant d'être arrivés au but, elles les perceroit de cette arme ; mais que le premier qui y arriveroit avant elle, seroit son époux. Plusieurs le tenterent, & y périrent. Hyppomène, arriere-petit-fils du Dieu des Eaux (b), frappé lui-même de la valeur connue, de la beauté d'Atalante, ne fut point rebuté par le malheur des autres poursuivans de cette valeureuse fille. Il invoqua Vénus, & en obtint trois pommes d'or. Muni de ce secours, il se présenta pour courir avec Atalante aux mêmes conditions que les autres. Comme l'amant, suivant la convention, passoit devant, Hyppomene en courant laissa tomber adroitement ces trois pommes à quelque distance l'une de l'autre, & Atalante s'étant amusée à les ramasser, il eut toujours l'avance, &

(a) Ovid. loc. cit.   (b) Ibid.

arriva le premier au but. Ce ſtratagême l'ayant ainſi rendu vainqueur, il épouſa cette Princeſſe. Comme elle aimoit beaucoup la chaſſe, elle prenoit ſouvent cet exercice. Un jour qu'elle s'y étoit beaucoup fatiguée, elle ſe ſentit atteinte d'une ſoif violente auprès d'un Temple d'Eſculape. Elle frappa un rocher, dit la fable, & en fit ſaillir une ſource d'eau fraîche, dont elle ſe déſaltéra. Mais ayant dans la ſuite profané avec Hyppomene un Temple de Cybéle, il fut changé en Lion, & Atalante en Lionne.

Quelqu'envie que l'on puiſſe avoir de regarder cette fiction comme une hiſtoire véritable, toutes les circonſtances ont un air ſi fabuleux, que M. l'Abbé Banier lui-même s'eſt contenté de rapporter ce qu'en diſent divers Auteurs, ſans en faire aucune application. Ceux qui trouvent dans toutes les fables des regles pour les mœurs, réuſſiſſent-ils mieux en diſant que celle-ci eſt le portrait de l'avarice & de la volupté ? que cette vîteſſe à la courſe indique l'inconſtance qui ne peut être fixée que par l'appâs de l'or ? & que leur métamorphoſe en animaux, fait voir l'abrutiſſement de ceux qui ſe livrent ſans modération à la volupté ? Quelque peu vraiſemblables que ſoient ces explications, combien d'autres circonſtances trouve-t-on dans cette fiction qui les démentent, & qui ne ſauroient s'y ajuſter ? Mais il n'en eſt aucune qui devienne difficulté dans mon ſyſtême.

Atalante a Schœnée pour pére, ou une plante qui croît dans les marais, de σχοῖνος, *juncus* ; elle étoit vierge & d'une beauté ſurprenante, ſi légere

ÉGYPTIENNES ET GRECQUES. 539

à la course, qu'elle parut à Hyppomene courir aussi vîte que vole une fléche ou un oiseau :

> . . . . *Dum talia secum*
> *Exigit Hyppomenes, passu volat alite virgo.*
> *Quæ quanquam Scythica non segnius ire sagitta*
> *Aonio visa est Juveni.*
>
> Ovid. loc. cit.

L'eau mercurielle des Philosophes a toutes ces qualités ; c'est une vierge ailée, extrêmement belle (a), née de l'eau marécageuse de la mer, ou du lac Philosophique. Elle a des joues vermeilles, & se trouve issue de sang royal ; telle qu'Ovide, dans l'endroit cité, nous représente Atalante :

> *Inque puellari corpus candore, ruborem*
> *Traxerat.*

Rien de plus volatil que cette eau mercurielle ; il n'est donc pas surprenant qu'elle surpasse tous ses Amans à la course. Les Philosophes lui donnent même souvent les noms de fleches & d'oiseaux. C'étoit avec de telles fleches qu'Apollon tua le serpent Python ; Diane les employoit à la chasse, & Hercule dans les combats qu'il avoit à soutenir contre certains monstres ; la même raison a fait supposer qu'Atalante tuoit avec un javelot, & non avec une pique, ceux qui cou-

---

(a) Recipe Virginem alatam, optimè lotam & mundatam... tinctæ puniceo colore genæ prodent. *Espagnet, Arcan. Hermet. Philosoph. opus. Can. 58.*

roient devant elle, Hyppomene fut le seul qui la vainquit, non-seulement parce qu'il étoit descendu du Dieu des Eaux, par conséquent de même race qu'Atalante, mais avec le secours des pommes d'or du Jardin des Hespérides, qui ne sont autre chose que l'or ou la matiere des Philosophes fixée & fixative. Cet or est seul capable de fixer le mercure des Sages en le coagulant, & le changeant en terre. Atalante court ; Hyppomene court à cause d'elle, parce que c'est une condition sans laquelle il ne pouvoit l'épouser. En effet, il est absolument requis dans l'œuvre que le fixe soit premierement volatilisé, avant de fixer le volatil ; & l'union des deux ne peut par conséquent se faire avant cette succession d'opérations ; c'est pourquoi l'on a feint qu'Hyppomene avoit laissé tomber ses pommes de distance en distance.

Atalante enfin devenue amoureuse de son vainqueur, l'épouse, & ils vivent ensemble en bonne intelligence ; ils sont même inséparables, mais ils s'adonnent encore à la chasse ; c'est-à-dire, qu'après que la partie volatile est réunie avec la fixe, le mariage est fait ; ce fameux mariage dont les Philosophes parlent dans tous leurs Traités (a). Mais comme la matiere n'est pas alors absolument fixe, on suppose Atalante & Hyppomene encore adonnés à la chasse. La soif dont Atalante est

---

(a) D'Espagnet, Can. 58.
Morien, Entretien du Roi Calid, 2. partie.
Flamel, Desir desiré.

L'Auteur anonyme du Traité, *Consilium conjugii massæ Solis & Lunæ*, *Thesaurus Philosophiæ*, & tant d'autres.

atteinte, est la même que celle dont brûloient Hercule & les Argonautes auprès du Jardin des Hespérides; & ce prétendu Temple d'Esculape n'en differe tout au plus que de nom. Hercule dans le même cas fit sortir, comme Atalante, une source d'eau vive d'un rocher, mais à la maniere des Philosophes, dont la pierre se change en eau. Car, comme dit Synésius (a), tout notre art consiste à savoir tirer l'eau de la pierre ou de notre terre, & à remettre cette eau sur sa terre. Riplée s'explique à peu près dans les mêmes termes: « Notre art produit l'eau de la terre, & » l'huile du rocher le plus dur. » Si vous ne » changez notre pierre en eau, dit Hermès(b), » & notre eau en pierre, vous ne réussirez pas. » Voila la fontaine du Trévisan, & l'eau vive des Sages. Synésius que nous venons de citer, avoit reconnu dans l'œuvre une Atalante & un Hyppomene, lorsqu'il dit (c): « Cependant, s'ils » pensoient m'entendre sans connoître la nature » des élémens & des choses créées, & sans avoir » une notion parfaite de notre riche métal, ils » se tromperoient, & travailleroient inutilement. » Mais, s'ils connoissent les natures qui *fuient*, » & celles qui *suivent*, ils pourront, par la grace » de Dieu, parvenir où tendent leurs desirs. » Michel Majer a fait un traité d'emblêmes Hermétiques, qu'il a intitulé en conséquence *Atalanta fugiens*, &c.

Ceux d'entre les Anciens qui ont dit qu'Hyp-

(a) Sur l'œuvre des Philosophes.
(b) Sept Chap. (c) Loc. cit.

pomène étoit fils de Mars, ne sont point contraires dans le fond à ceux qui le disent descendu de Neptune (a), puisque le Mars Philosophique se forme de la terre provenue de l'eau des Sages, qu'ils appellent aussi leur mer. Cette matiere fixe est proprement le Dieu des Eaux; d'elle est composée l'Isle de Délos, que Neptune, dit-on, fixa pour favoriser la retraite & l'accouchement de Latone, qui y mit au monde Apollon & Diane; c'est-à-dire la pierre au blanc & la pierre au rouge, qui sont la Lune & le Soleil des Philosophes, & qui ne different point d'Atalante changée en Lionne, & d'Hyppomene métamorphosé en Lion. Ils sont l'un & l'autre d'une nature ignée, & d'une force à dévorer les métaux imparfaits représentés par les animaux plus foibles qu'eux, & à les transformer en leur propre substance, comme fait la poudre de projection au blanc & au rouge, qui transmue ces bas métaux en argent ou en or, suivant sa qualité. Le Temple de Cybele où se fit la profanation qui occasionna la métamorphose, est le vase Philosophique, dans lequel est la terre des Sages, mère des Dieux Chymiques.

Quoiqu'Appollodore ait suivi une tradition un

(a) Jam solitos poscunt cursus, populusque paterque,
Cùm me sollicita proles Neptunia voce
Invocat Hyppomenes.
Ovid. metam. l. x. fab. xI.
Namque mihi genitor Megareus, Onchestus, & illi
Est Neptunus avus, pronepos ego Regis aquarum.
Ibid.

peu différente de celle que nous venons de rapporter, le fond en est le même, & s'explique aussi facilement. Suivant cet Auteur, elle fut exposée dès sa naissance dans un lieu désert, trouvée & élevée par des chasseurs; ce qui lui fit prendre beaucoup de goût pour la chasse. Elle se trouva à celle du monstrueux Sanglier de Calydon, & ensuite aux combats & aux jeux institués en l'honneur de Pélias, où elle lutta contre Pélée, & remporta le prix. Elle trouva depuis ses parens, qui la pressant de se marier, elle consentit d'épouser celui qui pourroit la vaincre à la course, ainsi qu'on l'a dit.

Le désert où Atalante est exposée, est le lieu même où se trouve la matiere des Philosophes, fille de la Lune, suivant Hermès (a): *In depopulatis terris invenitur, Sol est ejus pater, & mater Luna*, comme Atalante avoit Ménalion pour mere, qui semble venir de μήνη, *Luna* & de ἀλάω, *seges*. Les chasseurs qui la trouverent, sont les Artistes auxquels Raymond Lulle (b) donne le nom de Chasseurs dans cette circonstance même. *Cùm venatus fueris eam (materiam) à terrâ noli ponere in eâ aquam, aut pulverem, aut aliam quamcumque rem*. L'Artiste en prend soin, il la met dans le vase, & lui donne le goût de la chasse, c'est-à-dire, la dispose à la volatilisation; quand elle fut en âge de soutenir la fatigue, & qu'elle fut exercée, elle assista à la chasse du Sanglier de Calydon, c'est-à-dire, au

(a) Tab. Smarag.
(b) Theoricâ Testam. c. 18.

combat qui se donne entre le volatil & le fixe, où le premier agit sur le second, & le surmonte comme Atalante blessa le premier d'une *fleche* le fier animal, & fut cause de sa prise; c'est pourquoi on lui en adjugea la hure & la peau. A ce combat succede la dissolution & la noirceur, représentées par les combats institués en l'honneur de Pélias, comme nous le verrons dans le quatrieme Livre. Enfin après y avoir remporté le prix contre Pélée, elle retrouva ses parens; c'est-à-dire, qu'après que la couleur noire a disparu, la matiere commence à se fixer, & à devenir Lune & Soleil des Philosophes, qui sont les pere & mere de leur matiere. Le reste a été expliqué ci-devant. Ce que je viens de dire de la guerre de Calydon sembleroit exiger que j'entrasse dans un plus grand détail à ce sujet; mais cette fable n'étant pas de la nature de celles que je me suis proposé d'expliquer dans ce second Livre, à cause de leur rapport plus apparent avec l'Art Hermétique, je n'en ferai pas une mention plus étendue.

CHAPITRE IV.

La Biche aux cornes d'or.

L'HISTOIRE de la prise de la Biche aux cornes d'or & aux pieds d'airain, est si manifestement une fable, qu'aucun Mythologue, je pense, ne se mettra en tête de la traiter autrement. M. l'Abbé

l'Abbé Banier (a) a bien senti lui-même que des cornes, & qui plus est des cornes d'or données à une Biche, qui n'en porte d'aucune espece, formoient une circonstance qui rend l'histoire au moins allégorique, & que les pieds d'airain devoient faire allusion à quelque chose ; mais il a rapporté simplement le fait des cornes sans y donner aucune explication, quelqu'envie qu'il eût de donner cette fiction pour une histoire véritable. Il auroit bien fait de se taire aussi sur les pieds d'airain. « Hercule, dit-il, ayant pour-
» suivi pendant un an une Biche qu'Eurysthée
» lui avoit ordonné de lui amener en vie, on
» publia dans la suite qu'elle avoit les pieds d'ai-
» rain ; expression figurée, qui marquoit la vî-
» tesse avec laquelle elle couroit. » Le Lecteur pensera-t-il avec ce Mythologue que des pieds d'airain soient très-propres à donner de la légereté à un animal & à augmenter sa vîtesse ? Pour moi, si je voulois expliquer cette fable dans le système de ce Savant, j'aurois supposé, au contraire, que l'Auteur de cette fiction avoit feint ces pieds d'airain pour rendre le fait plus croyable ; non pas quant aux pieds d'airain en eux-mêmes ; mais pour donner à entendre figurativement, que cette Biche étoit d'une nature beaucoup plus pesante que les Biches ne le sont communément ; par conséquent bien moins légere à la course, & plus facile à être prise par un homme qui la poursuivoit.

Mais cette difficulté levée, il reste encore celle

(a) T. III. p. 276.

I. Partie.

des cornes d'or; celle de la poursuite d'une année entiere; celle de ne pouvoir être tuée par aucune arme, ni prise à la course par aucun homme qu'un Héros tel qu'Hercule, enfin toutes les autres circonstances de cette fiction. Une histoire de cette espece deviendroit un conte puéril, & un fait très-peu digne d'être mis au nombre des travaux d'un si grand Héros, s'il ne renfermoit quelques mysteres.

Cette Biche étoit, dit-on, consacrée à Diane. Elle habitoit le mont Ménale; il n'étoit pas permis de la chasser aux chiens, ni à l'arc; il falloit la prendre à la course, en vie, & sans perte de son sang. Eurystée commanda à Hercule de la lui amener. Hercule la poursuivit sans relâche un an entier, & l'attrapa enfin dans la forêt d'Artémise, consacrée à Diane, lorsque cet animal étoit sur le point de traverser le fleuve Ladon.

La Biche est un animal des plus vîtes à la course, & aucun homme ne pourroit se flatter de l'atteindre. Mais celle-ci avoit des cornes d'or & des pieds d'airain; elle en étoit moins leste, & par conséquent plus aisée à prendre; & malgré cela il falloit un Hercule. Dans toute autre circonstance, celui qui se seroit avisé de prendre une Biche consacrée à Diane, dans les bois de cette Déesse, &c. auroit infailliblement encouru l'indignation de la sœur d'Apollon, extrêmement jalouse de ce qui lui appartenoit, & punissant sévérement ceux qui lui manquoient. Mais dans celle-ci Diane semble avoir agi de concert avec Alcide, quoiqu'elle parût faite pour fournir matiere aux travaux de ce Héros. Le Lion Néméen, le Sanglier d'Erymante en sont des preuves. Hercule qui lançoit des fleches contre le Soleil même, auroit-il à craindre le courroux de Diane ? mais quelque téméraire qu'il eût pu être, lui qui étoit dans le monde pour le purger des monstres & des malfaiteurs qui l'infestoient, auroient-ils osé s'en prendre aux Dieux, s'il avoit regardé ces Dieux comme réels, & s'il n'avoit su qu'ils étoient de nature à pouvoir être attaqués impunément par des hommes ? Il brave Neptune, Pluton, Vulcain, Junon. Tous cherchent à lui nuire, à lui donner de l'embarras, & il s'en tire. Mais tels sont les Dieux fabriqués par l'Art Hermétique, ils donnent de la peine à l'Artiste; mais celui-ci les poursuit tout-à-coup de fleches ou de massue, & vient à bout d'en faire ce qu'il se propose. Dans la poursuite qu'il fait de cette Biche, il n'emploie pas de telles armes; mais l'or même dont les cornes de cet animal sont faites, & ses pieds d'airain favorisent son entreprise. C'est en effet ce qu'il faut dans l'Art chymique, où la partie volatile, figurée par la course légère de la Biche, est volatile au point, qu'il ne faut rien moins qu'une matiere fixe comme l'or pour la fixer. L'Auteur du Rosaire a employé figurativement des expressions qui signifient la même chose, lorsqu'il a dit : « L'argent-vif volatil ne sert de rien, s'il n'est mortifié avec son corps; ce corps est de la nature du *Soleil.* »

» Deux animaux sont dans notre forêt, dit un
» ancien Philosophe Allemand (*a*); l'un vif,

_____

(*a*) Rythmi German.

» léger, alerte, beau, grand & robuste; c'est
» un Cerf, l'autre est la Licorne. »

Basile Valentin, dans une allégorie sur le Magistere des Sages, s'exprime ainsi : « Un âne
» ayant été enterré, s'est corrompu & putréfié;
» il en est venu un cerf ayant des cornes d'or
» & des pieds d'airain beaux & blancs; parce
» que la chose dont la tête est rouge, les yeux
» noirs & les pieds blancs, constitue le Magis-
» tere. » Les Philosophes parlent souvent du *laton* ou leton qu'il faut blanchir. Ce laton ou la matiere parvenue au noir par la putréfaction, est la base de l'œuvre. Blanchissez le *laton*, & déchirez vos livres, dit Morien; l'azoth & le *laton* vous suffisent. On a donc feint avec raison que cette Biche avoit des pieds d'airain. De cet airain étoient ces vases antiques que quelques Héros de la fable offrirent à Minerve; le Trépied dont les Argonautes firent présent à Apollon; l'instrument au bruit duquel Hercule chassa les oiseaux du lac Stymphale; la tour dans laquelle Danaë fut renfermée, &c.

Tout dans cette fable a un rapport immédiat avec Diane. La Biche lui est consacrée; elle habite sur le mont Ménale, ou pierre de la Lune; de μήνη, *luna*, & de λᾶας, *lapis*; elle fut prise dans la forêt Artémise qui signifie aussi Diane. La Lune & Diane ne sont qu'une même chose, & les Philosophes appellent *Lune* la partie volatile ou mercurielle de leur matiere. *Lunam Philosophorum sive eorum mercurium, qui mercurium vulgarem dixerit, aut sciens fallit, aut ipse fal-*

ÉGYPTIENNES ET GRECQUES.

litur (*a*). Ils nomment aussi *Diane* leur matière parvenue au blanc : *Viderunt illam sine veste Dianam hisce elapsis annis (sciens loquor) multi & suprema & infima sortis homines*, dit le Cosmopolite dans la Préface de ses douze Traités. C'est alors que la Biche se laisse prendre, c'est-à-dire, la matière de volatile qu'elle étoit devient fixe. Le fleuve Ladon fut le terme de sa course, parce qu'après la circulation longue elle se précipite au fond du vase dans l'eau mercurielle, où le volatil & le fixe se réunissent. Cette fixité est désignée par le présent qu'Hercule en fait à Eurysthée ; car Eurysthée vient d'Εὐρύς, *latus*, *amplus*, & de στάω, *sto*, *maneo*. Comme on a fait Εὐρυσθενής, *firmiter stans*, ou *potens*, d'Εὐρύς, *latus*, & de σθένος, *robur*. C'est donc comme si l'on disoit que l'Artiste, après avoir travaillé à fixer la matière lunaire pendant le temps requis, qui est celui d'un an, il réussit à en faire leur Diane, ou à parvenir au blanc, & lui donne ensuite le dernier degré de fixité signifié par Eurystée. Ce terme d'un an ne doit pas s'entendre d'une année commune, mais d'une année Philosophique, dont les saisons ne sont pas non plus les saisons vulgaires. J'ai expliqué ce que c'étoit dans le Traité Hermétique qui se trouve au commencement de cet Ouvrage, & dans le Dictionnaire qui lui sert de Table.

Cette poursuite d'un an auroit dû faire soupçonner quelque mystere caché sous cette fiction. Mais les Mythologues n'étant pas au fait de ce

(*a*) D'Espagn. Can. 44.

mystere, n'ont pu y voir que du fabuleux. Chaque chose a un temps fixé & déterminé pour parvenir à sa perfection. La Nature agit toujours longuement, & quoique l'Art puisse abréger ses opérations, il ne réussiroit pas s'il en précipitoit trop les procédés. Au moyen d'une chaleur douce, mais plus vive que celle de la Nature, on peut prématurer une fleur ou un fruit; mais une chaleur trop violente brûleroit la plante, avant qu'elle eût pu produire ce qu'on en attendoit. Il faut plus de patience & de temps dans l'Artiste, que de travail & de dépense; dit d'Espagnet (a). Riplée nous assure d'ailleurs (b), & beaucoup d'autres, qu'il faut un an pour parvenir à la perfection de la pierre au blanc, ou la Diane des Philosophes, que cet Auteur appelle *chaux.* « Il » nous faut, dit-il, un an, pour que notre chaux » devienne fusible, fixe, & prenne une couleur » permanente. » Zacharie & le plus grand nombre des Philosophes disent qu'il faut 90 jours, & autant de nuits pour pousser l'œuvre au rouge après le vrai blanc, & 275 jours pour parvenir à ce blanc; ce qui fait un an entier, auquel Trévisan ajoute sept jours.

Quelques Mythologues ont fait de cette fable une application assez extraordinaire. Hercule, disent-ils, figure le Soleil, qui fait son cours tous les ans. Mais quand il faut dire qu'elle est cette Biche que le Soleil poursuit, ils restent en chemin; tant il est vrai que toute explication fausse cloche toujours par quelqu'endroit.

(a) Can. 35.   (b) 12 Portes.

CHAPITRE V.

Midas.

QUOIQUE la fable de Midas ne renferme pas une seule circonstance qu'on puisse avec fondement regarder comme historique, M. l'Abbé Banier prétend que tout en est vrai (a). « C'est » ainsi, dit ce Mythologue, que les Grecs se » plaisoient à travestir l'histoire en fables ingé- » nieuses. Je dis l'histoire, car c'en est une vé- » ritable. » Les Auteurs de cette fiction ne pourroient-ils pas dire de M. l'Abbé Banier avec plus de raison : C'est ainsi que ce Savant travestit en histoire ce qui ne fut jamais qu'un fruit de notre imagination ; car l'histoire prétendue de Midas est une fable pure. En effet, tous les Acteurs de la pièce ne sont-ils pas imaginaires ? Nous avons donné Cybele, mere de Midas, pour mere des Dieux, & il plaît à ce Mythologue d'en faire une Reine de Phrygie, fille de Dindyme & de Méon, Roi de Phrygie & de Lydie. Silène étoit pour nous le nourricier du Dieu Bacchus qui n'exista jamais, il le métamorphose en Philosophe aussi célebre par sa science que par son ivrognerie. Je sais bien que plusieurs anciens Auteurs sont de son sentiment, & qu'ils ne regardent cette ivresse dont on a tant parlé, que comme une ivresse mystérieuse, qui signifioit que Silene étoit

(a) Mythol. T. II. p. 596.

profondément enseveli dans ses spéculations. Cicéron, Plutarque & bien d'autres encore, avoient conçu de lui une idée à peu près semblable; mais les uns ne parlent que d'après les autres, & lorsqu'on remonte à la source, on ne voit Silene que comme un véritable ivrogne, pere nourricier du Dieu Bacchus.

La singularité même de l'aventure qui livra Silene à Midas, & ce qui en résulta ne peut être regardé que comme une pure fiction. Y a-t-il apparence que Midas, en tant que le plus avare des hommes, eût prodigué du vin jusqu'à en remplir une fontaine pour engager Silene d'en boire avec excès, & l'avoir en sa possession? Un avare n'auroit-il pas trouvé un moyen plus conforme à son avarice, & falloit-il user d'un stratagême aussi coûteux pour obtenir une chose aussi aisée? Les façons dont Midas en usa envers Silene, suivant ce qu'en rapporte M. l'Abbé Banier (a), détruisent même absolument l'idée de réalité. « Silene, dit ce Mythologue, rodoit dans
» le pays, monté sur son âne, & s'arrêtoit sou-
» vent près d'une fontaine pour cuver son vin,
» & se reposer de ses fatigues. L'occasion parut
» favorable à Midas : il fit jeter du vin dans
» cette fontaine, & mit quelques paysans en
» embuscade. Silene but un jour de ce vin avec
» excès, & ces paysans qui le virent ivre, se
» jeterent sur lui, le lierent avec des guirlandes
» de fleurs, & le menerent ainsi au Roi. Ce
» Prince, qui étoit lui-même initié aux Mys-

_____
(a) Loc. cit. p. 395.

» teres de Bacchus, reçut Silene avec de grandes
» marques de respect; & après avoir célébré
» avec lui les Orgies pendant dix jours & dix
» nuits consécutives, & l'avoir entendu discourir
» sur plusieurs matieres, le remena à Bacchus.
» Ce Dieu, charmé de revoir son pere nourricier,
» dont l'absence lui avoit causé beaucoup d'in-
» quiétudes, ordonna à Midas de lui demander
» tout ce qu'il voudroit. Midas qui étoit extrê-
» mement avare, souhaita de pouvoir convertir
» en or tout ce qu'il toucheroit; ce qui lui fut
» accordé. »

Si l'on en croit le même Auteur, Silene étoit donc un Philosophe très-savant, dont Midas employa les lumieres pour l'établissement de la Religion, & les changemens qu'il fit dans celle des Lydiens. Et pour avoir un garant de la vérité de cette histoire prétendue, il cite Hérodote (*a*), à qui il fait dire ce qu'il ne dit pas en effet. Les autres explications sont si peu naturelles, & s'éloignent si fort du vraisemblable, que je ne crois pas devoir les rapporter.

Si Silene étoit un Philosophe, quelle raison peut avoir engagé de le supposer nourricier de Bacchus? La Philosophie n'est-elle pas incompatible avec l'ivresse? Un homme adonné habituellement à ce vice, n'est aucunement propre aux profondes spéculations que demande cette science. Puisque ce Philosophe prétendu avoit coutume d'aller cuver son vin auprès de la fontaine où il fut pris, étoit-il nécessaire de prendre tant de

(*a*) L. 1. c. 14.

mesures pour s'en saisir? Pensera-t-on avec le Scholiaste d'Aristophane & M. l'Abbé Banier, qu'on n'a feint que Midas avoit des oreilles d'âne, que parce que ce Prince avoit par-tout des espions qu'il interrogeoit & écoutoit avec attention? Dira-t-on avec ce Mythologue, qu'il communiqua sa vertu aurifique au fleuve Pactole, parce qu'il obligeoit ses sujets à ramasser l'or que les eaux de ce fleuve entraînoient? Et s'il est vrai qu'il étoit extrêmement grossier & stupide (a), comment avoit-il assez d'esprit pour entreprendre de donner des loix aux Lydiens, & d'instituer des cérémonies religieuses (b) ? Pour s'accréditer parmi ses peuples, & se faire regarder comme un second Numa? Pour conduire un commerce de maniere à devenir si opulent, qu'on ait feint qu'il changeoit tout en or ?

Telles sont les explications, ou plutôt les contradictions de ce savant Mythologue, qui sait ingénieusement faire usage de tous les Auteurs pour parvenir à son but. Dans un endroit Midas regne le long du fleuve Sangar; dans l'autre, c'est le long du fleuve Pactole. Là, c'est un homme grossier & stupide qui mérite en conséquence qu'on feigne qu'il avoit des oreilles d'âne: ici, c'est un homme d'esprit, un génie vaste & étendu, capable de grandes entreprises, digne d'être comparé à Numa; & qui, ayant trouvé le secret de savoir tout par ses espions, avoit par-là donné lieu de feindre qu'il portoit des oreilles d'âne.

Les Poëtes n'avoient pas trouvé un dénouement

(a) T. II. p. 227.   (b) Ibid. p. 398.

si ingénieux à cette fiction. Ovide (a) nous dit qu'Apollon ne crut pas pouvoir mieux punir Midas, que de lui faire croître des oreilles d'âne, pour faire connoître à tout le monde le peu de discernement de ce Roi, qui avoit adjugé la victoire à Pan sur ce Dieu de la Musique ; ce qui prouve assez clairement que les Historiens sont assez mal entrés dans l'esprit des Poëtes en voulant nous donner Midas pour un homme d'esprit & de génie. Mais prenons la chose de la maniere que les Poëtes la racontent. Midas étoit, disent-ils, un Roi de Phrygie qu'Orphée avoit initié dans le secret des Orgies. Bacchus allant un jour voir ce pays-là, Silene son pere nourricier se sépara de lui, & s'étant arrêté auprès d'une fontaine de vin dans un jardin de Midas, où croissoient d'elles-mêmes les plus belles roses du monde, Silene s'y enivra, & s'endormit. Midas s'en étant apperçu, & sachant l'inquiétude où l'absence de Silene avoit jeté le fils de Sémélé ; il se saisit de Silene, l'environna de guirlandes de fleurs de toutes especes, & après lui avoir fait l'accueil le plus gracieux qu'il lui fut possible, il le reconduisit vers Bacchus. Il fut enchanté de revoir son pere nourricier ; & voulant reconnoître ce bienfait de Midas, il lui promit de lui accorder tout ce qu'il lui demanderoit. Midas demanda que tout ce qu'il toucheroit devînt or : ce qui lui fut accordé. Mais une telle propriété lui étant devenue onéreuse, parce que les mets qu'on lui servoit pour sa nourriture, se

---

(a) Métam. l. 11. Fab. 4.

convertissoient en or dès qu'il les touchoit, & qu'il étoit sur le point de mourir de faim; il s'adressa au même Dieu pour être délivré d'un pouvoir si incommode. Bacchus y consentit, & lui ordonna pour cet effet d'aller laver ses mains dans le Pactole. Il le fit, & communiqua aux eaux de ce fleuve la vertu fatale dont il se débarrassoit.

Quand on sait ce qui se passe dans l'œuvre Hermétique, lorsqu'on travaille à l'élixir, la fable de Midas le représente comme dans un miroir. On peut se rappeler que quand Osiris, Denys ou Bacchus des Philosophes se forme, il se fait une terre. Cette terre est Bacchus que l'on feint visiter la Phrygie, à cause de sa vertu ignée, brûlante & seche, parce que φρυγία, veut dire *terra torrida & arida*, de φρύγω, *torreo, arefacio*. On suppose que Midas y regne; mais pour indiquer clairement ce qu'on doit entendre par ce Roi prétendu, on le dit fils de Cybele ou de la Terre, la même qu'on regardoit comme mere des Dieux, mais des Dieux Philosophico-Hermétiques. Ainsi Bacchus, accompagné de ses Bacchantes & de ses Satyres, dont Silene étoit le Chef, & Satyre lui-même, quitte la Thrace pour aller vers le Pactole qui descend du Mont-Tmole; c'est précisément comme si l'on disoit le Bacchus Philosophique, ou le soufre après avoir été dissous & volatilisé, tend à la coagulation; puisque Θρηκη, *Thracia*, vient de τρέω, *curro*, ou de ἐρέω, *tumultuando clamo*, ce qui désigne toujours une agitation violente, telle que celle de la matiere fixe quand elle se volatilise après sa

ÉGYPTIENNES ET GRECQUES. 557

dissolution. On ne pouvoit guères mieux exprimer la coagulation que par le nom de Pactole, qui vient naturellement de πακτις, πακπὸω, *compactus*, *compingo*, assembler, lier, joindre l'un à l'autre. Par cette réunion se forme cette terre Phrygienne, ou ignée & aride, dans laquelle regne Midas. Ce qui étoit alors volatil est arrêté par le fixe, ou cette terre. C'est Silene sur le territoire de Midas. La fontaine auprès de laquelle ce Satyre se repose, est l'eau mercurielle. On feint que Midas y avoit mis du vin, dont Silene but avec excès, parce que cette eau mercurielle, que le Trévisan appelle aussi fontaine (*a*), & Raymond Lulle (*b*) vin, devient rouge à mesure que cette terre devient plus fixe. Le sommeil de Silene marque le repos de la partie volatile, & les guirlandes de fleurs dont on le ceignit pour le mener à Midas, sont les différentes couleurs par lesquelles la matiere passe avant d'arriver à la fixation. Les Orgies qu'ils célébrerent ensemble avant de joindre Bacchus, sont les derniers jours qui précedent la parfaite fixation, qui est elle-même le terme de l'œuvre. On pourroit même croire qu'on a voulu exprimer ce terme par le nom de *Denys* donné à Bacchus; puisqu'il peut venir de Διὸς & de μέσα, *meta*, le Dieu qui est la fin ou le terme.

Les Poëtes font des descriptions admirables du Pactole; lorsqu'ils veulent peindre une région fortunée, ils la comparent au pays qu'ar-

---

(*a*) Philosoph. des Métaux.
(*b*) Dans presque tous ses Ouvrages.

rose le Pactole, dans les eaux duquel Midas déposa le don funeste qui lui avoit été communiqué. Crésus n'eût été sans le Pactole qu'un Monarque borné dans sa puissance, & incapable de piquer la jalousie de Cyrus.

Suivant M. l'Abbé Barthelemi, (Mém. de l'Acad. des Inscript. & Belles-Lettres pour l'année 1747. jusques & compris l'année 1748. T. XXI.) le Pactole n'a jamais été qu'une riviere très-médiocre, sortie du Mont-Tmolus, dirigée dans son cours au travers de la plaine, & même de la ville de Sardes, terminée par le fleuve Hemus. Homere, voisin de ces contrées, n'en parle pas, non plus qu'Hésiode, quoiqu'il soit attentif à nommer les rivieres de l'Asie mineure. Long-temps avant Strabon le Pactole ne rouloit plus d'or, & tous les siecles postérieurs n'ont point reconnu de richesses dans ce ruisseau si fortuné sous la plume des Poëtes. Quoique plusieurs Historiens graves lui attribuent cette propriété, je ne vois pas sur quoi M. l'Abbé Barthelemi peut fixer l'époque de cette fécondité du Pactole au huitieme siécle avant l'Ere Chrétienne, sous les ancêtres de Crésus, qui perdit son Royaume 545 ans avant Jésus-Christ. La Lydie pouvoit être riche en or, indépendamment du Pactole, & les richesses que Cyrus y trouva ne prouvent point du tout qu'elles venoient de ce fleuve. On n'a jamais trouvé d'or sur le Mont-Tmolus ; aucun Historien ne parle des mines de ce Mont. Je conclus donc de ces raisons, que le tout est une fable.

Bacchus est charmé de revoir son pere nourricier, & récompense Midas par le pouvoir qu'il lui donne de convertir en or tout ce qu'il toucheroit. Ce Dieu ne pouvoit donner que ce qu'il possédoit lui-même ; il étoit donc un Dieu aurifique. Cette propriété auroit dû occasionner aux Mythologues quelques réflexions ; mais comme ils n'ont lu les fables qu'avec un esprit rempli de préjugés pour l'histoire ou la morale, ils n'y ont vu que cela. L'or est l'objet de la passion des avaricieux ; on feint que Midas demande à Denys le pouvoir d'en faire tout ce qu'il voudra ; on conclut qu'il est un avare, & le plus avare des hommes. Mais si l'on avoit fait attention que c'est à Denys qu'il fait cette demande, & que ce Dieu la lui accorde de sa pleine autorité, sans recourir ni à Jupiter son pere, ni à Pluton Dieu des richesses ; on auroit pensé naturellement que Bacchus étoit un Dieu d'or, un principe aurifique, qui peut transmuer lui-même, & communiquer à d'autres le même pouvoir de convertir tout en or, au moins tout ce qui est transmuable. Lorsque les Poëtes nous disent que tout devenoit or dans les mains de Midas, jusqu'aux mets qu'on lui servoit pour sa nourriture, on sait bien qu'on ne peut l'entendre qu'allégoriquement. Aussi est-ce une suite naturelle de ce qui avoit précédé. Midas ayant conduit Silene à Bacchus ; c'est-à-dire, la terre Phrygienne, ayant fixé une partie du volatil, tout est devenu fixe, & par conséquent pierre transmuante des Philosophes. Il reçoit de Bacchus le pouvoir de transmuer, il l'avoit quant à l'argent ; mais il ne pouvoit obtenir cette propriété quant à l'or, que de Bacchus, parce que ce Dieu eſt la pierre au rouge, qui ſeule peut convertir en or les métaux imparfaits. Je l'ai expliqué aſſez au long dans le premier Livre, en parlant d'Oſiris, que tout le monde convient être le même que Denys ou Bacchus.

On peut auſſi ſe rappeler que j'ai expliqué les Satyres & les Bacchantes des parties volatiles de la matiere, qui circulent dans le vaſe. C'eſt la raiſon qui a fait dire aux inventeurs de ces fictions, que Silene étoit lui-même un Satyre fils d'une Nymphe ou de l'Eau, & le pere des autres Satyres; car on ne pouvoit, ce ſemble, mieux indiquer la matiere de l'Art Hermétique, que par le portrait que l'on nous fait du bon-homme Silené. Son extérieur groſſier, peſant, ruſtique & fait, ce ſemble, pour être tourné en ridicule, propre à exciter la riſée des enfans, cachoit cependant quelque choſe de bien excellent, puiſque l'idée qu'on a voulu nous en donner eſt celle d'un Philoſophe conſommé. Il en eſt de même de la matiere du Magiſtere, mépriſée de tout le monde, foulée aux pieds, & quelquefois même ſervant de jouet aux enfans, comme le diſent les Philoſophes; elle n'a rien qui attirent les regards. On la trouve par tout comme les Nymphes, dans les prés, les champs, les bois, les montagnes, les vallées, les jardins: tout le monde la voit, & tout le monde la mépriſe, à cauſe de ſon apparence vile, & qu'elle eſt ſi commune, que le pauvre peut en avoir comme le riche, ſans que perſonne s'y oppoſe, & ſans employer de l'argent pour l'acquérir.

Il

ÉGYPTIENNES ET GRECQUES.

Il faut donc imiter Midas, & faire un bon accueil à ce Silene, que les Philosophes disent fils de la Lune & du Soleil, & que la Terre est sa nourrice. Aussi σελήνη signifie la Lune, & l'on peut très-bien avoir fait Silene de *Selene*, en changeant le premier *e* en *i*, comme on a fait, *lira* de λύρος, *plico* de πλέκω, *aries* d'Ἄρης & cent autres mots semblables. (*a*) Les Joniens changeoient même assez souvent l'ε en ι, & disoient ἐπίσιος pour ἐφέσιος, *domesticus familiaris* ; il n'y auroit donc rien de surprenant qu'on eût fait ce changement pour le nom de Silene.

Cette matiere étant le principe de l'or, on a raison de regarder Silene, comme le père nourricier d'un Dieu aurifique. Elle est même le nectar & l'ambrosie des Dieux. Elle est, comme Silene, fille de Nymphe, & Nymphe elle-même, puisqu'elle est eau ; mais une eau, disent les Philosophes, qui ne mouille pas les mains. La terre seche, aride & ignée, figurée par Midas, boit cette eau avidement ; & dans le mélange qui se fait des deux, il survient différentes couleurs. C'est l'accueil que Midas fait à Silene, & les guirlandes de fleurs dont il le lie. Au lieu de nous donner Silene pour un grand Philosophe, on auroit mieux rencontré, & l'on seroit mieux entré dans l'esprit de celui qui a inventé cette fiction, si l'on avoit dit que Silene étoit propre à faire des Philosophes, étant la matière même sur laquelle raisonnent & travaillent les Philosophes Hermétiques. Et si Virgile (*b*) le

(*a*) Vossius Etymolog.
I. Partie.
(*b*) Eglog. 6.

fait raisonner sur les principes du monde, sa formation & celles des êtres qui le composent; c'est sans doute parce que, si l'on en croit les disciples d'Hermès, cette matiere est la même dont tout est fait dans le monde. C'est un reste de cette masse premiere & informe, qui fut le principe de tout (*a*). C'est le plus précieux don de la Nature, & un abrégé de la quintessence céleste. Elien (*b*) disoit en conséquence, que quoique Silene ne fût pas au nombre des Dieux, il étoit cependant d'une nature supérieure à celle de l'homme. C'est-à-dire, en bon françois, qu'on devoit le regarder comme un être aussi imaginaire que les Dieux de la fable, & que les Nymphes dont Hésiode (*c*) dit que tous les Satyres sont sortis.

Enfin Midas se défait du pouvoir incommode de changer tout en or, & le communique au Pactole en se lavant dans ses eaux. C'est précisément ce qui arrive à la pierre des Philosophes, lorsqu'il s'agit de la multiplier. On est alors obligé de la mettre dans l'eau mercurielle, où le Roi

(*a*) Antiquæ illius massæ confusæ, seu materiæ primæ specimen aliquod nobis natura reliquit in aquâ siccâ non madefaciente, quæ ex terræ vomicis, aut etiam lacubus scaturiens, multiplici rerum semine prægnans effluit, tota calore etiam levissimo volatilis; ex quâ cum suo masculo copulatâ qui intrinseca elementa eruere, & ingeniosè separare, ac iterum conjungere noverit, pretiosissimum naturæ & artis arcanum, imò cœlestis essentiæ compendium adeptum se jacet. *D'Espagnet, Ench. Phys. restit. Can.* 49.

(*b*) *Variat. Hist.* l. 3. c. 12.

(*c*) *Théog.*

du pays, dit Trévisan (a), doit se baigner. Là, il dépouille sa robe de drap de fin or. Et cette fontaine donne ensuite à ses freres cette robe, & sa chair sanguine & vermeille, pour qu'ils deviennent comme lui. Cette eau mercurielle est véritablement une eau pactole, puisqu'elle doit se coaguler en partie, & devenir or Philosophique.

CHAPITRE VI.

De l'âge d'or.

TOUT est embarras, tout est difficulté, & tout présente aux Mythologues un labyrinthe dont ils ne sauroient se tirer quand il s'agit de rapporter à l'histoire ce que les Auteurs nous ont transmis sur les temps fabuleux. Il n'en est pas un seul qui n'attribue l'âge d'or au regne de Saturne; mais quand il faut déterminer & l'endroit où ce Dieu a régné, & l'époque de ce regne, & les raisons qui ont pu engager à le faire nommer le *Siecle d'or*, on ne sait plus comment s'y prendre. On auroit bien plutôt fait d'avouer que toutes ces prétendues histoires ne sont que des fictions; mais on veut y trouver de la réalité, comme s'il intéressoit beaucoup de justifier aujourd'hui le trop de crédulité de la plupart des Anciens. Et l'on ne fait pas attention qu'en s'é-

(a) Philos. des Métaux, 4. part.

tayant de l'autorité de plusieurs d'entr'eux, que l'on tient même pour suspects, on prouve aux Lecteurs qu'on ne mérite pas d'être cru davantage. Si l'on avoit pour garans des Auteurs contemporains, ou qui eussent du moins travaillé d'après des monumens assurés, & dont l'authenticité fût bien avérée, on pourroit les en croire ; mais on convient que toutes ces histoires nous viennent des Poëtes, qui ont imité les fictions Egyptiennes. On sait que ces Poëtes ont presque tout puisé dans leur imagination, & que les Historiens n'ont parlé de ces temps-là que d'après eux. Hérodote, le plus ancien que nous connoissions, n'a écrit que plus de 400 ans après Homere, & celui-ci long-temps après Orphée, Lin, &c. Aucun de ceux-ci ne dit avoir vu ce qu'il rapporte, ailleurs que dans son imagination. Leurs descriptions mêmes sont absolument poëtiques. Celle qu'Ovide nous fait (a) du siecle d'or, est plutôt un portrait d'un Paradis terrestre, & de gens qui l'auroient habité, que d'un temps postérieur au Déluge, & d'une terre sujette aux variations des saisons. « On observoit alors, dit-il, les regles
» de la bonne foi & de la justice, sans y être
» contraint par les loix. La crainte n'étoit point
» le motif qui faisoit agir les hommes : on ne
» connoissoit point encore les supplices. Dans
» cet heureux siecle, il ne falloit point graver
» sur l'airain ces loix menaçantes, qui ont servi
» dans la suite de frein à la licence. On ne
» voyoit point en ce temps-là de criminels trem-

___
(a) Metam. l. 1. Fab. 3.

» blet en présence de leurs Juges : la sécurité où
» l'on vivoit, n'étoit pas l'effet de l'autorité que
» donnent les loix. Les arbres tirés des forêts,
» n'avoient point encore été transportés dans un
» monde qui leur étoit inconnu : l'homme n'ha-
» bitoit que la terre où il avoit pris naissance,
» & ne se servoit point de vaisseaux pour s'ex-
» poser à la fureur des flots. Les villes sans mu-
» railles ni fossés étoient un asyle assuré. Les
» trompettes, les casques, l'épée étoient des cho-
» ses qu'on ne connoissoit pas encore, & le sol-
» dat étoit inutile pour assurer aux citoyens une
» vie douce & tranquille. La terre, sans être
» déchirée par la charrue, fournissoit toutes
» sortes de fruits ; & ses habitans, satisfaits des
» alimens qu'elle leur présentoit sans être culti-
» vée, se nourrissoient de fruits sauvages, ou
» du gland qui tomboit des chênes. Le Printems
» regnoit toute l'année : les doux zéphyrs ani-
» moient de leur chaleur les fleurs qui naissoient
» de la terre : les moissons se succédoient sans
» qu'il fût besoin de labourer ni de semer. On
» voyoit de toutes parts couler des ruisseaux de
» lait & de nectar ; & le miel sortoit en abon-
» dance du creux des chênes & des autres ar-
» bres. »

Vouloir admettre avec Ovide un temps où les hommes aient vécu de la maniere que nous venons de le rapporter, c'est se repaître de chimeres, & d'êtres de raison. Mais quoique ce Poëte l'ait dépeint tel qu'il devoit être pour un siecle d'or, ce portrait n'est pas du goût de M. l'Abbé Banier. Des gens qui auroient vécu de cette maniere, auroient été, selon lui (a), des gens qui menoient une vie sauvage, sans loix & presque sans religion. Janus se présente, il les assemble, leur donne des loix ; le bonheur de la vie se manifeste, on voit naître un siecle d'or. La crainte, la contrainte qu'occasionnent des loix menaçantes avoient paru à Ovide contraires au bonheur de la vie. Elles sont une source de félicité pour M. l'Abbé Banier. Mais enfin quelles raisons peuvent avoir eu les Anciens pour attribuer au regne de Saturne, la vie d'un siecle d'or ? Jamais regne ne fut souillé de plus de vices ; les guerres, le carnage, les crimes de toutes especes inonderent la terre pendant tout ce temps-là. Saturne ne monta sur le trône qu'en en chassant son pere, après l'avoir mutilé. Que fit Jupiter de plus que Saturne, pour avoir mérité qu'on ne donnât pas à son regne le nom d'âge d'or ? Jupiter le traita à la vérité précisément & de la même maniere que Saturne avoit traité son pere. Jupiter étoit un adultere, un homicide, un incestueux, &c. Mais Saturne valoit-il davantage ? N'avoit-il pas aussi épousé sa sœur Rhée ? N'eut-il pas Philyre pour concubine, sans compter les autres ? Vit-on un Roi plus inhumain que celui qui dévore ses propres enfans ? Il est vrai qu'il ne dévora pas Jupiter ; mais il y alloit à la bonne foi, & l'on ne doit pas lui en savoir gré : on lui présenta un caillou ; il l'avala, & ne pouvant le digérer, il le rendit. Cette pierre, suivant Hésiode, fut placée sur le Mont Hélicon, pour ser-

(a) Mythol. T. II. p. 110.

vir de monument aux hommes. Beau monument, bien propre à rappeler le souvenir d'un siecle d'or!

N'est-il pas surprenant qu'un tel paradoxe n'ait pas fait ouvrir les yeux aux Anciens, & que tous soient convenus d'attribuer un âge d'or au regne de Saturne? M. l'Abbé Banier le donne à celui de Janus, qui regna conjointement avec Saturne. « Ce Prince, dit ce Mythologue (a), adoucit » la férocité de leurs mœurs, les rassembla dans » les villes & dans les villages, leur donna des » loix, & sous son regne, ses sujets jouirent d'un » bonheur qu'ils ne connoissoient pas : ce qui » fit regarder le temps où il avoit régné, comme » un temps heureux, & un siecle d'or. » Mais il n'y a pas moins de difficultés en prenant les choses de ce côté là. Il n'est même pas possible de faire vivre Saturne avec Janus. Les temps ne s'y accordent point du tout. Théophile d'Antioche nous assure, sur l'autorité de Tallus (b), que Chronos, appelé Saturne par les Latins, vivoit trois cents vingt-un ans avant la prise de Troye; ce qui, en admettant le calcul des Historiens mêmes, supposeroit plus d'un siecle & demi entre lui & Janus. D'où il faudroit conclure, ou que Saturne n'alla jamais en Italie, ou qu'il y alla long-temps avant le regne de Janus. Toute l'Antiquité atteste cependant la contemporanéité de ces deux Princes. On pourroit supposer, dit M. l'Abbé Banier avec quelques autres, qu'il s'agit d'un autre Saturne, & que celui qui

_____
(a) Loc. cit. (b) Lib. 3. adv. Ant.

étoit contemporain de Janus, étoit Stercès, père de Picus, qui après son apothéose fut nommé Saturne. Mais ces Auteurs ne font pas attention, que Janus ne partagea pas sa couronne avec Stercès ; que la fable dit que Janus régnoit déja, lorsque Saturne vint en Italie. On ne peut donc le dire de Stercès, puisqu'il régna avant Janus. Ce Saturne même qui, suivant Virgile (*a*), rassembla ces hommes sauvages, cette race indocile, dispersée sur les montagnes, qui leur donna des loix, & qui appella cette terre *latium*, parce qu'il s'y étoit caché, pour éviter la fureur de son fils, ne peut-être Stercès, père de Picus, puisque celui-ci étoit dans un âge fort tendre, lorsque son père mourut. Il l'entendoit donc de Saturne, père de Jupiter.

Puisqu'il n'est pas possible de concilier tout cela, il est naturel de penser que l'inventeur de cette fable n'avoit pas l'histoire en vue, mais quelqu'allégorie, dont les Historiens n'ont pas soupçonné le sens. Non, Saturne, Janus, Jupiter n'ont jamais régné ; parce que pour régner, il faut être homme, & tous ces Dieux dont nous parlons n'existerent jamais que dans l'esprit des

---

(*a*) Primus ab æthereo venit Saturnus Olympo,
   Arma Jovis fugiens, & regnis exul ademptis:
   Is genus indocile, ac dispersum montibus altis
   Composuit, legesque dedit ; latiumque vocari
   Maluit, his quoniam latuisset tutus in oris,
   Aureaque ut perhibent, illo sub Rege fuere
   Sæcula, sic placida populos in pace regebat.
                                             Æneid. l. 8.

inventeurs de ces fables, que la plupart des Peuples regardoient comme histoires réelles, parce que leur amour propre s'en trouvoit extrêmement flatté. Il leur étoit infiniment glorieux d'avoir des Dieux pour les premiers de leurs ancêtres, ou pour Rois, ou enfin pour fondateurs de leurs villes. Chaque Peuple s'en flattoit à l'envi, & se croyoit supérieur aux autres, à proportion de la grandeur du Dieu, & de son antiquité. Il faut donc chercher d'autres raisons qui aient fait donner au prétendu regne de Saturne le nom de siecle ou d'âge d'or. J'en trouve plus d'une dans l'Art Hermétique, où ces Philosophes appellent *regne de Saturne* le temps que dure la noirceur, parce qu'ils nomment Saturne cette même noirceur; c'est-à-dire, lorsque la matiere Hermétique mise dans le vase, est devenue comme de la poix fondue. Cette noirceur étant aussi, comme ils le disent, l'entrée, la porte & la clef de l'œuvre, elle représente Janus, qui regne par conséquent conjointement avec Saturne. On a cherché & l'on cherchera long-temps encore la raison qui faisoit ouvrir la porte du Temple de Janus, lorsqu'il s'agissoit de déclarer la guerre, & qu'on la fermoit à la paix. Un Philosophe Hermétique la trouve plus simplement que tous ces Mythologues. La voici. La noirceur est une suite de la dissolution; la dissolution est la clef & la porte de l'œuvre. Elle ne peut se faire que par la guerre qui s'éleve entre le fixe & le volatil, & par les combats qui se donnent entr'eux. Janus étant cette porte, il étoit tout naturel qu'on ouvrît celle du Temple qui lui étoit consacré, pour annoncer une guerre déclarée. Tant que la guerre duroit, elle demeuroit ouverte, & on la fermoit à la paix, parce que cette guerre du fixe & du volatil dure jusqu'à ce que la matiere soit absolument devenue toute fixe. La paix se fait alors. C'est pourquoi la Tourbe dit, *fac pacem inter inimicos, & opus completum est*. Les Philosophes ont même dit figurativement, *ouvrir, délier*, pour dire *dissoudre*; & *fermer, lier*, pour dire fixer. Macrobe dit que les Anciens prenoient Janus pour le Soleil. Ceux qui entendoient mal cette dénomination, l'attribuoient au Soleil céleste qui regle les saisons; au lieu qu'il falloit l'entendre du Soleil Philosophique; & c'est une des raisons qui fit appeler son regne *siecle d'or*.

Pendant la noirceur dont nous avons parlé, ou le regne de Saturne, l'ame de l'or, suivant les Philosophes, se joint avec le mercure; & ils appellent en conséquence ce Saturne, *le tombeau du Roi*, ou du Soleil. C'est alors que commence le regne des Dieux, parce que Saturne en est regardé comme le pere; c'est donc en effet l'âge d'or, puisque cette matiere devenue noire contient en elle le principe aurifique, & l'or des Sages. L'Artiste se trouve d'ailleurs dans le cas des sujets de Janus & de Saturne; dès que la noirceur a paru, il est hors d'embarras & d'inquiétude. Jusques-là il avoit travaillé sans relâche, & toujours incertain de la réussite. Peut-être avoit-il *erré* dans les bois, les forêts, & sur les montagnes, c'est-à-dire, travaillé sur différentes matieres peu propres à cet Art; peut-être même avoit-il *erré* près de deux cents fois en travaillant comme Pontanus (a) sur la vraie matiere. Il commence alors à sentir une joie, une satisfaction & une véritable tranquillité, parce qu'il voit ses espérances fondées sur une base solide. Ne seroit-ce donc pas un âge vraiment d'or, dans le sens même d'Ovide; où l'homme vivroit content, & le cœur & l'esprit pleins de satisfaction?

CHAPITRE VII.

Des Pluies d'or.

Les Poëtes ont souvent parlé des pluies d'or, & quelques Auteurs Payens ont eu la foiblesse de rapporter comme vrai, qu'il tomba une pluie d'or à Rhodes, lorsque le Soleil y coucha avec Vénus. On pardonneroit cela aux Poëtes; mais que Strabon nous dise (b) qu'il plut de l'or à Rhodes, lorsque Minerve naquit du cerveau de Jupiter, on ne sauroit la lui passer. Plusieurs Auteurs nous assurent à la vérité, qu'en tel ou tel temps il plut des pierres, du sang, ou quelque liqueur qui lui ressembloit, des insectes. Bien des gens protestent même encore aujourd'hui avoir vu pleuvoir des petites grenouilles; qu'elles tomboient en abondance sur leurs chapeaux, mêlées avec une pluie d'orange; qu'ils en avoient vu une si grande quantité, que la terre en étoit presque couverte. Sans entrer dans la recherche des causes physiques de tels phénomenes, & sans

(a) Epist. (b) Liv. 14.

vouloir les contredire ou les approuver, parce qu'ils ne viennent pas au sujet que je traite, je dirai seulement que cela peut être ; mais quant à une pluie d'or, on auroit beau le certifier, je ne crois personne assez crédule pour le croire sans l'avoir vu. Il faut donc regarder cette histoire comme une allégorie.

On peut appeler en effet *pluie d'or*, une pluie qui produiroit de l'or, ou une matiere propre à en faire, comme le Peuple dit assez communément qu'il pleut du vin, lorsqu'il vient une pluie dans le temps qu'on la desire, soit pour attendrir le raisin, soit pour le faire grossir. C'est précisément ce qui arrive par la circulation de la matiere Philosophique dans le vase où elle est renfermée. Elle se dissout, & ayant monté en vapeurs au haut du vase, elle s'y condense, & retombe en pluie sur celle qui reste au fond. C'est pour cela que les Philosophes ont donné quelquefois le nom d'*eau de nuée* à leur eau mercurielle. Ils ont même appelé Vénus cette partie volatile, & Soleil la matiere fixe. Rien n'est si commun dans leurs ouvrages que ces noms. « Notre Lune, dit Philalethe, qui fait dans » notre œuvre la fonction de femelle, est de » race de Saturne ; c'est pourquoi quelques-uns » de nos Auteurs envieux l'ont appellé *Vénus*. » D'Espagnet a parlé plusieurs fois de cette eau mercurielle sous le nom de *Lune* & de *Vénus*, & a parfaitement exprimé cette conjonction du Soleil & de Vénus, lorsqu'il a dit (a) : « La

(a) Can. 27.

EGYPTIENNES ET GRECQUES. 573

» génération des enfans est l'objet & la fin du
» légitime mariage. Mais pour que les enfans
» naissent sains, robustes & vigoureux, il faut
» que les deux époux le soient aussi, parce qu'une
» semence pure & nette produit une génération
» qui lui ressemble. C'est ainsi que doivent être
» le Soleil & la Lune avant d'entrer dans le
» lit nuptial. Alors se consommera le mariage,
» & de cette conjonction naîtra un Roi puissant,
» dont le Soleil sera le pere, & la Lune la mere. »
Il avoit dit (a) que la Lune des Philosophes est
leur Mercure, & qu'ils lui ont donné plusieurs
noms (b), entr'autres ceux de terre subtile, d'eau-
de-vie, d'eau ardente & permanente, d'eau d'or
& d'argent, enfin de *Vénus* Hermaphrodite.
Cette épithete seule explique assez clairement de
quelle nature & substance étoit formée cette prétendue Déesse, & l'idée qu'on devoit y attacher,
puisque le nom d'Hermaphrodite a été fait selon
toutes les apparences de Ἑρμῆς, *Mercurius*, &

(a) Lunam Philosopho-
rum sive eorum mercurium
qui mercurium vulgarem
dixerit; aut sciens fallit, aut
ipse fallitur. *Can.* 44.
(b) Variis nominibus
mercurius ille Philosophorum enunciatur; modo ter-
ra, modo aqua diversa ra-
tione dicitur, tum etiam
quia ex utrâque naturaliter
conflatur. Ea est terra sub-
tilis, alba sulfurea, in quâ
elementa figuntur, & au-
rum Philosophorum semi-
natur. Illa est aqua vitæ,
sive ardens, aqua perma-
nens, aqua limpidissima,
aqua auri & argenti nun-
cupata. Hic verò mercurius,
quia suum in se habet sulfur,
quod artificio multiplicatur,
sulfur argenti vivi vocari
meruit. Denique substantia
illa pretiosissima est Venus
priscorum hermaphrodita
utroque sexu pollens. *D'Espagnet*, *Can.* 46.

d'ἀφρός, *Spuma*, comme si l'on disoit écume de mercure. C'est sans doute pour cela que la Fable dit Hermaphrodite fils de Mercure & de Vénus. On a feint que cette conjonction du Soleil & de Vénus se fit à Rhodes, parce que l'union du Soleil & du Mercure Philosophiques ne se fait que quand la matiere commence à rougir; ce qui est indiqué par le nom de cette Isle, qui vient de ῥόδον, *rosa*. La matiere fixe ou l'or Philosophique, qui après s'être volatilisée retombe alors en forme de pluie, a donc pris avec raison le nom de pluie d'or; sans cette pluie l'enfant Hermétique ne se formeroit pas.

Une pluie semblable se fit voir lorsque Pallas naquit du cerveau de Jupiter, & cela par la même raison; car Jupiter n'auroit pu accoucher d'elle, si Vulcain ou le feu Philosophique ne lui avoit servi de sage-femme. Si l'on regarde Pallas dans cette occasion comme la Déesse des Sciences & de l'Etude, on peut dire, quant à l'Art Hermétique, qu'on auroit en vain la théorie la mieux raisonnée, & la matiere même du Magistére appelée Vierge, fille de la Mer, ou de l'Eau, ou de Neptune, & du marais Tritonis, on ne réussira jamais à faire l'œuvre si l'on n'emploie le secours de Vulcain ou du feu Philosophique. Quelques Poëtes ont feint en conséquence que Pallas ayant résisté vigoureusement à Vulcain, qui vouloit lui faire violence, la semence de celui-ci étant tombée à terre, il en naquit un monstre, qui fut nommé Erichthon, ayant la figure humaine depuis la tête jusqu'à la ceinture, & celle d'un Dragon dans toute la

EGYPTIENNES ET GRECQUES. 575

partie inférieure. Cet Ericthon est le résultat des opérations des Artistes ignorans, qui mettent la main à l'œuvre sans savoir les principes, & veulent travailler malgré Minerve. Ils ne produisent que des monstres, même avec le secours de Vulcain.

M. l'Abbé Banier prétend (a) que cet Ericthonius fut réellement un Roi d'Athenes, qui succéda à un nommé Amphiction son compétiteur, par lequel il avoit été vaincu. Cet Amphiction avoit succédé à Cranaüs, & celui-ci à Cécrops, qui vivoit, suivant les interpretes des marbres d'Arondel, la chronologie de Censorin, & de Denys d'Halycarnasse, 400 ans avant la prise de Troye. M. l'Abbé Banier rejette cette chronologie, parce qu'elle n'est pas propre à confirmer son système, & assure que ces Auteurs reculent trop l'arrivée de Cécrops dans la Grece. Il détermine donc cette arrivée à 330 ans avant la guerre de Troye (b). Mais ce Mythologue a oublié son propre calcul quelques pages après, où parlant de l'arrivée de Deucalion dans la Thessalie, il en fixe l'époque à la neuvieme année du regne de Cécrops, *c'est-à-dire*, dit notre Auteur (c), *vers l'an* 215 *ou* 220 *avant la guerre de Troye*. Ce qui fait une erreur de 110 ans au moins dans sa chronologie même. Mais quand on lui passeroit cela, l'en croira-t-on sur sa parole, lorsqu'il dit (d) qu'Ericthonius n'avoit passé pour être fils de Minerve & de Vulcain, que

(a) T. III. p. 39. (c) Ib. p. 42.
(b) Ibid. p. 37.   (d) Ib. p. 40.

parce qu'il avoit été exposé dans un Temple qui leur étoit consacré ? Une telle exposition pouvoit-elle fournir matiere à la Fable, qui donne à Ericthonius une origine tout-à-fait infâme ? Il n'est dans cette fiction aucune circonstance qui ait le moindre rapport à cette exposition. La suite même de la Fable, qui dit que Minerve voyant cet enfant né avec des jambes de serpens, en donna le soin à Aglaure, fille de Cécrops, qui, contre la défense de Minerve, eut la curiosité de regarder dans la corbeille où il étoit enfermé, & en fut punie par une passion de jalousie contre sa sœur, dont Mercure étoit amoureux. Qu'ayant un jour voulu empêcher ce Dieu d'entrer dans la chambre où sa sœur Hersé étoit, il la frappa de son caducée, & la changea en rocher. Cette suite de la fiction montre bien que c'est une pure fable, qu'on ne peut expliquer qu'allégoriquement. Pallas, Vulcain, Mercure & les filles de Cécrops ne peuvent être supposés avoir vécus ensemble, quand même on regarderoit les uns & les autres comme des personnes réelles : je crois qu'on n'exigera pas que j'en donne la preuve. Mais si l'on fait attention au rapport que cette fable peut avoir avec l'Art Hermétique, on y trouve d'abord deux Dieux & une Déesse qui lui appartiennent tellement, qu'ils y sont absolument requis, savoir la science de cet Art, & la prudence pour la conduite du regime du feu & des opérations ; en second lieu, le feu Philosophique, ou Vulcain ; ensuite le mercure des Sages. Si l'Artiste anime & pousse trop ce feu, c'est Vulcain qui veut faire violence à Pallas, que les Philosophes

ont

ont souvent pris pour la matiere. Malgré la résistance de cette vierge, Vulcain agit toujours, il ouvre la matiere des Philosophes, & la dissout. Cette dissolution ne peut se faire que par cette espece de combat entre la matiere Philosophique, appelée Vierge, comme nous l'avons prouvé plus d'une fois, & le feu. Mais qu'en résulte-t-il ? un monstre, qu'on nomme Ericthonius, parce que ce nom même désigne la chose, c'est-à-dire, la contestation & la terre. On ne sera pas étonné que ce soit un monstre, quand on se rappellera tous les autres de la Fable, Cerbere, l'Hydre de Lerne, les différens Dragons dont il est fait mention dans les autres Fables, & qui signifient la même chose qu'Ericthonius ; c'està-dire, la dissolution, & la putréfaction, qu'on dit avec raison fils de Vulcain & de la Terre, puisque cette putréfaction est celle de la terre Philosophique même, & un effet de Vulcain, ou du feu des Sages.

C'est donc la semence de Vulcain qui produit Ericthonius. Et si l'on dit qu'Aglaure fut chargée par Minerve d'en avoir soin, sans qu'il lui fût permis de regarder ce que la corbeille contenoit ; on sent bien qu'une condition telle que celle-là, qui rendoit la chose impossible, ne peut avoir été inventée qu'en vue d'une allégorie, de même que sa métamorphose en rocher. C'est en effet une suite de l'allusion au progrès de l'œuvre Hermétique. Aglaure signifie éclat, splendeur, & les Philosophes appellent de ce nom leur matiere parvenue au blanc à mesure qu'elle quitte la noirceur ; cet intervalle du blanc au noir est le temps de l'éducation d'Ericthonius. Et si Mercure la changea en rocher, c'est que la matiere même se coagule, & devient pierre lorsqu'elle parvient à cet état de blancheur éclatante dont nous venons de parler; c'est pourquoi les Philosophes l'appellent alors leur *Pierre au blanc*, leur *Lune*, &c. Le Mercure étant l'agent principal, produit cette métamorphose. On suppose ce Dieu amoureux d'Hersé, sœur d'Aglaure, parce qu'Ερση signifie la rosée, & que le Mercure Philosophique circule alors dans le vase, & retombe comme une rosée.

D'une troisieme pluie d'or naquit un Héros; mais un Héros bien plus fameux qu'Ericthonius. Danaé fut renfermée dans une tour d'airain par son pere Acrise, parce qu'il avoit appris de l'Oracle que, l'enfant qui naîtroit de sa fille, le priveroit de la couronne & de la vie, & il ne voulut entendre à aucune proposition de mariage pour elle. Jupiter fut épris d'amour pour cette belle prisonniere. La tour étoit bien fermée & bien gardée; mais l'amour est ingénieux. Jupiter accoutumé aux métamorphoses, se transforma en pluie d'or, & se glissa par ce moyen dans le sein de Danaé, qui de cette visite conçut Persée.

Persea quem pluvio Danaë conceperat auro,
Ovid. Métam. l. 6.

Ce fils de Jupiter étant devenu grand, entr'autres exploits, coupa la tête à Méduse, & s'en servit pour pétrifier tout ce à quoi il la présentoit. Des gouttes du sang qui découloit de la plaie de Méduse, naquit Chrysaor, pere de Géryon, à trois corps; quelques-uns disent à trois têtes.

L'explication de cette fable sera très-aisée à qui voudra se rappeler celles que nous avons données des autres pluies d'or. On conçoit aisément que Danaë & la tour sont la matiere & l'airain des Philosophes qu'ils appellent *cuivre*, *laton*, ou *laiton*; que la pluie d'or sont les gouttes d'eau d'or, ou la rosée aurifique qui montent dans la circulation, & retombent sur la terre, qui est au fond du vase. On pourroit dire même avec les Mythologues, que Jupiter est pris pour l'air; mais il faut l'entendre ici de la couleur grise appelée Jupiter, parce que la pluie d'or se manifeste pendant le temps que la matiere passe de la couleur noire à la grise. Persée est le fruit qui naît de cette circulation. Je ne vois pas trop sur quel fondement M. l'Abbé Banier tire l'étymologie de Persée du mot hébreu *Paras*; il est vrai qu'il signifie *Cavalier*; & que Persée monta sur un cheval. Mais pourquoi les Grecs auroient-ils été chercher dans la langue Hébraïque les noms que la langue Grecque leur fournissoit abondamment? Des gouttes du sang de Méduse naquit Chrysaor, & de celui-ci Géryon. C'est comme si l'on disoit que de l'eau rouge des Philosophes, que Pythagoras nomme *sang* (a), avec bien d'autres Adeptes, & Raymond Lulle avec

(a) Et des quatre parts s'eleve airain, rouille, fer, safran, or, sang & pavot. Et la Tourbe : sachez que notre œuvre a plusieurs noms : fer, airain, argent, rouge sanguin, & rouge très-hautain, &c. *La Tourbe.*

Oo ij

Riplée, *vin rouge*, naît l'or, où le soufre philosophique. On sait d'ailleurs que Chrysade vient du grec χρυσός, *aurum*. Cet or dissous dans sa propre eau rouge comme du sang, produit l'élixir ou Géryon, à trois corps ou trois têtes, parce qu'il est composé de la combinaison exacte des trois principes soufre, sel & mercure. J'expliquerai plus au long cette fable dans le chapitre de Persée. J'aurois pu en mettre quelques autres dans ce second Livre; mais par celles-ci on peut juger des autres. Je ne me suis pas proposé de faire une Mythologie entière, il suffit, pour prouver mon système, d'expliquer les principales & les plus anciennes. J'aurai d'ailleurs occasion d'en passer en revue un grand nombre dans le Livre suivant, qui traitera de la généalogie des Dieux.

Fin de la première Partie & du second Livre.

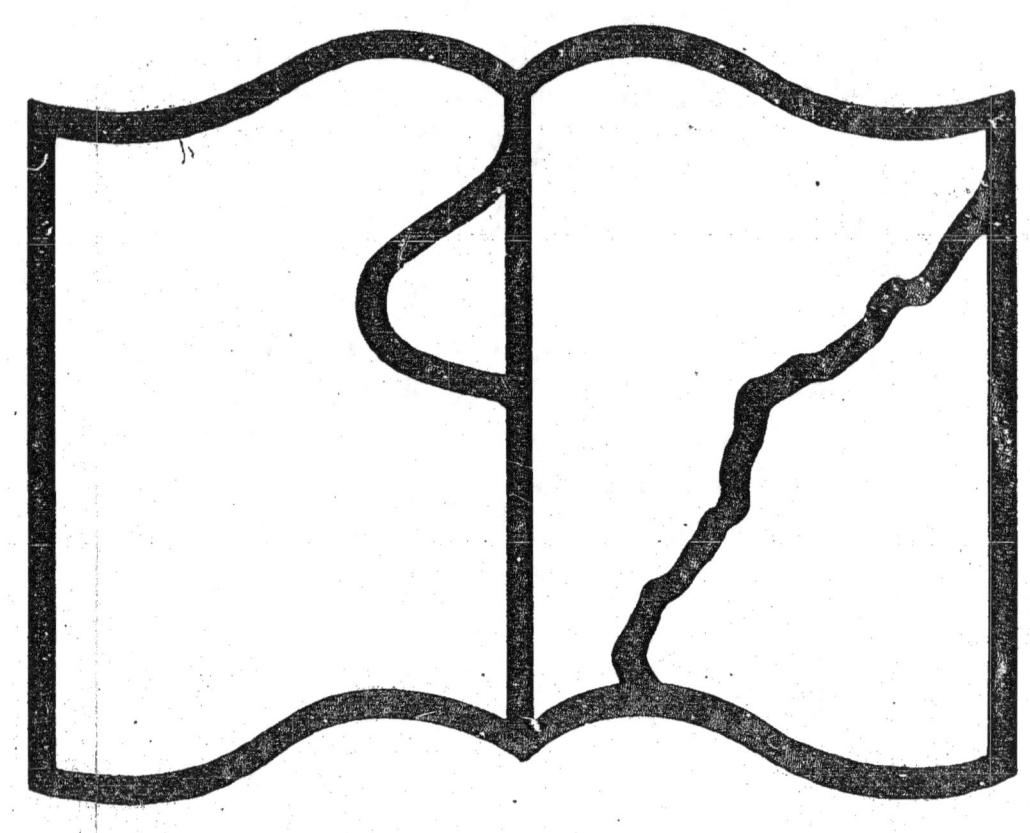

Texte détérioré — reliure défectueuse
NF Z 43-120-11

www.ingramcontent.com/pod-product-compliance
Lightning Source LLC
Chambersburg PA
CBHW070357230426
43665CB00012B/1161